THE HISTORIOGRAPHY COMMUNICATION BETWEEN CHINA AND AMERICA
IN THE FIRST HALF OF THE 20th CENTURY

The Study on the Dissemination and Influence of America's History Books in China

刘玲 著

20世纪上半期中美史学交流

基于美著史书在华传播与影响的研究

社会科学文献出版社
SOCIAL SCIENCES ACADEMIC PRESS (CHINA)

摘 要

　　20世纪上半期是美国史学进入中国并对中国史学产生影响的关键时期。通过翻译出版、期刊推介、用作教科书等形式，大量美著史书被引进中国，对中国史学的多个层面产生了影响。本书以20世纪上半期传播到中国的美著史书为研究对象，通过全面、详细梳理各类美著史书在中国译介与传播的具体历程，考察美国史学对中国的影响。据以上目标，本书主要分六章。第一章交代20世纪上半期美国新史学的发展状况及中美史学交流的基本内容。第二章论述20世纪上半期美国新史学派史学理论类著作在中国的传播及对中国史学的影响。相关著作涉及史学理论、史学方法论、历史教学法、史学史等类别，直接影响了20世纪20年代之后中国出版的很多史学理论和史学方法论著作。第三章论述20世纪上半期美国新史学派世界史、国别史著作在中国的译介历程：在翻译出版层面，相关著作至少有18种，涵盖世界史及欧洲史、国别史、文化史、人物传记等领域；在期刊评述层面，相关评述文章不仅有对于原著撰述特点的评述，也有对其学术和社会价值的挖掘。第四章论述20世纪上半期美国新史学派世界史、国别史著作与中国的世界史教学之间的关系。通过留美生，新史学派世界史与国别史著作大量进入中国高校，成为世界史课程的教科书或参考书，有力促进了新史学派"综合史观"在中国高校课堂的传播。第五章论述20世纪上半期美国汉学研究著述在中国的传播与影响：其一是与中国史学界的积极互动，表现为对中国古史辨运动和社会史论战的积极关注与主动参与；其二是与中国社会的积极互动，表现为与近代中国社会问题相关的研究著作在中国的传播。第六章论述20世纪上半期美国通俗历史读物的翻译与近代中国社会思潮之间的联系。相关著作涵盖革命史、独立史、日本史、列强"满洲"争夺史、战争史、女权史、少儿历史读物、名人传记等类别，其翻译传播是近代中国社会思潮变动的产物。

目 录

绪 论 ……………………………………………………………… 001

第一章 20世纪上半期的美国史学及中美史学交流概述 ……… 025
第一节 20世纪上半期的美国史学 ……………………………… 025
第二节 20世纪上半期中美史学交流概述 ……………………… 044

第二章 美国新史学派史学理论类著作在华之传播与影响 …… 065
第一节 中国史学界对新史学派理论的关注 …………………… 065
第二节 主要新史学派史学理论类著作在华之译介 …………… 076
第三节 新史学派史学理论对中国史学理论的影响 …………… 094

第三章 美国新史学派世界史、国别史著作在华之译介 ……… 104
第一节 中国史学界对美国新史学派世界史、国别史著作的
关注 …………………………………………………… 104
第二节 新史学派世界史、国别史著作之汉译与出版 ………… 106
第三节 中国学者对新史学派世界史、国别史著作的评述 …… 127

第四章 美国新史学派世界史、国别史著作与中国的世界史教学 …… 145
第一节 20世纪上半期中、美历史教育的发展 ………………… 145
第二节 中国高校世界通史课程对新史学派著作的使用 ……… 154
第三节 中国世界史教学对新史学派"综合史观"的重视 …… 175

第五章 美国汉学研究著述在华之传播与影响 ………………… 179
第一节 美国汉学研究著述在华传播的基本路径 ……………… 179
第二节 美国汉学研究著述与中国史学界的积极互动 ………… 182

第三节　中国社会变动与美国汉学研究著述的传播 …………… 194
　　第四节　中国学者对美国汉学研究著述的评述 ………………… 205

第六章　美国通俗历史读物的翻译与近代中国的社会思潮 ………… 225
　　第一节　美国通俗历史读物的翻译与中华民族独立富强的诉求 …… 226
　　第二节　美国通俗历史读物的翻译与中国人对世界局势的关注 …… 243
　　第三节　美国少儿历史读物与名人传记的翻译 ………………… 255

结　语 ………………………………………………………………… 266

附录　20 世纪上半期美著史书汉译统计表 ……………………… 296

参考文献 ……………………………………………………………… 309

绪 论

近代中国史学的发展，是在中外史学的不断交流中进行的。"不管是新思潮的萌发、新学派的诞生、新思想的出现，还是新方法的运用，都不免与外来的思潮、学派、思想和方法相关联，甚至有着千丝万缕的联系。"[①] "戊戌变法前，中国对西方史学了解甚少。"[②] 进入20世纪后，随着留学生的不断回国以及中国教育体制、学术体制的不断变革与更新，西方史学开始涌入中国，逐步推动中国史学的现代化。在浩浩荡荡的外来史学大军中，美国史学是一支劲旅。从晚清时期的《迈尔通史》，到民国时期风行一时的"新史学派"，美国史学在近代中国史学的发展图景上留下了浓重的一笔。

一 研究对象

美国史学对近代中国史学的影响到底有多大？这是无数前辈同人孜孜以求的问题，也是本书意欲探究并期望获得一些突破性结论的问题。探究任何一个问题都需要一个切入点，本书的切入点就是史书——在中国传播的美著史书。在那个经历了数百年闭关锁国、交通不发达、尚没有互联网、两国史学家不能直接对话的时代，史书成为承载史学交流的重要媒介。通过考察20世纪上半期在中国传播的美著史书，可以在很大程度上把握美国史学在中国的传播脉络。

无疑，在中国传播的美著史书是本书的主要研究对象。所谓"传播"，

[①] 张广智、李勇：《20世纪中外史学交流》，北京师范大学出版社，2007，第1页。
[②] 李孝迁：《西方史学在中国的传播》，博士学位论文，华东师范大学，2005，第2页。

包括翻译出版、评述介绍、用作教科书等形式，亦即美著史书在中国的翻译与出版、中国学者通过期刊对美著史书的评述与介绍、中国高校课堂对美著史书的使用等。通过对这些史实的分析，考察在中国传播的美著史书对中国史学的具体影响（包括思想、学科等层面）。而"传播"的主体——美著史书，则指的是由美国专业史学家撰写、原版于美国的史书，不包括19世纪在华美国传教士撰写的、面向中国读者的史书。之所以把在华传教士撰写的史书排除在研究对象之外，有两个原因。首先，传教士不是职业史学家，撰写史书并非出自学术自觉，而是为了向中国人传教；其次，其所传播的历史知识也较为浅显，不能对中国史学产生根本性影响。当然，部分传教士回美后转型为汉学家，撰写了一些汉学研究著作，其中传播到中国的部分也是本书需要考察的内容。

  在时间范围上，本书的研究覆盖20世纪上半期，亦即1900~1949年。之所以选择这个时间段，也是基于中国史学发展的阶段性特点。如上文所说，1898年戊戌变法以前，大部分中国人对西方的认识还停留在历史知识层面，即通过在华传教士撰写的史书和中国人自己编写的西方史地书籍了解西方各国的历史知识，对于偏重理论性和学术性的史学知之甚少。戊戌变法以后，中国人掀起了向日本学习的热潮。西方的史学理论和史学思想通过留日学生进入中国，直接引发了20世纪初以梁启超为旗手的新史学运动。1900年以后，清政府开始学制改革，引进西方的教育制度与学科制度，以学堂教育取代科举制度，推动了中国史学的学科化；同时，鼓励翻译西书作为可供学堂使用的教科书，并派遣学子赴海外留学，有力促进了西方史书在中国的译介以及西方史学思想在中国的传播。美国史学就是伴随着中国人的这股向西方学习的思潮而进入中国的。

  在研读相关研究成果、查阅史料的过程中，笔者渐渐对20世纪上半期在中国传播的美著史书有了较为清晰的认识。当时进入中国的美著史书，大体可分为以下几类。一是美国新史学派的史书。这类史书规模最大。自1924年何炳松将鲁滨逊《新史学》翻译到中国，"新史学"就成了中国史学界人尽皆知的一个名词，新史学派的各种著作随即大量进入中国，风行一时。二是美国的汉学研究著作。虽然它们很少有中译本问世，但是通过节译以及期刊评述等途径，也在一定程度上引起了中国学界的关注。三是美国传统的科学派史学的著作。这类史书的流传范围很小，大体限于某位学者通过期刊进行"书目推荐"的范围，影响甚微，故本书略去不谈。① 四是几部晚清时期进入中国的美国历史教科书。这类史书有《迈尔通史》《万国史要》等，由于篇幅不大，不作专章讨论，故放在第一章加以说明。五是美国的通俗历史读物，包括历史知识普及读物、人物传记等。这类史书的译介规模很大，虽然对中国史学的学术影响不大，但它们与近代中国社会思潮之间有着不可忽视的密切关系。因此，美国新史学派史书、美国汉学研究著作以及美国的通俗历史读物在中国的传播与影响是本书的主要研究对象。②

二 选题意义

首先，从研究内容上看，本书是对20世纪上半期传播到中国的美著史书的整体研究，不仅包括为学者们所熟知的美国新史学派史书和汉学研究著作，也包括在中国学界尚未引起足够关注的美国通俗历史读物。这种综合性的研究，有助于我们对20世纪上半期美国史学在华传播与影响问题形成整体且系统的认识。进而，通过美国史学对中国史学的具体影响，我们可以对20世纪上半期的中美史学交流以及中国史学的发展有更加深入的理解。

其次，从研究视角上看，本书是从中外史学交流史的角度研究史学史的一种尝试。中外史学交流史研究是对传统史学史研究的重要补充，可以使史学史研究走向全面、走向深刻。正如张广智先生所说："史学史的研究，既包括对历史学家（或历史学派等）及其思想的研究，也包括对历史学家（或历史学派等）及其思想向外界传播，为异域所接受的过程的研究。……一位史家、一部名著、一种史学流派、一股史学思潮等，它何时传入他处，通过何种途径传播，输出后在输入地又引起了怎样的回响，都

---

① 美国传统科学派史学从德国兰克史学受益颇多，要讨论科学派史学对中国史学的影响，倒不如直接谈论德国兰克史学在近代中国的传播与影响。
② 探讨中美史学交流，原则上不能忽视胡适的贡献。但本书的立足点是美著史书在中国的译介与传播。胡适的贡献在于将美国的实验主义哲学和科学研究方法引进中国，在对具体美著史书的译介与传播上用力不多，故本书不作专门讨论。而关于胡适对中国史学的影响，学界已有大量研究成果问世，本书不再赘述。

应当引起关注，都应当从输入地的接受环境与读者的'期待视野'（Horizon of Expectations）中找到解释。"①

再次，从实践层面上看，对 20 世纪上半期美著史书在华传播与影响问题的考察可以为当代中美（外）史学交流提供有益的借鉴。与 20 世纪上半期相比，当代的中外史学交流可谓更为频繁，也更为复杂。如何在这纷繁复杂的时代环境中，甄别外来史学的精华与糟粕，取其合理成分为中国史学所用，为面向未来的中国史学注入发展动力，是值得所有史学工作者深入思考的问题。通过 20 世纪上半期美著史书在华传播与影响这一个案，我们或许可以找到一些可资参考的答案。

三 研究综述与分析

目前，对 20 世纪上半期在华译介与传播的美著史书进行整体研究的著作还未出现。从现有成果的研究取向上看，学者们的研究呈现出阶段性与专题性的特点。所谓阶段性，说的是纵向上将 20 世纪上半期的美著史书译介划分为晚清与民国两个历史阶段；所谓专题性，指的是横向上将 20 世纪上半期的美著史书译介划分为专题进行研究。例如，晚清时期的美著史书译介研究侧重于清末历史教科书的译介活动，也涉及历史传记等通俗历史读物；民国时期的美著史书译介研究则侧重于美国新史学派以及美国汉学研究著作的译介，在研究方法上都倾向于以人物、思想为主体的学理研究。不论是阶段性的研究还是专题性的研究，关于美著史书译介的研究更广泛地见于各类以西方史学在华传播或中国近代史学发展问题为宏观对象的研究中，作为展现近代中外史学交流或中国史学发展整体面貌的一部分。

（一）对晚清时期美著史书在华译介与传播的研究

目前，从整体上对晚清时期美著史书在华译介与传播问题有一定研究的是潘喜颜，她的博士论文《清末历史译著研究（1901~1911）——以亚洲史传译著为中心》（2011 年）全面收集了晚清时期的历史译著，

---

① 张广智、李勇：《20 世纪中外史学交流》，第 8 页。

发现了很多之前被忽视的书目资料以及译者信息，大致为学界描绘了一幅晚清历史译著的全貌。文中所收资料包括了一些来自美国的史书，有历史教科书和人物传记等，对晚清汉译美著史书研究极具资料价值。但该文的论述重点在亚洲史传译著上，对美国方面的书目虽然介绍详细，但论述不足。

从研究取向上看，学界对晚清时期美著史书在华传播问题的关注多集中在以《迈尔通史》为代表的历史教科书上。这方面，李孝迁做了比较细致的工作。他在博士学位论文《西方史学在中国的传播》中专列一章讨论"清季汉译历史教科书"，其中论及美国维廉斯因顿著、张相译《万国史要》，美国迈尔著、黄佐廷口译、张在新笔述《迈尔通史》以及美国彼德巴利撰、陈寿彭译《万国史略》三本美著史书在中国的流传与传播情况，并指出这些来自欧美的西洋史、万国史著作对于培养中国人的世界意识发挥了不可替代的作用。肖朗、吴涛《中国大学初创时期的教材建设（1895—1912）》[《天津师范大学学报》（社会科学版）2014 年第 2 期] 一文也介绍了天津中西学堂使用美国学者雷努夫（V. A. Renouf）所著《世界通史纲要》与山西大学堂以《迈尔通史》作为教科书的情况。

（二）对于美国鲁滨逊新史学派在华传播问题的研究

美国鲁滨逊新史学派在中国的传播是近代中外史学交流历程中不可忽视的一环，也是后世学者用力最多之处。目前学界对于这一问题的研究，根据与主题关系密切程度的不同，大致可分为以下四个部分。

1. 对鲁滨逊新史学派及其在华传播问题进行针对性研究

台湾学者杜维运先生是较早关注鲁滨逊新史学派在华传播问题的学者，他早在 1976 年就写了《西方史学输入中国考》（《台湾大学历史系学报》1976 年第 3 期）一文，讨论了何炳松在输入美国新史学派史学上的贡献，认为何炳松所译鲁滨逊的《新史学》"是中国史学界所译有关西方史学理论及方法的第一部书"，对中国史学界重视社会科学之风的形成有着重要的作用。杜先生早在 20 世纪 70 年代就开始关注这一课题，其开拓之功有目共睹。

大陆学界较早关注此问题的是张广智先生，他在 1984 年发表的《美国"新史学派"述评》(《世界历史》1984年第2期)一文,介绍了鲁滨逊的生平,归纳了新史学派的历史观,分析了新史学派产生的历史环境及其影响,尤其是对中国的影响,指出新史学派的著作在1949年以前"曾广泛被用来作为当时大中学校的教本",同时,"在中国流传的一些《历史哲学》或《历史概论》之类的书,也多是鲁滨逊及其弟子们著作改头换面的翻版"。张广智撰写此文,其实是为了替20世纪五六十年代以来被学界攻击为"反动学派""无耻谬论"的新史学派正名,主张"用历史唯物主义的态度,对新史学派乃至整个现代西方史学作出实事求是的评价"。张广智先生此文对于引导学术界重新认识鲁滨逊新史学派的价值具有很大意义,而且对于鲁滨逊新史学派对中国史学的影响也描绘了一个基本面貌。

1993年,张广智先生又撰写了《现代美国史学在中国》(《美国研究》1993年第4期)一文,探讨了20世纪二三十年代包括鲁滨逊著作在内的现代美国新史学派著作的引进及其对当时中国史学的影响,认为其影响主要表现在:鲁滨逊这派史家译作的大量出版,这些译作或原作被广泛用作大中学校的教材,30年代前后中国学术界出版的许多"史学概论"一类的书大多数是鲁滨逊及其弟子学说的改头换面或"重新包装"。与前文相比,此文对新史学派在华影响的论述又深入了一步。此后,张先生又连续撰写了《论现代化进程中的美国史学》(《江海学刊》1994年第2期)、《二十世纪前期西方史学输入中国的行程》(《史学理论研究》1996年第1期)两文,基本延续了《现代美国史学在中国》中关于鲁滨逊新史学派的观点。

进入21世纪以后,张广智先生开始站在中西史学交流史的宏观角度认识这一问题。他写于2004年的《论民国时期中西史学交流的特点》(《史学月刊》2004年第11期)一文,深入分析了民国时期中美史学交流的相关情况,认为胡适、何炳松、陈衡哲等留学美国的人物,为中美史学的会通与交融做出了贡献;鲁滨逊新史学派的史学理论和杜威的实验主义被引入中国,促成民国时期美国史学理论直接输入中国的高潮。此外,他还撰写了《关于20世纪中西史学交流史的若干问题》(《史学理论与史学史学刊》2002年卷)、《再论20世纪中外史学交流史的若干问题》(《学术研究》2006年第4期)两文,思考中西史学交流史上的一些理论问题,很值得阅读体会。

在张广智先生的引领下，大陆学界开始有一部分学者加入到鲁滨逊新史学派的研究队伍中来。胡逢祥是较早加入的一位。他在1987年发表的《何炳松与鲁滨逊的"新史学"》（《史学史研究》1987年第3期）一文，介绍了鲁滨逊的学术生平和主要译著，并论述了何炳松在介绍与传播鲁滨逊新史学方面的活动。与张广智先生的《美国"新史学派"述评》一文一样，这篇文章也是为在20世纪五六十年代被完全否定的鲁滨逊新史学派正名的。胡逢祥指出，新史学理论"并非毫无可取之处……对于冲击和改变当时史学界有着相当势力的封建陈旧史学观念，仍有一定的积极作用"，"应给予实事求是的评价"。1996年，胡逢祥又发表《"五四"时期的中国史坛与西方现代史学》（《学术月刊》1996年第12期）一文，将美国鲁滨逊的"新史学"派归类为反传统史学思潮，与实证主义史学思潮（如胡适等人引进的美国的实用主义史学方法）并列为"五四"时期输入中国的两大西方史学潮流，并分析了实证主义史学较之"新史学派"思潮影响更加深远的原因，即实证主义史学与中国传统史学有契合之处，而"新史学观念与中国传统史学的范式差距较大，一时难以找到较切实的结合点"。这一观点得到一部分学者的认可，李孝迁、陈锋等人都采纳了这一说法。

20世纪90年代以后，西方史学在近代中国的传播问题越来越引起学者的关注，有很多专门讨论这一问题的文章和论著出现，且都会论及鲁滨逊新史学派。于沛从史学理论的角度论述鲁滨逊新史学派在中国的影响，他发表于1996年的《外国史学理论的引入和回响》（《历史研究》1996年第3期）一文，指出20世纪初进入中国的各种西方史学理论中，"以鲁滨逊代表的美国'新史学派'的理论，在中国史学界的影响最为突出"；他的《没有理论就没有历史科学——20世纪我国史学理论研究的回顾和思考》（《史学理论研究》2000年第3期）一文，也认为"在'破坏'中国旧史学，'建设'新史学的过程中，以鲁滨逊为代表的美国新史学派理论，发挥了重要的作用"。进入21世纪以后，于沛更撰写了《西方史学的传入和回响》（《浙江学刊》2004年第6期）一文，从四个层次阐述民国时期美国史学在中国的传播与回响：一是何炳松、陈衡哲等留美生在大学讲授世界历史课程；二是鲁滨逊等美国史家的著作和历史教材被介绍到中国；三是杜威的实用主义、鲁滨逊的综合史观等史学理论传入中国；四是李泰棻、陆懋德等学者借鉴美国史学理论编写自己的史学理论著作，并指出"新史学派"代表了一种全新的历史观念，呼应了当时中国史学正在进行的"革命"，因此很快便有积极影响。从这几篇文章可以看出，于沛对于鲁滨逊新史学派及其对华影响的认识是逐步走向全面、走向系统的。

此外，朱政惠、李江涛《20世纪中外史学交流回顾》（《史林》2004年第5期）一文也介绍了20世纪中美史学交流的相关情况，将鲁滨逊新史学派在中国的传播与影响归纳为三点：蒋梦麟较早主张新史学，何炳松积极推行新史学，新史学派代表人物的著作陆续被引进，在一定程度上扩大了学界对这一问题的认识。吴志洁《五四时期输入我国的西方资产阶级史学理论》（《安徽史学》1998年第3期）一文，则将由胡适发端的实验主义方法论和由何炳松倡导的"新史学"都纳入实用主义的旗帜之下，认为实用主义这一派是五四时期输入我国的西方各派资产阶级史学中最值得注意的一派。这一观点也较有新意，观察到鲁滨逊新史学派的哲学思想渊源，比较中肯。当然，对于鲁滨逊新史学派的评论也不完全是肯定的，张越《五四时期的中西史学交融》（《北京师范大学学报》2000年第5期）一文就提出，鲁滨逊的"新史学"是当时西方比较浅显的一种理论，其在中国引起的广泛影响恰说明中西史学交融存在的问题与局限。

2004年，大陆学界出版了一部专门研究鲁滨逊新史学派及其在华传播的专著，即李勇的《鲁滨逊新史学派研究》一书。该书重点论述美国鲁滨逊新史学派产生的历史背景、学术渊源，以及鲁滨逊、比尔德、巴恩斯、贝克、桑戴克、绍特维尔等主要学派成员之间学术观点的继承关系与异同之处，在最后两章则讨论了何炳松、蒋廷黻、胡适、陈衡哲、张荫麟和《史地学报》有关人员如陈训慈、向达等人对传播鲁滨逊新史学派的贡献。书中部分内容经过整理后被收入张广智先生主编的《20世纪中外史学交流》（2007年）一书。该书大大拓宽了读者对于鲁滨逊新史学派及其在中国传播的认识，被誉为"一个在中国的美国史学史研究进程中的标志"[①]。但著者认为胡适"在国内所宣传的史学理论与方法，主要的也是鲁滨逊的

---

① 张广智：《序》，载李勇《鲁滨逊新史学派研究》，安徽人民出版社，2004，第1页。

新史学理论与方法"①，这一论断似有待商榷。胡适的史学方法和鲁滨逊的史学理论都得益于美国实用主义哲学，因此两者都显示出鲜明的实用主义特色，但不能因此就认为胡适的史学方法来自鲁滨逊；况且，并没有明确证据证明鲁滨逊对胡适的影响。此外，著者在"一时还找不到直接的证据"的情况下，就断定"张荫麟对进步史观的批评是受了新史学家鲁滨逊等人的影响"②，这也有些不妥。毕竟，不能因为两个人物在学术观点上有相似之处，就断定两人之间有相互影响的关系。

2005年，还是华东师范大学博士生的李孝迁完成了自己的博士学位论文《西方史学在中国的传播》；此文后由华东师范大学出版社出版。该书以专题方式论述西方史学在近代中国的传播路径，全面收集了文集、日记、笔记、讲义、译稿、档案以及报刊文章等各个途径的史料，是迄今为止梳理西方史学在华传播过程最为详细的著作之一。诚如张广智先生所说，该书"是一篇材料翔实、分析细致，深入研究20世纪前期西方史学输入中国及其影响的佳作"③。该书第五章专论"美国鲁滨逊新史学派在华的传播轨迹"，用详细的史料说明了《新史学》一书的早期流传和翻译过程，论述了鲁滨逊、比尔德、巴恩斯、绍特维尔、海斯、蒙、桑戴克等新史学派主要人物的著作在中国的译介与传播过程，谈论了鲁滨逊新史学派理论对民国时期的史学理论与史学史建设的贡献，并发现了一批过去为人所不知的鲁滨逊新史学派的中国学生（以何炳松、蒋廷黻、黄文山三人为代表），阐述了中国学人在输入鲁滨逊新史学派中的贡献，再一次加深了我们对于鲁滨逊新史学派及其在中国传播的认识。一年后，他将这部分内容再做整理，发表在《东方论坛》上。

与大部分人的研究视角不同，叶建的《近代汉译名著与西方史学理论的传播》（《求索》2007年第9期）一文是从汉译名著的角度谈论西方史学理论在华传播问题的文章。该文归纳了"近代汉译史学理论著述的内容及其类型"，总结出在20世纪上半期出版的汉译史学理论著述中"最占优势"的两类译著：一类以介绍西方实证主义史学理论为主，另一类就是

---

① 李勇：《鲁滨逊新史学派研究》，安徽人民出版社，2004，第200页。
② 同上书，第215页。
③ 张广智：《再论20世纪中外史学交流史的若干问题》，《学术研究》2006年第4期，第92~99页。

鲁滨逊"新史学"流派的史学理论汉译本。该文还论述了"近代汉译史学理论著述的出版状况"以及"译者的构成及其变化"。此外，文章从读者接受的角度分析了"西方实证主义史学或鲁滨逊新史学的相关论述会有大量的学者从事翻译、出版"的三点原因：一是时人把这两种理论当作代表当时世界史学发展的主流，二是这两种理论在深度和语言运用上的差异性在客观上满足了读者不同层次的需要，三是当时的学者把相对主义史学理论等方面的著述视为这两种理论的余波。该文有将史学史研究与出版史、社会史相结合的趋势，为中外史学交流研究提供了一个新的视角。

2. 在论述近代中国史学发展问题时论及鲁滨逊新史学派的影响

关于近代中国史学发展问题的研究成果非常之多，且很多都会涉及鲁滨逊新史学派，笔者在此无法一一论述，只能择其要者加以说明。刘俐娜、张书学、朱发建、王东等人都从史学思潮或历史思想的角度论述近代中国史学的发展。刘俐娜《西方新史学与"五四"史学思潮》（《史学理论研究》1993年第3期）一文论述了五四时期西方新史学潮流在中国的传播，指出"鲁滨逊的新史学思想在中国史学界介绍得更为系统，影响也较深"，并将此"归功于何炳松的努力"。张书学《中国现代史学主潮论纲》[《山东大学学报》（哲学社会科学版）2000年第6期]一文认为，近代中国的相对主义史学思潮由梁启超、何炳松首发其难，朱谦之、张荫麟等随继其后，强调史学的主观性，重视理论的探讨和史观的建构，倡导史学的实用性。朱发建的博士学位论文《中国近代史学科学化进程研究（1902—1949年）》从"科学"思潮的角度论述近代中国史学的发展，提出："五四"前后，社会科学化的"史观派"史学异军突起，强调史学研究应从注重"科学方法"转向以"科学理论"解释历史材料与史实、探求历史发展的"理法"、构造新史体系上来，由此开辟了近代史学科学化的另一条路径，其中之一就是鲁滨逊的"新史学"。王东《历史主义与20世纪上半期的中国史学》（《史学理论研究》2006年第3期）一文则探讨了20世纪上半期西方历史主义思想在中国的传播与影响，指出历史主义学说在20世纪上半期通过美国"开始了在中国的系统传播过程"；其中，"何炳松起了十分重要的作用，他以首先介绍和传播鲁滨逊的'新史学'而知名于时，而鲁滨逊'新史学'的哲学核心,正是德国的新康德主义历史哲学"。

桑兵的《近代中国的新史学及其流变》(《史学月刊》2007年第11期)一文对近代中国新史学流变的考察非常详细,文章论及鲁滨逊《新史学》一书在破坏旧史学、建设新史学方面的作用,并分析了胡适没有替《新史学》作序的原因,即胡适与何炳松在学术理念上的差异(如何炳松主张史学纯属主观,不可能像自然科学那样成为真正的科学,这与胡适的看法差异较大)。陈峰《20世纪中国史学进程中的社会科学化路向概观》[《廊坊师范学院学报》(社会科学版)2016年第3期]一文也很有新意,从近代中国史学的社会科学化的视角,将20世纪中国史学划分为两种基本路径:一是自然科学化,二是社会科学化,指出"实证史学、新历史考证学或曰史料学派基本因循的是自然科学化路径,唯物史观史学、社会经济史学应归属于社会科学化路径";而美国新史学派理论的传入(包括《新史学》《新史学与社会科学》等史书的译介)促进了社会科学为史学同盟军、以社会科学治史的观念的普及。这种"社会科学化"的视角也体现在赵世瑜《二十世纪中国社会史研究的回顾与思考》(《历史研究》2001年第6期)一文中。该文从社会史研究的角度,讨论了鲁滨逊《新史学》一书对近代中国社会史研究的影响,认为社会史研究方法的开放性与多元性(即倡导多学科的方法,以适应上述历史研究范围扩大、着眼点下移等方面的需求)在20世纪初就已体现出来,这正是得益于以《新史学》为代表的西方社会科学理论和新史学方法的引进。

3. 对鲁滨逊新史学派在华传播者进行专题研究

新史学派理论在中国的传播,离不开中国学人的大力宣传。这批传播者也是学界集中研究的对象。

首先是何炳松。他是新史学派的首倡者,受关注最多,相关研究成果当然也是最多的。金毓黻早在1941年就在《最近史学之趋势》一文中指出了何炳松对中国新史学建设的贡献:"新史学之建设,始于梁启超,而何炳松尤屡言之而不厌。何谓新史学及新史?即用近代最新之方法,以改造旧史之谓也。……何炳松曾取美国鲁滨逊博士之《新史学》,译为汉文。"[1] 大陆改革开放后,有大量关于何炳松的研究成果问世。大部分学者都肯定了他在传

---

[1] 金毓黻:《最近史学之趋势》,载金毓黻《中国史学史》,河北教育出版社,2010,"附录"。

播鲁滨逊新史学理论方面的贡献及其将中外史学理论融会贯通、更新中国传统史学理论的努力。谭其骧、胡逢祥、张书学、洪认清、刘家辉、吕强、刘馨、蔡家勇、杨永胜、王姝等人都有类似观点。

也有学者专门讨论何炳松在中国历史学学科建设方面的活动，如李春雷《传承与更新：留美生与民国时期的史学》（2005年南开大学博士学位论文）一文论述了何炳松在大学介绍西方史学方法的贡献以及他在教材的译介和加工方面所做的工作；房鑫亮《浅议何炳松对史学史的贡献》[《暨南学报》（哲学社会科学版）1991年第2期]一文重点论述何炳松在史学史研究，尤其是中国史学史研究方面的成就，认为他的史学史研究思想和方法很多都来自鲁滨逊新史学派；周文玖《何炳松的史学理论及其史学史研究》（《求是学刊》2000年第7期）则探讨了何炳松的史学理论及其对史学史的研究，指出何炳松之翻译《新史学》标志着20世纪初通过日本介绍西洋史学理论的终结，认为何炳松在介绍新史学派等西方史学理论方面多有建树，并"比较早地把中国史学史看成一门专史，并对此进行了有计划的开拓性研究和探讨……是中国史学史学科的早期开拓者之一"。此外，还有很多研究何炳松历史教育思想的学者，如朱煜、张天明、黎文俊、岳颖等人。

何炳松在传播鲁滨逊"新史学"等西方史学理论上的贡献是有目共睹的，但也有学者看到其存在的不足，甚至对其工作提出质疑。胡逢祥《何炳松与鲁滨逊的"新史学"》（《史学史研究》1987年第3期）一文提出，何炳松的史学方法论主要仍停留在介绍和移植西方资产阶级史学的水平上，这是"五四"以后我国多数资产阶级史学家的通病。洪认清《评何炳松对西方史学理论和方法论的译介》（《史学史研究》2002年第2期）一文也认为，何炳松未能完全熔铸成自己新的学理，其学术思想中西方史学理论部分和中国传统史学理论部分仍处于脱节状态。李孝迁的观点更加大胆，他在《美国鲁滨逊新史学派在中国的回响（上）》（《东方论坛》2005年第6期）一文中怀疑何炳松是否是最初将《新史学》输入中国之人，因为何炳松所译《新史学》有疏漏之处，何炳松本人也直认不讳，而且他翻译所用的底本是北大出版部的翻印本，由此推测他本人可能没有英文原书。

何炳松之外，蒋廷黻也是备受关注的新史学派传播者。李勇《鲁滨逊新史学派研究》一书对此有专门论述，指出"蒋廷黻在美国哥伦比亚大学师从海斯而成为鲁滨逊的再传，其对中国近代外交史的诠释主要依据海斯的族国主义的观点，其史学观念几乎是鲁滨逊及其弟子巴恩斯等人相关理论的翻版"。宋俊的硕士学位论文《蒋廷黻史学研究——兼论20世纪30年代中国近代史研究的两种范式》也认为，"蒋廷黻选择中国近代史作为研究方向，首先是受湘湖文化中的经世致用的传统影响，其次与他在哥伦比亚大学师从海斯和接受的近代史训练有关"，其史学观与史学实践明显受到美国"新史学派"思想的影响。

其次是陈衡哲。朱煜《历史意识：20世纪20年代历史教科书的叙述分析——以顾颉刚、陈衡哲编纂的新学制历史教科书为例》（《历史教学问题》2007年第5期）一文提出，陈衡哲深受美国"新史学"理论熏陶，并以此作为"标鹄"指导《西洋史》的编纂。李长林《我国世界史研究的先驱——纪念陈衡哲先生诞辰120周年》（《世界历史》2011年第4期）一文也指出，陈衡哲在留学期间攻读历史时深受"新史学"理论和方法的熏陶，其《西洋史》充分吸纳了鲁滨逊"新史学"的理论与方法。于沛《20世纪上半期的中国西方史学理论研究》（《文史知识》2013年第8期）一文也持相同观点。

再次是陆懋德。郭福生的硕士学位论文《陆懋德学术研究》认为，陆懋德的综合史观是力图找到一条合理的解释历史的途径，这明显受到了美国史学家巴恩斯的影响；例如，他非常欣赏巴恩斯《新史学或综合史学》一书中关于"综合派"的提法，并多次引用。武树轻《陆懋德的综合史观》（《宜宾学院学报》2011年第11期）一文也注意到，陆懋德的综合史观是一种多元史观，他强调"物质和心理并重，用史学与其他社会科学结盟的综合观点来解释历史"，以推求历史发展变化的原因和结果，把握历史发展的趋势；这种史观受到鲁滨逊"新史学派"的影响。

4. 在讨论近代中国历史学学科发展时论及新史学派的影响

20世纪20年代北京大学史学系与清华大学史学系的学科建设都在一定程度上与鲁滨逊新史学派理论有关。北京大学史学系在1920年由朱希祖主持课程改革，把政治学、经济学、社会学、社会心理等基本社会科学纳入课程体系当中。对此，桑兵《教学需求与学风转变——近代大学史学教育的社会科学化》(《中国社会科学》2001年第4期)一文提出,朱希祖的理念完全是受提倡综合史观的新史学的影响,包括美国鲁滨逊关于历史时间连贯性的主张和德国兰普雷希特关于空间普遍性的主张。周文玖《朱希祖与中国现代史学体系的建立——以他与北京大学史学系的关系为考察中心》[《烟台师范学院学报》(哲学社会科学版)2006年第1期]一文也认为,朱希祖接受了德国兰普雷希特和美国鲁滨逊"新史学派"的史学思想,并以此为指导推进北京大学史学系课程改革,为中国史学近代化转型做出了重要贡献。尚小明《抗战前北大史学系的课程变革》(《近代史研究》2006年第1期)一文也持相同观点。至于朱希祖的改革为何没有成功,尚小明认为,原因在于他的改革"淡化了历史学的专业色彩,而且与当时大学应当以培养专门人才为职责的普遍理念相冲突","带有理想化的色彩",所以无法进行下去。

清华大学史学系的早期发展与蒋廷黻、罗家伦、陆懋德等人关系很大,而这几人都是留美生,在一定程度上运用鲁滨逊新史学派的理论进行课程改革。吴兴星的硕士学位论文《清华历史系的早期发展(1926—1935)》论述了清华大学历史系的早期发展,指出早期清华属于留美预备学校性质,以美国大学为标准,因此历史课程设置也带有强烈的美国特色;早期三任系主任陆懋德、罗家伦、蒋廷黻都是留美生,更是将美国的历史教育思想、历史理论引进中国,一步一步推进清华大学历史学科的完整建制。刘红、刘超《老清华史学共同体之命途——从梁启超到雷海宗》(《清华大学教育研究》2012年第5期)一文则从教育学的角度介绍了罗家伦和蒋廷黻对清华大学史学系的贡献。

鲁滨逊新史学派理论对中国历史学学科发展的影响,不仅体现在北京大学、清华大学两校史学系的课程改革上,更体现在中国的世界史、中国近现代史、中国史学史以及西方史学史的学科建设上。世界史方面。张广智《略论世界史在二十世纪的重构》(《学习与探索》1992年第5期)一文论及美国世界史著作对中国世界史学科建设的影响,包括海斯、蒙等人合著的《世界史》以及《迈尔通史》等。张家唐、杨学新《中国世界史学科初创时期述论》(《历史教学》2003年第6期)一文指出,我国早期从事世界史研究的多是有欧美留学经历的教学人员,如何炳松、陈翰笙、雷海宗、齐思和等,他们在执教过程中翻译、编辑了一些外国历史的书籍和资料,是我国世界史学科的奠基者。陈琼的硕士学位论文《二十世纪上半叶中国世界史学科的建设——以北大、清华的世界史学科为考察对象》以北京大学、清华大学的世界史学科为例,考察了20世纪20~40年代中国世界史学科的初创和发展,指出留美派在其中扮演着重要角色。沈军的硕士学位论文《民国时期中学外国史教科书初探》以中学外国史教科书为对象,考察了民国时期美国(历史)教育思想对中国的影响。

中国近代史方面。刘超《清华学人与中国近代史研究——从罗家伦、蒋廷黻到郭廷以、邵循正、费正清》(《江苏社会科学》2013年第4期)一文,论述了罗家伦、蒋廷黻两位留美学人在中国近代史学科创建中的所扮演的重要角色,指出罗、蒋二人都曾在哥伦比亚大学接受较系统的训练和新史学理念,回国后联手推动清华大学史学近代化,使清华大学史学系成为新史学的重镇。罗珍《民国年间的中国近代史研究》(《黑龙江史志》2014年第5期)一文观察到"20世纪早期从事中国近代史研究的中国学者多有海外留学的经历,他们受到史学家关于世界近代史研究的理论及观念的影响很深",如留学美国的蒋廷黻、张忠绂等,在中国近代史研究上形成了严谨的、近于苛刻的学风。龚云《中国近代史研究范式的建立(1931—1949)》(《团结报》2014年4月10日第7版)一文提出,中国近代史研究学科兴起的途径之一是受过西方史学训练的史学工作者运用西方资产阶级方法进行研究,代表者是留学美国的蒋廷黻,他建构了中国近代史研究的"现代化范式"。

中国史学史方面,学界的讨论集中在何炳松对中国史学史建设的贡献上,详见上文。西方史学史方面。张广智《西方史学史研究在中国》(《史学史研究》1985年第2期)一文论述了20世纪上半期中国西方史学史研究的发展历程,指出美国史学对中国的影响尤大,表现在大量译著的出版:一类是专门阐述西方史学理论与史学方法的作品,如美国史家亨利·约翰生、巴恩斯等人的著作,影响了本土史学概论书籍的编写;另一类是西方史学史的译著,这方面的知识大多来自美国"新史学派"的著作。其《西方史学史学科在中国的历史进程述要》[《福建论坛》(人文社会科学版)2010年第1期]一文持有相同观点。张洁《20世纪20年代中国西方史学课程建设研究——以留美学人为考察对象》[《温州大学学报》(社会科学版)2015年第1期]一文提出,20世纪20年代,以北京大学为主要阵地，中国西方史学课程正式开设，胡适、何炳松、陈衡哲、余楠秋、蒋廷黻等留美学人通过讲坛授课、翻译西方史著、编写教材等途径传播西方史学理论和方法，让西方史学成为中国史学研究与建设的重要参照，使中国史学与世界接轨，对中国西方史学课程的建设做出了重大贡献。王应宪《民国时期西洋史学史课程检视》（《史学史研究》2015 年第 3 期）一文介绍了胡适、朱希祖、何炳松、陈翰笙等人在输入西方（美国）史学成果方面的贡献。陈恒《西方史学史的诞生、发展及其在中国的接受》（《史学史研究》2016 年第 2 期）一文也指出，20 世纪二三十年代《新史学》《西洋史学史》《史学》《新史学与社会科学》《史学方法概论》等鲁滨逊新史学派著作的汉译"为未来的中国西方史学史研究奠定了初步基础"。

（三）关于美国汉学研究著作在华传播的研究

自改革开放以来，美国汉学发展的历史与现状一直是学界研究的热点问题，王晴佳、张铠、侯且岸、仇华飞、朱政惠、吴原元、赵晨诗、范志慧、顾均、孟庆波、元青等人都有相关论著问世。大部分人的关注点都在美国汉学本身，重点论述了美国汉学的发展历程以及重要汉学家的研究成绩。近年来，关于美国汉学的研究逐步走向深化。部分学者在关注美国汉学本身发展状况的同时，也开始注意到美国的汉学研究成果如何"回归"中国以及在中国引起的反响。关于 20 世纪上半期美国汉学对中国史学的影响，桑兵、李孝迁、吴原元、朱政惠、王宪明、孙长芳、王杨红、袁剑等学者做了很多细致而深入的工作。

桑兵于 1996 年发表的《晚清民国时期的国学研究与西学》（《历史研究》1996 年第 5 期）一文论及近代中美汉学交流的一些情况。文章提出，近代国学研究取得长足进步的领域，都是与欧美、日本的考古学、语言学、比较宗教学发达的情形相对应的，体现了中西学的融会贯通；许多著名的国学大家（如胡适、陈寅恪、赵元任、李济等留美生）有过留学经历或学习、传播过西学；"这一时期的国学研究机构与个人也十分注重了解欧美、日本等国关于中国研究的学术动态，并积极加强与国际学术同行及组织的联系交往"，如李济与美国毕士博合作到山西等地考古；"在欧美、日本汉学发展趋势的影响下，近代国学研究造成学术风格与重心的三方面转变：一是发现资料由专注于文献转向趋重实物和实地发掘调查；二是由专注于上层精英正统下移到民间地方社会……三是各学科的互动与整合实际上已经开始"。

《晚清民国时期的国学研究与西学》一文是国内学界较早关注近代美国汉学与中国国学研究之间关系的文章。14年后，在这篇文章的基础上，桑兵又出版了一本论述近代中国国学研究与海外汉学研究的专著，即2010年由中国人民大学出版社出版的《国学与汉学》一书。该书设有专篇"新大陆的影响"，专门论述美国汉学对中国的影响。文章指出，20世纪初美国的汉学研究总体成就不高，但对中国的影响却不小，这不仅指留美学生在新文化运动中扮演了重要角色，影响近代中国的整个思想与文化至深且远，更重要的是美国汉学界在几个特殊领域直接影响了中国的相关研究：一是考古学的建立；二是美国哥伦比亚大学国际社会研究室主任魏特夫来华在北京进行研究，得到陶希圣、邓之诚等学者的极大帮助；三是20世纪30年代起，由于哈佛燕京学社、太平洋学会的成立等机缘，来华的美国学人日渐增多，其中不少人主动与中国学者交流。作者认为，一战以后美国的中国研究能够后来居上，超越欧洲正统，除本身条件使然，中国方面的影响至关重要；而来华学者学人得到中国同行的帮助，是其中的重要因素。

继桑兵之后，对此论题有进一步研究贡献的是李孝迁。他在撰写博士学位论文时便有意收集与汉学相关的材料，并在毕业以后陆续发表研究成果。其《民国时期国际汉学史研究》（载2009年《中外关系史论文集第17辑——"草原丝绸之路"学术研讨会论文集》）一文指出，"二战以前美国汉学研究基础薄弱，还没有对我国的学术研究构成较大的冲击，但对美国个别汉学家及其著作的评论还是时有所见"。其《魏特夫与近代中国学术界》（《人文杂志》2010年第6期）一文，详细讨论了美国汉学家魏特夫与近代中国学术界的渊源，指出他的治学方法（以社会科学理论尤其是"马克思主义"理论解释中国历史）虽在中国有一些推崇者，但各派学者对他的批评并不少见，且中国主流学界并不认可他的成果。其《北京华文学校述论》（《学术研究》2014年第2期）一文，则深入考察了北京华文学校在近代中美学术交流以及美国汉学发展中的作用。文章认为，华文学校在华存在36年，培养了大量的杰出汉学家、外交官、军事人员；美国第一代中国问题研究专家大多曾在此学习生活，学校教职员如马尔智、恒慕义、明义士及其学生如富路特、毕乃德、费正清等，对美国汉学界的影响尤为凸显，开创了日后美国中国学研究的先河；而华文学校之所以对美国汉学界贡献甚大，在于它不是一所纯粹的语言学校，它不仅非常重视文化课程，还广邀中外著名人士演讲，"让青年学生听到有关中国问题的不同声音，有助于他们开阔视野，全面了解中国，为研究汉学储备丰富的知识"。这些文章后经过整理被收录进作者2014年出版的《域外汉学与中国现代史学》一书。

在中外汉学交流的宏观历史图景上，朱政惠注意到雷海宗这位中国史学家在其中所起的作用。他的《80年前雷海宗对国际汉学研究的关注》（《中华读书报》2012年9月26日第15版）一文，考察了20世纪30年代雷海宗在《清华学报》上发表的数篇对国际汉学（包括美国汉学）著作的评论文章，分析了雷海宗此类书评的特点，如：（1）"从大局上关心当时有重要影响的汉学著作，关心那些能体现学术前沿、有突出特点的成果，包括学术活跃度相当高的学者的作品"；（2）"关心原创程度的分析，即在西方相关研究中的原创程度，与中国同类成果相比较的原创程度"；（3）"看重这些著作的编纂框架、谋篇布局、详略安排，认为能反映出学者的编纂意图，是学术主旨的体现，得失分析的窗口"；（4）"用心观察这些著作的史料运用、作者的中国历史认识及其相关理解的准确程度，他认为这是学者基本功的反映，也有个对子孙后代负责的问题"。朱政惠认为："这些评论即使在今天看来也很有道理……今天适当回顾，仍有其借鉴意义。"

如果说桑兵、李孝迁、朱政惠都是从中外汉学交流的视角论及美国汉学，那么吴原元则从美国汉学的视角专门论述了民国时期美国汉学的研究成果在中国学界引起的反响。他的《民国学者视野中的美国汉学研究》[《华南农业大学学报》（社会科学版）2014年第3期]一文收集了很多民国学者撰写的美国汉学研究著作的书评，以此考察民国学者对美国汉学研究著作的态度，认为民国学者在面对海外汉学著述时"坚持一种批判研究的态度，在充分注意其局限之同时，尽可能挖掘有助于中国学术之可取处"：批判方面表现在"美国汉学存在研究者中文修养薄弱、解释和译注史料时常有误、材料搜集和审别难以博雅、观点或结论难求其情真理得等局限";肯定方面表现在"公开合作之精神、新颖之视角和方法、重视组织结构与系统性、冷僻领域和材料之注意等"。吴原元的这项工作很有价值,是美国汉学成果在华传播之研究走向深入的表现。

以上学者都是从宏观角度论述美国汉学研究成果在华传播情况,还有一些学者从个案入手,论述个别人物或个别作品在这一过程中所起的作用。美国著名汉学家马士的中国近代史研究对中国学界的影响是较早得到关注的一个问题。王宪明在2004年就发表了《蒋廷黻著〈中国近代史〉学术影响源探析——以所受"新史学"及马士的影响为中心》(《河北学刊》2004年第4期)一文,论述近代中国史学家蒋廷黻的中国近代史研究如何受到马士的影响。作者通过对比蒋廷黻的《中国近代史》与马士的《中华帝国对外关系史》,指出蒋著在四大方面受到了马著的影响,即"近代中国的时代定位及随之而来的学习西方""实现近代化主题的确定""近代历史的起点以及近代史的分期""对档案史料的重视";虽然受影响的痕迹很明显,但作者也指出,这种影响"不是简单地承袭,而是结合中国历史文化的实际进行了相应的改进,并在档案文献的使用等方面补正了马士的缺陷,为此后中国近代史的研究奠定了基础"。孙长芳的硕士学位论文《论马士〈中华帝国对外关系史〉及其影响》也是考察马士《中华帝国对外关系史》一书对近代中国学界的影响的文章。该文在前述王应宪一文的基础上,进一步分析出蒋廷黻《中国近代史》一书在写作布局、史学方法、现实关怀、对于帝国主义的态度、对国内士大夫阶级的批评以及对在外交上熟悉外情的官吏的推许等方面都受到马士的影响;此外,作者进一步提出,除了蒋廷黻,陈恭禄《中国近代史》一书在编写方法、相关问题的叙述以及评判方面也借鉴了马士的著作。

同样受到关注的个案还有美国汉学家夏德和柔克义翻译的《诸蕃志》译注以及拉铁摩尔汉学研究成果的在华传播问题。王杨红《〈诸蕃志〉译注及其近代"回归"中国故土》(《史林》2015年第6期)一文详细考察了夏德、柔克义所作《诸蕃志》译注的价值及其"回归"中国故土的过程。这一"回归"的过程始于1914年进入近代中国学人之视野,到2000年《诸蕃志注补》整理出版,先后经过罗振玉、叶华芬、张星烺、冯承钧、李长傅、温雄飞、方豪、韩振华等数代先贤的努力;这一过程不仅是一部著作的简单流传,而是"中国中外关系史相关领域的研讨不断得以推进、完善、提升"的体现。袁剑《二十世纪三四十年代拉铁摩尔理论的在华接受史——以民国报刊与文献的梳理与分析为例》[《西南民族大学学报》（人文社会科学版）2015 年第 11 期]一文则详细梳理并分析了民国时期与美国汉学家拉铁摩尔相关的报刊与文献，勾勒出 20 世纪三四十年代拉铁摩尔及其理论被国内学术界及相关舆论介绍并逐步熟悉的过程，认为拉铁摩尔理论的在华接受史可以"折射出当时国内学术界对于边疆与中原关系的相关认知层次"；通过这一个案，作者提出："在传统的舆地研究传统之外引入国际学术界的地缘政治、环境论以及国际关系研究视角，可以更为清晰地揭示当时学术界在相关问题上的共通与分化，进而从中心-边缘内在关系角度重新梳理 20 世纪三四十年代的中国学术史，重新勾绘出一幅凸显'边疆'空间与结构的中国知识图景。"

（四）分析与总结

从以上综述看，目前学界对于美著史书在华传播情况的研究还是很丰硕的，涉及清末汉译历史教科书、美国鲁滨逊新史学派以及美国汉学研究著作等方面，为笔者进一步探究此问题提供了极为重要的借鉴。综合上述成果以及笔者所掌握资料，笔者认为还可以从以下几个方面推进对这一领域的研究。

第一，对美国新史学派在华传播情况的研究仍有完善的必要。虽然美国新史学派代表性人物（如鲁滨逊、巴恩斯）与代表性著作（如《新史学》《新史学与社会科学》）在华传播情况已经得到了很多学者的关注，但笔者通过研究发现，仍有很大一部分人物和著作隐藏在人们的关注范围以外。对于那些隐藏在历史资料碎片中的人物与著作，我们有义务把它们发掘出来，并进行仔细的梳理和研究。唯有如此，我们才能对新史学派史书在华传播情况形成一个全面的认识。

第二，对美国新史学派及其在美国的学术地位有进一步说明的必要。李勇的《鲁滨逊新史学派研究》一书对鲁滨逊新史学派内部成员的师承关系以及思想异同都做了十分细致的归纳，是笔者前期学习的重要书目。但此书论述的是美国新史学派中的鲁滨逊一支，并未论及其他一些史学派别，例如特纳（F. J. Turner）的边疆学派，不能使读者了解到 20 世纪上半期美国新史学派的全部面貌。因此，笔者认为有进一步说明新史学派及其在美国的学术地位的必要。这不仅可以使我们更加清楚地认识美国新史学派的来龙去脉，也可以使我们对于"当时进入中国的新史学派是否具有落后性"这一问题形成自己的认识。

第三，对美国汉学研究著作在华传播情况的研究也有进一步扩展的空间。目前学界对于这一领域的研究虽然取得了一定成果，但仍显不足。桑兵与李孝迁的研究倾向于人物交往，以书籍的译介与传播作为其研究资料。吴原元《民国学者视野中的美国汉学研究》一文的研究范围偏重中国古代史与古代文化研究的著作，没有论及偏重近现代中国研究的著作。其他人的关注点则集中在个别人物身上，如马士、夏德、柔克义、拉铁摩尔等。这些专题性的知识使我们对美国汉学研究著作在华传播情况有了一个初步认识，但不足以描绘 20 世纪上半期美国汉学研究著作在华传播历程的全貌。笔者力有不逮，当然也不能给予读者一个细致入微的全貌，但通过所掌握资料，至少可以描绘一条相对清晰的脉络。

第四，对美国通俗历史读物的研究尚处于一片空白之中，有填补空白的必要。据笔者考察，20 世纪上半期被翻译到中国的美国通俗历史读物规模不小，包括一般历史读物、儿童历史读物、人物传记等。虽然通俗历史读物对史学的学术影响很小，但它们在近代中国的翻译与当时中国的社会诉求有很大关系。例如，晚清时期汉译美著史书的译者经常会提到"自由""民主""女权"等概念，这正是晚清时期中国社会渴望实现独立自主、民主自由、性别平等的体现。再如，20 世纪二三十年代有多部美国人撰写的日本史被译介到中国，也恰是那一时期中国对日本集中关注的体现。所以说，是近代中国的"需要"召唤着这批美国通俗历史读物从大洋彼岸来到东亚大陆。对于它们在华传播历程的研究，是美著史书在华传播历程研究不可或缺的一部分。

四 重点、难点与创新点

（一）重点、难点

考察 20 世纪上半期美著史书在华传播与影响，重点在于美著史书在华传播历程及其对中国史学的影响。在传播历程方面，要勾勒出美著史书传播的基本脉络：哪些史书通过哪些渠道进入中国？哪些中国学者关注到哪些美著史书，并对其做出哪些评价？这些都是本书需要厘清的基本史实。在此基础上，本书将分析进入中国的美著史书对中国史学的影响：哪些美著史书对中国史学的发展造成了影响？其影响具体体现在哪些方面？关于这些问题的考察，对于我们认识中美史学交流具有重大价值，因此是本书需要重点论述的内容。

重点在很大程度上也是难点。考察美国新史学派史书和美国汉学研究著作对中国史学的影响，应该从哪个方面着手？这是本书需要解决的一大难点。无论是新史学派的著作，还是美国的汉学研究著作，它们在中国的传播规模都是很大的，简单的概括是不够的，必须在全面深入研读原著的基础上结合中国的实际进行类别划分，从不同层次考察它们的具体影响。例如，新史学派的很多著作都是史学理论著作，因此可以考察它们对中国史学理论的影响；再如，很多著作都是大学课堂的世界史教科书，因此可以考察这部分著作对中国世界史教学的影响。除此之外，还有一个难点，即资料搜集的困难。要厘清美著史书在华传播的基本脉络，必须对其传播痕迹进行地毯式的全面搜索，任何与之相关的传播渠道，如出版史资料、教育史资料、期刊资料，都是笔者需要考察的范围。在如此广阔的资料海洋中搜索与美著史书相关的信息，工作量很大，需要充分利用现代信息搜索技术，花费大量的时间。

（二）创新点

基于现有的研究成果与可利用的文献资料，本书的创新点可归纳如下：

第一，在研究对象上，本书是对 20 世纪上半期美著史书在华传播历程的综合性研究，不仅包括已经受到学界关注的晚清时期进入中国的美著历史教科书以及五四以后进入中国的美国新史学派史书，也包括学界关注较少的美国汉学研究著述与通俗历史读物。这种针对这一领域的综合性研究既是对已有研究成果的梳理与吸收，也是对已有研究成绩的补充与推进。

第二，在研究方法上，本书发掘了大量之前未被关注的史料，并加以合理运用。目前学界对 20 世纪上半期美著史书在华传播问题的相关研究，虽已用到很多民国书籍、民国期刊以及教育史资料等，但还不够充分。本书在充分利用已有研究资料的基础上，进一步扩大史料搜集范围，不仅全面搜集了 20 世纪上半期与主题相关的中文史料（包括出版史料、期刊史料、教育史料等），对美国方面的英文史料（包括在华传播的美著史书的英文原著，发表在国外学术期刊的书评文章等）也尽可能地加以利用和研究，尽量扩大本书的史料范围。

第三，在研究结果上，通过对原始史料和已有研究成果的综合分析，本书得出了一些关于 20 世纪上半期美著史书在华传播问题的独立结论。试举几例如下：（1）20 世纪上半期在华翻译出版的美国新史学派史书规模很大，不仅包括学界所熟知的鲁滨逊、巴恩斯、绍特维尔、亨利·约翰生、傅舲、海斯、蒙、桑戴克等人的著作，也包括之前关注较少的斯温、多玛士、哈模、汤姆生、沙比罗、马克尔洛、纳文斯、康玛格、葛德沙尔克等人的著作；（2）美国新史学派世界史与国别史著作对中国的世界史教学影响很大，很多中国高校的世界史课程都使用英文原本新史学派著作作为教科书或参考书，促进了新史学派的"综合史观"在中国高校的传播；（3）20 世纪上半期"回归"到中国的美国汉学研究著述也有一定规模，它们为中国学者看待本国历史问题提供了一个独特的"他者"视角。

五 研究思路与方法

（一）研究思路

如前所述，迄今系统论述 20 世纪上半期美著史书在华传播问题的专著还未出现，但相关专题已引起学界的注意，并有很多成果问世。因此，笔者将以现有研究成果为基础，在大量收集史料的基础上，展开对 20 世纪上半期美著史书在华传播问题的系统研究。本书的研究思路与篇章结构安排如图 1 所示。

（二）主要研究方法

文献分析法：文献资料是史学研究的基础，没有资料，研究将无从谈起。本书将在占有大量资料（尤其是第一手资料）的基础上，对美著史书在华传播问题进行深入研究。

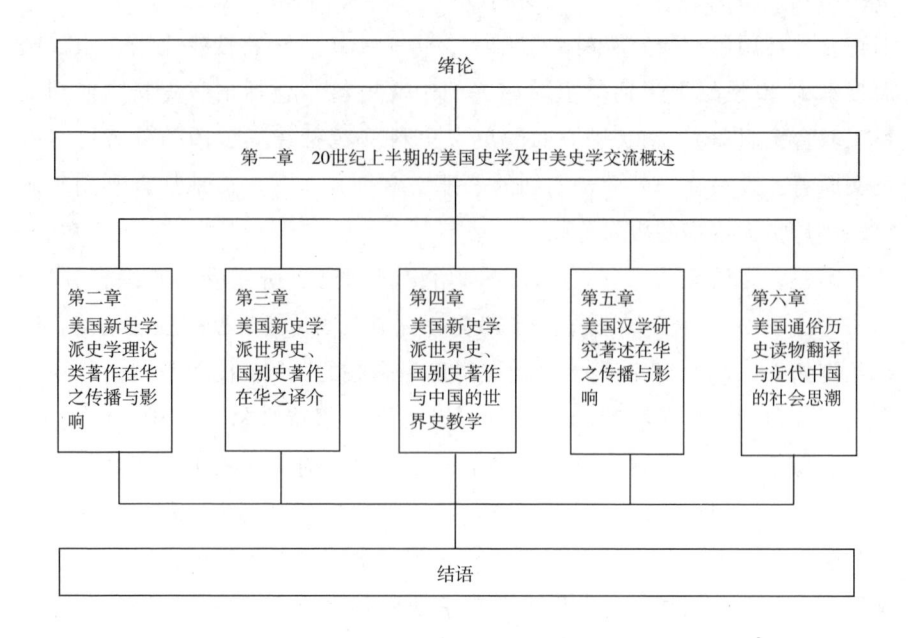

```
                    ┌─────────────────────────────────────┐
                    │              绪论                    │
                    └─────────────────────────────────────┘
                    ┌─────────────────────────────────────┐
                    │ 第一章 20世纪上半期的美国史学及中美史学交流概述 │
                    └─────────────────────────────────────┘
    ┌──────┐  ┌──────┐  ┌──────┐  ┌──────┐  ┌──────┐
    │第二章 │  │第三章 │  │第四章 │  │第五章 │  │第六章 │
    │美国新史学│ │美国新史学│ │美国新史学│ │美国汉学研│ │美国通俗历│
    │派史学理论│ │派世界史、│ │派世界史、│ │究著述在华│ │史读物翻译│
    │类著作在华│ │国别史著作│ │国别史著作│ │之传播与影│ │与近代中国│
    │之传播与影│ │在华之译介│ │与中国的世│ │响        │ │的社会思潮│
    │响        │ │          │ │界史教学  │ │          │ │          │
    └──────┘  └──────┘  └──────┘  └──────┘  └──────┘
                    ┌─────────────────────────────────────┐
                    │              结语                    │
                    └─────────────────────────────────────┘
```

图 1　本书研究思路与篇章结构安排

　　归纳法：对于大量的文献资料，必须按一定的主题进行归纳。资料固然有用，但如果不经过归纳与整理，就是一盘散沙，不能使我们对所研究的主题形成系统认识。

　　统计法：统计法是现代史学研究非常有效的一种方法，本书将采用统计法中的描述统计法，在讨论某些主题时，将以图表形式进行呈现，更直观地展现美著史书在华传播的基本轨迹。

　　比较法：对于相互关联的历史现象和概念，进行比较对照，判断异同、分析缘由，从而把握历史发展进程的共同规律和特殊规律。本书尝试在中美史学、历史教育、不同学者间进行比较研究，以揭示其内在特性。

第一章　20世纪上半期的美国史学及中美史学交流概述

在开始论述20世纪上半期美著史书在华译介与传播情况之前,有必要简要回顾这一时期美国史学的发展以及中美史学交流的基本历程。通过其"域内"发展图景与"域外"传播图景的对比,或可有助于我们对这一时期中美史学交流发展历程的认识。

第一节　20世纪上半期的美国史学

20世纪上半期是美国社会剧烈变革的时代,也是美国史学破旧立新的时代。一批又一批专业史学家走上前台,一本又一本史学著作不断问世。且不说史学家与史学家之间有着立场与观点的不同,就是同一个史学家在不同时期思想也有变化。如此丰富且复杂的史学时代,很难用三言两语就道尽全部。然而,从学术回顾的角度,对这一时期的美国史学作一个概括,确实是必要的。当我们尝试从整体着眼,忽略不同史学家在具体学术观点上的差异,追寻他们在史学理论与史学方法上的共性时,我们的确可以发现,他们身上普遍存在着一股与时代相呼应的气息。正是这股气息,塑造了他们不同于19世纪,也不同于20世纪下半期的史学特色。这种富有时代气息的史学,被后世美国史学家称为"进步主义史学"(Progressive History)。

"进步主义史学"在更多的时候被称作"新史学"(New History)。这一概念的最早使用者是美国史学家厄尔·W.道(Earle Wilbur Dow),1898

年他在一篇书评中首先使用了"新史学"一词。① 但真正使这一概念发扬光大的是著名的进步主义史学家鲁滨逊（James Harvey Robinson，1863-1936），他在 1912 年出版了著名的《新史学》（*The New History*）一书，明确界定了以他为代表的"新"史学家群体所践行的"新史学"的基本理论与框架，成为这批向"旧"史学发起挑战的"新"史学家群体的宣言书。因此，这批史学家群体便自称为"新史学派"。然而，"新史学派"并不特指鲁滨逊及其弟子所组成的鲁滨逊学派。从更广泛的意义上看，"新史学"的理念得到了当时绝大部分史学家的认可与吸收。因此，用"新史学"这一概念概括 20 世纪上半期的美国史学是可行的。如果一定要对"进步主义史学"和"新史学"这两个概念加以区分，那么可以这么说："进步主义史学"是后世史学家赋予 20 世纪上半期美国史学的称呼，是用时代特点来定义史学特点，以区别于 19 世纪或二战以后的史学；而"新史学"是 20 世纪上半期的美国史学家自己赋予自己的称呼，是用自己的"新"来对抗传统的"旧"，具有鲜明的主体意识。

一 新史学（进步主义史学）的产生

后世美国史学家为何称 20 世纪初到二战期间的美国史学为"进步主义史学"？这主要源于那个"进步"的时代。19 世纪末 20 世纪初，随着工业化时代的到来，美国社会在高速发展的同时，也滋生了各种社会弊病。工业化带来了社会财富的飞跃，却加速了贫富分化的到来。在国民财富达到 879 亿美元的 1900 年，仍然有至少 1000 万的人口生活在贫困之中。贫富不均进而引发社会矛盾，阶级对抗运动不断发生。1893~1898 年，美国社会平均每天罢工多达 1171 次。工业化的发展也加速了社会人口的流动，城市建设的速度赶不上人口增加的速度，因此社会问题突出。此外，垄断资本家也开始干预政治，造成民主的丧失与腐败的猖獗。总之，19 世纪末的美国社会，在各个方面都面临着严峻的考验。剑拔弩张的现实矛盾敲响了社会的警钟。工人阶级挺身而出，发出了全面改革的呼声。1905 年，西

---

① Earle Wilbur Dow, "Features of the New History: Apropos of Lamprecht's 'Deutsche Geschichte'," *The American Historical Review*, Vol. 3, No. 3 (Apr., 1898): 431-448.

部矿工联合会联合社会主义者在芝加哥成立了世界产业工人联合会，宣布使用阶级斗争对付敌视工会的工商业主，以此起彼伏的罢工向各种政治团体施加压力。新闻界随之加入进来，派出大批记者揭发工商业界的违法活动，史称"黑幕揭发运动"。知识分子也没有置身事外，伊利（Richard T. Ely）、塞利格曼（Edwin R. A. Seligman）、维布伦（Thorstein Veblen）等经济学家都对经济放任主义大加批判。这些都促使政府不得不进行改革，以适应民众的需求。① 在1900年前后，主导美国政府的共和党形成了以西奥多·罗斯福、罗伯特·拉福莱特、艾伯特·贝弗里奇为首的改革派，带领美国政府也加入了改革的队伍。这一系列的改革运动便被称为"进步主义运动"（Progressive Movement）。因为社会改革的成效使人们相信："理性可以推动社会进步，美国人必有一个美好的未来。"② 虽然一战以后社会改革的力度有所减弱，但进步主义运动并未中止；到20世纪30年代经济大萧条时期，富兰克林·罗斯福的"新政"（New Deal）更为进步主义运动注入了新的活力。因此，20世纪初至二战之间的这段历史时期被称为"进步主义时代"（Progressive Era）。

在这个群情激扬的"进步主义时代"，历史学家也没有缺席。他们同经济学家一样，时刻关注社会问题，并通过自己的著作为社会改革注入活力。他们在风起云涌的社会运动中看到了社会不同阶层之间的对立与冲突，并将这种视角带入历史研究中，以不同社会阶层之间的"对抗"（Conflict）重新解读历史。贝克（Carl Lotus Becker）在《纽约政党，1760~1766》（*Political Parties in New York, 1760-1766*）一书中提出，革命斗争不仅仅是人类权利的抽象历史中的一章，而主要是商人、工人和农民之间为了"地方自治"（Home Rule）以及"谁来自治"（Who Rule at Home）的经济和政治斗争。③ 利比（Orin Grant Libby）在他的《十三州投票联邦宪法的地理分布，1787~1788》（*The Geographical Distribution of the Vote of the Thirteen States on the Federal Constitution, 1787-1788*）一书中，强

---

① 李勇：《鲁滨逊新史学派研究》，安徽人民出版社，2004，第29页。
② 李剑鸣：《关于美国进步主义运动的几个问题》，《世界历史》1996年第6期，第50~58页。
③ Carl Becker, *The History of Political Parties in the Province of New York, 1770-1776* (Madison: University of Wisconsin Press, 1960), p. 5.

调了债务人和债权人之间的冲突。① 比尔德（Charles Austin Beard）在《最高法院与宪法》（*The Supreme Court and the Constitution*）一书中一反颂扬美国宪法的传统论调，指出美国宪法由"顽固的、保守的、商业的和金融的利益"所主导，没有代表大多数"债务人"的利益。② 帕灵顿（Vernon Louis Parrington）的代表作《美国思想的主流》（*Main Currents of American Thought*）中，充斥着"自由主义"和"保守主义"，"资本主义"和"农业主义"的字眼。③ 贝克、比尔德、帕灵顿，都是 20 世纪上半期美国极具影响力的史学家。在他们的引导与号召下，以"对抗"视角④解读历史成为美国史学界风靡一时的研究取向。正是这种与时代同呼吸、共步伐的特征，赋予了 20 世纪上半期的美国史学强烈的时代特征。因此，这一时期的美国史家以及他们所创造的美国史学被称为"进步主义史家"与"进步主义史学"。

这种强烈的时代特征虽然是时代赋予的，但也有思想上的根源，即美国的实用主义（Pragmatism）传统。作为一种哲学理论，实用主义已经影响了美国一个多世纪。而在 20 世纪上半期，对美国史学家影响最大的实验主义者是皮尔士（Charles Sanders Peirce）、詹姆斯（William James）和杜威（John Dewey）。皮尔士认为，对社会群体的调查应该朝着一个假设的欧米茄点（Omega Point）进行，在那里，没有约束的调查会产生真理。詹姆斯认为，当一个问题不能通过经验检验得到明确的回答时，问题就是活的；无论是传统的东西（如宗教信仰）还是激进的东西（如反帝国主义），都可以在个人或集体的经验中进行检验。杜威吸收了詹姆斯关于真理检验的观点，并将这些观点更加明确地扩展到社会分析中。⑤ 总之，实用主义者认为，真理（Truth）需要检验（Test）；只用通过检验、被证明为有用的东西才是真理；真理不是死的，是活的，是基于个人或集体的经验而不

---

① Orin Grant Libby, *The Geographical Distribution of the Vote of the Thirteen States on the Federal Constitution, 1787-1788* (Madison: University of Wisconsin Press, 1894).
② Charles A. Beard, *The Supreme Court and the Constitution* (New York: The Macmillan Company, 1912).
③ Vernon Louis Parrington, *Main Currents in American Thought* (New York: Harcourt, Brace and Company, 1927).
④ 由于这种"对抗"视角，很多人也称进步主义史学派为"对抗派"。
⑤ James T. Kloppenberg, "Pragmatism and the Practice of History: From Turner and Du Bois to Today," *Metaphilosophy*, Vol. 35, No. 1/2, Special Issue: *The Range of Pragmatism and the Limits of Philosophy* (January 2004): 202-225.

断变动的。将这种实用主义的思想运用到历史研究上，就会产生一种实用主义倾向的历史目的论和认识论。亦即，历史应该服务于现实，只有满足现实需要的历史才是有用的；历史不是死的，是活的，活在不同时代人们的认识中。

这种实用主义取向的历史目的论和认识论在进步主义史家的著作中俯拾皆是。"边疆理论"的创始人特纳（Frederick Jackson Turner）是"第一个将实用主义思想纳入历史学术研究的人"①。他在1890年的文章《历史的意义》（The Significance of History）中说，每一代人都写历史，因为它的关注点会随着社会条件的变化而变化。1910年，他在就任美国历史协会主席时发表的演讲中更说：历史学家应该有意识地使用现在作为他们的指导，因为"最近的历史给过去的事件赋予了新的意义"②。比尔德也认为，历史研究应该照亮过去，以推动现行政治的民主改革。③然而，对历史学的实用主义取向阐述得最为明确的当属鲁滨逊。他在哈佛求学时是詹姆斯的学生，后来在哥伦比亚大学任教时又是杜威的同事兼好友。他与杜威"常常在学校的林荫道上交流心得"④，后来两人又共同参与创办社会研究新学院（The New School for Social Research），因此他受杜威影响也很大。他对实用主义思想的强调在《新史学》一书中表达得很清楚："历史观念是不断变化的，将来会有一种新的观念发生，这是十分可能的"；历史无疑是"一个果园，里面种着不同种类的果树，会结出不同味道的果实"。⑤正是这种强烈的实用主义思想倾向，促使20世纪上半期的美国史学家以饱满的热情关注现实问题，以历史作为"了解自己、了解同类、了解人类的种种问题与前景"的途径之一。这也是鲁滨逊眼中历史"最重要"的功用。⑥

---

① James T. Kloppenberg, "Pragmatism and the Practice of History: From Turner and Du Bois to Today," *Metaphilosophy*, Vol. 35, No. 1/2, Special Issue: *The Range of Pragmatism and the Limits of Philosophy* (January 2004): 202-225.
② Ibid.
③ Ibid.
④ 李勇：《鲁滨逊新史学派研究》，安徽人民出版社，2004，第38页。
⑤ James Harvey Robinson, *The New History: Essays Illustrating the Modern Historical Outlook* (New York: The Macmillan Company, 1912), pp. 16-27.
⑥ 由于强烈的实用主义取向，美国进步主义史学有时也被称为实用主义史学。

从外部看，美国进步主义史学的兴起也与欧洲史学思潮变动的影响有关。这种影响在鲁滨逊身上也体现得最为明显。19世纪60年代以后，兰克的科学派史学开始受到来自欧洲大陆的全面挑战。斯宾塞（Herbert Spencer）、布克哈特（Jacob Burckhardt）、巴克尔（Henry Thomas Buckle）、格林（Richard Green）等人发起轰轰烈烈的"文化史运动"，要求突破政治史的狭隘框架，拓宽历史研究领域，以人类的全部文化作为历史研究的对象。① 其中的典型代表是德国的史学家兰普雷希特（Karl Lamprecht, 1856-1915)，他主张研究事件发生的原因，并倡导运用心理学研究历史，与兰克所提倡的客观记叙历史、重建过去的主张完全不同。② 就在"文化史运动"风起云涌之际，美国的鲁滨逊来到德国弗莱堡大学求学，在潜移默化中受到了"文化史运动"的影响。他在《新史学》一书中对传统政治史学狭隘性的批判、对扩大历史研究范围的强调、对运用心理学研究历史的偏好，不能说与这种影响无关。正如张广智先生所说，鲁滨逊的思想"实际上是对19世纪60年代以来欧洲文化史运动的一种继承，但却以一种全新的姿态出现于美国史坛"③。当这种新的史学思想通过《新史学》一书传达到美国史家的耳中时，它瞬间就获得了无比的青睐。

二 特纳、鲁滨逊、巴恩斯："新史学"理论的建构

如果说进步主义时代的每个领域都有一批改革者，那么进步主义史家就是历史学界的改革者。他们擎着"新史学"的旗帜，向传统"旧"史学发起挑战。但挑战的过程并不简单。尽管"新史学"来势汹汹，但"旧"史学依然负隅顽抗；"新史学"虽然对"旧"史学口诛笔伐，但在一定程度上也继承了"旧"史学的遗产；就"新史学"群体内部看，他们的观点也存在着一定的差异。要梳理清楚这段纷繁复杂的历史，也许我们可以打破大多数学者采用的整体论述的方法，将一些代表性史家放回到时间线上，考察他们的代际关系及其流变。

---

① 张兹暑：《简述美国进步主义史学》，《高校社科信息》2003年第5期，第35~41页。
② 肖华锋：《鲁滨逊"新史学"的起源》，《史学理论研究》2004年第1期，第73~78页。
③ 张广智：《美国"新史学派"述评》，《世界历史》1984年第2期，第60~65页。

进步主义史家的前辈是传统科学派史家（Scientific School）。美国的科学派史家活跃于19世纪下半期，他们大都有过德国留学的经历，是科学派鼻祖、德国史学家兰克（Leopold von Ranke，1795-1886）的嫡传或再传弟子，因此将兰克的史学思想带回美国，带动了科学派史学在美国的成长。科学派史学强调历史是一门科学，认为可以通过科学的研究方法找到历史的真相。美国的著名科学派史学家埃梅尔东（Ephraim Emerton，1851-1935）就说过："历史可以位列科学是基于其科学研究方法的事实。"[1] 如果自然科学所研究的是自然界，那么历史科学所研究的就是原始的历史材料。他们坚信，通过对原始材料的深入审察，努力消除历史学家个人的主观色彩，就可以找到历史的真相。美国科学派史家还把兰克创造的Seminar研讨班形式复制到美国。这种形式打破了史学著作由个人（尤其是贵族）独立完成的传统，开创了历史研究的合作方式，促进了美国史学家群体的专业化。如果说在19世纪下半期赴德留学、接受德国专业史学训练的史学家是美国的第一代专业史学家，那么在这批史学家的指导下成长起来的美国本土史学家就是美国的第二代专业史学家。[2]

很多进步主义史家都是受过科学训练的第二代专业史学家。著名的"边疆论"的创始人特纳（Frederick Jackson Turner，1861-1932），就是科学派史学家向进步主义史学家转变的最好例证。他1861年生于威斯康星州，在威斯康星大学获得学士、硕士学位；1888年进入约翰·霍普金斯大学，师从著名科学派史家赫伯特·亚当斯（Herbert Baxter Adams）攻读博士学位，1891年获得博士学位。赫伯特·亚当斯是最早将兰克的Seminar研讨班形式带回美国的人物之一，使他任教的约翰·霍普金斯大学成为美国科学派史学的重镇。特纳，以及他的同学伍德罗·威尔逊（Thomas Woodrow Wilson），就是在赫伯特·亚当斯的指导下成长起来的美国史家。但新一代史家并没有完全接受老一代史家的思想；相反地，他们在很多观点上向老一代史家发起了挑战。

特纳对赫伯特·亚当斯的挑战表现在两个方面。一是反对导师的"胚

---

[1] Ephraim Emerton, "The Historical Seminary in American Teaching", G. Stanley Hall, ed., *Method of Teaching History* (Boston: Ginn, Heath, & Co., 1883), p.197.

[2] John Higham, *The Reconstruction of American History* (New York: Harper & Brothers, 1962), p.19.

芽论"（Germ Theory）。亚当斯认为，古代条顿民族的民主"胚芽"被盎格鲁-撒克逊人带到英国，继而传到美洲，融入新英格兰城镇民主，最后体现在美国宪法中。这是一种典型的美国文化"欧来说"。特纳对此并不认同，他认为，美国政治制度并不是来自欧洲的民主"胚芽"，而是来自美国的西部。他在代表作《边疆在美国历史上的重要性》（The Significance of the Frontier in American History, 1893）一文中明确说："美国制度的特殊性是，它们不得不使自己适应于一个越来越扩张的民族所发生的变化，这些变化是：越过一个大陆，征服广大的原野，以及在进入一个区域以后把边境地带的原始经济和政治条件发展成为复杂的城市生活。"[1] 二是反对导师从政治制度与宪法的角度考察美国历史。亚当斯在他的研讨班教室内挂着这样一句格言——"历史是过去的政治，政治是当今的历史"[2]，可见他对政治史的笃信。但特纳认为，政治并不是历史研究的全部内容；"社会生活的某一部分脱离了其它部分就无法理解，经济生活与政治生活相互碰触，修正与制约。就是宗教生活也需要连同政治生活和经济生活一起加以研究，反之亦然"；"所以历史研究的范围应包括政治史、经济史、艺术史、宗教史等，它们都是人类通过了解过去来了解自身所作出努力的真正的组成部分"。[3] 对美国制度"欧洲起源论"的反对、对政治史研究取向的不满，正是进步主义史学（新史学）的"嚆矢"[4]。所以，史学家霍夫斯塔德（Richard Hofstadter, 1916 - 1970）称特纳为"进步主义史家第一人"[5]。

虽然特纳向传统史学发起了挑战，但通过仔细对比，我们可以发现，在特纳的挑战对象中，科学的历史研究方法似乎并不在其列。实际上，特纳不仅没有反对，甚至还继承了上一辈史家对科学研究方法的强调。他曾

---

[1] Frederick Jackson Turner, "The Significance of the Frontier in American History", *Frontier and Section: Selected Essays of Frederick Jackson Turner* (New Jersey: Prentice-Hall, 1961), pp. 37–62.

[2] Sean Wilentz, "American Political Histories", *OAH Magazine of History*, Vol. 21, No. 2 (Apr., 2007): 23–27.

[3] Frederick Jackson Turner and Estelle Fisher, "Frederick Jackson Turner Letters", *The Wisconsin Magazine of History*, Vol. 31, No. 3 (March, 1948): 339–345.

[4] 杨生茂：《美国历史学家特纳及其学派》，商务印书馆，1983，第5页。

[5] Richard Hofstadter, *The Progressive Historians: Turner, Beard, Parrington* (New York: Vintage Books, 1968).

经这样描述史学家审察史料的方法:"作者首先要确定它是否属实,然后确定它是否是当时的记录或写作的年代。接着需弄清记事的人有什么样的机会去发现真相,记事人的个性如何?他是否能睁大眼睛不带偏见的讲述呢?如果不能,那记事人的偏见是什么?他的局限又在哪儿?其次是最困难的任务:解释事件的意义。原因必须弄清,结果必须看到。地区性事件必须联系世界性事件来加以叙述。一切都必须用适当的选择、强调和观点来加以叙述,要有历史的想象力与同情心,不以现在的信条判断过去,也不把现在的观念塞到过去之中。"① 可见,特纳并未抛弃历史研究方法的科学性;只不过,他在科学研究方法的基础上增加了"解释事件的意义"这一层,这是与传统科学派史学迥然不同的地方。

作为"进步主义史家第一人",特纳吹响了"新史学"运动的第一声号角。继特纳之后,将"新史学"理论发扬光大的是鲁滨逊(James Harvey Robinson,1863—1936)。鲁滨逊比特纳小两岁,生于1863年;1887年获哈佛大学文学学士学位;后赴德留学,在弗莱堡大学师从史学家爱德华·霍尔斯特(Hermann Eduard von Holst,1841—1904)攻读欧洲中古和近代初期史,1890年获博士学位。1891年开始在宾夕法尼亚大学任教;1895年被聘为哥伦比亚大学欧洲史教授;1919年辞去教职,在惠特尼(Dorothy Payne Whitney)的资助下,与比尔德(Charles A. Beard)、范伯伦(Thorstein Veblen)、杜威(John Dewey)等人共同在纽约创办"社会研究新学院"(后改名为新学院大学),任执行委员会主席,至1921年退休。鲁滨逊的代表作就是他的《新史学》(*The New History*)。该书问世于1912年,与特纳的代表作《边疆在美国历史上的重要性》相比,晚了近20年。但20年的时间也让特纳开创的"新史学"在鲁滨逊手中形成了系统的理论框架。

在《新史学》一书中,鲁滨逊仔细剖析了"旧"史学的弊病,阐述了"新史学"的价值、性质及研究方法。在鲁滨逊看来,旧史学存在三种弊病:毫无意义的人名地名记载、偏重政治军事、排斥普通事实。这三种弊病有违历史学的根本价值。因为,历史学的根本价值不是记录无用的历史

---

① Fulmer Mood, *The Early Writings of Frederick Jackson Turner* (New York: Books for Libraries Press, 1969), p. 53.

知识，而是帮助我们理解自己、理解同胞、理解人类的问题与前景；因此，要变革旧史学，践行"新史学"，即跟随社会变化和社会科学进步的步伐，改变历史学的观念与目的，使历史学在我们的思想生活中扮演前所未有的重要角色。关于史学的性质，鲁滨逊是这样表述的：史学是科学的，但史学的科学性不在于它能够像物理学、生物学一样变成一门纯粹的科学——那是不可能的，因为我们并没有直接观察人类过去现象的方法；史学的科学性在于历史是历史的（historical），即历史具有延续性（the continuity of history），而追寻缓慢变化的事业本身就是一个科学问题。其意很明显：历史学虽不是一门纯科学，但是研究历史的方法和手段可以是科学的。他进一步说，不能将历史研究的范围局限在某个种类（如政治史）里，因为历史源远流长、内容丰富、范围广阔，包含人类社会的各个方面；而为了尽可能地对"包含人类社会方方面面"的历史形成全面的认识，历史学就必须同其他关于人类的各种新科学——人类学、史前考古学、社会心理学、动物心理学、比较宗教学等——联合，才能增强它的力量、发挥它的进步作用，并对人类有所贡献。此外，鲁滨逊还论述了历史学对普通人（common man）的价值，即历史学的社会教育价值。他认为，教育应该为普通人的生活服务，而当时的"普通人"在很大程度上就是工厂中的普通工人，因为工业化的发展使工人成了最普遍的社会群体；因此，针对工人的工业教育就显得非常重要；工业教育的目标在于让工人消除压抑，意识到自身工作的重要，并升起对未来的希望；而历史教育恰可以达到这一目标，因为只有历史学可以告诉工人他们所操作的机器的存在理由；当工人掌握了这些历史知识，他们就可以在改善地位的同时，消除经济效益与生活福利的矛盾，进而消除贫困，实现社会公平。①

对比特纳与鲁滨逊的思想，我们可以看到一种继承与发扬的关系。特纳反对单纯政治史的研究取向，强调地理因素与经济因素的作用；鲁滨逊更进一步，不仅强调地理因素与经济因素，更强调心理因素的作用，把人类社会的方方面面都纳入历史研究的范围中，并提倡历史学与社会科学的结盟。同特纳一样，鲁滨逊没有抛弃科学的历史研究方法，而且表述得更

---

① James Harvey Robinson, *The New History: Essays Illustrating the Modern Historical Outlook* (New York: The Macmillan Company, 1912).

为准确。此外，鲁滨逊强调历史的教育价值，这种实用主义的思想，早在特纳身上就已体现出来。特纳曾经说过，历史的价值在于"为培养优秀的公民提供训练"[1]；我们"认识过去不是为了了解过去发生的事情，而是为了从现在去预察未来；写历史是为了用历史"[2]。总之，"新史学"理论发展到鲁滨逊时期，开始显示出成熟之势。并且，随着鲁氏门人的不断增多，这种新理论开始跃出哥伦比亚大学，流传至美国各地的学术机构，吸引了更多的年轻学子，使"新史学"群体不断壮大。

鲁氏门人中，对"新史学"理论继续添砖加瓦的是他的学生巴恩斯（Harry Elmer Barnes，1889-1968）。他于1913年毕业于美国锡拉丘兹大学，后到哥伦比亚大学攻读历史学和社会学，1918年获得博士学位，导师就是鲁滨逊。他1918~1929年在哥伦比亚大学教授历史，后成为自由撰稿人，偶尔在一些小学校兼职。巴恩斯是一位多产学者，先后出版了30多本书、100多篇专业论文、600多篇文章和书评。1925年，他与他人合著的《社会科学的历史与未来》(The History and Prospects of the Social Sciences)一书出版，该书共10章，由10位专家分别论述10种社会科学（历史学、人文地理学、生物学、社会心理学、文化人类学、社会学、经济学、政治学、法理学、伦理学）的发展历程及未来趋势。该书导言（Introduction）与第一章"历史"（History）都由巴恩斯所作。他在导言中说，此书的问世，是为了给社会问题的解决提供实用性的指导；因为，思想变革和科技变革所导致的社会问题的解决，只能依赖于以社会生活为研究对象的社会科学的进步。[3] 明确将历史学也纳入社会科学的范畴，可见巴恩斯将史学与社会科学"结盟"的强烈意愿。在第一章"历史"中，巴恩斯提出了一个与"新史学"对等的概念，即"综合史学"（Synthetic History），重申了鲁滨逊关于扩大历史研究范围的主张。他指出，史学应当涵盖对于文化或文明发展过程的各个方面的解释，即思想、习俗、艺术、自然科学、物质文化、经济形式、政治社会团体等各个方面的历史，这最接近史学客观性

---

[1] Fulmer Mood, *The Early Writings of Frederick Jackson Turner* (New York: Books for Libraries Press, 1969), p. 56.

[2] 杨生茂：《美国历史学家特纳及其学派》，商务印书馆，1983，第5页。

[3] Harry Elmer Barnes, *The History and Prospects of the Social Sciences* (New York: Alfred A. Knopf, INC., 1925), pp. xiii-xxi.

的目标。他还说,"新史学"或"综合史学"孕育于近代自然科学和社会科学的进步及工业革命和社会变动;在"新史学"观念的影响之下,思想史、科学史、技术史、经济史、社会史、政治制度史、法律史、地理知识在历史学中的应用、世界史、文化史成为史学研究领域的几大发展趋势;而"新史学"最根本的特点之一是强调历史对于现实的价值,即将历史学作为帮助人类摆脱过去羁绊、求得美好未来的有效途径。①

也是在1925年,巴恩斯同时出版了自己独立撰写的《新史学与社会科学》(The New History and the Social Studies)一书,重点论述新史学与社会科学之间的关系。全书共10章,除第一章讨论历史学的过去与未来(即传统史学与新史学)外,余下几章分别讨论历史学与地理学、心理学、人类学、社会学、科技史、经济学、政治学、伦理学几种社会科学的关系以及历史学与社会思想的关系。巴恩斯说,科技进步与工业革命所孕育的现代文明,必须由社会科学来解释,甚至加以指导与控制;要达到这一目的,各种社会科学必须有效结合起来,综合研究。对于历史学与社会科学的关系,他认为是毋庸置疑的,因为"新史学"的目标就是重建人类多样化的活动:从历史学的角度看,只有根植于多样化的社会科学,这一目标才能实现,因为社会科学是揭示多样而复杂的社会文化状况的必要手段;从社会科学的角度看,只有带着历史眼光与历史方法,才能深入地研究各种社会现象。②

从"新史学"理论的建构历程看,鲁滨逊的贡献是不容置疑的。但美国后世史学家在讨论进步主义史学时,对鲁滨逊大多着墨不多。这或许是由于其专业研究领域的缘故。鲁滨逊的主要研究领域是欧洲中世纪和近代史,不是美国史,终生都没有写出一部具有重大学术价值的美国史著,因而在美国的本国史研究领域影响不大。毕竟,"每个民族都有文化本位主义,总是对本民族的或研究本民族的有所偏爱,美国人未能逃脱这一文化上的局限。欧洲对美国而言是外国,因而研究外国历史,就不如研究美国

---

① Harry Elmer Barnes, *The History and Prospects of the Social Sciences* (New York: Alfred A. Knopf, INC., 1925), pp. 1-54.
② Harry Elmer Barnes, *The Hew History and the Social Studies* (New York: The Century Co., 1925), pp. vii-xii.

历史受学术界的重视"①。此外，鲁滨逊虽然"在理论上的建树颇多，但实际的研究较少……他曾有过宏大的计划，但由于在开办新式教育以培养学生的创造性思维方面，投入太多的时间和精力，以及其他种种原因，这一计划没有付诸实践，因而没能产生一项经典性的研究成果"②，这也是影响其学术地位的一个因素。

三 特纳、比尔德、贝克、帕灵顿：美国史研究的巨擘

相对于鲁滨逊，美国后世史家讨论得最多的进步主义史家是比尔德、贝克、帕灵顿，当然也包括特纳。这几位史学家之所以受到如此密切的关注，主要是因为他们立足美国史研究，并开创出全新的研究路径。特纳所开创的美国史研究理论被称为"边疆论"。他在1893年发表的《边疆在美国历史上的重要性》一文中，论述了"边疆"对美国历史的重要性。他在文中提出，17~19世纪的美国史，就是美国人从东部不断向西部边疆拓展的历史。在他看来，边疆的拓展不仅仅是土地的拓展，更是美国文化远离欧洲文化、逐渐美国化（Americanization）的过程与结果。具体而言就是：在西进运动（Westward Movement）中，不但欧洲不同种族的移民在边疆地带经历了"美国化"，成为混合的种族（mixed race），促进了美国民族（American People）的形成，并且边疆地带那种重视自由平等、强调独立自主的个人主义（individualism），也促使美国的民主政治从杰弗逊式民主（Jeffersonian democracy）转变为杰克逊式民主（Jacksonian democracy）。总之，在特纳眼中，边疆在美国史上的意义就如同地中海对于古希腊人的意义，是一个民族突破旧习惯、产生新经验以及追求新制度与新动力的关键所在。③

除了《边疆在美国历史上的重要性》，特纳还撰有《美国历史上的问题》（Problems in American History, 1892）、《历史的意义》（The

---

① 李勇：《鲁滨逊新史学派研究》，安徽人民出版社，2004，第1页。
② 同上。
③ Frederick Jackson Turner, "The Significance of the Frontier in American History", *Frontier and Section: Selected Essays of Frederick Jackson Turner* (New Jersey: Prentice-Hall, 1961), pp. 37-62.

Significance of History，1891）等其他文章。综合这些文章，可以看到特纳在美国史学研究上的一些基本思想。首先是"边疆史观"，即对边疆重要性的强调。这与他对亚当斯"胚芽论"的反对，在本质上是一致的，都是为了挣脱欧洲文化对美国的束缚，关注美国自身的因素，塑造美国的独立性以及美国史学的"主体性"。其次是"冲突史观"，即美国不同地理区域间有不同的特质，当这些区域的移民向西部边疆拓展时，各自不同的学校制度、政府体系、文学与思想便开始在交汇处发生冲突。[1] 再次是"经济史观"，即对历史上经济因素的重视。他发表了大量关于美国经济史的文章，讨论经济因素在美国历史上的作用。

特纳的"冲突史观"在他的学生贝克那里得到了继承与发扬。贝克（Carl Lotus Becker，1873-1945）毕业于威斯康星大学，本、硕、博阶段一直师从特纳学习历史，其间还一度到哥伦比亚大学师从奥斯古德（H. L. Osgood）和鲁滨逊进修，可以说是第二代进步主义史家中的代表人物。他完成于1909年的博士学位论文《纽约政党史，1760~1776》（The History of Political Parties in the Province of New York, 1760-1776）就是从阶级冲突的角度解读1776年美国革命的一部作品。贝克指出，革命前夕的纽约殖民地可以划分为三个阶级：极少数的土地与商业贵族阶级、数量稍多的中产阶级以及绝大多数的穷人。从当时纽约政党的运作看，1776年美国革命在本质上是一种"二元革命"（dual revolution）：从外部看，革命是掌握殖民地议会的极少数贵族，寻求中下阶级人民支持反抗英国，争取殖民地的自治（home-rule）与独立（independence）的斗争；从内部看，革命则是中下阶级人民在反抗英国的同时，受到民主思想的启蒙，向掌握殖民地政治的极少数贵族争取自由与平等的斗争。[2]

同样秉承"冲突史观"和"经济史观"的还有比尔德（Charles Austin Beard，1874-1948）。从某种程度上可以说，是比尔德将这种对美国历史的解释发挥到极致，成为影响整个美国史研究领域的标杆。在进军美国史研究领域之前，比尔德的兴趣是欧洲史。这或许与其留学英国（牛津大

---

[1] Frederick Jackson Turner, "Problem in American History", *Frontier and Section: Selected Essays of Frederick Jackson Turner* (New Jersey: Prentice-Hall, 1961), pp. 33-34.

[2] Carl Becker, *The History of Political Parties in the Province of New York, 1770-1776* (Madison: University of Wisconsin Press, 1960), p. 5.

学)的经历以及鲁滨逊的影响有关。虽然比鲁滨逊小11岁,但比尔德与鲁滨逊之间的关系可以说是"亲密的朋友与合作者"①。鲁滨逊1895年至1919年在哥伦比亚大学任教,比尔德于1902年入读该校,可以说是鲁滨逊的学生。1904年获得博士学位后,比尔德即留校任教。至1919年,比尔德与鲁滨逊等在纽约共同创办"社会研究新学院"。同事期间,比尔德与鲁滨逊合作撰写了几部广泛流传的欧洲史教科书,如《近代欧洲的发展》(The Development of Modern Europe,1907)、《近代欧洲史阅读材料》(Readings in Modern European History,1908-1909)等。这些教科书贯彻了鲁滨逊对于历史"实用性"的主张,试图建立起过去与现在之间的联系,使过去从属于(subordinate)现在,给予近期历史更多的论述空间;同时,减少对政治、军事事件的论述,增加对经济因素的论述,如工业革命、商业与殖民地、欧洲国家改革及科学进步等。②

在欧洲史领域研究了几年以后,比尔德开始将注意力集中到美国史。他对美国史的考察,贯彻了他在欧洲史研究时期对经济因素的重视。在1912年出版的《最高法院和宪法》(The Supreme Court and the Constitution)一书中,他虽然赞扬了国父们制定宪法的能力,但仍然认为:美国宪法由"顽固的、保守的、商业的和金融的利益"所主导,没有代表大多数"债务人"的利益。③ 1913年,紧随《最高法院和宪法》之后,《美国宪法的经济解释》(An Economic Interpretation of the Constitution of the United States)问世。这部书深化了《最高法院和宪法》一书中的观点,批判美国宪法的制定在根本上是少数人士为了争取经济利益私心运作的结果。他指出,当时拥有参政权的美国人可以区分为两类:拥有动产(personalty)的人和拥有不动产(realty)的人;由于"拥有动产的人"深恐手中掌握的政府公债有贬值的危险,需要一个强有力的中央政府来维护经济的繁荣与稳定,因此在1787年制宪会议中积极运作,促成了美国宪法的诞生,并塑造了一

---

① 李勇:《鲁滨逊新史学派研究》,安徽人民出版社,2004,第63页。
② James Harvey Robinson and Charles Austin Beard, *The Development of Modern Europe: An Introduction to the Study of Current History* (Volume 1) (Boston: Ginn & Company, 1907), pp. iii-v.
③ Charles A. Beard, *The Supreme Court and the Constitution* (New York: The Macmillan Company, 1912).

个相对强大的中央政府。① 这本书一经出版就成为美国史学界的热议话题，并以一种创新姿态被迅速接受。在 1915 年的《杰斐逊民主的经济起源》（*The Economic Origins of Jeffersonian Democracy*）一书中，比尔德重申了他对经济利益在政府行动中的重要性的强调。② 一直到 1927 年，在比尔德与夫人玛丽·比尔德（Mary R. Beard）合著的《美国文明的兴起》（*The Rise of American Civilization*）一书中，他对经济因素的强调都没有改变；不仅如此，之前一直隐藏的"冲突史观"开始显现出来，成为解释美国历史的又一尺度。在这本书中，比尔德夫妇将美国内战视为继 1776 年美国革命之后的"第二次革命"，是"工业的北方"与"农业的南方"经济利益冲突的结果；并且，由于工业化与资本主义在内战结束后的快速发展，最终导致美国国内外的多种冲突：在国内是农民与劳工阶级的反抗，在国外则是海外扩张与国际冲突。③ 虽然这本书遭到很多批评，但比尔德所开创的社会经济研究取向（socio-economic approach）确实为当时的美国史研究开创了一种新范式。

由特纳开创、贝克继承、比尔德发扬的"经济-冲突史观"，到了帕灵顿手中，更增加了一个新的视角——思想视角。帕灵顿（Vernon Louis Parrington，1871-1929）是哈佛大学的毕业生，毕业后在恩波里亚学院教英语和法语；1897 年至 1908 年在俄克拉荷马大学教授英语和现代语；1908 年到西雅图华盛顿大学任助理教授。在华大期间，帕灵顿与政治学家詹姆斯·史密斯（James Allen Smith）结下了深厚的友谊。史密斯的代表作《美国政府的精神》（*The Spirit of American Government*，1907）将美国宪法称为一份由"财富和文化"阶级的代表起草的、阻止民众的"反动文件"，并探讨了这份"反动文件"与具有浪漫的平等主义精神的《独立宣言》之间的对立。这一想法深深影响了帕灵顿，他在 1927 年出版的《美国思想的主流》（*Main Currents of American Thought*）一书的扉页中，声称

---

① Charles A. Beard, *An Economic Interpretation of the Constitution of the United States* (New York: The Free Press, 1965).

② Charles A. Beard, *The Economic Origins of Jeffersonian Democracy* (New York: The Macmillan Company, 1915).

③ Charles A. Beard and Mary R. Beard, *The Rise of American Civilization* (New York: Macmillian Co., 1968).

"将此书献给 James Allen Smith"。《美国思想的主流》是帕灵顿的代表作，共三册，论述 1620~1920 年三百年间的美国思想史。与特纳之关注边疆、比尔德之关注宪法不同，帕灵顿的关注点是美国的思想。思想是一个极其广大的范围，不仅涵盖政治，也涵盖文学、哲学、艺术等其他领域。换一句话说，只要是文字（包括艺术品），就可以成为思想的承载体。因此，帕灵顿在导言中说，他要考察的是那些已经被认定为传统美国思想的"胚芽思想"（germinal ideas）在美国的文字（American letters）中产生和发展（genesis and development）的历程。对于这段漫长的历程，帕灵顿的观点是：三百年来美国思想发展的历程就是进步与反动之间的冲突（conflict between progress and reaction），亦即"理性、乐观主义、民主政治、思想自由"共同对抗"非理性、悲观主义、贵族政治、宗教教条主义"的斗争。①然而，他并不是就思想而论思想，而是从政治、经济和社会发展的层面，论述它们如何诞生、如何被反对，以及对国家精神和制度的影响。也就是说，"思想"是一条线索，牵动这条线索的，不是思想本身，而是其背后的政治、经济和社会因素。

从特纳到贝克，到比尔德，再到帕灵顿，"经济史观"与"冲突史观"在两代进步主义史家的本国史研究中得到了贯彻。在他们的引领下，很多立足美国史研究的史学家都以这种取向解读美国历史，其影响一直延伸到 20 世纪 40 年代。20 年代的响应者有施莱辛格（Arthur Meier Schlesinger Sr., 1888-1965），他毕业于哈佛大学，求学期间曾受到比尔德的影响。他的著作，如《1763~1776 年间的殖民地商人和美国革命》（The Colonial Merchants and the American Revolution, 1763-1776, 1918）、《美国人民的政治和社会发展，1865~1940》（Political and Social Growth of the American People, 1865-1940，与 Homer C. Hockett 合著，1925）、《美国社会史》（History of American Life，与 Dixon Ryan Fox 合著，1928-1943）等书，从书名就可以看出他强调经济与社会因素的鲜明特点。30 年代的继承者有柯蒂（Merle Curti, 1897-1997），他是特纳在哈佛大学指导的最后一个博士生，博士论文则由施莱辛格指导。他是美国历史上第一个在大学正式开设美国

---

① Vernon Louis Parrington, *Main Currents in American Thought* (New York: Harcourt, Brace and Company, 1927).

思想史课程的人。通过《美国教育家的社会理想》(*The Social Ideals of American Educators*, 1935)、《美国思想的成长》(*The Growth of American Thought*, 1944) 等著作, 柯蒂将社会史与思想史完全结合起来。他注重的不是思想内部的流变, 而是思想与外部社会的联系。"社会影响"(Social Impact) 是他最常用的概念。可以这么说, 他的书不是美国思想的历史, 而是美国思想的社会史, 关注的是思想背后的社会和经济力量。[①] 40 年代依然有跟随者, 如纳文斯 (Joseph Allan Nevins, 1890-1971)。在他的著作中, 也可以看到对经济因素与"冲突史观"的强调。他为美国石油大王洛克菲勒 (John D. Rockefeller) 所做的传记《洛克菲勒传》(*John D. Rockefeller: The Heroic Age of American Enterprise*, 1940) 收集了大量资料 (包括洛克菲勒家人提供的原始材料、报纸文献, 以及众多人物的访谈资料等), 旨在探讨企业家洛克菲勒与时代环境之间的关系。[②] 在与康玛格 (Henry Steele Commager, 1902-1998) 合著的《美国: 自由人民的故事》(*America: The Story of a Free People*, 1942) 一书中, 纳文斯仍将自由 (Free) 观念的发展以及孕育自由观念的社会环境作为美国历史发展的主题, 认为美国历史就是一个智力发达的国族渴望自由、愿意为自由而抗争的发展史。[③]

四 "新史学"理论与美国史学

从上述几位史家对"新史学"基本理论以及美国史研究理论的构建中, 我们可以归纳出进步主义史学或"新史学"在思想内容上的基本要点: (1) 历史研究的范围包括人类社会的方方面面, 不限于政治史; (2) 历史学必须与社会科学结盟, 进行综合研究, 以实现对人类社会整体

[①] John Pettegrew, "The Present-Minded Professor: Merle Curti's Work as an Intellectual Historian", *The History Teacher*, Vol. 32, No. 1 (Nov., 1998): 67-76.

[②] Charles A. Beard, "Reviewed Work: John D. Rockefeller: The Heroic Age of American Enterprise by Allen Nevins", *The American Political Science Review*, Vol. 35, No. 5 (Oct., 1941): 977-980.

[③] T. Harry Williams, "Reviewed Work: America: The Story of a Free People by Allan Nevins, Henry Steele Commager", *The Mississippi Valley Historical Review*, Vol. 29, No. 4 (Mar., 1943): 581-582.

的认识；(3) 历史虽然不是一门科学，但历史研究的方法是科学的；(4) 历史研究的目的是帮助我们理解现在，不只是记录过去发生的事；(5) 在美国史研究方面，侧重于"经济-冲突"角度的解释。如果再将此与传统科学派史学的理论进行对比，我们更会发现，"新史学"理论虽然以科学派史学为箭靶，但二者之间也有一些继承关系。首先，"新史学"虽然否认了历史学的科学性，但并未否认历史研究方法的科学性，这与传统科学派史学是一致的，如特纳、鲁滨逊对科学历史研究方法的强调。其次，"新史学"虽然批评传统科学派史学单纯政治史的研究取向，但自己并未放弃政治史，它强调的是历史研究范围的扩大，是从"文化及社会史的角度，进一步诠释政治史的议题"①，如贝克、比尔德对美国政治制度的关注。恰如美国史学家约翰·海厄姆（John Higham）所说：美国进步主义史家或"新史学"派史家是接受了19世纪末美国"科学派史家"的基本原则而不自知。②

第二次世界大战以后，进步主义史学开始走向衰微。孕育进步主义史学的社会土壤是19世纪末以来激烈的社会冲突。但在二战爆发以前的40年代初，美国经过了三四十年的发展，社会冲突逐步缓和，经济空前繁荣，社会也基本稳定。改革的使命基本完成，人们不再需要剧烈的社会变动，持续了几十年的"农民阶级对抗资产阶级"的历史主题已经无法唤起人们的共鸣。第二次世界大战的爆发，"使人们的研究兴趣回到外交、军事史和政治方面来，并引导人们去注意目前和刚过去的事情——所有这一切倾向扰乱了史学的发展"，同时也"有力地削弱了进步的信念，削弱了人们相信美国人赋予特殊的使命。在广岛事件和欧洲集中营事件揭露之后，只有那些最顽固的乐观主义者继续咕咕着关于人类的进步是不可避免的陈词滥调"。③ 二战结束以后，以苏联为首的社会主义阵营的崛起对美国的国际地位和个人主义价值观带来严重挑战，美国一时间"谈赤色变"，

---

① 张弘毅：《韩牧（John Higham）与美国进步派史学》，（台湾）《兴大人文学报》2007年第38期，第309~336页。
② John Higham, *History*: *Professional Scholarship in America* (Baltimore: Johns Hopkins University Press, 1989), pp.114-115.
③ 〔美〕汉德林（Oscar Handlin）著，肖朗译《二十世纪美国史学综述》，《现代外国哲学社会科学文摘》1985年第1期，第61~63页。

反共意识形态弥漫于整个社会。时代的主题由追求"进步主义"转变成反对"共产主义"。因此，倾向于维持现状、肯定美国的价值观的保守主义便成为二战以后的主要社会思潮。在这种思潮的影响下，美国史学也开始发生转变。新一代史学家对进步主义史学发起全面清算，他们否认进步主义史学的"冲突观"，强调"一致性"（Consensus）是美国历史的主流，他们因此得名"一致论学派"或"新保守主义史学"。[1]

第二节　20世纪上半期中美史学交流概述

对于美国史学而言，19世纪末20世纪初无疑是一个关键时期，它是进步主义史学开始兴起的年代。对于中国史学来说，亦是如此，它是中国史学开始向西方学习、中西史学开始交流的年代。美国史学开始进入中国也是在20世纪初，它的几本历史教科书被中国学者注意到，并被译成中文，成为中国新式学堂的教科书。五四运动以后，留美生胡适将美国杜威的实用主义方法带回中国，开创了历史研究的一种新"范式"。稍晚于胡适，何炳松等留美生将在美国如火如荼的进步主义史学引入中国，并在中国产生巨大反响。与此同时，崛起中的美国汉学也开始引起中国学者的注意，两国甚至成立了一个专门机构——哈佛燕京学社，来促进人员与研究成果的沟通。

一　晚清时期进入中国的美国历史教科书

从1900年开始，清政府逐步实行学制改革。到1905年，彻底废除科举制度，效仿西方建立起学堂教育体系。各级学堂建立以后，教科书的选用就成了燃眉之急。由于学堂制度完全是模仿国外的教育制度建立起来的，所以中国传统读物并不适宜做教科书，因此翻译国外读物就成了解决

---

[1] 李剑鸣：《关于二十世纪美国史学的思考》，《美国研究》1990年第1期，第17~39页；张澜、黎刚：《史学与政治的勾连——以20世纪美国史学思潮的演进为考察对象》，《江西社会科学》2006年第2期，第84~89页。

燃眉之急的方法。在清政府的鼓励下，译介西书作为学堂教科书蔚然成风。当时进入中国的西方历史教科书中，来自美国的有《万国史要》《万国史略》《迈尔通史》等书。

《万国史要》，由美国维廉斯因顿著、张相译、邹寿祺审定，是一部世界通史教科书。全书共5个部分："古代东洋诸国民史"，包括埃及、巴比伦、海部留（即希伯来）、腓尼西亚、印度、波斯；"古利司史"（即希腊史）；"罗马史"；"中代史"（即中世纪史）；"近代欧洲诸国民史"。① 邹寿祺在此书《赘言》中说，此书"为东西学堂历史教科之善本，在彼国均重数十板，译者并据东西二本，而达其文意"。② 所谓"东""西"，应指的是日本和美国，译者张相熟习日文，所以能根据原著和日译本对译。

《万国史略》，由陈寿彭译自美国作家古德里奇（Samuel Griswold Goodrich，笔名 Peter Parley，1793-1860）所著 *Peter Parley's Universal History on the Basis of Geography*③ 一书。全书共六部分，第一部分导言（Introduction）5章，简要介绍世界各大洲的地理状况、人种状况；接下来的五个部分，分别介绍五大洲（亚、非、欧、美、澳）的地理、气候以及历史发展状况，共203章。该书是陈寿彭在宁波中西（储才）学堂任教时使用的课本。据他所说，该书曾作为美国纽约等处中学课堂的教科书，经多次增补，"遂盛行于美通国"；而且，该书对日本也有很大影响，"日本变法之初，先购此书二百四十部，颁于学校，既而列于文部教科之选。中学生徒，无弗取资于是"；直到20世纪初，"美日两国之学者，考求他国史乘，其入门之径，尚未能外于此"；因此他决定将此书翻译出来，"以助吾国之学者"。④

《迈尔通史》，由黄佐廷口译、张在新笔述，译自美国史学家迈尔（Philip van Ness Myers，1846-1937）所著 *A General History for Colleges and High Schools*⑤ 一书。该书也是一部面向中等和高等院校的世界史教科书，

---

① 〔美〕维廉斯因顿：《万国史要》，张相译，邹寿祺审定，杭州史学斋，1903，第3~4页。
② 同上书，第1页。
③ 该书初版于1837年，后不断增订，至1887年版增加至203章，也就是陈寿彭以翻译的版本。
④ 〔美〕彼德巴利：《万国史略》，陈寿彭译，江楚编译局，1906，第1~2页。
⑤ 张在新《迈尔通史·序》指出"是书为近一千九百年新出之书"，有误。

共两部分 63 章：古代史（Ancient History）和中世纪史与近代史（Medieval and Modern History）。中译本共"三记"七卷："上世记"三卷、"中世记"两卷、"近世记"两卷，在书末还附了一篇《美国史略》，介绍美国的历史。此书是英国传教士李提摩太（Timothy Richard，1845-1919）在山西大学堂（Shansi Imperial University）任教时所使用的课本，在他的指导下，该校教员黄佐廷与张在新将此书译为中文，作为学校的正式教科书。

《万国史要》《万国史略》《迈尔通史》等西方史书进入中国作为学堂历史教科书，对于丰富中国人（尤其是青年学生）的世界史知识、扩充中国人的世界观念、打破"天朝上国"的狭隘思想，是有积极意义的。此外，部分史书的学术价值也得到中国学界的肯定。如《迈尔通史》，此书的体裁尤为时人所称道。正如译者张在新所说，它"举数体而兼备之"："上世诸记，国别体也；大事诸记，纪事本末体也；凡有影响于历史之人物，上自帝王，下至杂伎，或特表，或附见，则纪传之体具焉；强国帝王，着其统系，为之年表，各国学问艺术之源流，国制民风之得失，择其要者，具着于篇，则表志之体寓焉"。① 也就是说，《迈尔通史》综合了国别体、纪事本末体、纪传体、表志体这几种中国传统史书体裁的优点。正是由于这种学术上的规范性，此书在晚清教育界有一定影响，夏曾佑曾为此书译本校阅删润，茅盾在求学时学校所用西洋史课本就是此书的英文版②，蒋廷黻早年在湘潭长老会学校求学时所用的西洋史课本也是此书。直到 1930 年，此书的英文原本依然是燕京大学的入学考试参考书。③

二　胡适对杜威实验主义的阐释和运用

如果说晚清时期的中美史学交流仅限于历史知识、史书体裁等较浅层次，那么五四以后的中美史学交流便进入史学方法与史学理论的层次了，前者如杜威的实验主义，后者如新史学派的理论体系。此处先论述实验主义。

---

① 〔美〕迈尔：《迈尔通史》，黄佐廷口译，张在新笔述，山西大学堂，1905，第 1~3 页。
② 李孝迁：《清季汉译西洋史教科书初探》，《东南学术》2003 年第 6 期，第 130~140 页。
③ 王强主编《民国大学校史资料汇编》（第 19 册），凤凰出版社，2014，第 173~174 页。

从内涵看，实验主义是一种哲学理论。唐德刚在《胡适口述自传》中对此有简要介绍："'实验主义'在杜威崛起之前通用 pragmatism 一字，意为'实用主义'。学者认为，只有有'实用'价值的观念，才是'有价值的观念'。这一概念如不加澄清，则易流于'机会主义'（opportunism）。所以杜威不喜此字，乃另造 instrumentalism（机具主义）及 experimentalism（实验主义）。杜氏主张观念必须在实验中锻炼；只有经过实验证明，在实践上能解决实际问题的观念，才是'有价值的观念'，也就是'知识必须自实验出发'。它不是'只论目的，不择手段'。相反的，它是为达成解决实际问题，于实验中选择正当而有效的手段。这就是杜威的'实验主义'。"[1] 严格来说，哲学理论不是史学理论，不应纳入"中美史学交流"的讨论范围。但实际情况比较特殊，因为实验主义在近代中国的影响非常大，尤其是史学、哲学、教育等领域。而且，由于胡适——这位杜威的"东方弟子"将实验主义引入史学，使之成为民国史学界人尽皆知的一个概念。因此，讨论 20 世纪上半期的中美史学交流，就不能忽略杜威的实验主义。

胡适成为杜威的弟子是在其留美时期。他于 1910 年留学美国，入康奈尔大学攻读农科，三个学期后改学文科；1915 年转入哥伦比亚大学，师从杜威攻读哲学；1917 年回国后，他多次在公开场合宣扬杜威的实验主义。关于杜威实验主义对胡适的影响，这当然是有目共睹的。如同胡适自己所承认的："杜威教授当然更是对我有终身影响的学者之一"，"杜威对有系统思想的分析帮助了我对一般科学研究的基本步骤的了解"。[2] 不过，值得注意的是，当代有一些学者经过研究指出，胡适所理解的"实验主义"与杜威的实验主义似乎有所不同；甚至有学者直接提出，胡适的治学方法根本不符合杜威实验主义的精神。如美国德堡大学历史系教授江勇振就认为，胡适思考方式和治学方法的本质是实证主义，根本不符合杜威实验主义的精神；实验主义是他的语言，实证主义是他的内涵，他走到实验主义之路的中途站是唯心论；他在康奈尔大学哲学系所接受的唯心论教育和原有的考证学启蒙，对他影响至大；他在哥伦比亚大学最大的成就，既不在

---

[1] 胡适：《胡适口述自传》，唐德刚译注，广西师范大学出版社，2015，第 132 页。
[2] 同上书，第 113、118 页。

于他成为杜威的入室弟子,也不在于他把实验主义纳入他取经的行囊,而在于他成功地汇通了中国和西方的考证学;在史料审定的方法上,胡适所依赖的其实是朗格诺瓦、瑟诺博司所写的《史学导论》,他在史识、史法上的基本假定,都可以在《史学导论》里找到雏形,如历史就是文件学、历史是科学、研究历史必须要有绣花针的训练、历史科学是"有几分证据说几句话"等;这些史识、史法都是实证主义的,不是实验主义的。[①]

对江勇振教授的观点,笔者认为值得重视,这番论断提醒了我们应注意一个事实——胡适在考据学方面的成就。的确,胡适在考据学方面建树颇多,从《诸子不出于王官论》《中国哲学史大纲》到《水浒传》《红楼梦》,再到《菩提达摩考》《楞伽宗考》等,其考据范围遍及哲学、史学、文学、佛学等领域。而且,他在每个领域的考证都起到了"开风气之先"的效果,使整个学界对中国古代文化的认识焕然一新。可以说,胡适能在民国学术界(不是社会界)产生那么大的影响,在很大程度上是由于他的考据学成就。作为杜威的东方弟子,胡适在很多场合都将自己的成就归因于他的老师,具体说,是他的老师所提倡的实验主义。从表面看,实验主义与考据学之间确实不是一码事,但在胡适身上,似乎变成了一码事。虽然胡适在生前就他与实验主义的关系做过多次解释,但似乎还不够透彻(否则,如何解释当代学者的争论?)。不过,换个角度想,要让胡适在生前就能把自己当成一个客观研究对象,把自己几十年的思想流变梳理清楚,似乎也有点强人所难。这就迫使后世学者循着胡适所留下来的痕迹自己去寻找答案。关于胡适与杜威实验主义之间的内在关系这一充满疑惑的问题,余英时先生有非常精辟的解释,兹简述如下:

胡适对杜威实验主义的接受,建立在其原有的学术思想(尤其是清代考据学)的基础上;而他对实验主义的解读,则与其思想中的化约论(Reductionism)倾向有关。根据《胡适口述自传》,胡适在拜入杜威门下之前,已经从中国古代的先贤那里汲取了思想的养分,其中有"王充《论衡》的批评态度,张载、朱熹注重'学则需疑'的精神,特别是清代考证学所强调的'证据'观念"。这些已有的观念与思想,必然会在接触新思

[①] 江勇振:《胡适史学方法论的形成》,载李金强主编《世变中的史学》,广西师范大学出版社,2010。

想时与之发生碰撞与融合。当胡适正式拜入杜威门下之后，他并没有走上探究实验主义理论内涵的路子，而是将这种哲学理论视为一种治学的"方法"。不论是在哪种场合，他对实验主义的解读都立足在"方法"这个层面。如在《杜威先生与中国》一文中，他就将实验主义归纳为"历史的方法"和"实验的方法"。这种对"方法"的强调，反映出胡适思想中的"化约"倾向，即"把一切学术思想以至整个文化都化约为方法"。例如，在《中国哲学史大纲》一书中，他就否认古代"名家"的存在，因为"每一家都有他们的'名学'，即'为学的方法'"。后来，他进一步把这种"化约"扩大到对整个中国哲学史的考察，认为"程、朱与陆、王的不同，分析到最后只是方法的不同"。再如，"科学"与"民主"在他看来也可以化约为一种方法。他在晚年曾说，"科学本身只是一个方法，一个态度，一种精神"；"民主的真意只是一种生活方式"，"这种生活方式的背后也还是一种态度，一种精神"。总之，这种"把一切学术思想以至整个文化都化约为方法"的倾向，"决定了他接受西方学术和思想的态度"，即不重学术思想的实际内容，而重其"背后的方法、态度和精神"；也决定了他对杜威实验主义的解读，"只求把握它的基本精神、态度和方法，而不墨守其枝节"。所以说，胡适"是通过中国的背景，特别是他自己在考证学方面的训练，去接近杜威的思想的"；"在方法论的层次上，他的确不折不扣地是杜威的信徒"；他"把杜威的实验主义和中国考证学的传统汇合了起来，这是他的思想能够发生重大影响的主要原因之一"。[①]

　　余先生的论述为我们认识胡适与杜威实验主义之间的内在关系提供了一个很好的思路，可作为对这个问题的一种解答。胡适对近代中国史学的影响是不可否认的，即便是顾颉刚和傅斯年——这两位国学功底比胡适深厚得多的学者，也自愿拜入胡适的门下，称这位只比自己大几岁的人为老师。也许有人会说，是胡适——而不是实验主义——对近代中国史学产生了这样大的影响。但是，如果没有实验主义，胡适何以成为胡适呢？

---

① 余英时：《现代危机与思想人物》，三联书店，2012，第122～183页。

三　美国新史学派著作在中国的大量传播

20 世纪上半期在美国如火如荼的"新史学"运动也波及中国，通过何炳松、蒋廷黻、陈衡哲等留美生的译介与宣传，新史学派著作大量进入中国。很多人都以何炳松使用鲁滨逊《新史学》一书为授课教材作为新史学派著作在中国传播的开端，笔者在此想做一些补充。第一，关于《新史学》一书具体何时在北大、北高师作为授课教材这一问题，很多学者都采纳何炳松自己在《新史学·译者导言》里的说法，即"我在北京大学同北京高师里面，曾用这本书做讲授西洋史学原理的教本"①。也就是说，在 1917 年何炳松到北京任教的时候，《新史学》一书就开始作为课程教材了。但是，据李孝迁考证，北大在 1920 年之前并没有开设"西洋史学原理"这门课；是到 1920 年何炳松应史学系主任朱希祖之请开设"新史学"一课，才开始使用鲁滨逊的《新史学》英文本为教材。②因此，关于《新史学》一书在中国开始传播的时间，恐怕要推后到 1920 年了。

第二，关于早期进入中国的新史学派著作，笔者通过查阅《近代教会大学历史文献丛刊》发现，除了《新史学》一书，鲁滨逊的《欧洲中世纪史》（Middle Period of European History，1915）、《中世纪及近代史》（Medieval and Modern Times，1916）、《欧洲史大纲》（第二卷，与比尔德合著）[Outlines of European History（Part II），1914）] 几部著作早在 1917 年就已经成为圣约翰大学的课程教材与入学参考书了。据《圣约翰大学章程汇录（1917 年 9 月至 1918 年 7 月）》，由宓亨利（Harley Arnsworth Acnair）承担的两门课——"欧洲现世史"与"欧洲发达史"，分别使用鲁滨逊的《欧史节要》下卷 [Outlines of European History（Part II）] 与《中世纪及近世纪史》（Medieval and Modern Times）两书作为课本；同时，在入学考试参考书方面，指出"Ancient Times（J. H. Breasted）裴莱斯忒德

---

① 〔美〕鲁滨逊：《新史学》，何炳松译，商务印书馆，1924，第 20~21 页。
② 李孝迁：《美国鲁滨逊新史学派在中国的回响（上）》，《东方论坛》2005 年第 6 期，第 55~64 页。

所著之《上古史》及 Middle Period of European History（J. H. Robinson）or Medieval and Modern Times（J. H. Robinson），first half 劳炳生所著之《全欧中古史》或《中古及近世史》（上半部）为最妙"。① 可见，美国新史学派的著作在 1917 年就已经成为中国大学课堂的历史教科书了。不过，可能由于圣约翰大学是美国开办的教会大学，授课教师又是美国人，所以其影响力不大。

第三，除了课程教材层面的传播，较早通过期刊向中国学界介绍美国"新史学"思想的是蒋梦麟。他是 1908 年的留美生，先在加州大学伯克利分校学习农学，后转学教育；1912 年本科毕业后，随即到哥伦比亚大学攻读研究生，师从杜威，学习哲学和教育学；1917 年获得博士学位并回国，在商务印书馆担任《教育杂志》编辑和《新教育》杂志主编。1918 年，蒋梦麟在《教育杂志》第 10 卷第 1 期发表了《历史教授革新之研究》的长文，从历史教育的角度检讨中国旧史学；认为旧史学之"泥古余焰犹滔滔于吾国今日之学校"，必须"弃往日之恶习而革新"；主张"利用西洋近年来教授历史之经验"，"扩张历史范围"，"改变历史方针"，"革新教授方法"。所谓"西洋近年来教授历史之经验"，在蒋梦麟的文章中，就是美国的历史教育经验。他在文中归纳了几条美国的历史教育经验，并以此作为中国历史教育"革新"的具体方向：（1）"教授历史，当以学生之生活需要为主体也"；（2）"教授历史，当以平民之生活为中心点也"；（3）"表扬伟人、政治家与科学家、发明家当并重也"；（4）"历史之范围与扩张也"。② 文中还多处引用了美国教育家麦克默里（Charles Alexander McMurry，1857-1929）所著《历史研究的特殊方法》（Special Method in History）一书第一章（The Aim of History Instruction）③ 的内容。虽然蒋梦麟的革新主张是针对历史教

---

① 王强主编《近代教会大学历史文献丛刊》（第 1 册），凤凰出版社，2015，第 213、237 页。
② 蒋梦麟：《历史教授革新之研究》，《教育杂志》1918 年第 10 卷第 1 期，第 29~37 页。
③ 1921 年，王庸在发表于《史地学报》创刊号的《欧史举要》一文中推荐了此书。1925 年，秦志壬将此书第一章翻译了出来，发表在《京报副刊》第 88~96 期。文章提出，历史教育可以培养学生对个体的兴趣和对社会的关怀，引导学生学习历史上的经验，使学生更加社会化、人性化；历史教授是一种道德学习和道德实践，可以帮助学生自觉意识到社会责任和义务。载王庸《欧史举要》，《史地学报》1921 年第 1 卷第 1 期，第 1~9 页；〔美〕Charles A. McMurry 著，秦志壬译《历史教授的目的》，《京报副刊》1925 年第 88~96 期。

育界而提出的，但其所主张的内容与"新史学派"的思想完全一致。可以想见，蒋留学时的哥伦比亚大学正是新史学派的重镇，而且他又是杜威的学生，杜威的教育理念与鲁滨逊的历史教育思想有很多相通之处，所以他的历史教育理念在本质上与新史学派是一致的。蒋梦麟此文发表后，在学界引起巨大反响，有学者把它与梁启超所著《新史学》并提，誉之为"中国史学之新潮流，即示中国现代史风之一大倾向"① 的代表作。

总之，在1917年至1918年，美国"新史学"派的著作就已经进入中国，其思想理论也已经通过学术期刊开始在中国学界传播了。当然，"新史学"思想——主要是鲁滨逊《新史学》一书开始引起学界大部分人的关注是在1920年以后。随着李泰棻《史学研究法大纲》《西洋大历史》等书对鲁滨逊《新史学》一书的部分译介，陶孟和、陈训慈、徐则陵、衡如、于炳祥、梁绳筠、杨鸿烈等人通过学术期刊对"新史学"思想的宣传，尤其是何炳松使用《新史学》一书作为北大、北高师的教科书并将其翻译出版，"鲁滨逊"与"新史学"便迅速成为学界人尽皆知的两个名词。一直到1937年抗日战争爆发以前，新史学派的著作都被各大高校选用做历史教科书（尤其是世界史），如北京大学、清华大学、燕京大学、南开大学、四川大学、武汉大学、圣约翰大学、大夏大学、青岛大学、厦门大学、金陵大学、东吴大学等。而一直到1949年以前，都有新史学派著作的翻译与出版（如1945年纳文斯、康玛格著、刘尊棋等译的《美国史：一个自由民族的故事》由重庆中外出版社出版），以及期刊的介绍（如《国立中央图书馆馆刊》1947年复刊对柯蒂《美国思想之成长》的介绍②）。可以说，新史学派著作在中国的传播自1917年开始以后就从未中断；虽然抗日战争的爆发使传播力度有所减弱，但在战火的间隙，它依然在断断续续地持续着。

这三十多年里在中国传播的新史学著作，其规模不可谓不大。从内容上看，可以划分为史学理论（包括史学史、史学方法）与世界史（包括欧洲史、美国史）两大类。前者如鲁滨逊《新史学》、巴恩斯《史学》、绍特维尔《西洋史学史》、傅斯《历史研究法》、亨利·约翰生《历史教学

---

① 萧澄：《中国史学思想发达史略》，《史地丛刊（北京）》1921年第2期，第55~60页。
② 隽：《新书介绍·美国思想之成长（Merle Curti）》，《国立中央图书馆馆刊》1947年第2期，第40~67页。

法》等；后者如鲁滨逊与比尔德合著的世界史教材、海斯与蒙合著的世界通史教科书、桑戴克《世界文化史》、沙比罗《英国史》、比尔德与巴格力合著的《美国国民史》等。从传播渠道上看，不仅有翻译出版，更有期刊的大量介绍以及高校课堂之用作教科书。据笔者考察，仅在中国翻译出版的新史学派著作就至少有25部（见附录）。至于期刊的介绍，更是无法计数。当时很多具有学术影响力的期刊，如《史地学报》《史地丛刊》《国立北京大学社会科学季刊》《清华周刊：书报介绍副刊》《国立中山大学语言历史学研究所周刊》等，都介绍过新史学派的著作。从传播者来看，留美生是传播的主力，不仅参与翻译出版（如何炳松），更使用新史学派著作作为课堂教科书（如罗家伦、蒋廷黻、刘崇鋐、洪业、郭斌佳），还经常在期刊上发表相关书评。此外，中国本土学者（包括在读大学生）也是传播的生力军，在翻译出版、期刊介绍方面都有突出表现。

新史学派著作在中国如此大规模的传播，对中国史学的影响是不容忽视的。最大的影响体现在史学理论与史学方法层面。从20世纪二三十年代的学界反应看，当时最受学界关注的是鲁滨逊《新史学》、巴恩斯《史学》《新史学与社会科学》、绍特维尔《西洋史学史》等理论著作。学者们不仅通过期刊讨论新史学派的史学理论，如"历史研究范围的扩大"、"史学与社会科学结盟"、"综合史观"等，更在自己的个人作品中吸收、借鉴新史学派的理论思想。当时很多"史学概论"、"史学通论"、"史学方法"性质的著作，如李泰棻《史学研究法大纲》、李璜《历史学与社会科学》、吴贯因《史之梯》、卢绍稷《史学概要》、刘剑横《历史学ABC》、罗元鲲《史学概要》、周容编《史学通论》、李则纲《史学通论》、杨鸿烈《史学通论》和《历史研究法》，以及陆懋德《史学方法大纲》等，都以新史学派著作作为它们的主要参考书。同时，部分书籍如鲁滨逊《新史学》、绍特维尔《西洋史学史》、巴恩斯《史学》、傅斯《历史研究法》、亨利·约翰生《历史教学法》，都曾作为北京大学、四川大学、武汉大学、燕京大学等校的课程参考书。新史学派思想对中国史学的影响还体现在世界史学科建设层面。当时进入中国的很多新史学派著作都是世界史教科书，少数被译成中文出版，大部分都是以英文原版的形式进入中国高校的课堂。如鲁滨逊的《中世纪及近代史》（*Medieval and Modern Times*）一书同时被圣约翰大学、青岛大学、南开大学用作教科书，海斯的《近世欧洲政治社会史》(Political and Social History of Modern Europe) 也同时被南开大学、金陵大学、青岛大学用作教科书。这批以教科书或参考书形式出现在中国的新史学派著作，对于中国的世界史学科建设也是有一定贡献的。

值得注意的是，新史学派著作在中国所受的待遇似乎与美国本土有些许不同。在美国本土，呼声最高的史学家是几位本国史研究专家，即特纳、贝克、比尔德、帕灵顿等人，最受关注的作品也是这几位史家的美国史研究作品。但在中国，呼声最高的是鲁滨逊的《新史学》、巴恩斯《史学》《新史学与社会科学》、绍特维尔《西洋史学史》等史学理论著作，传播规模最大的也是世界史教科书。美国史研究著作所占份额不大。据笔者考察，特纳、贝克、比尔德、帕灵顿四人，除比尔德的作品在中国流传较多外（如 History of United States、The Rise of American Civilization、The Idea of National Interest 等），其他三人的作品在中国都非常少见。贝克的书，只有《近代史》(Modern History: The Rise of a Democratic, Scientific, and Industrialized Civilization, 1931) 一书被刘崇鋐《清华学报》1934 年第 9 卷第 4 期评论过①；特纳与帕灵顿的书，也只有《美国历史研究与阅读指南》(Guide to the Study and Reading of American History, 与 Edward Channing、A. B. Hart 合著, 1912) 与《美国思想的主流》两书在《史学年报》1937 年第 2 卷第 4 期由齐思和在《美国史书目举要》一文中提及过②。造成这种差别的原因也不难想象。在美国本土，最受关注的肯定是本国史研究著作，这是一个民族的文化本位心理造成的，在其他国家也一样。但在中国，新史学派属于外来文化。任何一种外来文化，必须具有一定的"普适"功能才能适应其他本民族的土壤。因此，当新史学派流传到中国，其中具有"普适"功能的著作，如理论书籍、世界史书籍，就能适应中国的需要而流传开来。那些在美国本土呼声甚高的美国史研究著作，对中国人来说，并不像理论书籍、世界史书籍那样具有高度的"普适"功能，因而流传较少。

---

① 刘崇鋐：《书籍评论：Modern History: The Rise of a Democratic, Scientific, and Industrialized Civilization》，《清华学报》1934 年第 9 卷第 4 期，第 993~1010 页。
② 齐思和：《美国史书目举要》，《史学年报》1937 年第 2 卷第 4 期，第 159~183 页。

四　美国汉学的发展及哈佛燕京学社的成立

在20世纪上半期的中美史学交流过程中，美国汉学①的发展也占有一席之地。从美国方面看，很多美国汉学家都有来华学习、考察的经历，这种旅华经历为他们的汉学研究注入了很大的推力；从中国方面看，赴美留学的中国留学生对美国汉学的发展也有一定贡献。中、美双方在汉学研究领域积极合作的代表性成果莫过于1928年成立的哈佛燕京学社，这一机构既为美国汉学的发展提供了机会，也为燕京大学实力的壮大提供了助力。

美国汉学的初创得益于19世纪赴华传教的美国传教士。裨治文（Elijah Coleman Bridgman）、裴来尔（Lucian Nathan Wheeler）、卫三畏（Samuel Wells Williams）等传教士，通过创办报刊、撰写书籍等形式，在向西方介绍中国历史与文化状况的同时，也奠定了其早期汉学家的地位。②以1876年耶鲁大学开设美国历史上第一个中国语言文化讲座为标志，美国的专业汉学开始建立起来。随后，哈佛大学于1879年开设汉文讲座，并通过其中文讲师戈鲲化收集中文图书；加利福尼亚大学于1890年开设阿加西

---

① 在此有必要对"汉学"这一概念稍加说明。有很多人将美国对中国历史与文化的研究统称为"中国学"，既包括对中国古代历史与文化的研究，也包括对中国近现代社会与文化的研究。但是，"中国学"（China Study）这一概念在二战以前并不存在。它是在二战以后由费正清（John King Fairbank, 1907-1991）提出来的，用以概括对中国近现代历史与文化的研究，以区别于偏重中国古代历史与文化研究的传统汉学（Sinology）。由于本书所考察的对象是主要是20世纪上半期（二战以前）的美国汉学研究著作，所以采用"汉学"这一概念。
② 19世纪的在华美国传教士不仅在报刊上发表了很多关于中国历史的文章，还撰写了很多关于中国历史的著作，这些文章和著作成为当时美国人了解中国最主要的信息来源。例如，由裨治文创办、1832~1851年发行于广州等地的英文月刊《中国丛报》（Chinese Repository），以及由美以美会传教士裴来尔创办、1867~1872年发行于福州、1874~1941年发行于上海的英文刊物《教务杂志》（Chinese Recorder）等，都刊登了大量关于中国历史的文章，为西方人提供了一个认识中国历史的渠道。历史著作方面，影响最大的应该是卫三畏于1848年出版的《中国总论》（The Middle Kingdom: A Survey of the Geography, Government, Education, Social Life, Arts, and History of the Chinese Empire and its Inhabitants），这本书系统论述了中国的政治、经济、外交、文化、历史、地理、教育、艺术、宗教状况，是美国第一部全面介绍中国历史和现状的著作，被誉为美国汉学的开山之作，是几代美国人"认识中国的范本"。

东方语文讲座，并于1896年接受中国学家傅兰雅赠书。①

进入20世纪以后，随着中美联系的逐渐紧密，美国的汉学也进入发展期。不仅相继建立了一些汉学研究机构，收集了很多中文图书资料，还培养出了一批本土汉学家。在研究机构的建设方面，有很多大学都开设了中文课程，设立了相关研究中心，并开始收集中文图书资料。例如，耶鲁大学于1901年成立旨在研究中国历史文化的"雅礼协会"（Yale-in-China），1943年成立远东语言研究所；哥伦比亚大学也于1901年开设丁龙中文讲座，同时开始收藏中文资料，1948年成立东亚研究所；芝加哥大学从1910年开始收藏中文资料，1915年开办东方语文系，1928年开设中文课程，1936年设立东方语言系，同时成立远东图书馆；康涅狄格学院于1911年开始研究现代中国、印度、日本；圣本尼迪克特学院于1913年开始研究东亚（中国、日本、朝鲜）；夏威夷大学于1920年开设中国语文、历史课程，1925年开始收藏中文图书，1935年成立东方研究所；约翰·霍普金斯大学于1930年开始设立国际关系研究学院；宾夕法尼亚大学也于同年设立东方研究系，并于1938年成立东方研究系东亚部，开始收藏中文图书；密执安大学于1933年建立以研究亚洲为主的国际中心，1936年创办远东语言文学系，1948年开始收藏中文图书；南加利福尼亚大学于1934年设立亚洲研究系，1948年开始收藏中文图书；克莱尔蒙特大学于1935年开始收藏中文图书；普林斯顿大学于1937年获得葛思德藏书100000余册，1947年设立东方研究系；科罗拉多大学于1944年成立亚洲事务研究所；西雅图华盛顿大学于1946年创办远东和斯拉夫语言文学系，设立远东和俄国研究所，并成立外国地区研究和比较研究所，1947年创办东方学图书馆；哈佛大学于1947年实行中国地域研究规划，费正清为主任，开设东方文化课程；俄克拉荷马大学于1948年成立亚洲事务研究所；加利福尼亚大学也于同年成立远东研究所。②

同时，美国政府与国家学术机构也逐步加大研究中国的力度，创办与中国研究有关的学术期刊。例如，美国国会图书馆于1901年获得中国学家

---

① 中国社会科学院情报研究所编《美国中国学手册》，中国社会科学出版社，1981，第676~677页。

② 同上书，第676~683页。

柔克义所藏汉、满、蒙、藏文书籍，1904～1908年获得清政府第二批赠书，1927年成立中国部，1928年成立东方部；1905年成立太平洋社会学协会；1919年创办《美国东方研究学院通报》（季刊）；1921年成立东方陶瓷学会；1925年成立太平洋学会；1927年成立布鲁金斯研究所；1932年创办《亚洲概览》（月刊）、《太平洋历史评论》（季刊）；1936年创办《哈佛亚洲研究杂志》（半年刊）；1941年成立远东协会（Far Eastern Association），出版《远东季刊》（季刊）；1943年成立中国语言学院，1945年扩建为东亚研究所；1948年美国学术团体理事会正式宣布成立远东协会。此外，部分美国财团由于在一战前后大力发展在华投资，也相继设立了一些基金会以资助对华研究。例如，1911年的卡内基基金会（Carnegie Foundation）、1910年的洛克菲勒基金会（Rockefeller Foundation）和1936年的福特基金会（Ford Foundation）。①

在汉学家的培养方面，虽然由于汉学研究起步晚，美国在20世纪初不得不从欧洲聘请汉学家到美国从事研究工作，如德国汉学家夏德（Friedrich Hirth）与劳费尔（Berthold Laufer）；但到二三十年代时，美国本土汉学家便开始崭露头角，成为美国汉学研究的中坚力量。并且，其中很多都有赴华考察、学习、任职的经历（见表1-1）。对于汉学家来说，在华经历绝对对其学术研究有着重要助益，不仅可以获得第一手资料，还能直接与中国学者交往，获得学术上的成长。例如，研究中国古代印刷史的卡特（Thomas Francis Carter）曾两次来华搜集资料，第二次来华在安徽宿州北长老会工作了12年（1911～1923年）②；翻译顾颉刚《古史辨》第一册"自序"的恒慕义（Hummel Arthur William），在华期间与中国学界有密切接触，与胡适、冯友兰、顾颉刚、蒋梦麟、郭秉文、袁同礼等人都有交往；费正清（John King Fairbank）1932年来华时，胡适、陶孟和、丁文江、蒋廷黻、梁思成、林徽因、金岳霖等人都给予了他一定的帮助，尤其是蒋廷黻，为其博士学位论文《中国海关的起源》提供了很多指导与资料上的帮助；孙念礼（Nancy Lee Swann）在北平华文学校学习中文时，曾相

---

① 中国社会科学院情报研究所编《美国中国学手册》，中国社会科学出版社，1981，第676～683页。
② 中国社会科学院近代史所翻译室编《近代来华外国人名辞典》，中国社会科学出版社，1981，第73页。

识吴宓，并向其请教问学，后来撰写关于班昭的论文，也曾向顾颉刚请教史料问题，顾颉刚还赠予她刚出版的《古史辨》；《乾隆朝文字狱考》(*The Literary Inquisition of Ch'ien-lung*) 的作者富路特（L. Carrington Goodrich），在其著作的序言中感谢袁同礼、陈垣、郑振铎等中国学者在他在华收集资料期间（1931~1932 年）的帮助；以蒙古学研究而闻名的拉铁摩尔（Owen Lattimore），生前多次来华，足迹遍布中国的东北、内蒙古、新疆、西藏等地。①

表 1-1　20 世纪上半期来华考察、学习、任职的美国汉学家

姓　　名	来华年份
劳费尔（Berthold Laufer）	1901
施达格（George Nye Steiger）	1906
盖尔（Esson McDowell Gale）	1908
博晨光（Lucius Chapin Porter）、亨培克（Stanley Kuhl Hornbeck）	1909
赖德烈（Kenneth Scott Latourette）	1910
卡特（Thomas Francis Carter）、麻伦（Carroll Brown Malone）	1911
宓亨利（Harley Farnsworth MacNair）	1912
芮恩施（Paul Samuel Reinsch）	1913
恒慕义（HummelArthur William）	1914
毕安祺（Carl Whiting Blshop）、卜凯（John L. Buck）、雅克博（Joseph Earle Jacobs）	1915
费纳克（Harold Monk Vinacke）、韦罗璧（Westel Woodbury Willoughby）	1916
富路特（L. Carrington Goodrich）、甘博（Sidney David Gamble）	1917
德效骞（Homer Hasenpflug Dubs）、柯乐文（Grover Clark）、索克思（George Ephraim Sokolsky）	1918
贝德士（Miner Searle Bates）、拉铁摩尔（Owen Lattimore）	1920
李约翰（John Gilbert Reid）	1921
葛德石（George Babcock Cressey）	1922

---

① 李孝迁：《域外汉学与中国现代史学》，上海古籍出版社，2014，第 327、335、337、338 页。

续表

姓　　名	来华年份
马尔智（Benjamin March）、浦纳德（Robert Thomas Pollard）、罗克（Joesph Francis Charles Rock）	1923
宾板桥（Woodbridge Bingham）、毕恩来（Thomas Arthur Bisson）	1924
孙念礼（Nancy Lee Swann）、杨格（Carl Walter Young）	1925
伯斯（Claude Albert Buss）、柯乐博（Oliver Edmund Clubb）	1927
毕乃德（Knight Biggerstaff）	1928
何尔康（Arthur Norman Holcombe）、魏鲁男（James Roland Ware）、舒斯特（Carl Schuster）	1929
戴德华（George Edward Taylor）	1930
西克曼（Laurence Sickman）、卜德（Derk Bodde）、施维许（Earl Swisher）	1931
费正清（John King Fairbank）、韦慕庭（Clarence Martin Wilbur）、顾立雅（Herrlee Glessner Creel）	1932
侯感恩（George N. Kates）、谢伟思（John Stewart Service）	1933
梅谷（Franz Henry Michael）	1934
魏特夫（Karl August Wittfogel）	1935
饶大卫（David Nelson Rowe）	1937
芮沃寿（Arthur Frederick Wright）	1941
牟复礼（Frederick W. Mote）	1944
鲍大可（A. Doak Barnett）	1947

资料来源：笔者根据所搜集的资料整理而成。

20世纪上半期美国汉学的发展，除了美国本土汉学家的努力之外，赴美留学的中国留学生也有一定贡献。据梅贻琦与程其保的统计，"1912~1949年间有近2万名中国学生到美留学"[①]。如此庞大的留美生群体，在美国学习专业知识的同时，也因其所具有的语言、文化等优势，而对美国汉学的发展有所助益。很多留美生都曾担任过美国汉学家的助手，协助他们

---

① Yi-chi Mei & Chi-pao Cheng, *A Survey of Chinese Students in American Universities and Colleges in the Past one Hundred Years under the Joint Sponsorship of National Tsing Hua University Research Fellowship Fund and China Institute in America* (New York, 1954), pp. 26–28.

解决语言文字上的困难。如王毓铨曾于 1938 年应魏特夫（Karl A. Wittfogel）之邀赴美，"协助其开展中国历史编纂计划，担任秦汉两朝社会经济史料的收集、审译和注释工作"；何兹全在美期间也曾在魏特夫处打过临时工，通过校阅和核对英文译稿赚取生活费用，"1949 年他还经陈翰笙介绍到霍普金斯大学国际政治学院协助佛朗西斯（Jhone D. Frances）翻译范文澜的《中国通史简编》"；在他回国后，王伊同接替了他的工作。[1] 部分留美生还曾担任过美国学校的汉语教师，如赵元任就在哈佛大学担任过哲学和中文讲师，教授中文并开设哲学课程。[2] 对美国汉学有更直接的影响的是留美生所撰写的关于中国的博士学位论文。据袁同礼《1905—1960 年间美国中国学生博士论文指南》（A Guide to Doctoral Dissertations by Chinese Students in America, 1905-1960）一文统计，"1912~1949 年间中国留美生所撰写的中国学方面的博士论文共有 152 篇"[3]，其中很多都得到美国汉学家的关注。如刘经庶《老子哲学》一文就被劳费尔称为一篇"杰作"[4]；冯友兰《人生理想之比较研究》一文也被赖德烈称赞"具有真正的价值……以一种非常简洁的方式清晰的阐述了中国杰出思想家所提供的教导"[5]。对于当时还处于"荒村"阶段的美国汉学来说，这些博士学位论文在资料和思路上都能提供一定的帮助。正如吴原元所说，二战以后美国汉学之所以能迅速发展，"中国留学生等知识移民是不可忽视的因素"[6]。

正式成立于 1928 年、以"中国文化领域以及中国学的其他方面"[7]为研究对象的哈佛燕京学社（Harvard-Yenching Institute），是美国汉学界

---

[1] 吴原元：《民国时期中国留学生对美国汉学的贡献述论》，《江苏师范大学学报》（哲学社会科学版）2013 年第 3 期，第 1~7 页。
[2] Howard L. Boorman, *Biographical Dictionary of Republican China*, Vol. 1 (New York: Columbia University Press, 1972), p. 150.
[3] 吴原元：《民国时期中国留学生对美国汉学的贡献述论》，《江苏师范大学学报》（哲学社会科学版）2013 年第 3 期，第 1~7 页。
[4] 郭秉文：《刘伯明先生事略》，《学衡》1924 年第 26 期。
[5] K. S. Latourette, "Review: A Comparative Study of Life Ideals. The Way of Decrease and Increase with Interpretations and Illustrations from the Philosophies of the East and the West", *The Journal of Philosophy*, Vol. 22, No. 17 (Aug. 13, 1925): 473-474.
[6] 吴原元：《民国时期中国留学生对美国汉学的贡献述论》，《江苏师范大学学报》（哲学社会科学版）2013 年第 3 期，第 1~7 页。
[7] 张寄谦：《哈佛燕京学社》，《近代史研究》1990 年第 5 期，第 149~173 页。

积极与中国合作的代表性成果。该机构的资金来源是1914年成立的霍尔教育基金（The Charles Martin Hall Educational Fund）。1924年，哈佛大学与燕京大学积极配合，于1925年9月达成建立"哈佛燕京学社"的协议，成功申请到霍尔基金的资助。考虑到当时中国民族主义运动的影响，学社推迟到1928年1月4日才正式在美国麻省注册成立。学社本部设于哈佛大学，设有社长一职负责行政工作，社长一向兼任哈佛大学东方语文系主任。第一任社长是法籍俄裔汉学家叶理绥（Serge Elisseeff, 1889-1975），1934年经伯希和推荐出任，直至1956年卸任。学社于1933年在燕京大学设驻北平办事处（Peking office），作为学社在东方的活动中心。办事处负责人为执行干事，规定由美国人担任。首任执行干事为燕京大学哲学系教授博晨光（Lucius Chapin Porter, 1880-1958），但博氏因与社长叶理绥不和而于1939年辞职。在司徒雷登的建议下，由燕京大学历史系主任洪业继任执行干事。学社的中方合作机构不仅有燕京大学，还有岭南大学、金陵大学、华西大学、齐鲁大学、福州协和大学；但燕京大学获得资助最多。[①]

丰厚的资金来源，无论是对哈佛大学还是燕京大学，都是极好的发展助力。哈佛大学方面，于1928年建立哈佛燕京学社汉和图书馆（Chinese-Japanese Library），以哈佛大学图书馆中原有的中、日文藏书为基础，进一步收集中国、日本等东亚国家的图书文献资料。1931年，图书馆聘任哈佛大学中国留学生裘开明任馆长；裘氏任馆长期间（1931~1965年），一直通过哈佛燕京学社北平办事处从中国收购中文图书资料。当时中国正值战乱期间，很多私家藏书流散到市面上，经书商们转手卖给哈佛燕京学社，而成为汉和图书馆的收藏。经过几年的系统收集，到1941年前后，汉和图书馆藏书量增加了近20倍，成为一座重要的东方学图书馆。[②] 利用资助，哈佛大学还于1936年创办了《哈佛亚洲研究学报》（*Harvard Journal of Asiatic Studies*），由叶理绥担任主编。到1947年以前的这段时间中，《学报》刊登了不少以历史、语言、宗教为主的长文，同时也不时刊发或译载

---

① 刘玲：《哈佛燕京学社的旨趣与中国史学人才之培养》，《史学理论与史学史学刊》2015年第13卷，第243~261页。
② 张翔：《裘开明与哈佛燕京学社汉和图书馆》，《图书馆杂志》1999年第8期，第47~49页。

一些中国、日本学者的论文,如创刊号上就有赵元任的《略论"俩"、"仁"等》、陈寅恪的《韩愈与唐代传奇小说》、汤用彤的《〈四十二章经〉的版本》等文。到二战以后,随着美国汉学家队伍的不断壮大以及对汉学研究的逐步重视,《哈佛亚洲研究学报》迅速成为一份顶级汉学研究期刊。[①] 除了建设图书馆与创办学术期刊,哈佛燕京学社还从美国选派年轻学者赴华留学。从1929年至1949年的20年间,至少有17人通过学社资助到华进修学习(见表1-2);他们在回美后都任职于美国各大高校或研究机构,大大促进了美国汉学的发展。

表1-2 通过哈佛燕京学社来华进修、学习的美国学者(1949年以前)

在华年份	中文名	英文名	回美任职
1929~1932	魏鲁男	James Roland Ware	哈佛大学中文教员、讲师、副教授、教授等
1929~1932	舒斯特	Carl Schuster	费城艺术博物馆中国艺术馆助理馆长
1930~1936	毕乃德	Knight Biggerstaff	康奈尔大学中国史助理教授、副教授、教授
1930~1932	戴德华	George Edward Taylor	华盛顿州立大学东方学院教授兼院长
1931~1935	西克曼	Laurence Sickman	密苏里美术馆东方艺术馆馆长
1931~1934	施维许	Earl Swisher	科罗拉多大学讲师、副教授、教授
1931~1935	顾立雅	Herrlee Glessner Creel	芝加哥大学历史系、东方语言文学系讲师、教授
1931~1935	卜德	Derk Bodde	宾夕法尼亚大学教授、美国东方学会主席
1932~1933	费正清	John King Fairbank	哈佛大学远东语文系讲师、副教授、教授
1933~1938	赖肖尔	Edwis Oldfather Reischauer	哈佛大学远东语言学讲师、副教授
1938~1939	贾德纳	Charles Sidney Gardner	哈佛大学远东语文系教授
1938	饶大卫	David Nelson Rowe	普林斯顿大学运动问题讲师、耶鲁大学国际问题研究所副研究员、政治学教授
1938~1941	柯立夫	Francis Woodman Cleaves	哈佛大学教授

---

① 程章灿:《岁月匆匆六十年:由〈哈佛亚洲学报〉看美国汉学的成长(上)》,《古典文学知识》1997年第1期,第94~100页。

续表

在华年份	中文名	英文名	回美任职
1939~1940 1941~1947	芮沃寿	Arthur Frederick Wright	斯坦福大学、耶鲁大学教授
1940~1943	海陶玮	James Robert Hightower	哈佛大学远东系教授
1947~1948	倪维森	David Shepherd Nivison	斯坦福大学教授、哲学系主任、美国哲学协会主席
1948~1949	狄百瑞	William T. De Bary	哥伦比亚大学教授

资料来源：笔者根据所搜集的资料整理而成。

燕京大学方面，也积极利用学社经费大量收购藏书，"由1925年的1万册藏书，增加到1929年的14万册、1933年的22万册"①。同时，高薪聘请优秀学者到校任教，如容庚、郭绍虞、郑振铎、孙楷第、高名凯、顾颉刚、张星烺、许地山、邓之诚、陈垣等，使燕京大学一跃成为一座中国历史文化研究中心。学社还接受研究生申请，资助成绩优异的学生到哈佛大学深造，如齐思和、翁独健、王伊同、蒙思明、杨联陞、邓嗣禹、郑德坤、周一良、陈观胜等。此外，学社还资助燕京大学出版学术性书刊："一是《燕京学报》，1927~1950年间每年出版两册，战时停刊，共计38册"②，前后由容庚、齐思和担任主编，刊登过王国维、钱穆、冯友兰等130多位学者的论文，得到汉学家伯希和的称许；"二是《哈佛燕京学社汉学引得》，1930年成立引得编纂处，由洪业任主任"③，后由聂崇岐接任，编纂为便利学者研究的古籍引得（Index），至1950年，"共出41种正刊，23种特刊，合计64种共84册，包括《春秋左传》、《论语》、《孟子》、《汉书》、《大藏经》、《水经注》等古籍引得"④。

纵览20世纪上半期美国汉学的发展，虽然其底蕴没有欧洲汉学那么深厚，致使相关机构不得不到欧洲聘请汉学家到美任职，以带动美国汉学的发展；但是其发展速度是惊人的。从没有本土汉学家的"荒村"状态到哈

---

① 张凤：《哈佛燕京学社75年的汉学贡献》，《文史哲》2004年第3期，第59~69页。
② 同上。
③ 同上。
④ 王钟翰：《哈佛燕京学社与引得编纂处》，载燕大文史资料编委会《燕大文史资料》（第三辑），北京大学出版社，1990，第22~28页。

佛燕京学社这一跨国研究机构的设立，仅仅用了几十年的时间。到二战以后，这枝世界汉学研究领域的"后起之秀"，不仅接纳了大量躲避战火的欧洲汉学家，使汉学家队伍进一步壮大；更另辟蹊径，将传统"汉学"（Sinology）转向现代"中国学"（China Study），使美国的中国研究形成了不同于欧洲的特色。美国中国学对近现代中国——而不是古代中国——历史与社会的注重，同美国新史学派对美国现实问题的关注一样，是美国学术中"实用主义"（Pragmatism）与"现在主义"（Presentism）精神的体现。

第二章　美国新史学派史学理论类著作在华之传播与影响

五四运动以后是美国新史学派理论大举进入中国时期，大量学者都通过报刊以及自己的学术著作宣传新史学派的理论思想，使"新史学"成为中国史学界人尽皆知的一个名词。从史书译介与传播的角度看，当时进入中国的新史学派史学理论类著作还是比较多的，其中包括史学理论著作（如鲁滨逊《新史学》、巴恩斯《新史学与社会科学》）、史学方法论著作（如傅斯《历史研究法》）、历史教学法著作（如亨利·约翰生《历史教学法》）以及史学史著作（如绍特维尔《西洋史学史》、巴恩斯《史学》）等。这些著作对近代中国史学的影响还是比较大的，中国在20世纪20~40年代出版的很多史学理论和史学方法类的著作，如李泰棻《史学研究法大纲》、李璜《历史学与社会科学》、吴贯因《史之梯》、卢绍稷《史学概要》、刘剑横《历史学ABC》、罗元鲲《史学概要》、周容编《史学通论》、李则纲《史学通论》、杨鸿烈《史学通论》、杨鸿烈《历史研究法》、陆懋德《史学方法大纲》等，都不同程度地吸取了新史学派的理论思想。

第一节　中国史学界对新史学派理论的关注

美国新史学派的思想理论，如第一章所述，其基本要点有：（1）在研究范围上，历史学应突破单纯政治史和军事史的限制，将研究范围扩展到人类社会的方方面面，包括经济、社会、文化等所有领域；（2）在研究方法上,为了实现对人类社会整体的认识,历史学必须与社会科学结盟,进行综合研究(Synthetic Approach);(3)在研究目的上,历史研究不只是为了记录过去发生的事,更是为了帮助我们理解现在,创造未来。这种全新的史学理论之所以能在五四时期进入中国并引起巨大的反响,与当时中国学术风气的开放以及新史学反传统的学术个性有关,同时也与当时进入中国的欧洲新史学理论有学理上的共鸣。较早通过期刊向中国学界介绍美国新史学派理论的是中国的教育学界人士,如蒋梦麟;此外,杜威来华也对新史学派思想的传播有促进作用。1920年前后,随着鲁滨逊《新史学》一书进入中国,新史学派理论开始得到中国史学界人士的集中关注;北京高等师范学校的《史地丛刊》与南京高等师范学校的《史地学报》是积极介绍新史学派理论的两大阵地。

一 新史学派理论进入中国的时代思想背景

美国新史学派著作在五四时期及其后大量进入中国,当然与何炳松等留美生的大力宣传有直接关系,但这一因素并不能解释全部。这种外来的史学理论之所以能在中国引起那么大的反响,与当时中国学术风气的开放以及其本身的学术个性有关。五四时期是一个非常开放的时期,从学术界到社会界,都弥漫着一股向西方学习的风气。与其他领域一样,史学界进行了破旧立新、大刀阔斧的改革(如朱希祖在北大史学系的改革、蒋廷黻在清华大学史学系的改革)。由于改革的需要,包括新史学派在内的西方史学思潮便涌入中国。从新史学派自身的学术个性看,它是有着鲜明的反传统特点的;它之所以号称"新",就是为了对抗传统史学的"旧"。这种鲜明的反传统个性,正是"打倒孔家店"的五四新文化人所需要的。因此,它就成了五四史家向传统史学发起挑战的有力武器。

需要注意的是,当时在中国史学界传播的、强调"综合史观"的史学理论并非只有美国新史学派。在它之前,同样强调"综合史观"的欧洲新史学已经进入中国。欧洲新史学的健将是德国的兰普雷希特(Karl Lamprecht),他强调心理因素对历史的影响,主张综合社会科学对历史进行整体研究。在蔡元培等留欧学者的传播下,兰普雷希特的思想在五四前期就已经进入了中国。① 将兰普雷希特的史学思想具体融入历史教学的也是朱希祖。他在1920年以兰普雷希特的"综合史观"为指导，对北大史学系的课程进行改革："本科第一二年级，先把社会科学学习，做一种基础，——如政治学、经济学、法律学、社会学等——再辅之以生物学、人类学及人种学、古物学等。特别注重的，就推社会心理学。然后把全世界的史做综合研究。"② 他聘请何炳松担任"历史研究法"课程的教师，并鼓励何炳松将所用教材——鲁滨逊《新史学》一书翻译成中文，也是因为此书与他产生了共鸣。他说，《新史学》一书中"尤以'应该将社会科学的结果综合起来，用过去人类的实在生活去试验他们一下'这句话为最简括切实"，所以他"读了这几句话，差幸对于北京大学校史学系的课程，改革的尚不算错"。③ 其实，美国新史学派理论与欧洲的新史学也是有渊源关系的（如第一章所述），这也是笃信兰普雷希特的朱希祖会对鲁滨逊《新史学》产生共鸣的原因。由此可见，美国新史学派理论在进入中国之时，中国史学界已经具备了接受它的学理基础。

二 新史学派思想在中国教育界的早期传播

美国新史学派思想在引起中国史学界的广泛关注之前，在中国教育界已有一定的传播。笔者在上一章已论述过留美教育家蒋梦麟在新史学派思想在华早期传播中所发挥的作用。继蒋梦麟之后，1919年来华的杜威，在促进实验主义思想在华传播的同时，也间接促进了新史学派思想的传播。作为一位哲学家兼教育家，杜威对于历史教育的认识也贯穿着"实用性"的特色，这与鲁滨逊等新史学派史家对历史教育的观点是一致的。杜威夫妇在北京期间，在各大学发表了多场演讲。其中一场题为"历史学的研究"，由杜威夫人演讲，演讲稿发表在《史地丛刊（北京）》1920年第1期。杜威夫人在演讲中说："历史就是人类的生活。……我们研究历史，就是研究人类过去、现在的生活。……真正懂得历史的人，不是仅仅记得

---

① 张晶萍：《20世纪上半叶兰普雷希特"文明史学"在中国的传播》，《史学理论研究》2011年第1期，第74~83页。
② 〔美〕鲁滨逊：《新史学》，何炳松译，商务印书馆，1924，第1~5页。
③ 同上。

几个人名地名年代的，这样的历史，乃是死历史，我们所需求的，乃是新的活历史……要留心生计的状态……民族的思想……社会的生活……留心全体人民的生活。"①《史地丛刊（北京）》同期发表的还有吴相如摘译的《历史和地理之意义》一文，该文译自杜威1916年出版的《民主与教育》（Democracy and Education: An Introduction to the Philosophy of Education）一书的第十六章第二节"历史和地理的互补性"（The Complementary Nature of History and Geography），从教育的角度探讨历史和地理关系。该文指出：历史和地理具有"彼此相辅的性质"，要认识自然材料的价值，"独一无二的方法就在于明白人类与自然界相辅相依的关系"，这也是"历史和地理存在的价值"所在；从学理上看，历史和地理都具有"转变经验"（Transformation of Experience）的义务，即将过去时代的经验转化为现代所需要的经验；地理虽注重物质方面，历史虽注重社会方面，但它们的共同点是"注重人类共同的生活"；因此，学习历史和地理能发展或扩充我们行为的意义，使我们跳出现在的、暂时的范围，形成更广阔的认识。② 无论是杜威夫人说的"历史就是人类的生活"，还是杜威说的"注重人类共同的生活"，都在强调以人类整体作为历史研究的范围，与新史学派的主张完全一致。

杜威夫妇的主张得到中国学者吴相如与梁绳筠的认可与接受。吴相如在《史地丛刊（北京）》1920年第1期发表的《历史教授革新之意见》一文提出："吾人今日教授历史，有两个先决之问题：其一，要知道历史之效用在察过去进化之迹，以明现在所以致此之由；其一，即以平民生活为中心是也。……以了解现在之人生，且养成其判断力，创造力，以达将来建设理想之社会，是为读史最终之目的也。"③ "平民生活"四字，正是来自杜威夫人的演讲。梁绳筠在《史地丛刊（北京）》1921年第2期发表的《历史谈：（1）旧目的和旧方法（2）新目的和新方法》一文，也大量引用杜威夫妇的观点，如杜威说的"研究过去不是为着过去，是为着要

---

① 〔美〕杜威夫人：《历史学的研究》，《史地丛刊（北京）》1920年第1期，第123~125页。
② 〔美〕John Dewey著，吴相如译《历史和地理之意义》，《史地丛刊（北京）》1920年第1期，第25~32页。
③ 吴相如：《历史教授革新之意见》，《史地丛刊（北京）》1920年第1期，第33~34页。

懂得现在",杜威夫人说的"要留心生计的状态……民族的思想……社会的生活"。① 他把杜威夫妇以及梁启超的新史学思想熔于一炉,提出了自己的"新历史"观,即历史是群众的历史;历史是为的明白现在,揭明人类进化的程序;历史是求公理公例,找出事实的因果。

三 《史地丛刊》对新史学派理论的介绍

1920年前后,随着鲁滨逊《新史学》一书进入中国,新史学派理论开始得到中国史学界人士的集中关注。当时介绍新史学派思想理论的有两大阵地——北京高等师范学校的《史地丛刊(北京)》与南京高等师范学校的《史地学报》。《史地丛刊(北京)》由北京高等师范学校史地部师生组织的"北京高等师范学校史地学会"于1920年6月创办,由何炳松担任编辑部主任,以介绍新思想为宗旨,在北京史学界影响较大。也许正是由于何炳松的关系,《史地丛刊(北京)》在1920~1923年刊发了很多介绍新史学派理论的文章。除了上文提到了吴相如与梁绳筠的文章,还有李荫清、谷凤池、董寔滋、章钦、于炳祥等人以及何炳松本人的文章。文章大致可分为三类。

第一类是关于历史教学的文章。除了上文所述吴相如的两篇关于历史教学的文章,李荫清在《史地丛刊(北京)》1921年第2期发表有《历史的计案问题教授法》一文,译自美国学者布兰诺(Mendel E. Branom)发表在期刊《历史展望》(*The Historical Outlook*)上的"The Project Problem Method in History"一文。该文主要解释所谓"历史的计案问题教授法",即由问题入手的历史教学法;作者归纳出问题计案的四段组织法:"(a)问题所引起的发引材料;(b)引起问题与简明述说;(c)与问题有关的材料之寻得与解释;(d)问题解决与材料总括,即根据学生的年龄、兴趣等条件选择一段可引起学生兴趣的材料,通过材料提出问题,激发学生的思考能力和解决问题的能力";并对这一教学方法充满信心:"当学生致力于有社会需要的问题的时候,如果他信服这问题的解决是真有价值

---

① 梁绳筠:《历史谈》,《史地丛刊(北京)》1921年第2期,第17~29页。

的,并以无限的精力热诚去往前解释,就真正实现出问题计案的理想效用。"① 此外,章嶔在《史地丛刊(北京)》1923 年第 2 卷第 2、3 合期发表的《大学校的本国史应该怎样教授?》一文,也提出对历史教学要有"相当的理解",即"注意一个朝代的通象、注意一个时代里人民和国家的紧要关键、注意以往的政象和一切思想与现在社会有怎的关联"。② 李荫清将历史教学与"社会需要的问题"联系起来的观点,与章嶔注意历史"与现在社会有怎的关联"的主张,都是新史学派思想的体现。

　　第二类是关于历史研究法的文章。谷凤池在《史地丛刊(北京)》1922 年第 1 卷第 3 期发表的《历史研究法的管见》一文,对历史的性质、历史的研究法、研究历史的要点、研究历史的辅助学科等都做了简单论述。谷凤池认为,历史的范围"纵贯古今、横罗东西";历史具有进化性、连续性、因果性,因此应该依据进化律、连续律、因果律来研究历史;并非所有的史料都具有同等的价值,因此"不能不下选择的功夫";此外,"研究历史,不可不研究群众心理,且群众发生运动,背后必有重因,或受经济的迫压,或受政治宗教的束缚,所以欲研究历史,政治、经济、宗教等学,也不能不研究;他如社会学、古生物学等,无不与历史有密切关系,都是研究历史的辅助科学"。③ 他对于历史连续性的强调、对于心理学等历史辅助学科的重视,显然都是来自鲁滨逊《新史学》一书。此外,他在论述"研究历史的要点"时,还引用了很多鲁滨逊《中世纪及近代史》(*Medieval and Modern Times*)一书的观点。董寯滋在《史地丛刊(北京)》1922 年第 2 卷第 1 期发表的《研究历史应当注意的三点》一文,强调"政治的变迁""社会的状态""经济的生活"是应当注意的三点;文中也直

---

① 〔美〕Mendel E. Branom 著,李荫清译《历史的计案问题教授法》,《史地丛刊(北京)》1921 年第 2 期,第 43～54 页。对这一教学方法充满信心的不只有布兰诺,哥伦比亚大学师范学院、荷兰斯曼师范学校女子部公民科历史讲师哈奇(R. W. Hatch)以其在近代欧洲史教学上的具体实践证实了这一方法的科学性。他的论文被杨贤江翻译成中文,发表在《教育杂志》1921 年第 13 卷第 8 期。载〔美〕R. W. Hatch 著,杨贤江译《近代史的设计教学法》,《教育杂志》1921 年第 13 卷第 8 期,第 1～15 页。

② 章嶔:《大学校的本国史应该怎样教授?》,《史地丛刊(北京)》1923 年第 2 卷第 2、3 合期,第 1～2 页。

③ 谷凤池:《历史研究法的管见》,《史地丛刊(北京)》1922 年第 1 卷第 3 期,第 1～4 页。

接引用了很多鲁滨逊的话。①

第三类是关于鲁滨逊《新史学》一书的文章。何炳松在北京大学与北京高等师范学校任教时均以鲁滨逊《新史学》一书为课本；该书深受学生欢迎，北京大学史学系主任朱希祖遂请其译为中文。自1921年2月开始翻译，到同年8月译毕，但因各种事务耽搁，迟至1924年才出版。② 其间，何炳松曾将所写的《新史学导言》发表在《史地丛刊（北京）》1922年第2卷第1期；该文主要介绍《新史学》一书八章的大意。③ 次年，于炳祥在《史地丛刊（北京）》第2卷第2、3合期发表《读〈新史学〉》一文。此文是他读《新史学》一书的心得，主要论述《新史学》一书各章节的思想要点；并指出：近代西方史学能摆脱文学、宗教、政治、爱国主义的支配、还原本来面目，是本着新史学精神去运动的结果；反观我国史学界，"求一有系统、有组织、利用新眼光亦驾驭旧材料者，不可多得"，因此"一面羡西史精神之日进，一面叹中国历史界之无进步"。④

四 《史地学报》对新史学派理论的宣传

宣传新史学派理论的另一阵地是《史地学报》。该刊由南京高等师范学校史地研究会创办于1921年11月，至1926年10月停刊⑤，是近代中国史学界影响较大的一份刊物。其存在的五六年间，持续刊登了大量宣传美国新史学派思想理论的文章。与北京高等师范学校的《史地丛刊》相比，《史地学报》对新史学派理论的宣传规模更大、参与者更多、持续时间更长、内容也更丰富。从内容上，可将相关文章分为三大类。

第一类是在文章中吸收、借鉴新史学派的思想。在这方面成绩最多的

---

① 董寅滋：《研究历史应当注意的三点》，《史地丛刊（北京）》1922年第2卷第1期，第1~4页。
② 〔美〕鲁滨逊：《新史学》，何炳松译，岳麓书社，2011，第1~18页。
③ 何炳松：《新史学导言》，《史地丛刊（北京）》1922年第2卷第1期，第1~10页。
④ 于炳祥：《读〈新史学〉》，《史地丛刊（北京）》1923年第2卷第2、3合期，第1~24页。
⑤ 自1921年11月至1926年10月，《史地学报》共出版4卷21期，初为季刊，自二卷二期始改为月刊（寒暑假除外）；1925年三卷八期出版后，四卷一期至1926年10月方始出版，也是最后一期。

是陈训慈。他在《史地学报》1921年第1卷第1期发表的《史学观念之变迁及其趋势》一文,用长达32页的篇幅论述了史学的起源、史学的各种观念或解释以及史学观念变迁之趋势。关于"史学观念变迁之趋势",他从四个方面加以归纳。(1)本质:"史学为理知的事业,常在不断变径之中,而以说明人类进化为务";(2)范围:"史之范围,于时间为自人类之初至无穷之未来,于空间尚混合全球之事实";(3)作用:"史学以理想为方法,考求事物之如何至此与何以至此,以为人生及他学之致用";(4)观察:"史家持豁然大公之见,固不持主观,亦非凭客观,而以客观济其主观。"① 文章大量参考了鲁滨逊《新史学》、亨利·约翰生《历史教学法》(Teaching of History)、巴恩斯《历史学的过去与未来》(The Past and Future of History)等新史学派的著作与文章。1922年,他继续在第1卷第2期发表了《历史之社会的价值》一文,认为历史学对社会的价值可体现在四个方面:"助成完之知识""影响人类之心理""进化之指导""人类共同了解之促进"。他引用鲁滨逊《新史学》一书第二章中"史家始终为社会科学之指导者与批评者"一语,强调"史学与社会之关系,日就密切,生而为人,即不能不有历史之常识"。② 1924年,他又在第3卷第1、2合期发表《史学蠡测》一文,第3期与第5期连载。他在文中说,对于欧美关于史学沿革得失的探讨情况不熟悉而空谈"整理国史",恐将"志大而道拙",故将"史学之要端,以及吾国与欧美史学之演进,作一最简略之叙述"。③ 文章内容包括字原、定义、综合史观与新史学、史之范围、史与人类之关系、史料之审别、史法之应用、史学是否为一种科学、史学与其他学科、中国史学一瞥、西洋史学一瞥等,多处引用鲁滨逊《新史学》、巴恩斯《历史学的过去与未来》、傅斯《历史研究法》(The Writing of History)等书的观点。此文在同年被《清华周刊:书报介绍副刊》第13期介绍过。④ 除了陈训慈,徐则陵、缪凤林、陆惟昭等人也有相

---

① 陈训慈:《史学观念之变迁及其趋势》,《史地学报》1921年第1卷第1期,第1~32页。
② 陈训慈:《历史之社会的价值》,《史地学报》1922年第1卷第2期,第1~2页。
③ 陈训慈:《史学蠡测》,《史地学报》1924年第3卷第1、2合期,第A1~A18页;第3期,第3~14页;第5期,第23~44页。
④ 叔伦:《中文杂志中论文介绍:史学蠡测》,《清华周刊:书报介绍副刊》1924年第13期,第25页。

关文章。徐则陵在 1921 年第 1 卷第 1 期发表的《史之一种解释》一文，论述了历史的"心理"解释，即"从心理上求人类活动之意义"，认为"人类活动以主观的势力为主要原因"[①]；文中采纳了鲁滨逊《新史学》一书中关于黑格尔哲学的观点。缪凤林在 1922 年第 1 卷第 2 期发表的《研究历史之方法》一文，论述了历史学的性质（"一切历史事实，皆属逐渐发展，逐渐蝉蜕……新者即旧者之所演化"）、目的（"一切文物，其发生，其生长，与其发达演化之迹，皆当尽其可能，以解答之"）、史料（包括古言 Tradition 与古物 Vmaius[②]，都是人类活动之结果）；并称傅斯《历史研究法》等新史学派书籍为"尤著者"。[③] 陆惟昭在 1922 年第 1 卷第 3 期发表的《中等中国历史教科书编辑商例》一文，则从历史教育的角度，提出"轻个人重人类，轻国家重社会""时代变迁当为连续的说明""认中国历史为世界史之一部分""政治文化不当分叙二途""上推到无史时代"等历史教科书编辑建议，与新史学派思想很类似。[④]

　　第二类是对美国新史学派著作或文章的介绍与翻译（包括节译）。这方面成绩最大的依然是陈训慈。他在《史地学报》1922 年第 1 卷第 2 期发表译作《史之过去与将来》，译自巴恩斯 1921 年 2 月在《历史展望》杂志上发表的《历史学的过去与未来》（The Past and Future of History）一文。该文对综合史学（Synthetic History）进行了系统论述：首先对以政治事实为历史发展主要动力的政治史（Political History）进行了批判，然后详细阐述了"新起之综合史学"（New Synthetic History）的性质与未来。[⑤] 1923 年，陈训慈又在第 2 卷第 2 期的"新书绍介"栏目发表了一篇长达 10 页的对于海斯所著《近世欧洲政治社会史》一书的书评。他不仅详细介绍了此书的出版与增订情况，翻译了全书 30 章的章名，摘译了原书前言中的部分语句，还概括了全书 5 个部分的内容大意，称赞"其分段见解，绝非因袭；往往只眼推撷，持有至理"，作者"能寻绎线索，深究因变，使繁变

---

① 徐则陵：《史之一种解释》，《史地学报》1921 年第 1 卷第 1 期，第 1~7 页。
② 应为 Remains。
③ 缪凤林：《研究历史之方法》，《史地学报》1922 年第 1 卷第 2 期，第 1~21 页。
④ 陆惟昭：《中等中国历史教科书编辑商例》，《史地学报》1922 年第 1 卷第 3 期，第 1~21 页。
⑤ 〔美〕Harry Elmer Barnes 著，陈训慈译《史之过去与将来》，《史地学报》1922 年第 1 卷第 2 期，第 1~14 页。

之事实，帖然在其驾驭之下。各事之真实意义，藉以得明；而读者之了解，亦益明澈而有味矣"。① 同年，陈训慈还在第 2 卷第 4 期发表了译作《历史之价值》，译自美国芝加哥大学教授赫尔（Howard C. Hill）于 1921 年 12 月在美国《历史展望》杂志上发表的"History for History's Sake"一文。该文认为：历史有其本身的个性，它不是其他学科的附属产物；"史之所以为史者，自必有其历史性（historicity）"；它是包罗万象的、不断变化的，"实寓无限之愉悦（historical delight）"；史学家应当培养自己的史识（historical-mindedness），意识到"事物在变化中"，意识到"过去与现在为进化绵延"，因为"目今之事，惟置于过去光明之下，始能洞明透彻"，这也就是历史的"继续观念"。② 陈训慈之外，王庸、胡焕庸、向达等人也有相关译文发表在《史地学报》上。王庸在 1923 年第 2 卷第 4 期发表的译作《社会学与历史之关系》，译自巴恩斯在《历史展望》第 13 卷第 8 号发表的《社会学对新史学或综合史学的价值》（"The Significance of Sociology for the 'New' or Synthetic History"）一文。该文论述社会学与历史之关系，是对《历史学的过去与未来》一文的补充与深化。文章提出：历史学是"人类社会活动的科学"，而社会学的任务是分析判断"足以影响群众行为而变动社会制度者"，二者的密切关系显而易见；历史研究（尤其是思想史、社会史、经济史的研究）必须有赖社会学的助力；如此才能形成"综合的历史"。③ 胡焕庸的贡献在对比尔德（Charles Austin Beard）与巴格利（William Chandler Bagley，1874－1946）合著的《美国国民史》（*The History of American People*）一书的翻译上。他在 1923 年第 2 卷第 3 期发表了关于该书的书评，认为它具有两大优点：偏重社会生活的史料选择标准、以问题为核心的编纂法则。④ 他在 1923 年已将全书翻译了出来，并

---

① 陈训慈：《新书介绍：近世欧洲政治社会史》，《史地学报》1923 年第 2 卷第 2 期，第 91~101 页。
② ［美］Howard C. Hill 著，陈训慈译《历史之价值》，《史地学报》1923 年第 2 卷第 4 期，第 1~4 页。
③ ［美］Harry Elmer Barnes 著，王庸译《社会学与历史之关系》，《史地学报》1923 年第 2 卷第 4 期，第 1~20 页。
④ 胡焕庸：《新书介绍：〈美国国民史〉》，《史地学报》1923 年第 2 卷第 3 期，第 1~3 页。

在《史地学报》1924年第3卷第1~8期、1925年第4卷第1期连载。① 但该译作并未汇集成册出版。向达则在1925年的《史地学报》第3卷第7期发表译作《史律》，译自美国新史学派史家季尼（Edward Potts Cheyney，1861-1947）发表在《美国历史评论》（American Historical Review）杂志1924年1月号上的《史律》（"Law in History"）一文，该文也是季尼1923年担任美国历史学会会长时发表的演说。此文虽名为《史律》，但实际上讲的是历史的六种特性：连续性（law of continuity）、非永久性和易变性（law of impermanence, of mutability）、互相依赖性（law of interdependence）、民主性（law of democracy）、自由同意的必要性（law of necessity for free consent，即不受强权压迫的自由性）、道德进步性（law of moral progress）。作者在文中明确赞成鲁滨逊对历史延续性的解释，认为"种种事业、环境、制度、人格，皆来自以前之事业、环境、制度、人格"，人们孜孜不倦、追根溯源，就是源于历史的连续性。他还提出，历史是人类"对于现在及未来的指南针"；以这些历史"定律"指导我们的生活，可以达到"人生幸福"。②

第三类是其他内容，包括新闻简讯与书目推荐等。《史地学报》的"史学界新闻"栏目，在1922年第1卷第2期刊有《史学界新闻：美国史学出版界之近状》简讯，称"美国出版界中，历史本甚丰多，自近今史家倡导新史学以后，历史著作益形发达"③；在1922年第1卷第2期则刊有《史学界新闻：新史学译本出版》一则简讯，宣传何炳松所译《新史学》一书，称此书"破坏旧史，倡导新经，实研究历史者不可不读之书也"④。在1922年第1卷第4期，《史地学报》还翻译了美国特赖恩（R. M. Tryon）教授发表于《历史展望》1922年4月号的一篇书报目录（The Professional Library of a High School History Teacher），其中提到多种新史学派的著作，

---

① 〔美〕比尔德、巴格利著，胡焕庸译《美国国民史》，《史地学报》1924年第3卷第1~8期、1925年第4卷第1期。
② 〔美〕E. P. Cheyney著，向达译《史律》，《史地学报》1925年第3卷第7期，第39~51页。
③ 《史学界新闻：美国史学出版界之近状》，《史地学报》1922年第1卷第2期，第1页。
④ 《史学界新闻：新史学译本出版》，《史地学报》1922年第1卷第2期，第2页。

如鲁滨逊《新史学》、傅舲《历史研究法》等。①

第二节　主要新史学派史学理论类著作在华之译介

五四以后中国学者对美国新史学派思想理论的关注与宣传，为新史学派著作在中国的译介与传播创造了极佳的思想环境。当然，史书是史学思想与史学理论的载体，在很大程度上，两者的传播是同时进行、相互促进的。如第一章所述，在中国流传的美国新史学派著作可以划分为史学理论类（包括史学理论、史学方法论、历史教学法、史学史）与世界史类（包括欧洲史、美国史等）两大类，此处先论述史学理论类。20世纪上半期在中国流传的美国新史学派著作中史学理论方面有鲁滨逊的《新史学》、巴恩斯的《史学》与《新史学与社会科学》以及伍德布里奇的《历史的目的》，史学方法论方面有傅舲的《历史研究法》，历史教学法方面有亨利·约翰生的《历史教学法》，史学史方面有巴恩斯的《史学的产生与发展》和绍特维尔的《西洋史学史》。

一　史学理论类著作：《新史学》《史学》《新史学与社会科学》

（一）鲁滨逊：《新史学》

《新史学》(*The New History*: *Essays Illustrating the Modern Historical Outlook*) 无疑是鲁滨逊最著名的作品之一。该书初版于1912年，无论是对美国史学还是对中国史学，都产生了深远影响。从英文书名可以看出，该书是作者的一部论文集。全书共六章，论述史学的本质、史学的历史、史学与其他学科的关系、思想史的意义、历史教育的必要性等内容。兹将各章主要内容概述如下。

第一章，"新史学"（The New History），批评旧史学的弊病并论述

---

① 〔美〕脱里洪：《书报目录：中等学校西洋史参考书目》，《史地学报》1922年第1卷第4期，第1~8页。

"新史学"的意义。首先，指出旧史学的三种弊病，即毫无意义的人名地名记载、偏重政治军事、排斥普通事实；其次，指出历史学的价值，即历史可以帮助人类理解自己与同胞、理解人类的问题与前景；最后，指出"新史学"的意义，即跟随社会变化和社会科学进步的步伐，改变历史的观念与目的，使历史在人类的思想生活中扮演前所未有的重要角色。

第二章，"史学的历史"（The History of History），梳理史学的发展过程。首先，将19世纪以前史学观念的变迁划分为四个阶段，即作为文学附庸的史学、作为神学附庸的史学、世俗化的史学、具有民族精神的史学，并指出19世纪中叶以后的史学是具有科学精神的史学；其次，论述史学的科学性，即史学是科学的，但史学的科学性不在于它能够像物理学、生物学一样变成一门纯粹的科学，而在于历史是历史的（historical），即历史具有延续性（the continuity of history），而追寻缓慢变化的事业本身就是一个科学问题。

第三章，"史学的新同盟"（The New Allies of History），论述史学与其他学科的关系。作者指出，历史源远流长、内容丰富、范围广阔，涉及人类社会的各个方面，不能将它局限在某个可以定义的种类里；因此，史学必须同其他关于人类的各种新科学——人类学、史前考古学、社会心理学、动物心理学、比较宗教学——联合，才能增加它的力量、发挥它的进步作用，并对人类有所贡献。

第四章，"关于思想史的一些思考"（Some Reflections on Intellectual History），论述思想史研究的意义。鲁滨逊提出，思想史研究是一个"动"（dynamic）的概念，人类的思想是没有止境的，对于思想的研究也是不断进步的（这是鲁滨逊对"历史延续性"这一概念的演绎与实践）；而思想史研究是消除成见、打破常规最有力的方法，不仅可以使人们明了自己的义务与责任，还能促进思想自由与社会进步。

第五章，"史学对普通人的价值"（History for the Common Man），讨论历史教育的责任与目标。具体来说，教育应该与大多数人联系起来，为大多数人的生活服务；而工业革命使工人成了最普遍的社会群体，因此针对工人的工业教育就显得非常重要；工业教育的目标，在于让工人消除压抑，意识到自身工作的重要性，并产生对未来的希望；要实现这一目标，就必须求诸历史学，因为只有历史学可以告诉工人他们所操作的机器的存在理由；掌握了这些历史知识，工人就可以在改善地位的同时，消除经济效益与生活福利的矛盾，进而消除贫困，实现社会公平。

第六章，"罗马的衰落"（The Fall of Rome），详细考证罗马灭亡的过程，并批判相关"谬论"。

第七章，"1789年的原理"（The Principles of 1789），说明法国大革命原理的由来，提出法国大革命不是无中生有的，是历史孕育的结果。

第八章，"史光下的守旧精神"（The Conservative Spirit in the Light of History），提出社会改革家应以史学为手段，打倒守旧派，实现社会进步。

1920年以后，《新史学》一书逐步得到中国学者的关注，在中国学界引起一场用鲁滨逊新史学改造中国旧史学的风潮。李泰棻是较早关注、（部分）翻译《新史学》一书的国内学者。他18岁进入北京师范学校专攻史地，20岁（1917年）著成《西洋大历史》一书，得到李大钊、陈独秀等学者的称赞并为其作序。他在1920年5月出版的《史学研究法大纲》（北京武学书馆）一书中全篇译载了《新史学》的第三章"史学的新同盟"①；他的《西洋大历史》第三版的"绪论"部分也选译了《新史学》的"史学的历史"和"史学的新同盟"两章内容②，说明这位年轻的史学教授对鲁滨逊史学思想的推崇。

通过期刊这一渠道，《新史学》一书很快在中国流传开来。笔者在上文已论述过《史地丛刊》《史地学报》两刊在介绍新史学派思想时所发挥的作用，其中很多都与《新史学》一书有关。除了这两大新史学派思想的宣传阵地，其他刊物对《新史学》一书的宣传与介绍也有一定贡献。《新青年》1920年第8卷第1号（9月1日）刊登有陶孟和《新历史》一文，该文指出旧史学的弊端、新史学的产生与进化论、科学思想的关系以及历史的用处和价值，很多文字都是引自《新史学》一书；在文中所附推荐书目中，《新史学》是第一种。③《东方杂志》1922年第11期发表的衡如《新历史之精神》一文，对历史学目的、范围与观念的讨论，都接受了鲁

---

① 王学典主编，陈峰、姜萌编撰《20世纪中国史学编年（1900~1949）》（上），商务印书馆，2014，第245~246页。
② 李孝迁：《西方史学在中国的传播（1882—1949）》，华东师范大学出版社，2007，第195页。
③ 陶孟和：《新历史》，《新青年》1920年第8卷第1号，第32~39页。

滨逊的观点，且多处直接引用《新史学》的原文。① 《教育丛刊》1923年第4卷第8期发表的梁绳筠《历史的研究法和教学法》一文，也多处引译《新史学》一书，尤其是论"八大功用之个病及流弊"，如"资鉴说之批评""道德说之批评""宗教说之批评"等部分。② 直到20世纪30年代末，《新史学》一书仍然在中国学界风行不衰。1939年，张芝联在《文哲（上海1939）》第1卷第8期发表《历史理论引论》一文，向读者推荐的史学书籍中，就有《新史学》。③

《新史学》中译本问世于1924年。1924年7月，何炳松翻译的《新史学》中译本由上海商务印书馆出版，北京大学史学系主任朱希祖作序。何炳松与蒋梦麟一样，是回国留美生。他于1913年赴美，相继进入加利福尼亚大学、威斯康星大学、普林斯顿大学学习政治学和历史学，1916年获得硕士学位。毕业即回国，任浙江省政府秘书兼省视学。1917年任北京高等师范学校教授，兼北京大学文预科讲师，后任史学系教授。《新史学》一书是何炳松在北京大学史学系开设"历史研究法"课程的教本，深受学生欢迎，系主任朱希祖遂请其译为中文。1921年2月，在北京高等师范学校学生江兴若的协助下，开始着手翻译；5月，江兴若离京，友人傅东华协助翻译；8月译毕，又经朱希祖、胡适等校阅。但因各种事务耽搁，迟至1924年才出版。④ 早在1922年4月，《史地学报》第1卷第2期"史学界新闻"栏目就报道了《新史学》译本即将出版一事，称此书"破坏旧史，倡导新经，实研究历史者不可不读之书也"⑤。同年6月，何炳松所作《〈新史学〉导言》在《史地丛刊》发表，《导言》介绍《新史学》八章的大意。1930年，上海商务印书馆再版此书。

朱希祖在其所做的《新史学序》中阐明了鲁滨逊新史学与德国史学家兰普雷希特思想之间的共同点。第一个共同点是，都强调历史学与社会科学的紧密关系。他指出，兰普雷希特"以为历史进程的原动力，自然在全体社会；研究历史，应当本于社会心的要素。所以研究历史，应当以社会

---

① 衡如：《新历史之精神》，《东方杂志》1922年第19卷第11期，第47~56页。
② 梁绳筠：《历史的研究法和教学法》，《教育丛刊》1923年第4卷第8期，第1~34页。
③ 张芝联：《历史理论引论》，《文哲（上海1939）》1939年第1卷第8期，第9~12页。
④ 〔美〕鲁滨逊：《新史学》，何炳松译，岳麓书社，2011，第1~18页。
⑤ 《史学界新闻》，《史地学报》1922年第1卷第2期，第2页。

科学为基本科学";而鲁滨逊的《新史学》也认为,"历史的观念同目的,应该跟着社会同社会科学同时变更的。……历史家始终是社会科学的批评者同指导者,他应该将社会科学的结果综合起来,用过去人类的实实在在的生活去实验他们一下"。第二个共同点是,都强调历史的连续性。他认为,"Robinson 的《新史学》第六篇,主张历史是连续的,说明断代的不妥,把历史的时间须连贯;Lamprecht 和 Mehlis 都主张历史是全人类的,国别史断不能完足历史的功能,所以二人都归宿到世界史或普遍史,把历史的空间须连贯。"因此,无论是美国的 Robinson,还是德国的 Lamprecht,他觉得"都应当介绍进来"。具体到《新史学》这本书,他觉得"很合我国史学界的程度",因为"我国现在的史学界,实在是陈腐极了,没有一番破坏,断然不能建设",《新史学》这本书,正可以帮助我们"把史学界陈腐不堪的地方摧陷扩清","然后慢慢地想到积极建设方面去"。①

与朱希祖不同,译者何炳松更关注鲁滨逊所强调的历史与现实的关系。他认为:《新史学》"这本书里面最重要主张,统括起来,就是下面几句话:'研究历史的人,应该知道人类是很古的,人类是进步的。历史的目的,在于明白现在的状况,改良现在的社会,当以将来为球门,不当以过去为标准。古今一辙的观念,同盲从古人的习惯,统应该打破的。因为古今的状况,断不是相同的。'"他还引用英国哲学家罗素(Bertrand Russell,1872-1970)访问中国时在北京教育部会场的演讲作为鲁滨逊此言的"注脚":"中国的文化,向来以孔子学说为基础,而又有佛学的意味掺杂在里面。到了现在,已达到自然剥落的地步。既不能成就个人的事业,更不足以解决目下国内外各种政治问题。"② 其意很明显,即中国传统文化已经过时了,不能应付当下的需要,应放下对传统文化的迷信,寻找新的能应付当下需要的文化。这种对传统文化的否定,放在史学领域,或可以理解为对传统史学的否定。否定了传统史学,有什么可以替代它呢?就是鲁滨逊的新史学——它"很可以做我们中国研究历史的人的针砭"!这种对传统史学的反叛正是五四精神的体现。

对于何炳松的翻译,李惟果在 20 世纪 30 年代有强烈的批评。李惟果,

---

① 〔美〕鲁滨逊:《新史学》,何炳松译,商务印书馆,1924,第 1~5 页。
② 同上书,第 20~21 页。

1903年出生于四川，比何炳松小得多；清华大学毕业，1927年赴美留学，先后在加州大学伯克利分校、哥伦比亚大学就读，专业是西洋史、国际公法。由于受到鲁滨逊新史学派的影响，他十分关心新国际形势下的中国边疆局势，因此撰写了博士学位论文《现代政治下的西藏》，获博士学位。他曾游历德国，一度受到希特勒法西斯思想影响。他于1932年任国立武汉大学文学院教授。由于有留美背景并学贯中西，又与德国法西斯有一定联系而受到蒋介石青睐，他于1936年走上仕途；1948年6月任国民政府行政院秘书长，其后又任国民政府驻远东委员会代表等职。1949年他随蒋介石赴台，成为蒋氏父子在台湾的重要政治幕僚之一。1971年他退休后侨居美国，1992年卒于美国。① 作为后辈的李惟果在《图书评论》1933年第1卷第6期发表了一篇关于何炳松《新史学》译本的长篇评述，名为《炳松何译鲁滨孙著新史学》，从"导言""译文"两个方面展开对何炳松《新史学》译本的详细批评。

对于何炳松所做的"译者导言"，李惟果认为，"导言的功能……要能使一个门外汉领悟其梗概，使一个本国的学生，了解外国学者的贡献。……因此作导言的人，或者说明原著作者的生世和经历，或者介绍他整个的学术，估定他在学术史上的地位，或者讨论他的学说的渊源和影响，或者解释与他同时代的学者的见解和理论，做一个比较的探讨"；然而，"何先生的导言，仿佛是一篇笔记"，这是"画蛇添足"之举，因为"既已将原书译出"，再介绍原书大意就没有必要了。因此，他"恳求何先生将这一大篇笔记取消，另外作一篇名实无乖的序"，也就是"介绍他（鲁滨逊）的整个的学说，说明他的学术在史学史中的关系和地位，他的学术发生的原因和影响，最后，对他下一个比较公正可靠的批评"，因为"这是使读者了解，鉴赏，批评鲁滨孙的作品的最好方法，也是使读者读了这本书后能更明白史学史的内容，明白当代史家的派别，然后自己也许发现一个新观念与新方法"，也是"负起指导中国史学事业，介绍西洋学术者应做的事"。关于译文，他从"第一章二十多页内"指出了50多处错

---

① 参考《近代同学录汇编》（南开大学中国社会史研究中心编，凤凰出版社，2013）、《民国大学校史资料汇编》（王强主编，凤凰出版社，2014）、《中国国民党百年人物全书》（上册）（刘国铭主编，团结出版社，2005）等相关资料。

误,包括晦涩之例(10处)、不确之例(14处)、挂漏之例(18处)、讹译之例(11处),因此他推断"不用说其他十分之九的篇幅中还有不少的错误"。①

关于李惟果对何炳松译本的批评,从内容来看,确有其合理之处。而且,他还分四个层次归纳了鲁滨逊的学说:(1)"他治史学的态度——他用批评的眼光,客观的态度,根据'历史的继续性'(historical continuity)的观念,并利用他的'史心'去读史、评史、著史"。(2)"历史的范围——在横的方面,他主张历史……应包括各方面的活动……这便是他主张暗示我们的综合历史(Synthetic history)。在纵的方面,他打破史家一向对于人类历史的年代的观念,……换言之,人类活动起源的时候就是历史起源的时候"。(3)"方法——他劝我们在写历史的时候,应顾到政治以外的史事、运动及成因。……他把从前人不注意的一切,尽他所能看到的,都写出来,解释其间的关系"。(4)"地位"——"鲁滨孙的观念与方法的全体,姑勿论它的价值如何,绝不是他一个人想出来的。他的思想,远之,受影响于古代;近之,受影响于十九世纪的许多史家。鲁滨逊的思想也许比他们更有统系些,充实些,完备些而已"。由此番归纳可见,李惟果对美国新史学派以及鲁滨逊其人的学术观点与影响还是很了解的,这应该与其留美经历有关。不过,作为后辈的李惟果,在批评何炳松这位前辈时,似乎平和心不足,而讥讽气太重。他批评何炳松的序言,说的是"那种草率的,笔记式的'译者导言'出自何先生之手,未免有损泰斗的尊严";他建议何炳松重新作序,说的是"何先生'御驾亲征'也好,请人'代庖'也不伤大雅,不知何先生以为如何?"② 如此讥讽性的话语,可见这位骄子的恃才傲物之态。

(二)巴恩斯:《史学》《新史学与社会科学》

如第一章所述,巴恩斯著述很多,但他较为中国读者所熟悉的是《史学的产生与发展》(*History, Its Rise and Development*)、《史学》(*History*),(*History* 是 *The History and Prospects of the Social Sciences* 一书的第一章)与

---

① 李惟果:《炳松何译鲁滨孙著新史学》,《图书评论》1933年第1卷第6期,第14~37页。
② 同上。

《新史学与社会科学》(The New History and the Social Studies) 这几本。《史学的产生与发展》是史学史著作，后文再详细论述；此处先论述《史学》与《新史学与社会科学》这两部著作在中国的传播情况。

1.《史学》(《社会科学的历史与未来》第一章)

1925 年，巴恩斯等人 (Harry Elmer Barnes, Karl Worth Bigelow, Jean Brunhes, Robert Chenault Givler, Alexander Goldenweiser, Frank Hamilton Hankins, Howard Madison Parshley, Roscoe Pound, Walter James Shepard, Kimball Young) 合著的《社会科学的历史与未来》(The History and Prospects of the Social Sciences) 一书由 Alfred A. Knopf 公司出版。该书共 10 章，由 10 位专家分别论述 10 种社会科学（历史学、人文地理学、生物学、社会心理学、文化人类学、社会学、经济学、政治学、法理学、伦理学）的发展历程及未来趋势。该书在中国并没有中译本出现，但其问世当年（1925 年）就引起了中国学者的关注，陈翰笙、高仁山、钱端升三人在当年的《国立北京大学社会科学季刊》第 3 卷第 4 期 "学术书籍之绍介与批评" 栏目详细介绍了此书，并评论了各章的主要内容。[1] 1930 年《国立北平师范大学校务汇刊》公示《本馆新到西文图书》，其中就有该书。[2]

该书 "导言"（Introduction）与第一章 "史学"（History）都由巴恩斯所作。他在 "导言" 中说，《社会科学的历史与未来》一书的问世，是为了给社会问题的解决提供实用性的指导；因为，思想变革和科技变革所导致的社会问题的解决，只能依赖于以社会生活为研究对象的社会科学的进步。[3] "史学" 这一章共 3 部分。第一部分 "The Nature and Purpose of History" 讲历史的本质与目的；作者接受 "新史学" 或 "综合史学" 派的观点，提出史学应当涵盖对于文化或文明发展过程的各个方面的解释，即思想、习俗、艺术、自然科学、物质文化、经济形式、政治社会团体等各个方面的历史，认为这最接近史学客观性的目标。第二部分 "Some

---

[1] 陈翰笙、高仁山、钱端升：《学术书籍之绍介与批评：The History and Prospects of the Social Sciences》，《国立北京大学社会科学季刊》1925 年第 3 卷第 4 期，第 598~609 页。

[2] 《本校图书馆公布：本馆新到西文图书》，《国立北平师范大学校务汇刊》1930 年 11 月 3 日，第 1 版。

[3] Harry Elmer Barnes, The History and Prospects of the Social Sciences (New York: Alfred A. Knopf, INC., 1925), pp. xiii-xxi.

Leading Phases of The Development of Historical Writing"讲从文字出现以前到当代历史著述的 11 个主要发展阶段。第三部分"The New or Synthetic History"系统论述"新史学"或"综合史学"产生的历史背景及其主要发展趋势,是全文的重点。作者提出,"新史学"或"综合史学"孕育于近代自然科学和社会科学的进步及工业革命和社会变动;在"新史学"观念的影响之下,思想史、科学史、技术史、经济史、社会史、政治制度史、法律史、地理知识在历史学中的应用、世界史、文化史成为史学研究领域的几大发展趋势;而"新史学"最根本的特点之一是强调历史对于现实的价值,即将历史学作为帮助人类摆脱过去羁绊、求得美好未来的有效途径。[①]

对于"史学"这一章的内容,陈翰笙、高仁山、钱端升三人评价不高,称巴恩斯在哥伦比亚大学求学时受到吉丁斯(F. H. Giddings)的影响,因而尤注意历史的社会学,且任史密斯学院(Smith College)历史社会学教授,其观念偏重于社会学而非纯粹的史学;因此此文未论及"史学本身的性质","五十三页中未曾有以清楚的概括的史学界说";在他们看来,"史学是哲学、科学与艺术的共同产品",其宗旨是"叙述人生一切事实并说明其关系与意义",巴恩斯虽然强调史学应注重事实的关系与意义,但他"仍未具体的论及事实观念如何进步、叙事方法如何改善"。[②]

即便如此,巴恩斯的思想在当时的中国史学界还是引起了关注;"史学"这一章被译成中文,单独成册发行。1930 年,上海商务印书馆出版了向达翻译、何炳松校订的中译本,名为《史学》,著者译为班慈;同年,上海商务印书馆再版此书,改名为《史学史》,著者改译为班兹,此后中国学界大多沿用此译名;1934 年,上海商务印书馆再版《史学史》;1940 年,上海商务印书馆将此书纳入"社会科学史纲"丛书系列出版,是为系列第一册《史学》;1944 年,重庆商务印书馆再版"社会科学史纲"系列第一册《史学》。除向达译本外,此书还有雷震翻译的中译本,名为《西洋史学进化概论》,著者译为邦斯,1932 年由北平文化学社出版,但雷震

---

① Harry Elmer Barnes, *The History and Prospects of the Social Sciences* (New York: Alfred A. Knopf, INC., 1925), pp. 1-54.
② 陈翰笙、高仁山、钱端升:《学术书籍之介绍与批评: *The History and Prospects of the Social Sciences*》,《国立北京大学社会科学季刊》1925 年第 3 卷第 4 期,第 598~609 页。

译本没有向达译本影响大。

2.《新史学与社会科学》

《新史学与社会科学》一书是巴恩斯的独著，也出版于1925年。从书名就可以看出，该书讲的是新史学与社会科学之间的关系。从内容上看，该书可以说是对《史学》(《社会科学的历史与未来》第一章) 内容的深化。全书共10章，论述历史学的过去与未来（即传统史学与新史学）、历史学与地理学、心理学、人类学、社会学、科技史、经济学、政治学、伦理学几种社会科学的关系以及历史学与社会思想的关系。通过此书，巴恩斯完整而系统地阐述了其综合史学思想体系。他在前言中说，科技进步与工业革命所孕育的现代文明，必须由社会科学来解释，甚至加以指导与控制；要达到这一目的，各种社会科学必须有效结合起来，综合研究。对于历史学与社会科学的关系，作者认为是毋庸置疑的，因为"新史学"的目标就是重建人类多样化的活动——从历史学的角度看，只有根植于多样化的社会科学，这一目标才能实现，因为社会科学是揭示多样而复杂的社会文化状况的必要手段；从社会科学的角度看，只有带着历史眼光与历史方法，才能深入地研究各种社会现象。①

第一章，"史学的过去与未来"（The Past and Future of History），简述"新史学或综合史学"（New or Synthetic History）的一般性质。这一章早在1921年2月就单独发表在《历史展望》杂志上；1922年，中国学者陈训慈将此文译为中文，发表在《史地学报》1922年第1卷第2期。② 全文分两节，第一节对19世纪以来历史著述中存在的以政治事实为历史发展主要线索与动力的政治史（Political History）倾向进行了批判，认为政治史虽然帮助近代史学形成了较为精确的研究方法，并形成了使用原始材料的特点，但政治史家"只见树木不见森林"，过于注重研究方法的完善以至于忽略了事件本身的价值，其精益求精的史事考察，并不能帮助我们对历史形成整体的、平衡的认识；第二节详细阐述了"新史学或综合史学"的性质，认为新史学是历史学的未来，它以人类活动的整体为研究范围，从

---

① Harry Elmer Barnes, *The New History and The Social Studies* (New York: The Century Co., 1925), pp. vii-xii.

② 〔美〕Harry Elmer Barnes 著，陈训慈译《史之过去与将来》，《史地学报》1922年第1卷第2期，第1~14页。

群体心理的角度解释历史的发展，通过向世人展示完整而可信的过去、使世人真正地理解文化产生的动因与发展历程而达到改良现在与规划未来的目的。

第二至十章论述历史学与地理学、心理学、人类学、社会学、科技史、经济学、政治学、伦理学、思想史等学科的关系。与作者独立完成的第一章不同，这九章得到了各领域专家的指导与修正。作者在前言中说，论述历史学与其他社会科学的关系有三个目的：一是揭示社会科学在方法上和主题上对历史学的贡献；二是说明历史方法（Genetic Approach）对社会科学的价值；三是阐述新史学和社会科学在解决社会问题方面的作用。[①]在该书正式出版以前，第五章社会学与历史学（Sociology and History）曾独立发表在《历史展望》第 13 卷第 8 号，名为"The Significance of Sociology for the 'New' or Synthetic History"。1923 年，中国学者王庸将此文节译为中文，发表在《史地学报》第 2 卷第 4 期。巴恩斯在文中指出，历史学是"人类社会活动的科学"，而社会学的任务是分析判断"足以影响群众行为而变动社会制度者"，二者的密切关系显而易见；"社会学为研究古今人类行为之科学，历史则对过去人类之行为及其成绩，做完善之记述；二者研究之区域既同，其目的亦多相合。社会学无历史以表述社会之实际，则必无完善之发明；历史无社会原理之参考，则对于事物无适当之观察，而社会变迁之原因，遂无确实之解释。故历史经科学方法之审定，则其供社会学之应用愈可贵；史家采用社会学精确之原理，而历史乃愈合于科学；二者殆如人之左右手，缺一不可也"；因此，历史研究（尤其是思想史、社会史、经济史的研究）必须有赖社会学的助力；如此才能形成"综合的历史"。[②]

1930 年，《新史学与社会科学》一书开始得到中国学界的关注。这一年《国立北平师范大学校务汇刊》第 8 期发布的《本校图书馆公布》显

[①] Harry Elmer Barnes, *The New History and The Social Studies* (New York: The Century Co., 1925), pp. vii-xii.

[②] 〔美〕Harry Elmer Barnes 著，王庸译《社会学与历史之关系》，《史地学报》1923 年第 2 卷第 4 期，第 1~20 页。

示，国立北平师范大学图书馆购买了《新史学与社会科学》一书。① 1933年，此书的中译本由上海商务印书馆出版，译者为董之学；1934年再版。1939年，张芝联在《文哲》第1卷第8期发表的《历史理论引论》一文，也向读者推荐了《新史学与社会科学》一书。②

（三）伍德布里奇：《历史的目的》

伍德布里奇（Frederick James Eugene Woodbridge，1867-1940）是哥伦比亚大学的一位哲学教授，著作有 The Purpose of History（1916），The Realm of Mind（1926），The Son of Apollo：Themes of Plato（1929），Nature and Mind：Selected Essays（1937），An Essay on Nature（1940），Aristotle's Vision of Nature（1965），等等。中国史学界关注较多的是他的《历史的目的》（The Purpose of History）一书；该书出版于1916年，是作者在北卡罗来纳大学（University of North Carolina）发表的三篇演讲的合集。三篇文章的题目分别是："From History to Philosophy"，"The Pluralism of History"，"The Continuity of History"。1921年，王庸在《史地学报》创刊号上推荐了《历史的目的》一书。③ 同年，何炳松将此书第一章内容（From History to Philosophy）译成中文，以《从历史到哲学》为名，发表在《史地丛刊（北京）》第2期。作为哲学教授的伍德布里奇提出，对历史真理、意义、目的的探求其实是一个哲学问题。他认为，历史的目的是"利用过去的事实来实现人类精神的进步"。与鲁滨逊一样，他强调历史的"连续性"：历史是"进化的而且活动的"，"历史的知识是随时发达的、随时扩充的、随时明了的"；"历史是时间的境遇，历史的真理断不能限于某地某时某事上"。他指出，"'连续'的本身就是我们应该研究的一件事"；著述历史的目的就是满足研究的精神。④

---

① 《本校图书馆公布》，《国立北平师范大学校务汇刊》1930年第8期；同时推荐的还有巴恩斯的 Sociology and Political Theory 一书。
② 张芝联：《历史理论引论》，《文哲》1939年第1卷第8期，第9~12页。
③ 王庸：《欧史举要》，《史地学报》1921年第1卷第1期，第1~9页。
④ 〔美〕伍德布里奇著，何炳松译《从历史到哲学》，《史地丛刊（北京）》1921年第2期，第31~41页。

二 史学方法论著作:《历史研究法》

傅舲(Fred Morrow Fling, 1860-1934),美国历史学家,曾任内布拉斯加州立大学(University of Nebraska)欧洲历史教授,其著作中为中国学者所熟知的是《历史研究法》(The Writing of History, An Introduction to Historical Method)一书。该书是一本介绍历史研究方法的书籍,意在为从事历史研究的学生和从事历史教学的教师提供指导与帮助。全书共8个部分,第一部分是"导言"(Introduction),其后分别论述"历史研究题目的选择"(Choice of a Subject)、"史料的收集与分类"(Collection and Classification of Sources)、"史料的鉴别"[包括史料的真伪、来源、是否独创(Criticism of the Sources: Genuineness; Localization; Independence)]、"史实的确定"(Establishment of the Facts)、"综合与分类"(Synthesis, or Grouping of the Facts),以及最后的"历史阐述"(Exposition)等。该书的最大特点是详尽具体,对于历史研究的每一个步骤都论述得非常到位;此外,作者在书中使用了大量的例证材料(以法国史材料为主),具体演示历史研究方法的使用,极具实用性与指导价值。

作者在"导言"中简要讨论了历史研究的价值与一般步骤。他指出,历史学与自然科学一样,都是科学;但史学的任务是追寻人类社会活动的演进过程,注重事实的个性和特殊性,因此能给予我们关于人类过去的详尽知识,这是注重通性和普遍性的自然科学所不能给予的;既然关于过去的知识是有价值的,那么它们应当被教授给每一代人;而教授的前提是历史著述,即完整、详尽、准确地重建过去的事实。如何重建过去的事实?他认为,史料(sources)是重建过去的必要条件,它包括人类过去社会活动的遗迹(remains)以及人们对过去事件的印象的记录(tradition),后者又包括口头的(oral)、文字的(written)和图画的(pictorial)。他将重建过去的步骤归纳为以下几步:首先尽可能完全地搜集史料,然后鉴别史料的真伪,再按逻辑和时间顺序归类史料,最后依据大纲写作,并加注释以证明文本的真实性。全书的章节就是据此步骤依次论述的。他强调,史家的历史方法知识,亦即其史料批评与重建能力,是体现其历史著述价值的很重要的一个方面（另一个方面是史料的数量与质量）。①

在20世纪20年代，《历史研究法》一书就已经受到了中国学界的关注。缪凤林在《史地学报》1922年第1卷第2期发表的《研究历史之方法》一文，就称《历史研究法》一书为"尤著者"②。陈训慈在《史地学报》1924年第3卷第1、2、3、5期连载发表的《史学蠡测》一文，也借鉴了此书的很多观点。③此书中译本出现在30年代。1931年，李树峻在《师大史学丛刊》第1卷第1期发表了此书第一章（Introduction）的中译文。他在文章开头就说，他已译完该书，"全书正在校对，不久即将付梓"④。两年后，李树峻译本由北平立达书局出版，定名为《历史研究法》，陆懋德为之作序。李树峻在"译者自序"中说明了翻译此书的由来：他初次接触《历史研究法》一书是在北平师范大学历史研究科读书之时，本科教授陈翰笙向他介绍了这本书，他读了"很感兴趣"；1925年毕业以后，他留校任史学系助教，常去听系主任陈垣先生的课；他发现，陈垣先生"讲论史法和傅舲氏的意见往往不谋而合"；于是，在陈垣先生的鼓励之下，他开始着手翻译这本书；译本完成以后，得到了陈垣先生和陆懋德先生的"审阅"以及胡适先生"对照原文指正错误多处"。⑤对于《历史研究法》一书以及李树峻的译本，陆懋德都做了很高的评价。他称赞《历史研究法》一书"明晰简要，于初学为最便"，他自己在教学过程中就"常举其书以为青年研究史学者之指导"；对于李树峻及其译本，他也赞赏有加："李君治史学有年，又精于英语，娴于译笔，其译本之可信，固无待余言以为重。"⑥可见，《历史研究法》一书得到了当时在北平师范大学历史系任教的陈翰笙、陈垣、陆懋德等诸位教授以及北京大学胡适教授的认可。

---

① Fred Morrow Fling, The Writing of History, An Introduction to Historical Method (New Haven: Yale University Press, 1920), pp.1-32.
② 缪凤林：《研究历史之方法》，《史地学报》1922年第1卷第2期，第1~21页。
③ 陈训慈：《史学蠡测》，《史地学报》1924年第3卷第1、2合期，第A1~A18页；第3期，第3~14页；第5期，第23~44页。
④ 〔美〕傅舲著，李树峻译《历史研究法》，《师大史学丛刊》1931年第1卷第1期，第1~10页。
⑤ 〔美〕傅舲：《历史研究法》，李树峻译，立达书局，1933年。
⑥ 同上。

薛澄清译本与李树峻译本同年问世，名为《历史方法概论》。据薛澄清的"译者自序"，此译本早在1931年他到燕京大学读书之时就已完成，并在陈衡哲的介绍下，寄到上海商务印书馆准备出版；但由于1932年"一·二八"淞沪战争的爆发，商务印书馆惨遭战火，书稿也就付之一炬；译者本打算1932年暑假再把此书翻译出来，但由于其父突然病故，翻译一事又被拖延；直到10月南下奔丧以后，才在家中完成译本初稿；此后他到厦门大学任教，又利用课余时间校正修改，并且得到同校教授薛永黍的指导，最终才有完整译本的问世。薛澄清之所以不放弃此书的翻译，是因为认可此书的价值。他说，"方法好比一种工具，说的越加具体，对于初学们便会越加有用"，而《历史研究法》一书中所讨论的内容，没有一句话"是抽象的、是空泛的"，因此，"从实用的方面来说"，即使已有李思纯翻译的《史学原论》，"这本书还是值得介绍的"。①

中译本问世的同时，《历史研究法》一书的英文原著也进入中国，成为中国高校课堂的参考书。据《国立武汉大学一览》（民国二十一年），此书曾作为该校史学研究法课程（教员陈祖源）的参考书。②《国立北平师范大学图书馆图书目录》1935年第6期发布的《国立北平师范大学图书馆图书目录》（第陆次，二十四年六月）也显示，该校图书馆收藏有《历史研究法》一书。③

三 历史教学法著作：《历史教学法》

亨利·约翰生（Henry Johnson, 1867-?），美国哥伦比亚大学师范学院历史教授，生平不详。其著作中最为中国学界所熟知的就是《历史教学法》(The Teaching of History in Elementary and Secondary Schools) 一书。该书初版于1915年，是一部面向中小学历史教师的教学指导书。全书共16章，探讨中小学历史教学问题，包括历史的内涵（What History Is），历史教学内容的年级分配（The Problem of Grading History），历史教学的目的与

---

① 〔美〕弗领：《历史方法概论》，薛澄清译，商务印书馆，1933。
② 王强主编《民国大学校史资料汇编》（第41册），凤凰出版社，2014，第341页。
③ 《国立北平师范大学图书馆图书目录》1935年第6期，第1、3、5~76页。

方法（The Question of Aims and Values），近三百年来欧美历史教学简史（History in the School Curriculum in Europe，History in the School Curriculum in the United States），历史教学中人物传记的使用与社会群体的研究（The Biographical Approach to History、The Study of Social Groups），模型、图画、地图、历史教科书、参考书的使用（The Use of Models and Pictures，The Use of Maps，Textbooks in History，The Use of Textbooks，The Selection and Management of Collateral Reading），历史与地理、文学、政治等科目的关系（The Correlation of History with other Subjects in the Curriculum），历史考试的安排（The History Examination），等等。此外，作者在书末列有五种附录，分别是历史教学法书目、历史名著指南、图解材料目录、参考书举要、关于本书的问题，为读者的扩展阅读和深入研究提供了方便。

本书第一章"历史的内涵"（What History Is）是全书的指导，作者在文中阐述了自己对于历史以及历史研究方法的认识。他说，广义的历史是过去发生的一切；但过去不能被直接观察，必须通过历史材料（即过去的人类遗留下来的包含其思想、感觉、活动的遗迹），才能认识过去。如何通过历史材料认识过去？他提出批评（Criticism）与综合（Synthesis）两种方法：批评包括外部批评（External）与内部批评（Internal）两方面，外部批评指的是确定材料的特性，包括材料出现的时间、地点和作者，内部批评指的是探究材料的意义，深入材料当中，设身处地地重建材料所体现出来的精神状态；综合指的是将经过历史批评确定下来的史实建构成相互关联的知识，包括选择、分类、归纳、组织，由此产生的知识体系，就是普通意义上的历史。他认为，历史虽然不能成为纯粹的科学（因为人类拥有自由道德），但历史拥有一种科学观念，即发展的观念，发展意味着连续，连续意味着一以贯之。[1]

1919年，何炳松将《历史教学法》一书的第1章和第3~10章翻译出来，发表在《北京大学日刊》第460~531号上，命名为《西洋史教授法之研究》。[2] 1922年夏，王云五、朱经农委托何炳松将全书翻译出来；由

---

[1] Henry Johnson, *The Teaching of History in Elementary and Secondary Schools* (New York: The Macmillan Company, 1915), pp.1-27.

[2] 〔美〕亨利·约翰生著，何炳松译《西洋史教授法之研究》，《北京大学日刊》1919年第460~531号。

于辗转各地，两年后才翻译完成。1926年，译本改名为《历史教学法》，由上海商务印书馆出版。1936年，洪业在燕京大学开设历史教学法课程时，使用的参考书就是《历史教学法》。[①] 该书的翻译，为变革中的民国教育界提供了一套系统、详尽的历史教学方法指导。译者何炳松的一系列历史教育实践（参加中小学历史教育的民间学术组织的研讨、参与1929年《初级中学历史暂行课程标准》的制定、参与中学历史教科书的编纂），对民国历史教育产生了深刻影响。[②] 同时，该书的翻译也促进了新史学思想在中国的传播。

四　史学史著作：《史学的产生与发展》《西洋史学史》

（一）巴恩斯：《史学的产生与发展》

在写《社会科学的历史与未来》（合著）与《新史学与社会科学》两书之前，巴恩斯曾著有一部论述史学史的小册子，即《史学的产生与发展》(History, Its Rise and Development: A Survey of The Progress of Historical Writing from Its Origins to the Present Day) 一书。该书初版于1919年，是巴恩斯较早发表的一篇长文，当时的他还是克拉克大学（Clark University）的一名历史学助理教授。全文共11小节，论述历史的本质（The Nature of History）、史学的入门学科（The Essential Preliminaries to the Origin and Development of History）、史学的起源与发展（包括希腊史学、罗马史学、中世纪史学、文艺复兴时期的历史学、新教改革时期的历史学、大发现时代的历史学、近代工业革命和科技革命影响下的历史学），以及对未来史学的展望（Leading Tendencies in Modern Historiography），提出综合史学是未来史学的方向，用多样的综合方法研究历史应该成为未来所有历史学家的目标。[③] 此书在中国并没有中译本，但曾作为国立武汉大学西洋史学史

---

① 王强主编《近代教会大学历史文献丛刊》（第4册），凤凰出版社，2015，第162页。
② 匡林林：《约翰生·亨利〈历史教学法〉在中国的传播与影响》，硕士学位论文，湖南师范大学，2012。
③ Harry Elmer Barnes, Its Rise and Development (The Encyclopedia American, 1919), pp. 205-264.

课程（教员鄢远猷）的参考书。①

（二）绍特维尔：《西洋史学史》

绍特维尔（James Thomson Shotwell，1874-1965），加拿大裔美国史学家。1898年获得加拿大多伦多大学（University of Toronto）学士学位，1900年获得美国哥伦比亚大学（Columbia University）博士学位；毕业后任哥伦比亚大学历史学院世界史助理教授。《西洋史学史》（*An Introduction to the History of History*）是作者早年完成的一部史学史著作，是其主编的《文明源流记录与研究》（*Records of Civilization Sources and Studies*）系列丛书中的一册，1922年由哥伦比亚大学出版社出版。全书共5部分26章，论述中世纪以前的史学史，包括有文字记载以前的史学、古埃及史学、巴比伦亚述波斯史学、犹太史学、希腊史学、罗马史学、基督教史学。作者在第一章"导言"中提出，史学史研究有助于深化历史记忆、刺激历史好奇心，而历史记忆和历史好奇心正是社会意识和思想水平的衡量标准；他认为，历史学的研究范围很广，包括人类过去的一切，但并非人类过去的一切都是历史学，只有以历史的眼光看待过去的一切（viewed historically），将过去的事件视为社会发展的一部分，而不是孤立的事件，才是历史学。② 在附录"历史的解释"当中，作者梳理了自古以来对于历史的多种解释，如神话的解释、神学的解释、哲学的解释、物质的解释、经济的解释，但他认为这些解释都有不足；在他看来，较为理想的历史的解释是心理的解释（psychical）与物质的解释（material）的结合。③

《西洋史学史》一书在问世的当年（1922年）就被中国学者陶孟和关注到了，他在《国立北京大学社会科学季刊》第1卷第4期"学术书籍之绍介与批评"栏目撰有介绍此书的短文。陶孟和在文中说，西洋历史学的发展有两大倾向：一是利用各种科学辅助历史的研究，如古物学、

---

① 王强主编《民国大学校史资料汇编》（第45册），凤凰出版社，2014，第55~56页。
② James Thomson Shotwell, *An Introduction to the History of History* (New York: Columbia University Press, 1922), pp. 1-78.
③ Ibid., pp. 314-334.

人类学、地理学、古代语言学、经济学等，史料的搜集范围因此得到极大的扩展，凡是互相关联的事物都要采纳；二是历史研究的分工，既分时代研究，又分类研究，因此要大概掌握各种专门历史学者所研究的情形是不容易的，而绍特维尔所著《西洋史学史》一书，"多少可以报告我们关于古代历史研究情形"。他认为此书"关于犹太、希腊、罗马诸民族的历史研究叙述最为详细"，此外还有关于历史的范围、神话与传说、文字与书籍、时代的观念、历史的解释等讨论，"可以说是研究历史的人不可不读的"。①

1929年，《西洋史学史》一书的中译本问世，译者是何炳松与郭斌佳②，上海商务印书馆出版；1935年再版。何炳松在"译者序"中说，《西洋史学史》一书的翻译酝酿于四年前在上海光华大学执教之时，在学生郭斌佳的合作下完成；1929年何炳松任上海商务印书馆编译所长，计划编译一套"西洋史学丛书"③，《西洋史学史》便是此套丛书的第一种；之所以要编译一套"西洋史学丛书"，是因为中国史学史的编写"非独力所能奏功"，"非先事介绍现在西洋新史学之名著不足以予借镜"。④

第三节 新史学派史学理论对中国史学理论的影响

美国新史学派史学理论传入中国以后，在中国史学界引起了很大反响（如上所述）。这种反响不仅体现在学术期刊、出版社对新史学派理论的介绍、评论和翻译，更体现在中国学者在自己的史学理论著作中对新史学派

---

① 陶孟和：《学术书籍之绍介与批评：An Introduction to the History of History》，《国立北京大学社会科学季刊》1922年第1卷第4期，第728~729页。
② 郭斌佳，曾在上海光华大学求学，其间协助老师何炳松翻译《西洋史学史》（美国绍特韦尔著）和《十九世纪之史学与史家》（英国古奇著）。1929年留学美国哈佛大学，获历史学博士学位。1933年回国，历任光华大学教授、武汉大学教授、国民党政府外交部参事。
③ "西洋史学丛书"只出版了《西洋史学史》这一部，何炳松与郭斌佳还一起翻译了英国历史学家古奇的《十九世纪之史学与史家》（Gooch: History and Historians in the Nineteenth Century），也计划列入该丛书，后因故没有出版。参见陈应年《何炳松与商务印书馆》，《暨南学报》（哲学社会科学版）1991年第2期，第66~70页。
④ 〔美〕绍特维尔：《西洋史学史》，何炳松、郭斌佳译，商务印书馆，1929，第1~2页。

理论的吸收与应用。1920~1949年出版的史学理论和史学方法类的著作比较繁富,著名的有李泰棻《史学研究法大纲》(1920)、李璜《历史学与社会科学》(1928)、吴贯因《史之梯》(1930)、卢绍稷《史学概要》(1930)、刘剑横《历史学ABC》(1930)、罗元鲲《史学概要》(1931)(亦即《史学研究》[①])、周容编《史学通论》(1933)、李则纲《史学通论》(1935)、杨鸿烈《史学通论》(1939)、杨鸿烈《历史研究法》(1939)、陆懋德《史学方法大纲》(1945)以及一本佚名的《史学通论》[②]等,这些著作都不同程度地吸取了新史学派的理论思想。其中最具代表性的可谓卢绍稷的《史学概要》,书中的"序"明确说:"历史之学说,以新史学派所主张者为最可信。盖其主张进化,而言今古不同;反对以历史为褒贬或作殷鉴之工具,并反对专记人名地名与史事及时期。关于此派学者,西洋可以美国鲁滨逊(Robinson)为代表,中国可以何炳松先生为代表(观其史学著作,便可知之)。故本书引用成文,以何先生与鲁氏两人为最多。"[③] 可见作者对新史学派的推崇。下面根据不同主题分述新史学派理论对上述史学理论著作的影响。

一 关于新、旧史学的对比

新史学派之所以自称为"新",是为了与旧史学分庭抗礼。这种新、旧史学对比的观念也在中国学者的著作中有体现。李则纲从史家地位、历史性质、历史材料、历史功效、历史作法五个方面总结了新旧史学的不同。尤其是在历史作法(即历史的撰述方法)这个方面,他大段引用鲁滨逊的话支持自己的观点。他说:"鲁滨逊说:'很奇怪的!就是我们现在所谓的纯粹历史的兴味,十九世纪以前的历史家,差不多不知道。他们所述的事实,以为可以激起读者的兴味,他们所批评的,都是以教训读者为目

[①] "此书1930年写定,1931年由武昌亚新地学社初次刊行。1935年,上海开明书店再版。再版时,除更名为《史学研究》和不再分上下两编外,各章节题目、内容均与初刊本全同,未作任何修订。"载刘泽华主编《近九十年史学理论要籍提要》,书目文献出版社,1991,第57页。

[②] 国家图书馆藏有一本来自国立中央大学文学院、作者不详、出版日期不详的《史学通论》,有很鲜明的新史学派思想影响的痕迹。

[③] 卢绍稷:《史学概要》,商务印书馆,1930,第3页。

的。他们有时也能据实记载历史的事实。关于这一点,他们总算是科学的,虽然他们的目的仍旧大部分是文学的,道德的,或是宗教的。但是他们普遍仍旧不去注意历史事实的所以然。'鲁滨逊这些话虽是对这西洋史家的批评,然而旧史家何处不是一样。……鲁滨逊说:'自从历史有了变成科的心野,史学上就生出许多重要的结果来。第一个就是批评历史的材料,比从前更加谨严……'从前滥用史料,现在知道严厉检查了;从前好用主观,偏重文采,而现在以'据实记载'为可贵了;……总而言之,从前的史学无科学方法,现在则富于科学的精神。"①

罗元鲲从6个方面归纳了新、旧史学的不同。(1)"旧史学多偏于政治方面,新史学则注重于社会方面"。(2)"旧史学大概主张循环说,新史学则主张进化说"。(3)"旧史学眼光往往局限于有史时代,及有史时代中某时期;新史学眼光是向有史时代去推求,而步步向以后时代去研究"。(4)"旧史学眼光往往局于一部。新史学眼光,则扩充范围及于全部。旧史学所研究之空间范围小,新史学所研究之空间范围大"。(5)"旧史学以特殊史迹为个人所造成,新史学谓一切史迹为人类公共合作而成"。(6)"旧史学家往往囿于成见,偏于一种目的,不能克尽天职。新史学家是居于科学地位,不偏不倚,以阐明正义公道,期人类共趋于太平之域"。②杨鸿烈也指出:"鲁滨逊教授的名著《新史学》所包含的'新史学'(The New History)、史学的历史(The History of History)、史学的新同盟(The New Allies of History)、史光下的守旧精神(The Spirit of Conservatism in the Light of History)几章极能阐发科学的新史学的特点。"③

二 关于历史的范围与特征

新史学派理论认为,历史研究应该突破政治史的限制,将人类社会的方方面面都纳入历史研究的范围;从时间上看,历史具有连续性,从空间上看,历史则具有统一性。这种关于历史研究范围与特征的观点,也得到

---

① 李则纲:《史学通论》,商务印书馆,1935,第143~158页。
② 罗元鲲:《史学研究》,开明书店,1935,第161~166页。
③ 杨鸿烈:《史学通论》,商务印书馆,1939,第57页。

了吴贯因、李则纲、刘剑横、卢绍稷等人的认同。吴贯因说："何谓之史？记载人类能发生影响之种种言动，俾得以播诸当时，传诸后世，若是者即谓之史。……记载之范围，当包括人类全体，不能限于一部分。"① 李则纲说："所谓历史，是整个纯人类的生活，是整个社会的继续，不是孤立的个人，或单独的事件。……凡是社会所表现的各体相，均为历史的内容所涵括。换句话说：横看着人间的现在，便是社会，纵看着人间的变迁，便是历史。"② 佚名氏《史学通论》也说："凡一切自然认为活动之痕迹俱得称之为史。……天地之变迁，事物之源委，政教大纲，里巷唆谈，无论巨细，有纪述而昭示者，皆可为史"；"昔日之史，常限于人类活动之方面，今则必求记述人类活动之总绩"。③ 刘剑横也认为，"史学的范围是社会科学的总体，他是研究社会的纵的发展，变迁的痕迹和规律"④。

卢绍稷在《史学概要》中对历史的范围与特征有详细论述。他认为，"凡人类社会各种活动，在空间含孤立性，在时间含偶见性、断灭性，无演化之迹象者，皆非史之范围；其在空间有共通性，在时间有连续性，有演化之迹象者，乃史之范围也"。他归纳出历史具有三种性质。（1）历史的继续性。"史事变迁，具有因果，前后一贯。如长河，首尾联接；又如四季运行，渐而无迹。吾人既不能于其间有所梗断，则历史亦不当于彼此有所分割。且人类社会演进之象，又属'有渐无顿'，而人类旧习之保存，亦为人性自然之倾向，其结果即成历史上所谓'历史之继续'（Unity of Continuity of History）。"（2）历史的特殊性。"美国约翰生亨利云：'历史的事实，是单独的事实。可以有一，不能有二。无论某种事实，他的重要，并不是因为他普通，但是因为他单一。'"（3）历史的共通性。历史共通性"系人类所共有之性质，或某种民族所共有之性质，或个人各种习惯中之连带关系"。⑤

佚名氏所著《史学通论》也简示新史学内容扩充之三方面。（1）"性质之繁富……昔日作史，主于政治，今则政治社会经济学术各方面之活

---

① 吴贯因：《史之梯》，联合书店，1930，第1页。
② 李则纲：《史学通论》，商务印书馆，1935，第5页。
③ 佚名氏：《史学通论》，国立中央大学文学院，时间不详。
④ 刘剑横：《历史学ABC》，ABC丛书社，1930，第30页。
⑤ 卢绍稷：《史学概要》，商务印书馆，1930，第10~13、22页。

动,咸将纲罗靡遗。"(2)"时间之拓展(Extension of Time),昔述史迹,远不过数千年,今则由地质学人类学之研究,知人类初生至今已七十五万年,而掘地之发现,古物及古文字之研究,皆足为荒沙之返古,放其光明。"(3)"空间之统一(Unity of Space),往昔史家,规规于民族,今则统观世界,明人类进化之共轨。"该书还指出综合史观的价值:"综合史观研究之效果,既令历史之范围扩张,又使其时间增长,渐有促进世界史之倾向。现代大史学家多隶此派,如修脱韦尔(Shotwell)、鲁滨孙……,其最著者也。至信从之者,更不可胜计";"综之,人类之思想行动,既非单方面所能解决,必须融会各方面以解释之,始得有相当之明了"。① 这很显然是受到巴恩斯的影响。

三 关于历史的目的与价值

新史学派理论强调史学的实用性,认为历史研究的目的不仅是记录过去发生的事情,也是帮助我们理解现在、创造未来;这也是历史学的价值所在。这种"实用"精神与中国传统史学的"经世致用"精神似有相合之处,所以受到大批学者的认可。卢绍稷指出,历史研究有四种目的:增加知识、修养品性、磨炼心力、明白现在,而"明白现在"是"研究历史之最重要目的"②。李则纲也说:"吾人为什么要研究历史?为的是要明了过去。为什么要明了过去?为的要明了现在的社会。……吾人对于现在的社会想有所贡献,则必不能不明了现在社会的真象;要明了现在社会的真象,势不能不追溯现代社会之由来。"③

杨鸿烈对历史目的和价值的阐述更为详细。他援引巴恩斯、鲁滨逊等人的言论:"巴斯博士(H. E. Barnes)说:历史的'目的'乃是与人类以过去的完全而可靠的写真,使我们对于文化的如何发生和何以发生得有极真实的了解。'具体一点说,历史的'目的'就如鲁滨逊教授所说的我们要知道过去的'人民怎样生活,他们建造那一类的房屋,他们

---

① 佚名氏:《史学通论》,国立中央大学文学院,时间不详。
② 卢绍稷:《史学概要》,商务印书馆,1930,第4~6页。
③ 李则纲:《史学通论》,商务印书馆,1935,第159~172页。

读的那一种书,他们怎样知道和特推想得到关于科学和宗教的那般样的多,他们如何治理,他们制造些什么,并且怎样的拿出去做买卖'",指出"我们不但要研究这些势力,并且还要了解他们的原因和效果,这便是我们研究历史的'目的'"。他还归纳出历史的七个方面的"功用"。第一,知道过去、明白现在;第二,促进社会变革,"将我们畏惧改革的传染病治疗好";第三,"纠正我们自古代以来相沿袭的'时间'的错觉和空间的狭隘观念";第四,相信社会进化;第五,"使我们认识人生的意义与价值";第六,"历史是研究各种社会科学的入门";第七,"养成深厚的同情心"。①

可见,强调历史研究对于"现在"的价值,是上述学者的共同特点。而陆懋德在《史学方法大纲》中更提出,历史研究不仅可以明白现在,也可以预测未来。他说:"吾人切近之目的,(一)在乎支配现在,(二)在乎预计未来。……以往之历史,果有何用乎?美人 J. H. Robinson 所著 The New History. p. 20 有言,'非因已往之事实,可供吾人行为之先例,实因吾人之行为,必根于完全了解现在,而完全了解现在,又本于完全了解已往。'由此言之,欲了解现在,必须先了解已往,而欲预计未来,则又须先了解现在。此因现在即是已往之结果,而未来又即是现在之结果。……盖人类历史原来是整个的,而不是划分的,是继续的,而不是断隔的,是有组织的,而不是无关系的。譬如政治家之处理国事,如于本国之真相,能正确认识,必不至于失败。然欲认识未来,必先认识现在,而欲认识现在,又必先认识已往。"②

四 关于历史与其他学科的关系

由于历史学的研究范围包括人类社会的方方面面,如政治、经济、社会、文化、思想、艺术等,所以历史学必须与社会科学结盟,进行综合研究,以实现对人类社会的整体认识。这是新史学派的一个基本观点,也是备受中国学者关注的一个主题,李则纲《史学通论》、卢绍稷《史学概

---

① 杨鸿烈:《史学通论》,商务印书馆,1939,第105~129页。
② 陆懋德:《史学方法大纲》,独立出版社,1945,第8~9页。

要》、吴贯因《史之梯》、杨鸿烈《史学通论》、周容《史学通论》、佚名氏《史学通论》等都列有专章讨论这一问题。李璜更直接以"历史学与社会科学"①作为他的书名,可见他对这一问题的关注,正如他所说:"历史的研究与社会科学的研究,其关系之密切是很明显的。一个学历史的人要想得个历史的统整观念,人类的进化道理,自然不能无社会科学的研究,而学社会科学的人,如果要使他知道社会不是一种空洞之物,一种抽象的玄想,也不可不使他熟习史事。"②

佚名氏《史学通论》第四章论述"史学与其他科学"。作者同意鲁滨逊《新史学》一书的观点——"历史之能否进步与有用,全看历史能否与他种科学联合,而不加以仇视,不然,即为误认近世科学进步之现状"。他根据密切程度将"历史学与其他学科关系最密切者"分为三大类。(1)关于人类本身之学科,如文字学、人类学、心理学、教育学、宗教学、文学、哲学、美术学等。(2)关于人类与社会之学科,如古物学、年代学、谱系学、政治学、法律学、经济学、社会学、统计学等。(3)关于人类与自然之学科,如天文学、气象学、地理学、地质学、数学、物理学、化学等。③

卢绍稷《史学概要》第五章第一节从"广义"和"狭义"两个层次讨论"史学与科学之关系"——在广义上,史学与政治学、社会学、地理学、天文学、人类学、年代学、谱系学、古物学、宗教学、伦理学、文学、哲学、美术都有关联;在狭义上,史学与心理学关系最密,因为"无论个人、社会、国民、民族各方面,其行为之推察,非明心理学,不能有当"。④ 李则纲《史学通论》第四章论述"历史学与其他学科",认为"历史学的进步,断不能单独的前进,必须赖其他各种学科的帮助"。他指出,与历史学有密切关系的辅助学科有古文字学、文学、地理学、经济学、古物学、心理学、社会学、统计学、哲学等。他强调,"要想历史学进步,尤有赖于其他学科的进展,要从事历史学的研究,更不能不注意他的辅助

---

① 《历史学与社会科学》(1928)第一章即为"历史学与社会科学",该章主要内容曾以《历史学与社会科学的关系》为名发表在《东方杂志》1926年第23卷第20期。
② 李璜:《历史学与社会科学的关系》,《东方杂志》1926年第23卷第20期,第57~64页。
③ 佚名氏:《史学通论》,国立中央大学文学院,时间不详。
④ 卢绍稷:《史学概要》,商务印书馆,1930,第126~137页。

学"。该章借鉴了何炳松译鲁滨逊《新史学》及董之学译班兹《新史学与社会科学》的很多内容。①

吴贯因《史之梯》第二章论述"史学与其他科学之关系"。作者也认为，"近世学术之发达，实缘各种学科，能互相补助，互相发明，用能融会贯通，各日进于资深逢源之境，……史学犹不能不采用此方法也。盖历史之职务，在记载人类全体之行动，其范围极广，则其所需他种科学之补助者亦极多"。他重点讨论了史学与统计学、考证学、年代学、天文学、语言文字学、考古学、生理学、社会学甚至是医学之间的关系。② 周容编《史学通论》在第一章中讨论了"史学与各学科之关系"。同样，作者也认为，"史学的范围统括人类过去之一切活动，各种学问的内容，从广义方面说，都是史学的一部分，例如政治学、经济学、社会学，以及文学哲学，都是人类的活动的一部分，并且各种科学自身之发展也是属于历史的"。他详细论述了史学与文学、政治学、生物学、考古学、天文学、地质学、比较心理学、社会学、地理学之间的关系。③

杨鸿烈《史学通论》第七章讨论"与历史有关系的种种科学"。他认可鲁滨逊关于史学与其他学科结盟的主张："鲁滨逊教授以现在的历史家不能充分利用科学为最大憾事，所以在《新史学》一书曾有说，'……历史能否进步和能否有用，完全看历史能否同他种科学联合，不去仇视他们。假使不然，那就误会近世科学进步的现状了。因为无论哪一种科学家，断不能要求独占一个小的科学范围，而且防卫愈周到，那种学问愈不能进步'。"他还论述了史学与语言文字学、年代学、考古学、人类学、民俗学、社会学、政治学、经济学、地理学、心理学、文学、哲学之间的关系。④ 杨鸿烈在书中大量引用鲁滨逊、傅舲等新史学派史家的原话。例如，他论述"'言语文字学'在历史的研究上成为'无上的重要'"，便引用傅舲《历史研究法》一书的观点："言语的知识在对于研究历史的许多帮助里是第一最不可缺少的，特别是欧洲史和世界史的研究。"⑤ 再如，他论

---

① 李则纲：《史学通论》，商务印书馆，1935，第80~95页。
② 吴贯因：《史之梯》，联合书店，1930，第9~125页。
③ 周容编《史学通论》，开明书店，1933，第16~25页。
④ 杨鸿烈：《史学通论》，商务印书馆，1939，第193~318页。
⑤ 同上书，第200页。

述历史学与人类学的关系，引用了鲁滨逊《新史学》一书的原话："研究人类学，可以使我们得一种平衡的眼光去研究宗教或宗教的制裁，或者受旧精神的潜势力……这些都是历史家所常常遇到的东西。"① 这类的例子在书中还有很多，此不赘述。

五 关于历史研究法与历史教学法

关于历史研究法与历史教学法，上文已详述傅斯《历史研究法》与亨利·约翰生《历史教学法》两书在中国学界的详细传播情况。它们所展现出来的一些观点，也被中国学者所吸收与借鉴。在历史研究法方面，李则纲《史学通论》第五章（关于史料诸问题）与第六章（关于编纂诸问题）都大量引用了傅斯《历史研究法》一书的内容。而对新史学派史学方法进行大量、系统借鉴的，要属陆懋德的《史学方法大纲》。该书共五编，分别是论历史、论史料、论考证、论解释、论著作，每编三章，共15章。每一章末尾都列有参考书籍；其中，鲁滨逊《新史学》，巴恩斯《社会科学的历史和未来》《新史学与社会科学》，傅斯《历史研究法》，绍特维尔《西洋史学史》，维森特《历史研究》，泰格特《历史理论》等美国新史学派书籍几乎在每一章中都有引用。如论古物材料的价值，他引用《新史学》（第85页）中的文字——"考古学的材料不但在远古人类史事上，其威权远过于书本的记载，即在有文字有书本以后的史事上，亦继续有其最大的重要"。又如，他讨论历史解释的重要，也引用《新史学》（第62页）中的文字——"描写 What was 是一件事，而决定 How it came about 是另一件事"，以说明"即如史料不伪，史迹不虚，而只是第一步工作。于此又需要第二步工作，即解释史事之原因、变化与结果，及其已过、现在与未来之关系"。再如，他还提到巴恩斯《新史学与社会科学》一书提出的"综合史学"（Synthetic History）的概念，强调"历史的变化，甚为复杂。取用任何一种原因，皆不能解释圆满，而经济状况有最大的决定，自当承认"。②

---

① 杨鸿烈：《史学通论》，商务印书馆，1939，第241页。
② 陆懋德：《史学方法大纲》，独立出版社，1945，第34、68~69、84~85页。

在历史教学法方面，卢绍稷《史学概要》第七章"历史教学法"大量引用何炳松所译亨利·约翰生《历史教学法》一书的观点。例如，他认为"历史教学之目的"在于"明变"，而"明变"这一概念正是来自亨利·约翰生——"教学历史之目的，应在于使学生能了解此人类所居之世界，其发展之进程为何。换言之，教学历史时应将各时代之社会活动表而出之，使学生了然于过去社会与现在社会有何关系及社会活动之原因结果。此即普通所谓'明变'者是也。'明变'实为教学历史惟一之目的"。[①] 此外，罗元鲲《史学概要》对历史教学法的讨论也与新史学派理论有很多类似之处。他将"教学之要旨"分为四项。（1）历史之必要："吾人所最关切者为现在，所希望者在将来。而欲考其来源，不可不明过去。"（2）历史之性质："为进化的，非保守的。为变动的，非固定的。"（3）历史之作用："以人类在社会上生活的活动为主要。"（4）历史之范围："旧历史是一姓家谱，一大相斫书，乏研究价值……故吾人今日读史宜注意于社会方面。"[②]

---

① 卢绍稷：《史学概要》，商务印书馆，1930，第202、205、208、209页。
② 罗元鲲：《史学研究》，开明书店，1935，第167~170页。

第三章 美国新史学派世界史、
国别史著作在华之译介

除了史学理论性的著作，20世纪上半期在中国传播的美国新史学派著作，还有世界史（包括欧洲史）与国别史（主要是美国史）著作；而且，后者的数量与规模比前者要大得多。通过翻译出版与期刊介绍等途径，它们在中国史学界形成了一股风潮。

第一节 中国史学界对美国新史学派世界史、
国别史著作的关注

随着新史学派史学理论系统进入中国，新史学派世界史与国别史著作也开始得到中国学者的关注与译介。20世纪二三十年代有一些期刊辟有专门的书目介绍栏目，介绍包括美国史书在内的西方史书，如南京高等师范学校的《史地学报》、清华大学的《清华周刊：书报介绍副刊》等。《史地学报》是美国新史学派理论的宣传阵地，当然也会大力介绍新史学派的史书，如《美国新出史书摘要（1921年三月至八月）》一文就列举了 History of Europe（by Robinson and Beard）、The 18th and 19th Centuries（by Robinson and Beard）、The Opening of 20th Century and the World War（by Robinson and Beard）、Europe since 1870（by Edward Raymond Turner）、History of United States（by C. A. Beard）、Readings in American History（by D. S. Muzzey）等多种新史学派的著作。① 此外《清华周刊：书报介绍副刊》1925 年第 16 期的《专科书籍介绍：研究西洋经济史必读书籍》一文就介绍了 Industrial and Social History of England（by Edward P. Cheyney）、Economic History of United States（by E. L. Bogart）等新史学派著作。② 更加全面的书目介绍是一些学者的功劳。1921 年，当时还是南京高师在校生的王庸就在《史地学报》创刊号发表了《欧史举要》一文，按专题领域列举了数百篇西方人的世界史著作，其中很多是美国新史学派的著作。③ 1937 年，作为回国留美生的齐思和在《史学年报》第 2 卷第 4 期发表《美国史书目举要》一文，也按专题列举了数百篇西方人关于美国史的研究著作，其中当然包括很多美国新史学派的著作。④

期刊的"书目推荐"只是史书传播最浅显的层次。相比之下，更深入的传播层次是中国学者的详细评述，这更能体现出中国学者对美国新史学派史书学术价值的关注与把握。在这个方面，期刊依然是最好的平台。《史地学报》《清华学报》《清华周刊：书报介绍副刊》《国立北京大学社会科学季刊》《国立武汉大学社会科学季刊》《图书评论》《独立评论》《中山文化教育馆季刊》《新经济》《国立中央图书馆馆刊》等期刊，都辟有书评栏目，发表中国学者对于外国史书的书评。例如，《史地学报》"新书绍介"栏目刊登过海斯的《近代欧洲政治社会史（1500—1914）》（A Political and Social History of Modern Europe, 1500-1914）、比尔德与巴格力的《美国国民史》（The History of American People）等书的书评，《清华周刊：书报介绍副刊》"英文书籍介绍"栏目刊登过鲁滨逊的《心理的改造》（Mind in the Making）、特纳的《1789—1920 年的欧洲史》（Europe, 1789-1920）等书的书评，《国立武汉大学社会科学季刊》"新刊介绍与批评"栏目也发表过施莱辛格与佛格斯合著的《美国社会史》（A History of American Life）、施莱辛格的《1852—1933 年的美国政治与社会史》

---

① 《美国新出史书摘要（1921 年三月至八月）》，《史地学报》1922 年第 1 卷第 2 期，第 1~3 页。
② 刘光一：《专科书籍介绍：研究西洋经济史必读书籍》，《清华周刊：书报介绍副刊》1925 年第 16 期，第 3~4 页。
③ 王庸：《欧史举要》，《史地学报》1921 年第 1 卷第 1 期，第 1~9 页。
④ 齐思和：《美国史书目举要》，《史学年报》1937 年第 2 卷第 4 期，第 159~181 页。

(*Political and Social Growth of the United States*, 1852—1933)、比尔德的《国家利益的观念》(*The Idea of National Interest*) 等书的书评。与简单的书目推荐不同，书评会对史书的基本信息、作者、内容、优劣、特点等进行详细论述，让读者充分认识到某部史书的价值所在。从学术角度看，书评的学术价值绝不亚于一篇学术论文，因为它是评述人学术视野与学术水平的体现。没有深厚的学术素养，是不可能写出一篇优秀的书评的。因此，通过中国学者发表的关于美国新史学派世界史与国别史著作的书评，可以看出中国学者对美国史学成果的关注与吸收。

第二节　新史学派世界史、国别史著作之汉译与出版

除了期刊的"书目推荐"与中国学者的详细评述，美国新史学派世界史与国别史著作在中国的传播还体现在其翻译与出版方面。翻译与出版是史书传播的常见形式。外来史书能在本国被翻译出版，可见它在本国是很受欢迎的。20世纪上半期，由于美国新史学派理论在中国的巨大影响，很多新史学派的世界史与国别史著作有中译本出版。一方面，很多学者认识到输入外来史学作品对本国史学建设的重要价值，因此主动从事史书的翻译活动。正如李惟果所说："翻译是合乎现代中国之需要的。国外有不少的伟大作品，为人类所共有而同珍的，应该完全翻译。就是一般比较适用的教科书籍，在国内还没有自己的作品出版以前，也应该择优翻译。"① 另一方面，不少出版社也积极投入史学著作的翻译出版，其中的典型代表就是商务印书馆。商务印书馆一直是民国时期出版界的龙头老大，设有编译所，专门负责外国书籍的编译工作；1922年王云五加盟后，大胆改组编译所，新辟百科全书委员会等部门，淘汰老编辑，改用归国留学生主持编译所各部，并罗致诸多大学者，可谓首屈一指的编译机关。② 民国时期的很

---

① 李惟果：《评海士蒙合著近代史之两种译本》，《图书评论》1933年第2卷第4期，第48~72页。
② 李辉：《试论王云五在中国现代出版史上的地位》，《河南大学学报》（社会科学版）2009年第1期，第92~96页。

多新史学派世界史与国别史著作，都是商务印书馆出版的，如《中古欧洲史》（鲁滨逊著、何炳松编译）、《近世欧洲史》（鲁滨逊、比尔德合著，何炳松编译）、《心理的改造》（鲁滨逊著、宋桂煌译）、《美国史》（马克尔洛著、宋桂煌译）、《西洋中古史》（汤姆生著，陈受颐、梁茂修译）等。

一 汉译新史学派世界史、国别史著作的数量及类别

据笔者统计，20世纪上半期在华翻译出版的新史学派世界史与国别史著作至少有17种（见表3-1），涵盖世界史及欧洲史、美国史、英国史、法国史、世界文化史等领域；部分著作还拥有两个或两个以上的中译本。其中，何炳松编译的《中古欧洲史》与《近世欧洲史》、桑戴克的《世界文化史》、海斯的《近世欧洲政治社会史》、海斯与蒙合著的《近代世界史》等，都是学界所熟知的著作。除了这些，笔者在资料收集的过程中，还发现了一些之前没有被关注到（或关注力度不够）的新史学派世界史与国别史著作，如汤姆生的《西洋中古史》、斯温的《世界文化史》、马克尔洛的《美国史》、葛德沙尔克的《法国革命时代史》等。因此，笔者将在本节尽可能详细地补充、展现上述著作的基本信息（包括原著信息与译本信息）；这一工作虽然稍显零散，但对于我们全面认识新史学派史书在中国的译介情况是有帮助的。

表3-1 20世纪上半期在华翻译出版的美国新史学派世界史与国别史著作

年份	出版社	书名	作者	译者	备注
1924	商务印书馆	中古欧洲史	鲁滨逊	何炳松	1928年第三版，1930年第五版，1932年国难后1版，1933年国难后2版
1925	商务印书馆	近世欧洲史	鲁滨逊、比尔德	何炳松	1926年再版，1929年第四版，1932年增订版
1929	联合书店	近代西洋文化革命史	多玛士·哈模	余慕陶	
1929	商务印书馆	美国史	俾耳德、巴格力	魏野畴	1933年国难后1版

续表

年份	出版社	书名	作者	译者	备注
1930	重庆书店	世界文化史	桑戴克	陈廷璠	1930年重庆书店出版上册；1939年中华书局出版全册；1941年再版 另有倪受民译本（《世界文化史》，上海世界书局，1935）、冯雄译本［《世界文化史》（上、下），商务印书馆，1936］
1931	商务印书馆	心理的改造	鲁滨逊	宋桂煌	1934年再版
1933	世界书局	近代世界史	卡尔登·海士、汤姆·蒙	姚莘农	1934年再版，1935年第三版 另有耿淡如、沙牧卑译本（《近世界史》，黎明书局，1933年初版，1934年再版）
1933	世界书局	欧洲近代现代史	沙比罗	余楠秋、吴道存、谢德风、黄澹哉	1935年再版 另有王信忠、杨凤岐译本（《欧洲近世史及现代史》，商务印书馆，1939）
1933	民智书局	近世欧洲政治社会史（上、下）	海斯	黄慎之	另有曹绍濂译本（《近代欧洲政治社会史》，国立编译馆，1935年出版上册，1940年出版下册） 上册另有余楠秋、谢德风、吴道存编译本（《近代欧洲史》，上、下两册，黎明书局，1933） 下册另有蒋镇译本（《现代欧洲史》，黎明书局，1935）
1933	民智书局	英国史（上、下）	季尼	余楠秋、吴道存、谢德风	
1934	世界书局	中古世界史	卡尔登·海士、汤姆·蒙	伍蠡甫、徐宗铎	1935年再版，1937年第四版

续表

年份	出版社	书名	作者	译者	备注
1937	商务印书馆	美国史	马克尔洛	宋桂煌	
1940	（长沙）商务印书馆	西洋中古史	汤姆生	陈受颐、梁茂修	
1941	正行出版社	世界史	海斯、蒙	邱祖谋	1946~1947年上海书店再版：上册1946年再版，下册1947年再版
					另有刘启戈译本［《世界通史》（上、下），大孚出版公司，1948年初版，1949年第四版］
1943	福建文选社	世界文化史	斯温	沈炼之	1947年由开明书店出版，1949年再版
1943	南方印书馆	法国革命时代史	葛德沙尔克	骆迈	
1945	中外出版社	美国史：一个自由民族的故事	纳文斯、康玛格	刘尊棋、曹未风、陈先泽	1947年中外出版社再版，改名为《美国通史》
					另有王育伊译本（《美国史略》，1946年1月商务印书馆初版，1946年12月商务印书馆初版）

二　汉译新史学派世界史著作

（一）关于何炳松编译的《中古欧洲史》与《近世欧洲史》

《中古欧洲史》与《近世欧洲史》两书是何炳松在北京大学任教时根据鲁滨逊的相关著作编译而成的课堂讲义。那么，他具体是根据鲁滨逊的哪些书、如何编译而成的呢？

1. 《中古欧洲史》

《中古欧洲史》，据何炳松《中古欧洲史·弁言》的介绍，是以鲁滨逊所著《西欧历史导论》（An Introduction to the History of Western Europe）一书前29章为蓝本，另外从鲁滨逊与美国考古学家、埃及学家伯利斯坦德①（James Henry Breasted，1865-1935）合著的《欧洲史大纲》（第一卷）[Outlines of European History（Part Ⅰ）]中选取了一些"文明史方面"的材料，编译而成的。②

《西欧历史导论》一书是鲁滨逊为中学生撰写的一部欧洲历史教科书，出版于1902年。此书虽然名义上是一部完整的西欧历史，但实际上论述的是自中世纪以来的西欧历史，共41章。鲁滨逊在前言中说，撰写中学历史教科书，不仅要把史实说清楚，还要将它们之间的关系说明白。为达到这一目标，他将论述重点放在三个方面：一是存在了几个世纪的教会；二是一些重要人物的生平与活动；三是历史上的经济、思想、艺术成就。③

《欧洲史大纲》（第一卷）是1914年由美国波士顿Ginn & Company公司出版的两卷本欧洲史教科书《欧洲史大纲》（Outlines of European History）的第一卷，论述早期人类出现至18世纪开端之间的历史。全书共28章125小节，其中第1~11章为"早期人类、东方、希腊、罗马"（Earliest Man, The Orient, Greece, and Roman），由伯利斯坦德撰写；第12~28章为"罗马帝国解体到18世纪开端"（Europe from the Break-up of the Roman Empire to the Opening of the Eighteenth Century），由鲁滨逊撰写。伯利斯坦德与鲁滨逊在前言中说，中学生应该掌握关于人类过去的整体知识，否则就不能理解现在，因为只有过去才能解释现在。他们指出，以往的历史辅导书有一些不足：一是大部分都是历史事件的简单记录，但真正值得掌握的知识应该是关于过去社会状况和社会制度的知识；二是总是详古略今，所以学生难以意识到过去对现在产生的至关重要的影响。要规避这些旧有史书的缺点，他们对这套书作了如下安排：首先，将历史事件附

---

① 何炳松在《中古欧洲史·弁言》中将 Outlines of European History（Part Ⅰ）的作者之一 James Henry Breasted 译为比尔德，在《近代欧洲史·弁言》中将 Outlines of European History（Part Ⅱ）的作者之一 Charles A. Beard 译为俾耳德。何炳松的译法自有其道理，在民国时期也是适用的。但当今学界所说的"比尔德"，多指 Charles A. Beard，而不是 James Henry Breasted。李勇的《鲁滨逊新史学派研究》就将 Charles A. Beard 译为比尔德。笔者遵循现今译名习惯，译 Charles A. Beard 为比尔德，译 James Henry Breasted 为伯利斯坦德。

② 何炳松：《中古欧洲史》，商务印书馆，1924，第1页。

③ James Harvey Robinson, An Introduction to the History of Western Europe（Ginn & Company, 1902）, pp. iii-v.

属在人类赖以生存的社会状况之下；其次，将第二卷用于叙述与彼时关系最紧密的最近一百多年的历史。① 可以这么说，第一卷是第二卷的导言（Introduction），第二卷是为了说明其时的状况与问题。②

从《中古欧洲史》、《西欧历史导论》、《欧洲史大纲》（第一卷）三书的章名对照看，《中古欧洲史》的章节内容安排完全是按照《西欧历史导论》一书翻译过来的，它从《欧洲史大纲》（第一卷）一书中所取材的内容也是取自其第二部分鲁滨逊所做的内容。因此可以说，《中古欧洲史》是何炳松对鲁滨逊相关研究成果的译介。

2. 《近世欧洲史》

据《近世欧洲史·弁言》，《近世欧洲史》一书大体以鲁滨逊与比尔德合著的《欧洲史大纲》（第二卷）[Outlines of European History (Part Ⅱ): From the Opening of the Protestant Revolt to the Present Day]为蓝本，并取材于二人所著之《现代欧洲史》(History of Europe, Our Own Times: the Eighteenth and Nineteenth Centuries)一书，篇章安排则完全取法于《现代欧洲史》。③

《欧洲史大纲》（第二卷），1914年与第一卷（见上文）同时出版。全书共27章，讲述自新教革命至第一次世界大战爆发之间的欧洲历史。该书是著于1907~1908年出版的《近代欧洲的发展》(The Development of Modern Europe: An Introduction to the Study of Current History)一书的简化与重组。在内容上，对德国的论述有很大变化，以探讨一战的起源问题。④

《现代欧洲史》一书是美国波士顿 Ginn and Company 公司 1920~1921年出版的两卷本的《欧洲史》(History of Europe)的第二卷。第一卷为《古代及中世纪欧洲史》(History of Europe, Ancient and Medieval)，1920年出版，由伯利斯坦德与鲁滨逊合著；第二卷 1921 年出版，由鲁滨逊与比尔德合著。该书共7部分32章，讲述18世纪新教革命至20世纪初的欧

---

① James Harvey Robinson & James Henry Breasted, *Outlines of European History* (Part Ⅰ) (Boston: Ginn & Company, 1914), pp. iii-v.
② James Harvey Robinson & Charles Austin Beard, *Outlines of European History* (Part Ⅱ) (Boston: Ginn & Company, 1914), pp. iii.
③ 何炳松：《近世欧洲史》，商务印书馆，1925，第1页。
④ James Harvey Robinson & Charles Austin Beard, *Outlines of European History* (Part Ⅱ) (Boston: Ginn & Company, 1914), pp. iii-iv.

洲史。

《欧洲史大纲》与《现代欧洲史》两书内容大体一致，只是章节安排有所不同，而且后者分了卷（Book）；这一做法被何炳松所采纳，用于《近世欧洲史》的章节编排，他认为这种做法"极为明白有条理"[①]。通过三书的章名对照，可以发现，《近世欧洲史》的分卷方法及第7、27~30、32~34章取自《现代欧洲史》，绪论及第1~6、8~26、31章取自《欧洲史大纲》（第二卷）。除了有北京大学将《近世欧洲史》一书作为课程讲义，1936国立四川大学也以此书为西洋近世史课程（教员周谦冲）参考书[②]。余楠秋也称赞何炳松的译本"是中国近年来研究西洋史的唯一善本"[③]。

（二）关于海斯及其与蒙合著的几本历史教科书

新史学派史家海斯（Carlton Joseph Huntley Hayes, 1882 - 1964）的《近世欧洲政治社会史》一书，及其与蒙（Parker Thomas Moon, 1892 - 1936）合著的《近代史》《古代与中世纪史》《世界史》等书都是在美国广受欢迎的历史教科书，它们在中国也有中译本问世。

1. 《近世欧洲政治社会史》

《近世欧洲政治社会史》（A Political and Social History of Modern Europe）是海斯最著名的作品之一。1916年初版，共5部分30章，讲述1500~1914年的欧洲政治与社会史。该书分两卷出版，上卷16章，论述时间范围为1500~1815年；下卷14章，论述时间范围为1815~1914年。1925~1931年，该书出版增订版，由5部分30章增加至6部分35章，仍分两卷出版。上卷于1925年出版，内容不变，论述时间范围依然为1500~1815年。下卷于1931年出版，论述时间范围延长到1924年，增加了第6部分5章，论述1914~1924年这十年间的历史。作者在增订版的前言中说，第6部分从他的《世界大战史》（History of the Great War）一书中借用了很多内容，而且第31章（世界大战）是从他与蒙合著的《近代史》一

---

① 何炳松：《近世欧洲史》，商务印书馆，1925，第1页。
② 王强主编《民国大学校史资料汇编》（第47册），凤凰出版社，2014，第306~307页。
③ 〔美〕沙比罗：《欧洲近代现代史》，余楠秋译，世界书局，1933，第6~7页。

书中移过来的。①

该书是一部用于大学近代欧洲史课程的教科书。其与众不同之处是以16世纪——而不是13世纪或者法国大革命——作为近代欧洲的开端。在作者看来，16世纪的商业革命开启了强大的资产阶级显著而稳定的变革；在推进欧洲几个世纪的发展这一方面，资产阶级做的比其他所有的阶级都要多；资产阶级的兴起是近代历史的核心主题（The rise of bourgeoisie is the great central theme of modern history）。《近世欧洲政治社会史》一书要探讨的就是这一核心主题。作者认为，政治变动在很大程度上受制于经济与社会因素的变迁，因此，他尝试将近代欧洲历史中的政治和社会内容综合成一个整体，力求给政治事实加上一些社会或经济的解释（injecting some social or economic explanation of the chief political facts）。书中的很多章节，如第二章（The Commercial Revolution）、第五章（The Culture of the Sixteenth Century）、第十三章（European Society in the Eighteenth Century）、第十八章（The Industrial Revolution）、第二十一章（Social Factors in Recent European History, 1871-1914），都是作者探讨政治事件背后的经济和社会动因的尝试。②

《近世欧洲政治社会史》一书在中国至少有三种中译本。1933年，上海民智书局出版了黄慎之译本，名为《近世欧洲政治社会史》（上、下卷）。但黄慎之译本只翻译了原书的前21章，并未翻译全，编次也有改动。1933~1935年，上海黎明书局出版了该书（增订版）的全译本。第一卷（1500~1815年）的中译本出版于1933年，名为《近代欧洲史》，分上、下两卷。但该译本不是纯译本，而是一部编译本，编译者为余楠秋、谢德风、吴道存。三位学者以海斯之书为"根据"，"参以编者积年教授之经验，互相参考汇译而成"此书。编者自信该编译本对于"近世欧洲之重要史实，皆已挈纲振领，详细备载。每件大事之起源变演因果，剖析无疑。洵为近世欧洲史之唯一名著"③。第二卷（1815~1924年）的中译本出版于1935年，由蒋镇翻译，名为《现代欧洲史》。此译本为纯译本，未加

---

① Carlton Joseph Huntley Hayes, *A Political and Social History of Modern Europe*（Vol. Ⅰ）（New York: The Macmillan Company, 1925）, p. v.
② Ibid., pp. v-viii.
③ 余楠秋、谢德风、吴道存编译《近代欧洲史》（上），黎明书局，1933，版权页。

其他材料。1935~1940年,国立编译馆也出版了一套该书增订版的全译本,名为《近代欧洲政治社会史》(上、下卷),译者为国立编译馆编译员曹绍濂。上卷1935年出版,上海商务印书馆发行;下卷1940年出版,长沙商务印书馆发行。

2. 《近代史》

《近代史》(*Modern History*),1923年出版,是海斯与蒙合著的一部近代欧洲史教科书。全书共6个部分29章:第一部分共五章,第一章简要回顾古代史及中世纪史,余下四章按时间顺序论述1500~1750年的历史,其主题分别是"经济与社会变化"(economic and social changes)、"科技进步"(the advance of science)、"宗教改革"(the religious reformation)、"民族国家的兴起"(the rise of national states);第二部分用四章论述专制统治(autocracy),讨论对象有英国的斯图加特王朝、法国的波旁王朝、俄国的彼得大帝、普鲁士专制统治、重商主义及其所导致的殖民和商业竞争;第三部分论述推翻旧政权的革命运动,包括美国、法国的政治、社会革命,英国的工业革命等;第四部分共七章,一章论述梅特涅挽回民主与平等的历史车轮,另外六章论述自19世纪中叶到大战爆发之前民族主义和民主的兴起;第五部分"白人的责任"(The White Man's Burden),论述亚洲的觉醒与非洲的分割;第六部分"动荡的世界"(The World in Ferment),用图解的形式探讨大战的起源与经过、战后的世界重组、俄国革命以及今日世界的图景。[①]

该书在中国有两个中译本,两个译本都出版于1933年。一个是姚莘农译本,由上海世界书局出版,名为《近代世界史》,1934年再版,1935年第三版;另一个是耿淡如、沙牧卑译本,由上海黎明书局出版,名为《近世世界史》,1934年再版。对于这两个中译本,李惟果在《图书评论》1933年第2卷第4期有详细评述。他认为,"耿、沙两位的,自然是远在姚译以上",因为"姚先生则因文字缺乏训练,且对历史缺乏了解,以致弄出的错误,实在太多"。当然,他也不否认姚译本的优点,即"其文字

[①] Heber P. Walker, "Reviewed Work: Modern History by Carlton J. H. Hayes, Parker Thomas Moon", *The School Review*, Vol. 31, No. 6 (Jun., 1923): 475-476.

之流利畅达，亦为一般译本所不及"。①

3.《古代与中世纪史》

《古代与中世纪史》(*Ancient and Medieval History*)，1929 年出版，也是海斯与蒙合著的一部教科书。全书共 7 个部分，分别为"Beginnings of Civilization"，"Classical Civilization in Greek City States"，"Classical Civilization in the Roman Empire"，"The Classical Age in Farther Asia"，"The Transition from Classical to Christian Civilization"，"European Civilization in the Middle Age"，"The Transition from Medieval to Modern Civilization"，论述自文明产生之初至 1789 年法国大革命发生之前的世界历史，被誉为"一部值得敬佩的、与时俱进的著作"②。该书的中译本由伍蠡甫、徐宗铎翻译，上海世界书局出版；分为《上古世界史》与《中古世界史》两册，上册对应原书的"Ancient History"部分，于 1933 年出版，1935 年再版；下册对应原书的"Medieval History"部分，于 1934 年出版，1935 年再版，1937 年第四版。

据中译本，海斯与蒙在原书开篇作有"导言"，讨论历史的价值与持续性。他们认为，历史的内容极为丰富，"是叙述关于人类所做过的一切的故事，举凡他的成功和失败，他的发明、制造和艺术，他的战争、政治和法律，他的宗教、哲学和科学，他的希望和他的畏惧，都包括在内的"；只认识历史人物的名字是不够的，"更应该晓得的，就是制度的起源、新旧制度的比较，以及人类怎样征服环境、逐步攀登进步的阶梯"。他们反对历史的断裂解释，认为历史是连续不断的过程，"人类的幼年照耀着人类的今日，正如个人的幼年可以解释他后来生命的一切。我们很可以说，我们是所有时代的继承人，我们所承继的包括发明、艺术、信仰、制度以及悠古赐予的观念"。③

---

① 李惟果：《评海士、蒙合著近代史之两种译本》，《图书评论》1933 年第 2 卷第 4 期，第 48~72 页。
② Norman W. DeWitt, "Reviewed Work: Ancient and Medieval History by Carlton J. H. Hayes, Parker Thomas Moon", *The Classical Journal*, Vol. 26, No. 4 (Jan., 1931): 312-313.
③〔美〕卡尔登·海士、汤姆·蒙：《上古世界史》，伍蠡甫、徐宗铎译，世界书局，1933，第 1~2 页。

4.《世界史》

《世界史》（*World History*），1932 年出版，是海斯、蒙与约翰·沃尔特·韦兰（John Walter Wayland）三人合著的作品。此书也是一部中学历史教科书，是在海斯与蒙合著的《古代与中世纪史》与《近代史》两书的基础上增补修订完成的。全书共有 12 个部分，其与众不同的特点是增加了东方史和美国史的内容，而且重视近现代史部分，有 2/5 的篇幅用来论述 1775 年以来的历史，49 章中的 6 章用来论述 1914 年以来的历史。[①]

20 世纪 40 年代，该书的中译本才问世。第一个中译本是邱祖谋译本，1941 年由上海正行出版社出版，名为《世界史》，分上、下两册；1946~1947 年，上海书店再次出版此书，上册 1946 年出版，下册 1947 年出版；该译本共 50 章，是根据原书的修订本（比初版增加一章）翻译的。另一个中译本是刘启戈译本，1948 年由上海大孚出版公司出版，名为《世界通史》，也分上、下两册，1949 年出版第四版；此译本共 51 章，是根据原书 1947 年的修订本（比初版增加两章）翻译的。

（三）几本世界文化史著作

桑戴克的《世界文化史》是世界史界较为熟知的新史学派文化史著作，除此之外，多玛士与哈模合著、余慕陶翻译的《近代西洋文化革命史》与斯温著、沈炼之翻译的《世界文化史》也是新史学派的文化史作品。

1. 桑戴克：《世界文化史》

桑戴克（Lynn Thorndike，1882-1965）是美国新史学派的代表人物，他 1902 年获得卫斯理安大学（Wesleyan University）艺术学士学位；1903 年获得哥伦比亚大学艺术硕士学位，1905 年获得博士学位，专业为中世纪史，导师是鲁滨逊。1907 年开始在西北大学（Northwestern University）教授中世纪史，1909 年转到西储大学（Western Reserve University），1924 年转到哥伦比亚大学，直到 1950 年退休。1957 年被科学史学会（History of Science Society）授予萨顿奖章（Sarton Medal），曾担任美国历史学会主席。

《世界文化史》（*A Short History of Civilization*）一书是桑戴克的代表作。

[①] Howard E. Wilson, "Reviewed Work: World History by Carlton J. H. Hayes, Parker Thomas Moon, John W. Wayland", *The School Review*, Vol. 40, No. 9 (Nov., 1932): 714-716.

该书出版于 1926 年，是一部世界文明史著作，全书共 8 部分 42 章，除第 1 章为导言（Introductory）外，各部分分别论述史前文化（2 章），近东文明（5 章），希腊罗马、早期基督教文明以及蛮族入侵（10 章），远东文明（4 章），拜占庭和撒拉逊文明（2 章），中世纪欧洲（6 章），文艺复兴、宗教改革及理性时代（7 章），现代文明的发展（5 章）。[1] 作者认为，文明是"人类建设性的成就，包括政治与社会组织中、艺术与工业领域中、科学与思想领域中的积极成就"（man's constructive achievement, those positive accomplishments in political and social institutions, in art and industry, in science and thought）；"文明由少数社会精英创造，然后传播至社会大众，成为社会事实"（Civilization is the product of our higher faculties as exercised first by original and superior individuals and then accepted or followed by a sufficient number of human beings to make it a social fact）。[2] 桑戴克此书的问世，是 20 世纪 20 年代风靡世界的文明史研究潮流（从威尔斯到斯宾格勒）的产物[3]；他同威尔斯一样，因受到一战爆发的刺激而研究文明史，希望"为保存文明尽微薄之力"[4]。

该书在中国至少有三种中译本。较早的译本是陈廷璠译本，名为《世界文化史》（上册），翻译了原书的前 22 章，1930 年由重庆书店出版。但此版本错误较多，连最显眼的目录都直接由"第二章"到"第四章"，漏掉了"第三章"。1931 年夏，译者将下册（后 20 章）译完以后，又对上册进行修改。但因原书增订至第六版，与第一版相比又增加了不少内容，译者便根据第六版重新修正了上册。上册修正完成以后，由于战争的影响，直到 1939 年才由上海中华书局出版，两册合成一册，书名不变，为《世界文化史》；1941 年再版。除陈廷璠译本之外，还有倪受民译本和冯雄译本。倪受民译本于 1935 年由上海世界书局出版；冯雄译本于 1936 年由上海商务印书馆出版。

---

[1] Edward Maslin Hulme, "Reviewed Work: A Short History of Civilization by Lynn Thorndike", *The American Historical Review*, Vol. 32, No. 3 (Apr., 1927): 555-556.

[2] Lynn Thorndike, *A Short History of Civilization* (New York, F. S. Crofts, 1926), p. 3.

[3] James Westfall Thompson, "Reviewed Work: A Short History of Civilization by Lynn Thorndike", *Speculum*, Vol. 2, No. 1 (Jan., 1927): 90-92.

[4] F. S. Marvin, "Reviewed Work: A Short History of Civilization by Lynn Thorndike", *History*, New Series, Vol. 13, No. 52 (Jan., 1929): 343-344.

2. 斯温:《世界文化史》

1943年,时任暨南大学文学院史地系教授的沈炼之译有一本《世界文化史》,由福建文选社出版。该书原名 A History of World Civilization,也是一部新史学派的文化史著作。作者斯温(James Edgar Swain, 1897-?),曾任默兰伯格学院(Muhlenberg College)社会研究学院(Department of Social Studies)主任。但1943年的中译本只翻译了原书的前6章,没有翻译全。同年,译本的部分章节在《现代青年》新1第2~6期连载。① 1947年,沈炼之将原书8章翻译全,由上海开明书店出版;1949年再版。

斯温的《世界文化史》出版于1938年,是作者在十多年的文化史课程教学的基础上撰写出来的著作。该书共8章,讲述自人类文明产生之初至第二次世界大战之间的世界文化史;各章章名分别是:史前人类(Prehistoric Man)、古代帝国时代(Age of Ancient Empires)、古典文明(Classical Civilization)、中世纪时代(Middle Ages)、1500~1789年民族文化的发展(Development of National Culture, 1500-1789)、从法国大革命到世界大战(From the French Revolution to the World War)、国际文化的开端(Beginning of an International Culture)、20世纪的文明和文化(Civilization and Culture in the Twentieth Century)。② 作者在序言以及导言中说,我们应该学习文化史、了解东西方的不同文化;首先,以一战、二战为代表的东西方之间的相互冲突的爆发,原因就在于彼此之间互不了解;其次,学习文化史、了解东西方的不同文化,是增进对世界各地的了解、减少矛盾冲突、避免世界大战的题中之意。作者还说,本书也借鉴了很多前人的著作,如威尔斯(H. G. Wells)的《世界史纲》(Outline of History)、桑戴克的《世界文化史》、巴恩斯的《西方文明史》(The History of Western Civilization)。③

3. 多玛士、哈模:《近代西洋文化革命史》

1929年余慕陶翻译、上海联合书店出版的《近代西洋文化革命史》

---

① 〔美〕斯温著、沈炼之译《近代世界文化史话》,《现代青年》1943年新1第2~6期。
② "Reviewed Work: A History of World Civilization by James Edgar Swain", American Journal of Sociology, Vol. 46, No. 2 (Sep., 1940): 283.
③ 〔美〕斯温:《世界文化史》,沈炼之译,福建文选社,1943。

一书，译自美国历史学家多玛士（Harrison Cook Thomas，1888-1969）与哈模（William Albert Hamm，1892-1983）合著的 *Civilization in Transition, 1789-1870* 一书。该书出版于1927年，是两位作者合著、由 Vanguard Press 公司出版的 *The ABC of History* 三卷本系列丛书的第二卷。第一卷是 *The Foundation of Modern Civilization*，论述18世纪中期以前的人类历史；第二卷 *Civilization in Transition, 1789-1870*，共九章，讨论18世纪中期至19世纪末旧政权向近代社会的转化，重点讨论革命运动（包括思想革命、法国革命、工业革命）以及在近代生活中发挥重要作用的两大因素——科学进步与劳工运动；第三卷是 *Our Own Times*（1928），论述19世纪末20世纪初的世界历史，先论述各国的社会与经济变化，再追溯帝国主义的发展史、脆弱的国际关系，最后论述1914年世界大战的爆发以及战后的重建；三卷合起来就是一部完整的世界文化史。[1] 需要补充的是，第一卷 *The Foundation of Modern Civilization* 的部分内容曾在1929年被赵简子翻译出来，发表在《国立中山大学语言历史学研究所周刊》。[2]

这套书也是新史学派的著作，其主旨受鲁滨逊著作的影响很大，尤其是鲁滨逊的《心理的改造》一书。鲁滨逊在该书中提出，有创造力的思想可以改变这个世界，科技知识变革了人类的生活条件。*The ABC of History* 这套丛书也秉承同样的思想，如在第二卷中，思想革命就是作者论述的一大主题。他说："在文化方面，总常常有思想上的先导者们，即旧时代底批判家和新时代底预言者出现。他们喊出反抗残酷底呼声和准备进步底路线。十八世纪时的情形也是这样。许多著作家们不特攻击旧制度，且攻击旧制度所从建立的基本的智力概念。这反抗的和批判的精神之兴起就是所谓智力革命（Intellectual Revolution）了。"[3]

除了对思想史的重视，在第一卷 *The Foundation of Modern Civilization* 中，两位作者还说明了很多他们对历史及历史学的认识，这些认识几乎都

---

[1] Harrison Cook Thomas & William Albert Hamm, *Our Own Times* (New York: Vanguard Press, 1928), p. vii.
[2] 赵简子：《新历史的范围与目的》，《国立中山大学语言历史学研究所周刊》1929年第9卷第97期，第13~21页；赵简子：《近代文明之最初的构成》，《国立中山大学语言历史学研究所周刊》1929年第9卷第98期，第1~22页；赵简子：《近代文明之最初的构成（续）》，《国立中山大学语言历史学研究所周刊》1929年第9卷第99期，第12~25页。
[3] 〔美〕多玛士、哈模：《近代西洋文化革命史》，余慕陶译，联合书店，1929，第2~3页。

来自鲁滨逊。其主要内容可归纳为以下几点：（1）关于历史学的研究范围，"历史是研究人类的过去，自人类最初发现于地球，其所作所思之一切事物皆包涵于历史的范围内"；（2）关于历史的连续性，"历史是继续不已地生长的，不仅是因为时光日日推进而日与月及年成为过去的一部分，又因为我们的过去的智识是慢慢地增加的"；（3）关于历史学的新同盟，"最近历史的许多新的联盟，已在帮助历史家的研究了。考古学者……人类学者……心理学者……社会学者……自然科学者……加了我们对于人的过去的理解与智识"；（4）关于历史学的目的，"历史的工作是表示我们现在的文明是如何发展的，及各种民族对于现代文明的有何种贡献"；（5）关于历史研究的材料选择，"材料之重要莫如各种制度及各种风俗，而不寻常的及特殊的材料皆不如普通的为有价值"；（6）关于历史研究的具体内容，即对普通社会史的重视，"我们必须努力看见，人民在各种不同的时代，如何生活的"；（7）关于历史学的科学性，"历史永不会是一个真正的科学如物理学或是化学一样"，因为历史学"如其他社会科学一样"是关于人的学问，"而人永远是一个易变的因子"。①

（四）汤姆生《西洋中古史》、沙比罗《欧洲近代现代史》

1. 汤姆生：《西洋中古史》

1941年陈受颐与梁茂修合译的《西洋中古史》一书，译自美国历史学家汤姆生（James Westfall Thompson，1869-1941）初版于1931年的 *History of the Middle Ages, 300-1500* 一书。由于笔者未能找到该书的原书资源，因此就只能借助它的中译本与书评一窥其原貌。据中译本《原序》，该书是一部大学教科书，是在作者的两卷本《中世纪史》（*The Middle Ages, 300-1500*）的基础上缩写而成的一部中世纪简史，"自四世纪基督教化的罗马帝国起，至文艺复兴时代止"，涵盖政治史、制度史、社会史、文化史等各个部分。与以往注重政治方面的史书不同，该书在文化史方面着墨很多，用了很大篇幅来叙述中世纪的基督教文化、城市文化、教育与哲学、科学与文学、艺术成就等内容，突破了以往史学界对中世纪历史的轻视，

---

① 赵简子：《新历史的范围与目的》，《国立中山大学语言历史学研究所周刊》1929年第9卷第97期，第13~21页。

给予中世纪史与古代史同等重要的地位。作者说，要了解文化与文明，"不但须要知道历史的物质方面，还须要知道历史的精神方面"；对于中世纪文明，我们要做的不是回护它，而是了解它；"了解，便是历史教授的真正任务与目的"；应该积极地了解前人的文明和他们的时代，"因为在民族的性格上最具有持久性的东西是遗传的"。①

对中世纪基督教文化的重视，对"历史的精神方面"的挖掘，对民族性格的"遗传"性的强调，与鲁滨逊对思想史的重视和对历史连续性的强调如出一辙。可见汤姆生也是新史学派的一员。在两卷本《中世纪史》巨著中，汤姆生的新史学（或综合史学）思想体现得更加明显。他在书中明确说，要著成一部关于中世纪史的"综合史"②（Synthesis），意即不仅有传统的政治史，更有以往被忽视的经济史、文化史、社会史。"综合史"是新史学派代表人物巴恩斯对新史学观念的总体概括，汤姆生对这一概念的使用说明了他对这一概念的接受与认可。汤姆生对中世纪社会史和经济史一直很重视，著有一部专门论述中世纪社会史和经济史的著作，即1928年出版的 *Economic and Social History of the Middle Ages, 300-1500*。

2. 沙比罗：《欧洲近代现代史》

余楠秋等翻译的《欧洲近代现代史》，译自美国新史学派史家沙比罗（Jacob Salwyn Schapiro，1879-1973）的 *Modern and Contemporary European History（1815-1914）* 一书。该书出版于1918年，共30章，讲述19世纪欧洲文明的演进史。该书不断修订再版，1921年的增订版，时间下延到1922年，章数增加到31章；1929年的增订版，时间下延到1928年；1936年的增订版，时间下延到1936年，章数增加到41章。作者在初版前言中说，19世纪是真正意义上的"近代史"（modern history），因为它解决和遗留的问题都对当代有着至关重要的影响。作者坚信，历史的主要功能是解释现在，因此他更关注与当代联系紧密的历史时期，用了一半以上的篇幅来论述1870年以来的历史。他不仅论述军事、政治事件，也论述社会、经济和文化事件。同时，对于工业革命、农业革命、各种社会运动（如社会

---

① 〔美〕汤姆生：《西洋中古史》（上），陈受颐、梁茂修译，商务印书馆，1940，第1页。
② C. R. Cheney, "Reviewed Work: The Middle Ages, 300-1500. Abridgment entitled History of the Middle Ages, 300-1500 by James Westfall Thompson", *History*, New Series, Vol. 17, No. 66 (July, 1932): 162-164.

主义、工团主义和女权主义）等，他都给予了很多篇幅。①

在增订版中，作者对1870年以来的历史给予了更大的篇幅，不仅增加了新的章节，还扩充了原有章节，并且格外关注新工业革命与殖民帝国主义。作者认为，一战的爆发改变了我们对19世纪与20世纪欧洲史的看法，使1870年以来的这段历史显得更为重要，因为正是在这段时期，欧洲社会生活中的政治、社会及经济问题酝酿了一战的到来。在该书的"致谢"当中，作者感谢了他的两位老师鲁滨逊教授和绍特维尔教授。他说，"美国的历史教师应当感谢新史学的主角鲁滨逊教授。他的 *History of Western Europe* 开创了一种新的教科书写作形式，第一次在复杂历史材料的运用与社会、文化因素的强调之间创造了一致性与连贯性。鲁滨逊之后，再也不会有人去写干巴巴的、只强调政治军事的老式教科书了。感谢鲁滨逊教授，因为他的建设性指导，我才走上了历史研究之路"；"感谢我的老师、本书编者绍特维尔教授。在本书的准备过程中，他给予了我很多建议"。②可见，沙比罗也是新史学派的成员之一。

此书在中国有两个中译本，两个中译本都不是根据初版本，而是根据后来的增订本译成的。一个中译本是余楠秋、吴道存、谢德风、黄澹哉译本，共40章，译名为《欧洲近代现代史》，1933年由上海世界书局出版，1935年再版。另一个译本是王信忠、杨凤岐译本，名为《欧洲近世史及现代史》，分上、中、下三册，1939年由上海商务印书馆出版。

三　汉译新史学派国别史著作

（一）几本美著史书作

在华翻译出版的新史学派世界史与国别史著述中，有几本是美著史书作。除了熟知的比尔德与巴格力合著的《美国史》，还有马克尔洛的《美国史》以及纳文斯与康玛格合著的《美国史：一个自由民族的故事》。

---

① Jacob Salwyn Schapiro, *Modern and Contemporary European History* (Boston: Houghton Mifflin company, 1918), pp. v-vii.
② Ibid., pp. ix-x.

1. 比尔德与巴格力:《美国史》

1929 年魏野畴翻译的《美国史》①，译自比尔德与巴格力合著的 *The History of the American People, For Grammar Grades and Junior High Schools* 一书。该书初版于 1918 年，是一部面向中学的美国通史教科书。作者在前言中说，本书的目的是使孩子们通过理解这个国家的理想、机构、成就以及问题而取得一种国家认同；任何一种以事实、日期、姓名组成的年历都不可能达到这一目的；只有通过教导学生在历史的大背景中思考当下的事件与问题、通过给予他们一种历史的连续感，才可以达到这一目的。这是典型的新史学派思想。②

2. 马克尔洛:《美国史》

1937 年上海商务印书馆出版、宋桂煌翻译的《美国史》，译自美国史学家马克尔洛（Robert McNutt McElroy, 1872-1959）所著《美国史》(*A History of the United States of America*) 一书。马克尔洛也是美国新史学派的史家。他 1872 年生于肯塔基州，相继在德国莱比锡大学、柏林大学、英国牛津大学、中国圣约翰大学求学、做研究。1898~1916 年任普林斯顿大学历史教授，1912 年任普林斯顿大学历史与政治学院院长。1916~1917 年通过官方项目到中国任教，是第一个经此渠道到中国任教的美国教授。20 世纪 20~30 年代相继在英国的牛津大学、剑桥大学及其他高等教育机构任教。

马克尔洛的《美国史》篇幅不长，是一部自哥伦布发现美洲至第一次世界大战之间的美国简史。虽然笔者没有找到原书，但通过中译本的《引言》，也可以看出作者的一些思想。作者认为，虽然美国人的种族和血统很多元，但是正融合为一体，"有了一种美国的统一性"；"在种族上，美国虽不过是欧洲的一个派别，但在政治上，她却具有一种超越种族的统一性，她至少欲因为虽有许多种族，却已能使他们具有一种共通的心灵而以

---

① 在魏野畴的中译本问世（1929 年）以前，南京高等师范学校文史地部的学生胡焕庸已经于 1923 年译出了该书全书，命名为《美国国民史》，在《史地学报》1924 年第 3 卷第 1~8 期、1925 年第 4 卷第 1 期连载。然而，胡焕庸翻译的《美国国民史》并未集结成册单独出版。

② Charles A. Beard & William C. Bagley, *The History of the American People, For Grammar Grades and Junior High Schools* (New York: Macmillan, 1918), pp. v-vii.

其有许多种族为荣"。① 这种对"美国统一性"的发掘，与新史学派史学家汤姆生对"历史的精神方面"的挖掘很相似。可见，马克尔洛也是美国新史学派的成员之一，只不过他更多地继承了由特纳所开创的边疆学派的思想。其代表作 The Winning of the Far West 是继边疆学派代表人物西奥多·罗斯福（Theodore Roosevelt，1858—1919）所著 The Winning of the West 之后的又一部美国西部扩张史著作，论述 1829~1867 年美国疆域的扩张状况，包括得克萨斯州的取得、墨西哥战争、俄勒冈问题等。在《美国史》一书中，这些内容也有体现，如第六章"购买路易斯安那"、第九章"墨西哥战争及其后"、第十二章"新时代的问题"（美西战争、干涉古巴和菲律宾、吞并夏威夷等）等。

3. 纳文斯、康玛格：《美国史：一个自由民族的故事》

纳文斯（Joseph Allan Nevins，1890—1971）与康玛格（Henry Steele Commager，1902—1998）是美国新史学派史家中相对年轻的两位，是鲁滨逊那一代史家的后一辈。纳文斯以撰写内战史和历史人物传记而著名，也是经济史和口述史的倡导者。他生于伊利诺伊州，1913 年获得伊利诺伊大学硕士学位。毕业后相继在《纽约晚报》（New York Evening Post）、《国家报》（The Nation）、《纽约太阳报》（New York Sun）、《纽约世界报》（New York World）工作，工作之余坚持做历史研究，并出版了一系列书籍。1929 年成为哥伦比亚大学的一名历史教师，至 1958 年退休。1948 年，他发起了第一个口述史项目，这个项目日渐发展成为哥伦比亚大学口述史中心（Columbia University's Center for Oral History）。纳文斯著述丰富，终其一生，出版了 50 多部学术著作，1000 多篇学术论文。康玛格 1902 年出生于宾夕法尼亚州，28 岁拿到芝加哥大学历史学博士学位，导师是麦克劳林（Andrew C. McLaughlin）。1926 年到纽约大学任教；1936 年转到哥伦比亚大学任教；1956 年又转到艾姆赫斯特学院任教，直到 1992 年。

刘尊棋等翻译的《美国史：一个自由民族的故事》与王育伊翻译的《美国史略》，都译自纳文斯与康玛格合著的 America, The Story of a Free

---

① 〔美〕马克尔洛:《美国史》,宋桂煌译,商务印书馆,1937,第 1~5 页。

People 一书。该书问世相对较晚,在 1942 年,共 20 章,叙述自殖民地时期到第二次世界大战期间的美国历史。此书不断增订再版,部分再版版本(如 1945 年、1950 年、1956 年、1966 年、1976 年版)改名为 *A Short History of the United States*,部分版本(如 1943 年、1951 年、1956 年、1964 年、1976 年、1981 年版)改名为 *The Pocket History of the United States*。

正如书名所显示的,"自由"是这本书的主题。作者在前言中说,他们没有将美国史叙述为单纯的政治军事史,而是视美国史为一个自由社会的演进历程,一个智力发达的国族渴望自由、愿意为自由而抗争的发展史。[①] 美国自由观念的发展以及孕育这种自由观念的社会环境的重要性是这本书的两大主题。[②] 为什么纳文斯和康玛格要以"自由"作为美国历史发展的主题?这是由两位新史学派史家的历史观决定的。同 20 世纪上半期很多美国史家一样,两位作者都服膺历史为现实服务的宗旨,认为历史学家应该积极参与社会公众事务,发挥历史指导现实的作用。30 年代的美国经济危机,使很多学者都将目光转到以自由主义为核心的杰斐逊主义(Jeffersonism)上。本书作者之一康玛格就是一位坚定的杰斐逊主义者(Jeffersonian),他坚信杰斐逊主义对于国家建设的指导作用。无论其观点正确与否,都说明康玛格都是一位公众事务的积极参与者。他与纳文斯合著的这部书,正是他们用历史参与社会建设这一理念的实践。

该书在中国有两个中译本。第一个中译本是 1946 年 1 月的《美国史略》,王育伊翻译,由重庆商务印书馆纳入"美国文化丛书·新中学文库"出版,同年 12 月由上海商务印书馆再版。第二个译本是 1947 年的《美国通史》,由刘尊棋、曹未风、陈先泽翻译,上海中外出版社出版;1949 年再版。不同的是,《美国通史》比《美国史略》增加了第 21 章(第二次世界大战)的内容,应该是根据原书的增订本翻译过来的。

[①] Allan Nevins & Henry Steele Commager, *America: The Story of a Free People* (Boston: Little, Brown and Company, 1942), pp. x–xi.
[②] T. Harry Williams, "Reviewed Work: America: The Story of a Free People by Allan Nevins, Henry Steele Commager", *The Mississippi Valley Historical Review*, Vol. 29, No. 4 (Mar., 1943): 581–582.

（二）季尼《英国史》、葛德沙尔克《法国革命时代史》

1. 季尼：《英国史》

余楠秋、吴道存、谢德风合译的《英国史》译自美国史学家季尼的 *A Short History of England* 一书。该书是一部英国通史教科书，初版于 1904 年，共 20 章；1918 年的再版本增加到 21 章。中译本根据原著 1927 年的增订本译成，也是 21 章。从内容上看，此书是一部新史学派著作；不仅包括英国历代王朝的更迭，也包括工业革命的影响（The Industrial Revolution）、民主思想的成长［The Growth of Democracy (1852-1904)］以及社会状况的变迁（Social Changes）。

2. 葛德沙尔克：《法国革命时代史》

1943 年骆迈（即杨人梗）翻译的《法国革命时代史》译自美国史学家葛德沙尔克（Louis Reichenthal Gottschalk, 1899-1975）所著 *The Era of the French Revolution (1715-1815)*。该书出版于 1929 年，讲述 1715~1815 这一百年间的法国历史。该书也是一部新史学派著作，作者在"绪论"中说："革命的基本意义是改变。……所谓法国革命，并非指一般所描绘的屠杀与断头机，恐怖与战争；却是指在欧洲舞台上一串的改变，包括社会的、经济的及政治的改变。……今日为昨日之果，法国革命之原因，必须在与之接近的时代中去寻找（且较易于寻找），而不应在更远的时代中去寻找。"① 这种关注社会、经济、政治等各方面因素的思想与传统的政治史学完全不同，正是新史学派思想的体现。而且，本书的编者正是大名鼎鼎的新史学派健将绍特维尔，这也说明葛德沙尔克是新史学派的一员。

四 美国新史学派世界史、国别史著作汉译之基本特点

通过上文对 20 世纪上半期美国新史学派世界史与国别史著作在华翻译基本情况的详细梳理，可以总结出其汉译过程的一些基本特点。第一，原著内容的丰富性。汉译美国新史学派世界史与国别史著作，整体上覆盖了

---

① ［美］L. R. Gottoschalk：《法国革命时代史》，骆迈译，南方印书馆，1943，第 1~5 页。

世界史及欧洲史、美国史、英国史、法国史、世界文化史等领域；具体到每一部著作，其论述内容都非常丰富，涉及政治、经济、文化、社会等人类历史的方方面面，是新史学派"综合史观"的体现。第二，汉译形式的多样性。对于上述 18 种新史学派世界史与国别史著作的翻译，不仅有直译（如蒋镇翻译的《现代欧洲史》，曹绍濂翻译的《近代欧洲政治社会史》），更有节译（如黄慎之节译的《近世欧洲政治社会史》）与编译（如何炳松编译的《中古欧洲史》与《近世欧洲史》，余楠秋、谢德风、吴道存编译的《近代欧洲史》），这是译者根据实际需要进行选择性翻译的表现。第三，译者（或序者）对原著的评述。大部分译者在中译本中都附有关于原著的评述文章，或邀请其他学者撰写序言，其中也涉及关于原著的评价。此类文章大都是对原著内容和特点的评述及原著价值的挖掘等，是译者（或序者）译介动机、学术立场的体现，极具学术价值，值得深入考察；由于此部分内容与中国学者通过期刊发表的史书评论有相通之处，因此将统一在下节加以考察。

第三节 中国学者对新史学派世界史、国别史著作的评述

20 世纪上半期，中国学者不仅积极关注美国新史学派世界史与国别史著作的出版动态，更撰写了大量的评述文章（包括中译本中的评述文字），且其中有些是十多页的长篇书评。从这些评述文字可见，中国学者对美国新史学派世界史与国别史著作的认识还是很全面的，不仅有对作者信息、原著主要内容的基本介绍，更有关于原著撰述特点、优劣长短以及学术价值的分析与挖掘。即使在今天看来，这些评述都是有价值的、值得借鉴的。

一 对比分析多部史书

很多学者在评价某一部史书时，都会选择将此书与其他同类史书进行对比分析。这种做法可以使读者清晰地认识到某一史书的价值所在，但同

时也很考验评述人的学术素养与视野。在这方面，高宾寿、刘崇鋐、郭斌佳、余楠秋等人都有令人叹服的表现。

（一）高宾寿的评论

高宾寿在评述鲁滨逊所著《心理的改造》（The Mind in the Making）一书时就使用了对比评价的方法。《心理的改造》一书是鲁滨逊的代表作，出版于 1921 年，共 8 部分 17 篇，论述思想与社会改革之间的关系。高宾寿将此书视为一部文化史书籍，并将该书与另外几部文化史书籍——《世界史纲》［The Outline of History，威尔斯（H. G. Wells）著］、《人类的故事》［The Story of Mankind，房龙（Van Loon）著］——作了深入的对比分析。

高宾寿首先分析了文化史研究兴起的原因，即第一次世界大战的影响："经一番悲惨沉痛之欧战，于是历史家乃从人类种种经验而生感觉，由感觉而反省，由反省而悔悟，由悔悟乃起而作理性之发挥，总括人类之经验而得其纲领，汇合人类之事实，而窥其得失，此历史家之所以本通盘筹算之态度，以为人类改善进化之资，迩来文化史之趋向，遂带伦理彩色，是为欧战后必然之势矣。"

然后，他详细评述了几部文化史作品的"主旨之异同"，以及其"作史之方，取材之道"。对于威尔斯《世界史纲》，他指出此书主旨是"有历史的意义而后可有公共和平与兴盛"，目的是"为世界一般普通公民作史"，可见"韦氏对战后世界之概况，实具极精锐迅疾之眼光，而理想之玄奥邈远，亦足为史界辟一新面目"。对于房龙《人类的故事》，他认为其"取材用事，备至翔实，文字之清颖甘蜜，足以引起美术观念，而陶冶心性"，其"对史事之解释，厥无落偏于主观之边际，无错杂史料、臆测事实，而惹起玄幻之讥评"，其"措辞议事，实属平易近人，而构思运意，亦得中庸"，都高出威尔斯《世界史纲》一筹。对于鲁滨逊《心理的改造》，他的评价要高于以上两书："此书综合之力极大，非具世界古今文化之概念，似难测其底蕴而窥其端倪⋯⋯可谓文化史中之文化史，综合史中之最综合者矣⋯⋯每页所囊括之事实或理论，均可扩充之成一书，亦可见综合程度之高"，其"所引用之著作家皆为当代之名流，引用之书籍，亦当代之名书,盖可见鲁氏对文化实能总提纲要而总汇其精英",其"力陈历来文化之渊源,古今来思想之转移蜕变线索分明,脉络贯通,而尤能具主要之关键"。①

最后,他还论述了上述几部文化史"在文化上之贡献"。他认为,威尔斯《世界史纲》一书"对当今文化之进步,其扼要在发达民意的社会,换言之,即其民治精神之世界政府";房龙《人类的故事》"以史家之材料,而表现小说之兴味;以诗人画家之笔墨,为人类培植和平种子;以仁人长者之心,为人道正义加彩色"。但他对鲁滨逊《心理的改造》一书在文化上的贡献评价更高。他同意鲁滨逊所提出的"改造人心"的主张——"人心之改造,必须细考者有二:一即人类兽性之遗传,二即人类野蛮之心性。知此二者,然后创造的思想乃能根据其理解而发生,所谓真理解者,至诚实之理解耳。所谓至诚实之理解者,能使已有之知识改变其旧意,而发生新意义;根据此新意义,而能为社会改造之原则者也","据此以为改造人心之资,实探本溯源之论"。②

(二)刘崇鋐的评论

刘崇鋐在评述贝克《近代史》(*Modern History*: *The Rise of a Democratic, Scientific, and Industrialized Civilization*)一书时,将此书与海斯、蒙合著的《近代史》(*Modern History*)作了详细对比。贝克《近代史》一书出版于1931年,是贝克撰写的一部历史教科书,全书共4个部分23章:(1)近代史概述(Introduction to Modern History),共2章,一章为导言,一章简述古代与中世纪的文明发展历程;(2)国王与贵族时代(The Age of Kings and Nobles),共4章,论述18世纪的欧洲生活;(3)政治革命时代(The Age of Political Revolution),共9章,追述法国大革命的原因以及其后欧洲一系列的复辟与革命活动,19世纪民族主义与民主的兴起;(4)工业革命时代(The Age of Industrial Revolution),共8章,不仅包括19世纪的工业革命,也包括帝国主义、世界大战、战后重建等内容。

---

① 高宾寿:《学术书籍之绍介与批评》,《国立北京大学社会科学季刊》1923年第1卷第4期,第713~728页。

② 同上。

在这本书中，作者总结出现代文明的五个特点：科学知识、经济独立、人文情怀和民主思想、民族主义、国际主义，并循着这五个特点的演进解读现代历史。有美国学者评价它，说这本书体现出当时美国历史教育界"扩大主题范围至人类社会的全部、注重社会层面的重要性、从世界整体的角度研究历史"的教学趋势，之前被很多教科书忽视的大量的社会、科技、文化信息被囊括进来，显示出作者的世界角度。①

刘崇鋐对这两本旗鼓相当的世界史教科书作了四个方面的详细比较：第一，在篇幅结构上，"两书篇幅约相浮，……段落分析，亦大致相似"；第二，在内容重点上，"Hayes and Moon 发轫较早，于十五六世纪即有较详的记载，此点较胜……十八世纪以后，Becker 将一八七一前称作政治革命时代，一八七一后称作工业革命时代，似乎胜于 Hayes and Moon 的分作四编，因为这样，统系较更清楚，而中心认识较更明显"；第三，在历史观上，"两书的作者，对于历史的观念，亦复相类，都可称作'综合派'Synthetic School 或'新史学派'。不过 Hayes and Moon 特别注重经济的变更与影响，……Becker 则擅长于思想文学方面，所以他叙述政治革命之前，先叙思想革命，叙十九世纪政治势力的推移，先说民众心理的变嬗，立论很使人心折"；第四，在文笔上，"两书的文笔都自可称，都达到流利明显，且于流利明显之外各表个性，Hayes and Moon 时有巧妙的讥嘲，Becker 则精于反语微讽。Hayes and Moon 下笔有时火气稍重，Becker 则火候纯青，深浅如志"。综合上述比较，他概括道："两者都可称作教科书里的上乘，Hayes and Moon 可称能品，Becker 则可称妙品。"② 从结构、内容、历史观、文笔这四个方面对两本书进行如此详细的比较，没有对这两本书的详细了解是不可能做到的。

（三）郭斌佳的评论

郭斌佳在评述施莱辛格、佛格斯合编的《美国社会史》（*A History of*

---

① Howard E. Wilson, "Reviewed Work: Modern History: The Rise of a Democratic, Scientific, and Industrialized Civilization by Carl L. Becker", *The School Review*, Vol. 40, No. 1 (Jan., 1932): 71-73.

② 刘崇鋐：《书籍评论：Modern History》，《清华学报》1934 年第 9 卷第 4 期，第 993~1010 页。

American Life)一书时，也将它与几本同类著作做了对比。《美国社会史》是新史学派史家施莱辛格（Arthur Meier Schlesinger Sr.，1888—1965）与佛格斯（Dixon Ryan Fox，1887—1945）合编的一套广受欢迎的美国社会史与文化史丛书[①]，共13卷，1927~1945年陆续出版。13卷的书名与作者分别是：（1）*The Coming of the White Man*，*1492—1848*，by Herbert Ingram Priestley；（2）*The First Americans*，*1607—1690*，by Thomas Jefferson Wertenbaker；（3）*Provincial Society*，*1690—1763*，by James Truslow Adams；（4）*The Revolutionary Generation*，*1763—1790*，by Evarts Boutell Greene；（5）*The Completion of Independence*，*1790—1830*，by J. A. Krout and D. R. Fox；（6）*The Rise of the Common Man*，*1830—1850*，by Carl Russell Fish；（7）*The Irrepressible Conflict*，*1850—1865*，by A. C. Cole；（8）*The Emergence of Modern America*，*1865—1878*，by Allan Nevins；（9）*The Nationalizing of Business*，*1878—1898*，by Ida M. Tarbell；（10）*The Rise of the City*，*1878—1898*，by Arthur Meier Schlesinger；（11）*The Quest for Social Justice*，*1898—1914*，by Harold Underwood Faulkner；（12）*The Great Crusade and After*，*1914—1928*，by Preston William Slosson；（13）*The Age of the Great Depression*，*1929—1941*，by Dixon Wecter。

郭斌佳将此书与A. B. Hart主编的*American Nation*、Allen Johnson主编的*Chronicles of American*、R. H. Cabriel主编的*Pageant of America*几部同类的美国文化史丛书作了详细对比。关于后几部书，郭斌佳认为，它们各有缺点："*American Nation*……侧重政治宪法方面"；"*Chronicles of American*……题目的选择与各卷的价值，很参差不齐"；"*Pageant of America*……很像高等的儿童读物"。相比之下，他认为《美国社会史》一书"不但可以代表美国史学界的新的成绩，实在是适应关心美国史者一种很大的需要"。[②] 能对这几部大的丛书都如此熟悉，可见曾经留学美国的郭斌佳对美国史学界的出版状况一直很关注。

[①] Roy F. Nichols，"Reviewed Work: A History of American Life by Arthur M. Schlesinger, Dixon R. Fox"，*Pennsylvania History: A Journal of Mid-Atlantic Studies*，Vol. 13，No. 1（Jan.，1946）：73-75.

[②] 郭斌佳：《新刊介绍与批评》，《国立武汉大学社会科学季刊》1934年第4卷第3期，第661~668页。

(四) 余楠秋的评论

余楠秋在 1933 年翻译过美国新史学派史家季尼的《英国史》一书。在"译者序言"中，他也将此书与其他三本英国史——J. R. Green 所著 *A Short History of the English People*、Lord Macaulay 所著 *The History of England*、G. M. Trevelyan 所著 *A History of England*——作了对比，并指出季尼之书最适合作学校教本。他说："格林（J. R. Green）之书为史学界开一新纪元，……史家之注意整个民族，及典章制度者，自格林氏始"；"马可梨（Lord Macaulay）之书，文字瑚瑚；与其谓为史者，无宁谓其为文学上之杰作也"；"屈勒味林（G. M. Trevelyan）……卷帙过巨，一也；叙事间博引古今，及本国外国之史实以比较之，初学者恒不知其史实之由来，殊有不便，二也；批评之成分多，而无遇事直书，善恶自见之精神，三也；专门名词之选译，尚有商榷余地者……四也"；比较而言，"有供人为文学鉴赏者，马可梨之英国史是；有供稍具根基之人研究者，屈勒味林之英国史是"，而"供学校教本之用者"，季尼之书最佳，"全部约三十余万字，可于一学期内教授完毕。上古及中古之部分，文献缺乏；然著者不以此稍忽。但近代与吾人之关系较深，且真实史料丰富，故特详耳"。① 从这段文字中不难看出，余楠秋对这四本英国史都是很熟悉的。

二 概括介绍全书内容

对史书内容的概括与介绍当然是史书评述不可或缺的内容，几乎所有的书评都或多或少有对原著内容的介绍。兹举数例以说明。陈训慈在《史地学报》1923 年第 2 卷第 2 期发表的对于海斯《近世欧洲政治社会史》一书的书评，就详细介绍了此书的出版与增订情况，翻译了全书 30 章的章名，摘译了原书前言中的部分语句，并概括了全书 5 个部分的内容大意。② 祁桓在《清华周刊：书报介绍副刊》1923 年第 2 期发表的介绍文章，也将

---

① 余楠秋、吴道存、谢德风：《英国史》，民智书局，1933，第 3~4 页。
② 陈训慈：《新书绍介：近世欧洲政治社会史》，《史地学报》1923 年第 2 卷第 2 期，第 91~101 页。

鲁滨逊《心理的改造》一书的"八章十七节""分作三段申说"。① 吴景超在《清华学报》1934 年第 9 卷第 1 期发表的关于季尼《近代英国改革》（*Modern English Reform: From Individualism to Socialism*）一书的评论，主要就是介绍这本书的主要内容。② 此外，蒋廷黻在《清华大学学报》（自然科学版）1927 年第 1 期发表的关于海斯《民族主义论文集》（*Essays on Nationalism*）一书的书评③，张维桢在《图书评论》1932 年第 1 卷第 2 期发表的关于海斯、史密斯合著《近代民族主义的历史演进》（*Historical Evolution of Modern Nationalism*）一书的书评④，黄嘉德在《中山文化教育馆季刊》1936 年第 3 卷第 1 期发表的关于《近代民族主义的历史演进》一书的书评⑤，郭斌佳在《国立武汉大学社会科学季刊》1935 年第 5 卷第 2 期发表的关于比尔德《国家利益的观念》（*The Idea of National Interest*）一书的书评⑥，都有对原著内容的详细介绍。

三 分析史书的优点与长处

对史书优点与长处的分析与提炼，是评述人用力最多的部分；且大部分评述文章都会进行分类论述，包括内容与观点、结构与思路、材料、态度、文笔等。

（一）内容与观点方面

在内容与观点方面，新史学派史书被中国学者关注最多的内容是对历史"综合性""连续性""现代性"的强调。"综合性"指不仅叙述政治，

---

① 祁桓：《英文书籍·长篇介绍（*The Mind in the Making*）》，《清华周刊：书报介绍副刊》1923 年第 2 期，第 16~17 页。
② 吴景超：《书籍评论：*Modern English Reform: From Individualism to Socialism*》，《清华学报》1934 年第 9 卷第 1 期，第 265~274 页。
③ 蒋廷黻：《介绍与批评：*Essays on Nationalism*》，《清华大学学报》（自然科学版）1927 年第 1 期，第 1295~1298 页。
④ 张维桢：《西洋民族主义的历史演化》，《图书评论》1932 年第 1 卷第 2 期，第 27~36 页。
⑤ 黄嘉德：《名著介绍：现代民族主义演进史》，《中山文化教育馆季刊》1936 年第 3 卷第 1 期，第 351~355 页。
⑥ 郭斌佳：《新刊介绍与批评》，《国立武汉大学社会科学季刊》1935 年第 5 卷第 2 期，第 466~484 页。

也叙述经济、社会、文化、思想等各个方面;"连续性"指历史不可断裂,具有前后一贯的连续性,"现代性"指略古详今,注重与当代联系紧密的近现代史的论述。兹举数例如下。

1. 伯利斯坦德于1916年出版有《古代史》(Ancient Times, A History of the Early World)一书,该书讲述自人类产生至西罗马共和国灭亡之间的历史,是一本写给高中一年级学生使用的历史教科书。关于这本历史教科书,中国学者夏德仪评述时就说:"我自然不敢说这是现在一切古代史中最好的一部,但在我所看过的几种上古史中却算它最好,而且很多的师友也都称道此书。此书的内容,不偏重于政治,不偏重于轶闻,不多举人地的专名,不多举繁琐的时日。著者的目光几于无处不注视于过去的人类生活状况的变迁,和过去的人类思想制度的发展。"①

2. 关于汤姆生《中世纪史》(History of the Middle Ages, 300-1500)一书,雷海宗在1934年评述此书时就指出,该书的"一个特别的长处"是为中世纪史"正名"。雷海宗说:"自文艺复兴时期以来,四、五世纪至十五世纪之间的历史一直被描绘成一个混乱、野蛮、黑暗、迷信的中间时代,但这一概念是带有成见的";汤姆生的这本书"用不能否认的事实极力地纠正这种误解";"中古史是一个全新的局面,一个新文化开始的创造时代;并不是希罗文化的继续发展,而是近代西洋文化的最先一幕";"今日的西洋并非由希腊罗马而生,乃是直接由中古日耳曼民族与教会所创"。②

3. 关于海斯、蒙等人合著的《世界史》(World History)一书,翦伯赞在为刘启戈译本所做的"序"中指出,作者虽然"有时过分强调精神与英雄对历史的作用",但他们"并不因此而忽略物质文明对历史的作用;反之,他们以最大的篇幅,来叙述人类的发现与发明,……以及由此而引致之经济的变革、政治的改组、文化思想的进步,皆有详尽的说明。总之,这本书叙述政治、文化,也叙述经济"。③

---

① 夏德仪:《欧洲上古史序》,《国立中山大学语言历史学研究所周刊》1928年第3集第29期,第21~24页。
② 雷海宗:《书籍评论:History of the Middle Ages》,《清华学报》1934年第9卷第1期,第260~264页。
③ [美]海斯、蒙、威兰:《世界通史》,刘启戈译,大孚出版公司,1948,第1~4页。

4. 关于斯温《世界文化史》（A History of World Civilization）一书，其中译本译者沈炼之总结了其两大优点：一是"以年代为经，把人类文化的活动分为政治、经济、社会、美术、宗教、文学和科学各部门来叙述，条理非常清晰，并且著者对于古代和中古史的叙述比较简略，近世和现代史比较详细，像这一种编制是很切于实用的"；二是"它的叙述一直到第二次世界大战的前夕为止。二十世纪最新的科学发明、文艺的运动和派别，以及最近世界各国政治、经济和社会的发展，均有扼要的介绍和说明"。① 显然，这两大优点就是对"综合史"与"近现代史"的强调。

5. 关于比尔德与巴格利合著的《美国国民史》（The History of the American People）一书，胡焕庸指出其"偏重社会生活的史料选择标准"："全书内容，不偏重政治，尤不偏重大人物之叙述，故定名曰美国国民史，专重叙述历史上对于美人生活中影响最深远之各大潮流。其与今日美人生活有密切关系，并能藉此以解释现代之事实之史料，皆在所不录，否则皆在所必弃"，因此"全书三十三章，其叙述民生社会经济发展之情形，几占其半"。②

6. 对于比尔德夫妇著名的《美国文明的兴起》（The Rise of American Civilization）一书，陈衡哲也称此书是"一部最可以代表新大陆史家成绩的书"。她认为，此书"最值得我们的注意的，是著者的文化一体的历史见解……比如在第二十二章中，著者讲到美国农业的三重革命时（The Triple Revolution in Agriculture），他会精细的说明，如何为了释放黑奴，为了边疆开拓的停止，为了资本经济的侵入农界，为了这三重变化的缘故，美国农业上如何的产生了一个大革命。依我看来，这等处乃是本书精彩的所在，也是各方面兼顾的文化史的正确写法。用这样的方法来推翻历史上的传统观念，是合理的，是我们读历史的人所最欢迎的"。③

7. 上文提到施莱辛格与佛格斯合编的《美国社会史》（A History of American Life）一书及郭斌佳的评述。在内容方面，郭斌佳也强调，此书的首要价值是"对于社会文化的详尽描述"，"这部丛书的目的就是要想追述

---

① 〔美〕斯温：《世界文化史》，沈炼之译，开明书店，1947。
② 〔美〕比尔德、巴格利著，胡焕庸译《美国国民史》，《史地学报》1924年第3卷第1~8期、1925年第4卷第1号。
③ 陈衡哲：《皮尔德的美国文化史（书评）》，《独立评论》1932年第20期，第20~21页。

过去美国文化发展的情形,他注意的地方大概有三方面:(一)社会;(二)经济;(三)思想界。自从最初英国人来殖民到最近世,凡是人民生活的变迁、社会状况的蜕变,都描写得特别详尽",可谓"为研究美国史的人,开辟了一条新路径"。① 对于施莱辛格的另一部书《1852~1933年的美国政治与社会史》(Political and Social Growth of the United States, 1852-1933),郭斌佳也看到其"注意社会经济各方,不偏于政法外交等旧套"② 的特点。

(二) 结构与思路方面

如果说内容是史书的血肉,那么结构就是史书的骨架。结构不合理、思路不清晰的史书,哪怕内容再精彩,也称不上好的著作;况且,没有合理的结构,内容的精彩也是无法呈现的。所以,史书结构也是中国学者评述新史学派史书所关注的一个方面。当然,能传播到中国的美国史书,大都是史书中的佳作,结构与思路有值得借鉴之处,因此引起了中国学者的注意。兹举数例如下。

1. 关于海斯《近世欧洲政治社会史》(A Political and Social History of Modern Europe) 一书,陈训慈称:"其分段见解,绝非因袭;往往只眼推撅,持有至理",作者"能寻绎线索,深究因变,使繁变之事实,帖然在其驾驭之下。各事之真实意义,借以得明;而读者之了解,亦益明澈而有味矣"。③ 余楠秋也指出,海斯"长于叙事,每一重大事件之发生,先分析其各方面的原因,使阅者不但知事实的表面,且知其内含的原动"。④

2. 关于海斯、蒙合著的《近代史》(Modern History) 一书,李惟果归纳其优点有三:一是"系统井然……处处都能追根溯源,处处都能顾到了历史的整个演变……这就是所谓'历史的继续性'之表现……而且在空间中认清了社会各部分之互相关联,就是所谓'文化的统一性'之表现";

---

① 郭斌佳:《新刊介绍与批评》,《国立武汉大学社会科学季刊》1934年第4卷第3期,第661~668页。
② 郭斌佳:《新刊介绍与批评》,《国立武汉大学社会科学季刊》1934年第4卷第3期,第668~673页。
③ 陈训慈:《新书绍介:近世欧洲政治社会史》,《史地学报》1923年第2卷第2期,第91~101页。
④ 余楠秋、谢德风、吴道存编译《近代欧洲史》(上),黎明书局,1933,第8页。

二是"编制妥善……一方面以主要的趋向来做中心,另一方面又以次要的趋向来做陪衬,所以他们所写的历史,很像一棵发育完全的树木,既有本干,又有枝叶";……三是"有个中心问题……以民主政治的发展为中心题目,目的是在训练青年学生,使之成为有头脑的公民,将来能够负起政治上的重大责任"。①

3. 对于海斯、蒙等人合著的《世界史》(World History)一书,翦伯赞也指出,此书"最大的优点就是他对史实的组织,纲举目张,有条不紊,对史实的叙述具体扼要,简洁明了。以体裁论,他以卷为纲,而以章为目,在章之下分节,又于每一节目中标以小题,端绪虽繁,而能类聚条分。此外于每一卷之前有前言,包举大要,每一卷之后有结语,综括前文,承前启后,……虽然没有把世界史发展的全过程,划出明确的阶段,但从他的叙述中,却隐然可以看出人类社会由低级形式到高级形式的发展之系列"②。

4. 除了《美国文明的兴起》等著名作品,比尔德在1934年还出版有《国家利益的观念:美国外交政策分析研究》(The Idea of National Interest: An Analytical Study in American Foreign Policy)一书。该书是一部关于美国外交史的研究专著,探讨了美国自1787年以来国家外交政策的经济动因③,说明国家利益因素(national interest)如何影响到美国外交政策的制定。此书问世的第二年(1935年),郭斌佳就在《国立武汉大学社会科学季刊》第5卷第2期发表了长篇书评。通过新旧外交史著作的对比,郭斌佳肯定了它在撰写思路上的优势。他指出,此书没有以往外交史研究"只知外交史之事实,以及外交经过之步骤"的通病,"讨论一个中心问题,而此中心问题,确系美国历史上之主动力。以此项主动力为立论之基础,然后再从各方面检验美国外交史,受其影响为如何。结果,书中所言,几

---

① 李惟果:《评海士、蒙合著近代史之两种译本》,《图书评论》1933年第2卷第4期,第48~72页。
② 〔美〕海斯、蒙、威兰:《世界通史》,刘启戈译,大孚出版公司,1948,第1~4页。
③ Walter R. Sharp, "Reviewed Work: The Idea of National Interest by Charles A. Beard", *The Annals of the American Academy of Political and Social Science*, Vol. 175, The Shadow of War (Sep., 1934): 244.

乎句句中肯,句句说到美国外交演变之核心"。①

5. 对于贝克《近代史》(Modern History)一书,刘崇鋐分析了它在结构与思路上的几大优点:第一,在结构上,此书"分做长短不等的四部分……层次分明,有一目了然之快感";第二,主题鲜明,将"四百年的文化"概括为"平民的""科学的""工业化的"三个方面。② 对于比尔德、巴格力合著的《美国国民史》一书,胡焕庸也说:"其编辑之法,几完全革除普通历史书之编年法,而以问题法代之,一问题之下,为详细解释其先后因果关系,以明一潮流之继续与发展。"③ 对于施莱辛格《1852~1933年的美国政治与社会史》一书,郭斌佳也注意到它"体裁的长处",即"把编年与记事两种方法,参酌运用,使读者不能单求记忆又须时时思索"。④

(三) 材料方面

材料是史书撰写的基础,没有材料就没有史学。大凡优秀的史书,都是史料可靠、丰富的史书。陈衡哲评述比尔德夫妇《美国文明的兴起》一书时就指出:"在这两大册的文化史中,成千成万的材料——谈话,信札,日记,报告,统计,报上新闻,及其他——经过著者的整理与安排,似乎便都找到了他们在本书中的天然地位,织成一个有个性,有单位,有和谐的古事。这是一件伟大的工作。"⑤ 郭斌佳评述施莱辛格《1852~1933年的美国政治与社会史》一书也指出:"书中每章之末,附有参考书若干种,并有简明评语,可供读者研究之用。全书末后,则将章末所引各书,汇集成表,更可为学校图书馆采购参考书之借助",而且,"作者对于每一时

---

① 郭斌佳:《新刊介绍与批评》,《国立武汉大学社会科学季刊》1935年第5卷第2期,第466~484页。
② 刘崇鋐:《书籍评论:Modern History》,《清华学报》1934年第9卷第4期,第993~1010页。
③ 胡焕庸:《新书介绍:〈美国国民史〉》,《史地学报》1923年第2卷第3期,第1~3页。
④ 郭斌佳:《新刊介绍与批评》,《国立武汉大学社会科学季刊》1934年第4卷第3期,第668~673页。
⑤ 衡哲:《皮尔德的美国文化史(书评)》,《独立评论》1932年第20期,第20~21页。

期、每一问题，必采取其他学者最新而最可靠的研究作为根据"。① 可见此书所使用的一手材料和二手材料都很丰富。采纳大量二手资料的还有葛德沙尔克《法国革命时代史》一书，其中译本译者骆迈就称此书的优点在于"能充分采用……研究成果"。②

（四）态度方面

客观而中正的态度，是史家在撰述史书时所必须秉承的。关于这一点，中国学者在评述新史学派史书时也很注意。例如，翦伯赞评海斯、蒙合著的《世界史》一书就说：此书"偏见较少，而且有时还表现出一种历史家应有的正义与公平。……作者似乎知道为了保持历史的严肃性，常常警戒自己，不使越出人性的堤防"③。余楠秋评沙比罗所著《欧洲近现代史》一书也说：此书"为事实的陈述而不做主观的批评"，"在可能范围内，已尽量除去成见与白人的夸大性，而专就事直书"④。刘崇鋐评贝克《近代史》一书也指出，作者"但举事实，不下论断，是著书人力求公允处，也是他着笔聪明处"⑤。黄嘉德评海斯与史密斯合著的《近代民族主义的历史演进》一书也认为："作者根据着直接的材料而造成的其自己的理论和见解，绝不拾人牙慧，人云亦云，所以能够自由发表他的独到意见，不受他家偏颇议论的影响。"⑥

（五）文笔方面

除了以上对于史书"史"的方面的评述，关于史书"文"的方面，即文笔方面，也是学者们所在意的。妙笔可以生花，好的文笔可以让一部史书活起来，激发趣味，引人入胜。刘崇鋐说贝克"有文人的手笔，他的叙

---

① 郭斌佳：《新刊介绍与批评》，《国立武汉大学社会科学季刊》1934年第4卷第3期，第668~673页。
② 〔美〕L. R. Gottoschalk：《法国革命时代史》，骆迈译，南方印书馆，1943，第1~3页。
③ 〔美〕海斯、蒙、威兰：《世界通史》，刘启戈译，大孚出版公司，1948，第1~4页。
④ 〔美〕沙比罗：《欧洲近代现代史》，余楠秋等译，世界书局，1933。
⑤ 刘崇鋐：《书籍评论：Modern History》，《清华学报》1934年第9卷第4期，第993~1010页。
⑥ 黄嘉德：《名著介绍：现代民族主义演进史》，《中山文化教育馆季刊》1936年第3卷第1期，第351~355页。

述与他的议论,同可使人欣羡的",尤其是他"于每章之始,运用巧思,作一个言简意赅的标题,又于每章之末……作一个表式的概括 graphic summary,使读者对于全章所叙的事实、情况、趋势,均能一目了然"。①郭斌佳说施莱辛格"文笔条畅,气势雄壮,与所叙各事之发展,适相符合。因为他叙事之中,夹以解释,所以只能鼓励兴趣、开发思想,决不使人厌倦"②。黄嘉德说海斯以"轻松流利之文笔……一扫历来政治历史著作迟滞沉重、枯燥乏味的气息。……以人物和事实为经,以理论为纬,织成一部新颖动人的政治历史著作"③。雷海宗说汤姆生"最富于"历史"想象力与同情心",其"笔法是同样的活泼生动引人入胜;事实虽然很多,性质虽然专门,却无丝毫学究气"。④余楠秋也称海斯"长于叙事,每一重大事件之发生,先分析其各方面的原因,使阅者不但知事实的表面,且知其内含的原动"⑤。可见这些史家的作品都是极具可读性的佳作。

四 指出史书的缺点与不足

在看到史书优点与长处的同时,也注意到它们的不足之处,是很多中国学者在评述新史学派史书时所体现出来的特点。纵览中国学者对新史学派史书的不足之处的分析,它们大都是具体内容细节上的不足。所以,他们大多表示"瑕不掩瑜",充分肯定某部史书的整体价值。这正体现出中国学者的一种客观平正的态度。兹举数例如下。

1. 李惟果称海斯、蒙《近代史》一书有两个不足:一是"因为适合于美国中等学校的欧洲近代史课程标准起见,对于欧洲以外的史的发展,叙述不免过简……如果把它当做世界史教本之用,必须另发讲义,或有教

---

① 刘崇鋐:《书籍评论:Modern History》,《清华学报》1934年第9卷第4期,第993~1010页。
② 郭斌佳:《新刊介绍与批评》,《国立武汉大学社会科学季刊》1934年第4卷第3期,第668~673页。
③ 黄嘉德:《名著介绍:现代民族主义演进史》,《中山文化教育馆季刊》1936年第3卷第1期,第351~355页。
④ 雷海宗:《书籍评论:History of the Middle Ages》,《清华学报》1934年第9卷第1期,第260~264页。
⑤ 余楠秋、谢德风、吴道存编译《近代欧洲史》(上),黎明书局,1933,第8页。

员制定补充的读物";二是"对近代文明的叙述似很偏重于社会、政治和经济方面,而于科学、文学、哲学与美术等等的进步,大半不曾提及"①。

2. 翦伯赞称海斯、蒙《世界史》一书"对于史实有错误的看法","如作者看到古代罗马奴隶被引用于农业生产,便认为当时的经济,是农奴制与奴隶制的混合(第十章)。又如他们看到中世纪封建领主曾给予家臣或市镇以某种特权之事,就以为在中古封建政府中,有共和主义与专制主义并存(第十九章)",这些都是因为"作者的阶级性限制了他们对于历史事实之深入的理解"。②

3. 刘崇鋐认为贝克《近代史》一书的最大缺点是"只是十八世纪以后的史","第一编只是导言","第二编从十七世纪开始,将欧洲由中古迁嬗入近代的几桩关键事实,……都归在简短五十余页的导言里去了","就是讲十七十八世纪的第二编,也嫌篇幅太短,叙述太简。这两世纪变故很多,可记载的事实,……可 Becker 先生的记载,只有百余页,才够全书七分之一,比起后两世纪的记载占去六百余页,详略悬殊太甚了"。③

4. 郭斌佳指出比尔德《国家利益的观念》一书在材料选择与观点论述上的不充分:"书中最可怪者,对门罗主义极少论列。又美国与他国所订条约,亦颇多可以援为例证者,作者引用甚少。此其疏忽处也。他若铺叙共和党羽民主党之政策,则重复太多。又如述美国历来外交,争取商权甚多,固属事实。然每当美国获得商权之时,他国亦有相当权利,书中只作片面叙述,犹称美中不足。"④

五 挖掘史书对于中国史学与社会的价值

近代中国学者对外来史书的关注与评述,离不开中国史学向西方学习、突破旧史学的桎梏、建设符合时代需要的新史学的时代学术背景。所

---

① 李惟果:《评海士、蒙合著近代史之两种译本》,《图书评论》1933 年第 2 卷第 4 期,第 48~72 页。
② 〔美〕海斯、蒙、威兰:《世界通史》,刘启戈译,大孚出版公司,1948,第 1~4 页。
③ 刘崇鋐:《书籍评论:Modern History》,《清华学报》1934 年第 9 卷第 4 期,第 993~1010 页。
④ 郭斌佳:《新刊介绍与批评》,《国立武汉大学社会科学季刊》1935 年第 5 卷第 2 期,第 466~484 页。

以，当面对一部外来史书时，他们自然会注重挖掘其对于中国史学建设的借鉴意义。正如何炳松之翻译《新史学》，就注意到它"很可以做我们中国研究历史的人的针砭"。在评述美国新史学派的世界史与国别史著述时，中国学者的这种民族情怀依然很强烈。

由于所评述的史书大多在美国就是用作历史教科书，所以它们对中国历史教学的价值也得到中国学者的普遍认可。例如，陈训慈说海斯《近世欧洲政治社会史》一书"以健全之观念，经精密之纂理，以流畅之文笔，达欧洲近四百年之史实，且全书不涉繁衍，更非疏浅，详略得中，足供国人之需"，因此"全国中等学校之历史教习，务各备一卷，以供近史之参考"。[1] 郭斌佳称施莱辛格《1852~1933年的美国政治与社会史》一书"实为最适当最优良之教本"[2]。翦伯赞称海斯、蒙《世界史》一书"能供给读者以世界史的具体知识，而这种具体知识是今天中国的青年必须具备的"[3]。骆迈之所以翻译葛德沙尔克《法国革命时代》一书，也是为了"使研究此时代西洋史的人有一本基本的书可资阅读，同时替大学中这门课程预备一本比较合用的教科用书"[4]。沈炼之翻译斯温《世界文化史》一书，也是想"供给大学里修习西洋通史或世界通史的学生一本完备的课本"[5]。

除了对史书教学功能的认识，部分学者还注意挖掘新史学派史书对于中国史学的学术建设价值。在这方面论述比较详细的是夏德仪，他通过对比中、美两国上古史研究的不同做法，为中国的上古史研究规划了两条基本路径。他说，他之所以翻译伯利斯坦德《古代史》一书，除了"供给研究西洋史的人看"以外，还有一个更高的立意，即"给整理中国史——尤其是中国上古史——的人看，给他们一个古代史的模范"。他对比欧洲上古史与中国上古史的一般做法，认为"欧洲的上古史是依据考古学的研究而建设起来的真实可信之历史；中国的上古史大部分却是依着做小说的方

---

[1] 陈训慈：《新书绍介：近世欧洲政治社会史》，《史地学报》1923年第2卷第2期，第91~101页。

[2] 郭斌佳：《新刊介绍与批评》，《国立武汉大学社会科学季刊》1934年第4卷第3期，第668~673页。

[3] 〔美〕海斯、蒙、威兰：《世界通史》，刘启戈译，大孚出版公司，1948，第1~4页。

[4] 〔美〕L. R. Gottoschalk：《法国革命时代史》，骆迈译，南方印书馆，1943，第2页。

[5] 〔美〕斯温：《世界文化史》，沈炼之译，开明书店，1947。

法而凭空杜撰的极难征信之历史";进而提出,"我们此后整理中国古史的工作应该做两方面的功夫:一是消极的把历来的文字史料拿来细细的审查一下,完全扫清那种荒谬绝伦的伪史;一是积极的从掘地考古的方面着手,重行建设起真实可靠的信史"。[①] 他提出的这两条路径都很有启发性。

除了对新史学派世界史与国别史著作的学术价值的挖掘,更有学者关注到其对于中国社会建设的指导性意义。何炳松编译《中古欧洲史》与《近世欧洲史》两书,都有其历史教育层面的考虑。在《中古欧洲史·弁言》中,他强调此书的价值之一是关注到历史与现实的关系,即"编著历史,不但竭力以明确为主,而且使之合于现代对于过去事实及制度之轻重观念"[②]。在《近世欧洲史·弁言》中,他再次强调了这一点,指出此书的主旨在历史与现实的关系:"男女学生,似均有明白人类全部过去之必要;若无此种知识,即不能真正明了若辈所处之世界,盖唯有过去,可以说明现在也。"[③] 前后两次对"历史与现实的关系"的强调,都是为了说明历史研究对理解社会现实的价值。我们或许可以这么理解:作为历史教师的何炳松,希望通过历史教育,使学生在认识过去的过程中更好地理解现在。这是何炳松秉承的历史教育理念,也是他之所以编译《中古欧洲史》与《近世欧洲史》两书的原因。

陈廷璠在翻译桑戴克《世界文化史》一书时,也详细论述了文化史研究对于展望文化未来、探讨当代社会问题的价值。他说,"人类愈进化而文化之内容愈复杂,骤视之千头万绪,没可捉摸;细玩之则皆有一定之规迹可寻。……欲知将来文化之趋势,或驭制文化而改善之,或顺应文化而倡导之,均非探讨已经过的文化之历程不可。而探讨以往文化之历程,自不得不研究叙述人类自有生以来逐渐进化以迄于今日的文化史";同时,文化史对于我们探讨当世的一些问题也是有用的,"近世所发生之各种问题和各种运动,如政治问题、社会问题、妇女问题等,均基于文化之演进,而自然发生的。在文化史上,都可以找到他的来原和去路,以及他的脉络和线索。文化进到某一个阶段,而自然会发生某种问题和某种运动,

---

[①] 夏德仪:《欧洲上古史序》,《国立中山大学语言历史学研究所周刊》1928年第3集第29期,第21~24页。
[②] 何炳松:《中古欧洲史》,商务印书馆,1924,第1~2页。
[③] 何炳松:《近世欧洲史》,商务印书馆,1925,第1页。

这可以说是必然的而非偶然的。所以解决这种种问题，须根据于文化史，才算是有本之谈，才不至发生错误或误入歧途，才不至无的放矢，才不至空谈或幻想"。对于当时盛行的新文化运动，他也从文化发展的角度进行了反思。他说，文化的发展具有连续性，没有新旧之分；"号称新文化运动者，除少数真能洞悉文化之骨髓者外，类多掇拾他人之唾余，或抄袭他人之皮毛，鄙视一切，抛弃一切，而不知新文化是由旧文化中发生来出的。没有旧文化，便没有新文化。犹如没有父母，自然不会有子女的"。①

---

① 〔美〕桑戴克：《世界文化史》，陈廷璠译，重庆书店，1930。

第四章　美国新史学派世界史、国别史著作与中国的世界史教学

　　从史书的属性与功能上看，20世纪上半期在中国传播的美国新史学派世界史与国别史著作大部分都是美国大、中学校使用的历史教科书；而且，它们传播到中国，也大多是作为中国各大学校的历史教科书或参考书。这是很值得关注的现象。通过这批用作教科书或参考书的历史著作，我们可以一窥20世纪上半期美国历史教育与中国世界史教育的发展状况，并找出美国新史学派世界史与国别史教科书大量进入中国的一些原因。从学科建设的层面看，这批著作对当时中国世界史教学的影响还是很大的。因此，有必要对这部分内容作专章论述。

第一节　20世纪上半期中、美历史教育的发展

　　20世纪上半期是美国历史教育大力发展的时期，新史学派史家积极介入教育改革，增加教育体系中历史教育的比重，因此催生了众多体现新史学派思想的历史教科书。20世纪上半期也是中国的世界史教育初步发展的时期，从清末学制改革到中华民国的教育改革，世界史逐步取得独立的教学地位。在这一过程中，回国留美生发挥了很大作用。他们不仅大量承担世界史课程（包括西洋史、国别史等）的教学，还使用美国的历史教材，促进了美国新史学派史书在中国课堂的使用。

一 美国对历史教育的重视与历史教材的编撰

独立战争以前的美国，很少有学校将历史列入课程体系。独立战争胜利以后，北美十三殖民地组成了一个统一国家，强烈的独立意识与民族意识促使美国进行教育改革，以培养美国人的国家意识与爱国思想；而历史教育正是实现这一目标的有力手段。"富兰克林（B. Franklin）和杰弗逊（T. Jefferson）都主张在学校中开设历史、地理、政府组织等科目，以培养健全的公民。"[①] 在开国元勋们的影响下，美国许多学校都相继开设了历史课程（主要是美国史课程）。1821年，美国波士顿建立了美国历史上第一所公立中学，该学校开设有英语、数学、科学、历史、伦理等课程，此举标志着历史作为一门独立课程开始进入美国的中学课程体系。"到1860年，至少有107种美国史教科书出版，并且有五个州专门制定法律要求学校开设美国史课程"。到1897年，全美70%的学校都将美国史作为入学考试的必考科目。[②] 进入20世纪后，美国进入"进步主义时代"。工业化的大力发展给美国社会带来了翻天覆地的变化，工人群体的壮大、外来移民的涌入等，这些现实状况都迫使美国政府进行教育改革。如何使工人阶级成为社会进步的推力，如何使外来移民融入美利坚民族的"大熔炉"，成为政界与教育界普遍关心的问题。这个时候，历史教育再次得到了重视。一方面，历史教育在国民国家意识和民族意识的培养方面有很大作用，正如杰弗逊所说，"历史可以使人们了解过去，展望未来；历史可以为他们提供异国的经验，历史还教会人们如何评价人和事，如何揭露伪装，认清本质，击败阴谋"[③]；另一方面，鲁滨逊等新史学派史家一致强调历史教育的重要性，指出历史教育可以帮助普通人（common man）理解其所从事工作的由来，并利用历史知识改善现状、创造未来。秉承这一理念，新史学派史家开始积极介入美国的历史课程改革。

1884年，美国历史协会（American Historical Association）成立；1896

[①] 何千忠：《论美国社会科中历史教育的目标及内容要素》，硕士学位论文，华东师范大学，2010，第7页。
[②] 刘传德、许华：《美国的历史教学》，《史学史研究》1997年第1期，第74~80页。
[③] 同上。

年，美国历史协会召集七位专业历史学家，成立了一个七人委员会（Committee of Seven），专门负责为美国学校中历史课程改革出谋划策。七人委员会的主席就是新史学派史家麦克劳林（Andrew Cunningham McLaughlin），其他六人是赫伯特·阿丹斯（Herbert Baxter Adams）、乔治·福克斯（George Fox）、阿尔伯特·哈特（Albert Hart）、查尔斯·哈斯金斯（Charles Haskins）、露西·萨尔姆（Lucy Salm）、莫尔斯·斯蒂芬斯（Morse Stephens）。通过对美国国内学校以及德国、英国、法国等欧洲学校为期三年的调查，七人委员会于1899年提出了一份详细的调研报告《学校中的历史研究》（The Study of History in Schools）。报告极力主张增加学校教学中历史课程的时间，认为有效的历史教学可以帮助美国的青年学生（包括外来移民）"获得对国家与社会认同的欣赏力，培养他们成为富有责任感的美国公民"[1]。此外，报告还对美国中学阶段4年的历史课程设置提出了具体的建议：第一年教授古代史，主要是希腊、罗马史，也包括其他地区的古代史；第二年教授中世纪史与现代欧洲史；第三年教授英国史；第四年教授美国史。在教学原则上，报告强调抛弃以往的充斥历史琐事、死记硬背的教学方法，贯彻整体教学原则，即从整体上关注历史发展过程的全貌，包括政治、经济、社会、文化等领域；同时，强调历史教学与现实的联系，让学生通过历史学习找到现实社会问题的解决方案。这是典型的新史学派的历史教育理念。上述建议逐渐得到美国各地中学的认可与接受，根据一份"1904~1905年针对1719所中学的调查报告，85％的学校开设了古代史课程，80％的学校开设了中世纪史和现代史课程，64％的学校开设了英国史课程，86％的学校开设了美国史课程；同时，将历史课作为必修课的比例也有很大提高，53％的学校必修古代史，43％的学校必修中世纪史与现代史，27％的学校必修英国史，60％的学校必修美国史"[2]。

七人委员会所推进的教学改革，增加了历史课程在中学课程中的比重，更丰富了历史课程的内容，不仅有美国史，也有世界（欧洲）史、英国史。因此，新型历史教科书的撰写便迫在眉睫。作为历史课程改革的积

---

[1] 付宏：《从国家公民到世界公民——美国公民教育目标的转向》，博士学位论文，华中师范大学，2011，第81~82页。

[2] 同上。

极参与者，新史学派史家自然也成为新型历史教科书撰写的主力军。七人委员会的首任主席麦克劳林就在 1911 年与范·泰恩（Charles H. Van Tyne）合作出版了一本美国史教科书，名为《美国史》（A History of United States for Schools）。作者在该书前言中说，这本历史教科书的目的是要让学生们理解社会、政治、经济的发展历程。① 连著述不多的贝克，也在 1931 年写了一本世界文化史教科书，即《近代史：民主、科学和工业化文明的兴起》（Modern History: The Rise of a Democratic, Scientific, and Industrialized Civilization）一书，其内容也体现出 "扩大主题范围至人类社会的全部、注重社会层面的重要性、从世界整体的角度研究历史"② 的历史教学趋势。当然，其中影响较大、流传较广的历史教科书，应该是伯利斯坦德、鲁滨逊、比尔德、海斯、蒙等人的作品。伯利斯坦德的 Ancient Times, A History of the Early World，鲁滨逊的 An Introduction to the History of Western Europe、Middle Period of European History、Medieval and Modern Times，鲁滨逊、伯利斯坦德合著的 Outlines of European History（Part Ⅰ）、History of Europe, Ancient and Medieval、A General History of Europe，鲁滨逊、比尔德合著的 The Development of Modern Europe、Outlines of European History（Part Ⅱ）、History of Europe, Our Own Times，海斯的 A Political and Social History of Modern Europe，海斯与蒙合著的 Modern History、Ancient and Medieval History、World History 等，都是被美国中学广泛使用的世界史教科书。

二 中国世界史学科的初步建设

无论是作为 "本国史" 的美国史教科书，还是作为 "外国史" 的世界史教科书，美国新史学派史家所撰写的历史教科书，都是以 "世界史" 或 "外国史" 教科书进入中国的。因此，我们有必要简要回顾一下 20 世纪上半期中国世界史学科的发展状况，以更好地认识美国新史学派世界史教科

---

① Andrew C. McLaughlin & Charles H. Van Tyne, A History of United States for Schools（New York: D. Appleton and Company, 1911）, p. v.

② Howard E. Wilson, "Reviewed Work: Modern History: The Rise of a Democratic, Scientific, and Industrialized Civilization by Carl L. Becker", The School Review, Vol. 40, No. 1（Jan., 1932）: 71-73.

书在中国世界史学科建设历程中的位置。

近代中国的世界史教学滥觞于晚清时期外国传教士在华创办的教会学校，很多教会学校都开设有英国史或美国史课程。真正由中国当局自主实行世界史教育是在清末新政时期。清政府于1904年年初颁布的《奏定学堂章程》对历史教育做出明确规定："从蒙学院、初等和高等小学、中学堂、高等学堂（包括师范学堂）、分科大学堂、通儒院、进士馆都设有历史课"；"史学课程分为主课、补助课及随意科三类。中国史学门的主课有：史学研究法、御批历代通鉴辑览、各种纪事本末、中国历代地理沿革、国朝事实、中国古今外交史、中国古今历代法制考；补助课程有：四库史部提要、世界史、中外今地理、西国科学史、外国语文。万国史学门的主课有：史学研究法、泰西各国史、亚洲各国史、西国外交史、年代学；补助课有：御批历代通鉴辑览、中国古今历代法制史、万国地理、外国语文。此外，两个史学门还设有'随意科目'，即选修课程，如辨学、各国法制史、中国文学、人类学、公益学、教育学、金石文字学、古生物学、全国人民财用学、国家财政学、法律原理学、交涉学等，万国史学门还独有外国科学史课程。"[①] 其中的"万国史学门"就是世界史课程的雏形。然而，虽然清廷对课程做了比较详细的规划，"万国史学门"最终没有开课；"世界史""英国史"等课程最终在"文学门"中以"补助课"形式开设[②]，说明那时的世界史教育还附属于文学教育之下，未完全独立。

"中华民国"建立以后，效仿西方建立更加规范的教育制度。1913年1月12日，民国政府教育部公布《大学规程》，其中规定《历史学门》分为"中国史及东洋史学类"和"西洋史学类"；"中国史及东洋史学类"的课程为：史学研究法、中国史（《尚书》、《春秋左氏传》、秦汉以后各史）、塞外民族史、东方各国史、南洋各岛史、西洋史概论、历史地理学、考古学、年代学、经济史、法制史（周礼、各史志、通典、通考、通志等）、外交史、宗教史、美术史、人类及人种学；"西洋史学类"的课程为：史学研究法、西洋各国史、中国史概论、历史地理学、考古学、年代

---

① 王学典主编，陈锋、姜萌编撰《20世纪中国史学编年（1900~1949）》（上），商务印书馆，2014，第66~67页。
② 陈琼：《二十世纪上半叶中国世界史学科的建设》，博士学位论文，华东师范大学，2007，第4页。

学、经济学、法制史、外交史、宗教史、美术史、人类及人种学。2月24日又公布《高等师范学校规程》，规定高等师范分为预科、本科和研究科，其中本科分为国文部、英语部、历史地理部、博物部等；历史地理部要学习历史、地理、考古学、人类学等科目。3月19日继续公布《中学校课程标准》，规定"中学第一学年需学习本国史（上古、中古、近古），第二学年需学习本国史（近世、现代），第三学年学习东亚各国史、西洋史，第四学年学习西洋史"[①]。在这一章程的要求下，各大学都相继开设了一些世界史课程。可见，与清末时期相比，民国时期的世界史教学已经摆脱了附属地位，取得了学科层面的独立。

在教科书的使用方面，民国政府规定"各种教科书，务合乎共和民国宗旨，清学部颁行的各种教科书，一律禁用；民间流行的教科书凡内容与形式具有封建性而不符合共和民国宗旨者，即予改正"[②]，并指定了统一的教科书标准。虽然政府鼓励各学科研究专家或教员自己编写教科书，但对于世界史这样的学科，在本国研究队伍还不健全、研究成果还不丰富的情况下，大部分教员都倾向于使用国外的教科书（包括编译或使用英文原著）。

三 留美生带动美国历史教科书进入中国课堂

民国时期的世界史教学建设，留美生在其中发挥了很大的作用。"从1847年容闳赴美留学，到1949年民国结束，留美生大约有15000人，是中国近代新知识群体中不可忽视的中坚力量。"[③] 与寻求"政治留学"的留日生不同，留美生（以及留英生、留德生）"以寻求学问为天职"；他们在回国以后，"多活跃于科技、教育、人文社科等思想文化领域，在移植西方文化的过程中促进中国文化的现代转换，为20世纪中国新文化的建设做

---

① 王学典主编，陈峰、姜萌编撰《20世纪中国史学编年（1900~1949）》（上），商务印书馆，2014，第167、169、170页。
② 李金航：《中国近代大学教科书发展历程研究》，博士学位论文，苏州大学，2013，第150~152页。
③ 李喜所：《留美生在近代中国的文化定位》，《天津社会科学》2003年第3期，第117~123页。

了许多最基础的工作"①。"中华民国"建立以后,"留美生成了我国高等教育的主力,为确立我国的大学教育体系以及相关的数学、物理、化学、生物、天文、建筑、矿产和法学、经济学、社会学、考古学等现代新型学科做出了巨大贡献"②。在历史学领域亦是如此,近代中国历史学学科的建立,尤其是世界史教学的开展,离不开留美生的参与。当时北京大学、清华大学、南开大学、燕京大学、四川大学、武汉大学、大夏大学、岭南大学等国内著名大学的世界史教学活动,留美生都是主力人物(见表4-1)。他们在教学活动中,比较多地使用美国的历史教材作为教科书或参考书;而且,其中大部分是美国新史学派史家撰写的历史教材(见表4-2)。可见,留美生的教育实践带动了美国新史学派历史教科书在中国的使用。

表4-1 民国时期留美生所承担的世界史课程

教员	毕业院校与学位	任职院校与承担的课程
蒋廷黻	哥伦比亚大学博士	南开大学西洋通史、一百五十年来之欧洲、近世欧洲经济史、欧洲列强扩充他洲史、欧洲近代史、法兰西革命史、帝国主义史、欧洲近五十年外交史等课程
刘崇鋐	哈佛大学硕士	北京大学西洋近百年史、清华大学西洋通史、日本史、希腊罗马史、美国通史、英国通史、西洋十九世纪史、一九一四年以后之欧洲、南开大学南开大学英吉利通史、美利坚合众国通史、欧洲文艺复兴及宗教改革史等课程
孔繁霱	芝加哥大学硕士	清华大学西洋通史、欧洲近代史初期课程
雷海宗	芝加哥大学博士	清华大学欧洲中古史课程
钱端升	哈佛大学博士	清华大学西洋近百年史课程
陆懋德	俄亥俄大学硕士	北京大学西洋通史(一)课程
李飞生	哥伦比亚大学硕士	北京大学西洋通史(二)课程
陈衡哲	芝加哥大学硕士	北京大学西洋历史专题选读课程
洪业	哥伦比亚大学硕士	燕京大学远东近世史课程
冯家升	哥伦比亚大学进修生	燕京大学日本史课程

---

① 李喜所:《20世纪中国留学生的宏观考察》,《广东社会科学》2004年第1期,第12~16页。
② 李喜所:《留美生在近代中国的文化定位》,《天津社会科学》2003年第3期,第117~123页。

续表

教员	毕业院校与学位	任职院校与承担的课程
齐思和	哈佛大学博士	燕京大学美国史课程
何炳松	普林斯顿大学硕士	大夏大学西洋通史课程
谢海若	哥伦比亚大学硕士	复旦大学近世欧洲史课程
吴士栋	哥伦比亚大学硕士	厦门大学西洋近世史、欧洲上古史、日本史课程
罗家伦	哥伦比亚大学留学	武汉大学欧洲通史近代部分课程
李惟果	哥伦比亚大学博士	武汉大学西洋近世史、欧洲中古史课程
郭斌佳	哈佛大学博士	武汉大学西洋近世史、远东近世史课程
黄士衡	哥伦比亚大学硕士	湖南大学西洋通史、西洋近百年史课程
范祖淹	哥伦比亚大学硕士	四川大学欧洲各国成立史、欧洲各国扩土史、文艺复兴及宗教改革史、工业革命史等课程
包令留	哈佛大学硕士	岭南大学欧洲近世史、现代世界大势、日本近世史、俄国史等课程

资料来源：笔者根据《民国大学校史资料汇编》（王强主编，凤凰出版社，2014）、《民国时期高等教育史料汇编》（李森主编，国家图书馆出版社，2014）、《近代教会大学历史文献丛刊》（王强主编，凤凰出版社，2015）整理。

表4-2　回国任教留美生使用美国历史教材状况

著者，书名	采用大学与课程	教员
J. H. Breasted, *Ancient Times*	南开大学西洋通史课程教科书	蒋廷黻
	国立武汉大学欧洲上古史课程参考书	李惟果
J. H. Robinson, *Medieval and Modern Times*	南开大学西洋通史课程教科书	蒋廷黻
J. H. Robinson & J. H. Breasted, *History of Europe, Ancient and Medieval*	国立清华大学西洋通史课程教科书	刘崇鋐
J. H. Robinson & C. A. Beard, *Readings in Modern European History*	国立武汉大学欧洲通史（一）近代课程教科书	罗家伦
	南开大学欧洲近代史课程教科书	蒋廷黻
C. J. H. Hayes, *Social and Political History of Modern Europe*	南开大学欧洲近代史课程教科书	蒋廷黻
C. J. H. Hayes, *Essays on Nationalismism*	南开大学帝国主义史课程教科书	蒋廷黻

续表

著者，书名	采用大学与课程	教员
C. J. H. Hayes & P. T. Moon, *Modern History*	国立清华大学西洋通史课程教科书	刘崇鋐
	国立武汉大学西洋近世史课程参考书	李惟果
	国立武汉大学西洋近世史课程参考书	郭斌佳
P. T. Moon, *Imperialism & World Politics*	南开大学帝国主义史课程教科书	蒋廷黻
C. D. Hazen, *Europe since 1815*	南开大学欧洲近代史课程教科书	蒋廷黻
J. S. Schapiro, *Modern and Contemporary European History*	国立清华大学西洋近百年史课程教科书	钱端升
	国立清华大学西洋十九世纪（西洋近百年史）课程教科书	刘崇鋐
	南开大学一百五十年来之欧洲课程教科书	蒋廷黻
H. Webster, *Early European History*	南开大学西洋通史课程教科书	蒋廷黻
H. Webster, *Modern European History*	南开大学西洋通史课程教科书	蒋廷黻
H. E. Bourne, *The Revolutionary Preiod in Europe*	南开大学一百五十年来之欧洲课程教科书	蒋廷黻
F. A. Ogg, *Economic Development of Modern Europe*	南开大学课程近世欧洲经济史教科书	蒋廷黻
A. C. Flick, *Modern World History, 1776-1926*	国立武汉大学欧洲通史（一）近代课程教科书	罗家伦
P. Smith, *The Age of the Reformation*	国立清华大学欧洲宗教改革时代史课程参考书	孔繁霱
H. Robinson, *A History of Great Britain*	国立清华大学英国通史课程教科书	刘崇鋐

资料来源：笔者根据《民国大学校史资料汇编》（王强主编，凤凰出版社，2014）、《民国时期高等教育史料汇编》（李森主编，国家图书馆出版社，2014）、《近代教会大学历史文献丛刊》（王强主编，凤凰出版社，2015）整理。

第二节　中国高校世界通史课程对新史学派著作的使用

如上所述，回国留美生带动了美国新史学派历史教科书在中国高校世界史课堂的使用。此外，部分接受了新史学派思想的留欧学者也积极使用新史学派世界史与国别史著作作为教科书或参考书，如毕业于法国巴黎大学、任教于国立武汉大学历史系的陈祖源，毕业于英国伦敦大学、任教于国立武汉大学历史系的鄢远猷，毕业于法国巴黎大学、任教于国立四川大学历史系的周谦冲等。总之，在这批留学生的带动下，美国新史学派世界史与国别史著作开始在中国高校课堂广泛传播开来。据笔者考察，20世纪上半期在中国高校课堂使用的美国新史学派世界史与国别史著作至少有35种，涵盖了世界（欧洲）通史、欧洲近现代史、世界文化史、美国史等课程。兹将其原著内容、出版信息及在中国课堂的使用情况详述如下。

一　世界通史系列

（一）伯利斯坦德、鲁滨逊、比尔德之著作

民国时期中国大学的世界史课堂使用最多的教科书是伯利斯坦德、鲁滨逊、比尔德几人独著或合著的系列教科书。伯利斯坦德专攻世界古代史（古代东方学），鲁滨逊专攻欧洲中世纪与近现代史，比尔德在早期也专攻欧洲近现代史，三人的研究领域正好可以覆盖世界史的全部。他们独著或合著了多部世界史教科书，其中有一些进入中国，成为中国课堂的世界史教科书或参考书。

1. 伯利斯坦德：《古代史》

民国时期，国内多所大学都以伯利斯坦德的《古代史》（*Ancient Times: A History of the Early World*）一书作为世界古代史课程参考书或教科

书，如圣约翰大学入学考试参考书[1]、大夏大学希腊史课程教科书[2]、大夏大学罗马史课程教科书[3]、国立青岛大学欧洲通史课程教科书[4]、南开大学西洋通史课程（教员蒋廷黻）教科书[5]、国立武汉大学欧洲上古史课程（教员李惟果）教科书[6]、国立武汉大学欧洲上古史课程（教员陈祖源）教科书[7]；此外，一些高校的图书馆（如国立北平师范大学图书馆[8]）也藏有此书。关于此书内容，上章已有论述，此不赘述。[9]

2. 鲁滨逊：《西欧历史导论》《欧洲史阅读材料》《中世纪及近代史》《欧洲中世纪史》

（1）《西欧历史导论》

《西欧历史导论》（*An Introduction to the History of Western Europe*）一书出版于1902年，是鲁滨逊为中学生撰写的一部欧洲历史教科书。何炳松在北京大学任教时曾以此书为蓝本，编译而成《中古欧洲史》一书作为讲义。关于此书内容，上章已有介绍，此不赘述。

（2）《欧洲史阅读材料》

《北京大学日刊》1920年第711、712期刊布的北大史学系教授陈衡哲指定的"历史学参考书籍"，两次都提到了鲁滨逊的《欧洲史阅读材料》

---

[1] 王强主编《近代教会大学历史文献丛刊》（第1册），凤凰出版社，2015，第237页。
[2] 王强主编《民国大学校史资料汇编》（第28册），凤凰出版社，2014，第270页。
[3] 王强主编《民国大学校史资料汇编》（第28册），凤凰出版社，2014，第270页。
[4] 王强主编《民国大学校史资料汇编》（第38册），凤凰出版社，2014，第420页。
[5] 王强主编《民国大学校史资料汇编》（第1册），凤凰出版社，2014，第340页。
[6] 王强主编《民国大学校史资料汇编》（第41册），凤凰出版社，2014，第340页。
[7] 王强主编《民国大学校史资料汇编》（第42册），凤凰出版社，2014，第72页。
[8] 《国立北平师范大学图书馆图书目录》1935年第7期，第1、3、5~87页。
[9] 除了 *Ancient Times* 一书，流传到中国的伯利斯坦德的著作还有以下几本书：（1）*A History of Egypt, From the Earliest Times to the Persian Conquest*，出版于1905年，是一部古埃及历史，共8部分28章，覆盖了最早期到公元前525年波斯人入侵期间的历史；（2）1908年，作者将上书稍加缩减，以 *A History of the Ancient Egyptians* 为名再次出版，也是8部分28章。这两本书都被王庸《欧史举要》一文推荐过，也被国立北平师范大学图书馆于1935年收藏。除了这两本书，王庸《欧史举要》一文还推荐了伯利斯坦德的 *Development of Religion and Thought in Ancient Egypt* 与 *Survey of the Ancient World* 两书，前者出版于1912年，共10篇，是作者在协和神学院（Union Theological Seminary）发表的演讲的合集，主题是古埃及的宗教与思想；后者出版于1919年，共4部分21章80节，内容与 *Ancient Times, A History of the Early World* 一书大致相同。

(*Readings in European History*)。① 该书是鲁滨逊《西欧历史导论》一书的姊妹书籍，副标题为 "A Collection of Extracts from the Sources Chosen with the Purpose of Illustrating the Progress of Culture in Western Europe since the German Invasions"，可见是一部资料集。该书分两卷，第一卷《自罗马帝国解体至新教革命》（*From the Breaking up of the Roman Empire to the Protestant Revolt*），1904 年出版，共 22 章（对应《西欧历史导论》第 1～22 章）230 个主题；第二卷《自新教革命至当前》（*From the Opening of the Protestant Revolt to the Present Day*），1906 年出版，共 19 章（对应《西欧历史导论》第 23～41 章）275 个主题。

（3）《中世纪及近代史》

据《圣约翰大学章程汇录（1917 年 9 月至 1918 年 7 月）》，该校入学考试参考书②和欧洲发达史课程（教员宓格兰）教科书③用的都是鲁滨逊的《中世纪及近代史》（*Medieval and Modern Times*）一书；1923 年，此书又被用作南开大学西洋通史课程（教员蒋廷黻）教科书④；1931 年，它又被国立青岛大学用作欧洲通史课程教科书⑤。该书出版于 1919 年，副标题为 "An Introduction to the History of Western Europe from the Dissolution of the Roman Empire to the Present Time"，共 36 章 162 节，论述自罗马帝国分裂至第一次世界大战之间 1800 多年的历史。该书是对《西欧历史导论》一书的修订，相对于 1902 年的版本，此版本中中世纪时期的内容有所减少，将更多的空间留给近代历史的论述。⑥ 1921 年，王庸在《史地学报》创刊号发表的《欧史举要》一文推荐了此书。⑦

（4）《欧洲中世纪史》

除《中世纪及近代史》一书以外，被中国圣约翰大学用作入学考试参

---

① 《图书部典书课通告》，《北京大学日刊》1920 年第 711 期，第 2～3 页；《图书部典书课通告》，《北京大学日刊》1920 年第 712 期，第 3 页。
② 王强主编《近代教会大学历史文献丛刊》（第 1 册），凤凰出版社，2015，第 237 页。
③ 同上书，第 213 页。
④ 王强主编《民国大学校史资料汇编》（第 1 册），凤凰出版社，2014，第 340 页。
⑤ 王强主编《民国大学校史资料汇编》（第 38 册），凤凰出版社，2014，第 420 页。
⑥ James Harvey Robinson, *Medieval and Modern Times*（New York: Ginn and Company, 1919），p. iii.
⑦ 王庸：《欧史举要》，《史地学报》1921 年第 1 卷第 1 期，第 1～9 页。

考书的还有鲁滨逊的《欧洲中世纪史》(*Middle Period of European History*)一书。该书出版于 1915 年，副标题为"From the Break-up of the Roman Empire to the Opening of the Eighteenth Century"，选自《中世纪及近代史》一书自罗马帝国解体至 18 世纪开端这部分的内容，是为了给教师提供教学方便而出版的。作者提出，18 世纪是近代社会开始的时期，由科技进步、民主制度、世界性商业所孕育的社会状况和思维模式——这些当代社会的特点——直到 18 世纪才大范围出现。①

3. 伯利斯坦德、鲁滨逊：《欧洲史大纲》（第一卷）、《古代及中世纪欧洲史》、《欧洲史》、《世界的现在与过去》

（1）《欧洲史大纲》（第一卷）

上文提到，何炳松编译《中古欧洲史》讲义时，从伯利斯坦德与鲁滨逊合著的《欧洲史大纲》（第一卷）[*Outlines of European History*（Part Ⅰ）]一书中选取了一些"文明史方面"的材料。这本书也是一部历史教科书，不仅何炳松将它用作教学资料，它的英文原本也被厦门大学文科历史系西方上古史、西方中古史课程用作教科书。②关于此书内容，上一章已有介绍，此不赘述。

（2）《古代及中世纪欧洲史》

据 1927 年的《清华一览》，国立清华大学西洋通史课程（教员刘崇鋐）使用的教科书是伯利斯坦德与鲁滨逊合著的《古代及中世纪欧洲史》（*History of Europe, Ancient and Medieval*）一书。③ 1936 年，国立武汉大学欧洲古代史（西洋古代史）课程（教员陈祖源）使用的参考书也是此书。④该书是 1920~1921 年美国波士顿 Ginn and Company 公司出版的另一套世界史教科书《欧洲史》（*History of Europe*）的上卷。该套世界史共两卷，第一卷为《古代及中世纪欧洲史》（*History of Europe, Ancient and Medieval*），1920 年出版；第二卷为《现代欧洲史》（*History of Europe, Our Own Times*：

---

① James Harvey Robinson, *The Middle Period of European History*（New York: Ginn & Company, 1915）, p. iii.
② 《史地界消息：厦门大学文科历史系学程（1922-1924）》，《史地学报》1923 年第 2 卷第 7 期，第 5~8 页。
③ 李森主编《民国时期高等教育史料汇编》（第 2 册），国家图书馆出版社，2014，第 84~85 页。
④ 王强主编《民国大学校史资料汇编》（第 44 册），凤凰出版社，2014，第 47 页。

The Eighteenth and Nineteenth Centuries），1921 年出版。这套书是在 1912 年出版的《欧洲史大纲》（*Outlines of European History*）的基础上修订完成的。与上文所述的《欧洲史大纲》（第一卷）一样，《古代及中世纪欧洲史》一书由伯利斯坦德与鲁滨逊合著，共 38 章 8 个模块；第 1～19 章为"早期人类、东方、希腊、罗马"（Earliest Man, The Orient, Greece, and Roman），由伯利斯坦德撰写；第 20～38 章为"罗马帝国解体到法国大革命"（Europe from the Break-up of the Roman Empire to the French Revolution），由鲁滨逊撰写。

（3）《欧洲史》

据《大夏大学一览（民国十五年）》与《北平各大学的概况（民国十九年）》，大夏大学①与燕京大学②都曾将伯利斯坦德与鲁滨逊合著的《欧洲史》（*A General History of Europe*）一书用作入学考试的参考书。此书出版于 1921 年，副标题为"From the Origins of Civilization to the Present Time"，主要作者是伯利斯坦德和鲁滨逊，史密斯（Emma Peters Smith）参与。全书共 10 部分 48 章，是一部欧洲通史教科书。本着"研究历史是为了理解现在"的主旨，作者作了详今略古的内容安排，16 世纪以前的西方历史只用了不到一半的篇幅，最近五十年的历史却用了大约四分之一的篇幅。此外，还增加了史前史（Prehistoric）、古代东方史以及 20 世纪初至 1914 年第一次世界大战爆发之间的历史。③

（4）《世界的现在与过去》

作为燕京大学入学考试参考书④的还有伯利斯坦德与鲁滨逊合著的《世界的现在与过去》（*Our World Today and Yesterday*）一书。该书 1924 年出版，副标题为"A History of Modern Civilization"也是一部高中历史教科书，讲述自远古时期至拉姆齐·麦克唐纳（Ramsay MacDonald，1866 - 1937，1929～1935 年任英国首相）期间的世界历史。全书分七册，共 43 章 153 部分。第一册讲述西罗马帝国灭亡以前的人类文明；第二册讲述中

---

① 王强主编《民国大学校史资料汇编》（第 28 册），凤凰出版社，2014，第 36 页。
② 王强主编《民国大学校史资料汇编》（第 19 册），凤凰出版社，2014，第 173～174 页。
③ James Harvey Robinson & James Henry Breasted, *A General History of Europe*（New York: Ginn and Company, 1921）, pp. iii-iv.
④ 王强主编《民国大学校史资料汇编》（第 19 册），凤凰出版社，2014，第 173～174 页。

第四章　美国新史学派世界史、国别史著作与中国的世界史教学 // 159

世纪的社会变动和社会组织；第三册讲述新教改革、宗教战争、英国的政治变动以及议会的产生；第四册讲述欧洲强国的崛起及相互之间的战争、欧洲的扩张、美国的革命以及18世纪的文化；第五册讲述法国大革命；第六册讲述19世纪的历史；第七册讲述世界大战与战后重建。与《欧洲史》一样，本书的主旨是"回顾人类的过去以认识人类的现在"（To recall those happenings in the past of mankind which serve to make our world of today clear to us by showing the long road that man has traveled to get as far as he has），因此在篇幅上做了详古略今的安排。①

4. 鲁滨逊、比尔德：《近代欧洲的发展》、《近代欧洲史阅读材料》、《欧洲史大纲》（第二卷）

（1）《近代欧洲的发展》

1920年《北京大学日刊》第711、712、713期连续三次发布的《图书部典书课通告》，公布"陈衡哲教授指定历史学参考书籍"，三次都提到了鲁滨逊与比尔德合著的《近代欧洲的发展》（The Development of Modern Europe: An Introduction to the Study of Current History）一书。② 1921年《北京大学日刊》第873期发布的《图书部布告》，公布"柴春霖先生指定后列各书二十七种三十四本，为研究近百年史参考用"，也提到了这本书。③ 同年，王庸在《史地学报》创刊号上发表的《欧史举要》一文也推荐了此书。④ 该书共31章110节，分两卷出版：上卷16章48节，1907年出版，叙述18世纪的欧洲历史；下卷15章62节，1908年出版，叙述维也纳会议以来的欧洲历史。该书也秉承详古略今的结构安排，按作者的说法，即使过去从属于（subordinate）现在，使读者将过去与现在紧密联系起来。⑤

---

① Heber P. Walker, "Reviewed Work: Our World Today and Yesterday by James Harvey Robinson, Emma Peters Smith, James Henry Breasted", *The School Review*, Vol. 33, No. 6 (Jun., 1925): 471-472.
② 《图书部典书课通告》，《北京大学日刊》1920年第711期，第2~3页；《图书部典书课通告》，《北京大学日刊》1920年第712期，第3页；《图书部典书课通告》，《北京大学日刊》1920年第713期，第2页。
③ 《图书部布告》，《北京大学日刊》1921年第873期，第1~2页。
④ 王庸：《欧史举要》，《史地学报》1921年第1卷第1期，第1~9页。
⑤ James Harvey Robinson & Charles Austin Beard, *The Development of Modern Europe* (New York: Ginn & Company, 1907), pp. iii-v.

(2)《近代欧洲史阅读材料》

除了鲁滨逊的《欧洲史阅读材料》，同时被陈衡哲在《北京大学日刊》1920年第711、712、713期推荐以及在《北京大学日刊》1921年第873期推荐的还有鲁滨逊与比尔德合著的《近代欧洲史阅读材料》(Readings in Modern European History)。① 此书还被用作南开大学欧洲近代史课程（教员蒋廷黻）教科书②以及国立武汉大学欧洲通史（一）近代课程（教员罗家伦）③教科书。该书是鲁滨逊与比尔德合著的《近代欧洲的发展》一书的配套书籍，副标题为"A Collection of Extracts from the Sources Chosen with the Purpose of Illustrating Some of the Chief Phases of Development of Europe during the Last Two Hundred Years"，也是一部资料集，结构安排上对应《近代欧洲的发展》一书的章节顺序；上卷16章184个主题，1908年出版；下卷15章323个主题，1909年出版。

(3)《欧洲史大纲》（第二卷）

上文提过，美国波士顿Ginn & Company公司1914年出版有两卷本世界史教科书《欧洲史大纲》(Outlines of European History)，上卷由伯利斯坦德与鲁滨逊撰写，下卷则由鲁滨逊与比尔德合著。与上卷一样，下卷也是很多中国高校所使用的教科书或参考书。早在1917年，圣约翰大学就将此书下卷作为欧洲现世史课程（教员宓格兰）的教科书。④ 1921年，不仅有王庸《欧史举要》一文的推荐⑤，还有北京大学教授柴春霖的推荐；《北京大学日刊》1921年第873期《图书部布告》刊布柴春霖指定的近代史参考书目，其中就有此书。⑥ 1920～1922年何炳松在北京大学史学系授课时，曾以此书为蓝本编译而成《近世欧洲史》讲义。1922～1924年，厦门大学

---

① 《图书部典书课通告》，《北京大学日刊》1920年第711期，第2~3页；《图书部典书课通告》，《北京大学日刊》1920年第712期，第3页；《图书部典书课通告》，《北京大学日刊》1920年第713期，第2页；《图书部布告》，《北京大学日刊》1921年第873期，第1~2页。
② 王强主编《民国大学校史资料汇编》（第1册），凤凰出版社，2014，第474页。
③ 王强主编《民国大学校史资料汇编》（第41册），凤凰出版社，2014，第36页。
④ 王强主编《近代教会大学历史文献丛刊》（第1册），凤凰出版社，2015，第213页。
⑤ 王庸：《欧史举要》，《史地学报》1921年第1卷第1期，第1~9页。
⑥ 《图书部布告》，《北京大学日刊》1921年第873期，第1~2页。

文科历史系"西方近世史学程"也以此书为教科书。① 关于此书内容，上章已有介绍，此不赘述。

（二）海斯、蒙之著作

除了伯利斯坦德、鲁滨逊、比尔德几人独著或合著的系列教科书，海斯与蒙独著或合著的历史教科书也是备受中国高校欢迎的作品。

1. 海斯：《近世欧洲政治社会史》《民族主义论文集》《近世欧洲政治文化史》

（1）《近世欧洲政治社会史》

《近世欧洲政治社会史》（*A Political and Social History of Modern Europe*）一书有中译本问世，其内容详见上章。除了中译本的出版，此书也被很多学校用作教科书或参考书。最早提到此书的是《北京大学日刊》1918年第212期，该刊发布的《法科图书馆布告》，公布"消费公社代办法科本学年应用教科书"②，其中就有该书，说明该书在1918年就已经被北京大学法科用作教科书了。1920年《北京大学日刊》连续三期（第711~713期）发布"陈衡哲教授指定历史学参考书籍"③，都提到了该书。1921年，柴春霖通过《北京大学日刊》发布的"研究近百年史参考用"④书目以及王庸的《欧史举要》一文⑤，也都提到了该书。1930年前后，国内多所高校都收藏有这本书或以它为课程教科书。国立北平师范大学图书馆于1930年购买了此书⑥；该馆1935年发布的《国立北平师范大学图书馆图书目录》中，仍列有此书⑦。此外，1929年的南开大学欧洲近代史课

---

① 《史地界消息：厦门大学文科历史系学程（1922-1924）》，《史地学报》1923年第2卷第7期，第5~8页。
② 《法科图书馆布告》，《北京大学日刊》1918年第212期，第2页。
③ 《图书部典书课通告》，《北京大学日刊》1920年第711期，第2~3页；《图书部典书课通告》，《北京大学日刊》1920年第712期，第3页；《图书部典书课通告》，《北京大学日刊》1920年第713期，第2页。
④ 《图书部布告》，《北京大学日刊》1921年第873期，第1~2页。
⑤ 王庸：《欧史举要》，《史地学报》1921年第1卷第1期，第1~9页。
⑥ 《国立北平师范大学校务汇刊》1930年11月3日，第1版。
⑦ 《国立北平师范大学图书馆图书目录》1935年第4期，第1、3、5~58页。

程（教员蒋廷黻）①、1931 年的国立青岛大学欧洲通史课程②、1933 年的金陵大学近代欧洲史课程③都将此书作为教科书或参考书。

(2)《民族主义论文集》

海斯的中国学生蒋廷黻在南开大学任教时，曾以海斯的《民族主义论文集》（*Essays on Nationalism*）一书作为帝国主义史课程的教科书。④ 在南开大学时，他还组织学生翻译了此书，名为《族国主义论丛》，1930 年由上海新月书店出版；海斯本人还为这个中译本作了序。⑤ 该书是一部关于民族主义（Nationalism）的专著，出版于 1926 年，共 8 章，讨论民族主义的内涵、起源、传播及其与战争、军国主义、排外精神之间的关系。如果说《近世欧洲政治社会史》一书体现出海斯对历史上经济因素的重视（这一点是受到比尔德的影响），那么，他的《民族主义论文集》一书则体现出他对经济因素的重视有所减弱。海斯在书中指出：虽然经济因素可以解释历史，但经济因素并不能解释历史的全部，战争中为了国家而牺牲的那些人，难道是为了经济利益而牺牲的吗？当然不是，更合理的解释是——他们把国家看得比自己的个人利益重要，这种人生观就是民族主义；民族主义的形成源于人类内部不同群体的自然分离，相同的文字、历史、风俗构成一个民族的民族性（Nationality）；当一个民族发展成为一个政治单位，就是一个民族国家（National State）；当一个民族国家坚信自己具有对内对外、不可侵犯的独立主权，这就是民族主义（Nationalism）。⑥ 海斯对民族主义的解释显然是受到第一次世界大战的影响，战争的爆发使他重新思考对于历史的解释，所以他修正了之前对于经济因素的过分强调，转而讨论民族主义这种民族心理因素的影响。

(3)《近世欧洲政治文化史》

20 世纪 30 年代，海斯对《近世欧洲政治社会史》一书进行增补修订，改名为《近世欧洲政治文化史》（*A Political and Cultural History of Modern*

---

① 王强主编《民国大学校史资料汇编》（第 1 册），凤凰出版社，2014，第 474 页。
② 王强主编《民国大学校史资料汇编》（第 38 册），凤凰出版社，2014，第 420 页。
③ 王强主编《近代教会大学历史文献丛刊》（第 37 册），凤凰出版社，2015，第 190 页。
④ 王强主编《民国大学校史资料汇编》（第 1 册），凤凰出版社，2014，第 476 页。
⑤ 〔美〕C. J. H. Hayes：《族国主义论丛》，蒋廷黻译，新月书店，1930。
⑥ 蒋廷黻：《介绍与批评：*Essays on Nationalism*》，《清华大学学报》（自然科学版）1927 年第 1 期，第 1295~1298 页。

Europe)重新出版。其第一卷于 1932 年出版,副标题是 "Three Centuries of Predominantly Agriculture Society, 1500–1830",即"三个世纪的农业社会";第二卷于 1936 年出版,副标题是 "A Century of Predominantly Industrial Society, 1830–1935",即"一个世纪的工业社会"。与 1916 年出版的《近世欧洲政治社会史》相比,该书几乎是一部全新的著作,不仅比原书长了三分之一,关键章节也重新撰写了。作者没有放弃原作中对政治、社会、经济现象的解释,但扩展到对思想史的研究,因此他将书名中的 Social 改成了 Cultural;书中的很多章节都涉及思想史,如 16 世纪的思想、19 世纪浪漫主义的兴起,作者还专列一章(The Intellectual Revolution)论述 18 世纪的思想活动,原作第三部分的标题也改为 "Revolutionary Developments of the Modern World",探讨英国革命、思想革命、法国革命及其影响。① 同为新史学派史学家的巴恩斯对此书评价很高,认为此书相比原书增加了思想文化史方面的材料与内容,是大学教材的佳本。② 此书在中国的传播虽然没有原作那么广泛,但也被一些大学用作教科书或参考书。据 1936 年的《私立东吴大学文理学院一览》和《国立四川大学一览》,此书分别是两校欧洲近百年史课程的教科书③与西洋近世史课程(教员周谦冲)的参考书④。

2. 海斯、蒙:《近代史》《古代与中世纪史》《世界史》

海斯与蒙合著的三种世界史教科书——1923 年出版的《近代史》(*Modern History*)、1929 年出版的《古代与中世纪史》(*Ancient and Medieval History*)、1932 年出版的《世界史》(*World History*),都有中译本问世,其内容详见上章。除了中译本的出版,这三种教科书也被很多中国高校用作世界史教科书。尤其是《近代史》一书,1927 年清华大学的西洋通史课程(教员刘崇鋐)⑤与

---

① J. E. Pomfret, "Reviewed Work: A Political and Cultural History of Modern Europe by Carlton J. H. Hayes", *The American Historical Review*, Vol. 38, No. 4 (Jul., 1933): 739–740.
② Harry Elmer Barnes, "Reviewed Work: A Political and Cultural History of Modern Europe. Vol. I, Three Centuries of Predominantly Agricultural Society, 1500–1850. by Carlton J. H. Hayes", *American Journal of Sociology*, Vol. 39, No. 5 (Mar., 1934): 694–695.
③ 王强主编《近代教会大学历史文献丛刊》(第 56 册),凤凰出版社,2015,第 282 页。
④ 王强主编《民国大学校史资料汇编》(第 47 册),凤凰出版社,2014,第 306~307 页。
⑤ 李森主编《民国时期高等教育史料汇编》(第 2 册),国家图书馆出版社,2014,第 84~85 页。

1936年私立东吴大学文理学院的近世史课程①都以此书作为教科书，国立武汉大学1932年的西洋近世史课程（教员李惟果）②、1933年的西洋近世史课程（教员郭斌佳）③、1937年的西洋近世史课程（教员汪诒荪）④都以此书作为参考书，1930年的燕京大学⑤与1934年的大夏大学⑥，都以此书作为入学考试参考书；国立北平师范大学图书馆也于1930年购买了该书⑦。《古代与中世纪史》与《世界史》两书都曾被国立北平师范大学图书馆收藏⑧，且前书曾作为大夏大学入学考试参考书⑨及国立武汉大学欧洲古代史课程（教员陈祖源）参考书⑩，后书曾被用作私立东吴大学文理学院世界史课程教科书⑪。

（三）韦伯斯特之著作

韦伯斯特（Hutton Webster，1875-1955），曾任内布拉斯加大学（Nebraska University）教授。他的《欧洲早期史》（*Early European History*）与《欧洲近代史》（*Modern European History*）两书曾被用作南开大学西洋通史课程（教员蒋廷黻）教科书⑫，他的《世界史》（*World History*）一书曾被用作燕京大学入学考试参考书⑬。从这几本书的撰述特点看，韦伯斯特也是一位新史学派史家。

《欧洲早期史》，1917年出版，是一部教科书，包括古代、中世纪和近代早期（1715年之前）的世界史，共28章249节，其中前12章是在1913

---

① 王强主编《近代教会大学历史文献丛刊》（第56册），凤凰出版社，2015，第281页。
② 王强主编《民国大学校史资料汇编》（第41册），凤凰出版社，2014，第339页。
③ 王强主编《民国大学校史资料汇编》（第42册），凤凰出版社，2014，第71~72页。
④ 王强主编《民国大学校史资料汇编》（第45册），凤凰出版社，2014，第52页。
⑤ 王强主编《民国大学校史资料汇编》（第19册），凤凰出版社，2014，第173~174页。
⑥ 李森主编《民国时期高等教育史料汇编》（第25册），国家图书馆出版社，2014，第375页。
⑦ 《国立北平师范大学校务汇刊》1930年11月3日，第1版。
⑧ 《国立北平师范大学图书馆图书目录》1934年第2期，第1、3、5~54页。
⑨ 李森主编《民国时期高等教育史料汇编》（第25册），国家图书馆出版社，2014，第375页。
⑩ 王强主编《民国大学校史资料汇编》（第44册），凤凰出版社，2014，第47页。
⑪ 王强主编《近代教会大学历史文献丛刊》（第56册），凤凰出版社，2015，第279页。
⑫ 王强主编《民国大学校史资料汇编》（第1册），凤凰出版社，2014，第474页。
⑬ 王强主编《民国大学校史资料汇编》（第19册），凤凰出版社，2014，第173~174页。

年出版的《古代史》(Ancient History) 一书的基础上改写的。① 《古代史》也是一部用于大学入学考试的参考书；全书共 19 章 235 节，可分为四大部分：古代东方史、希腊史、罗马史、日耳曼蛮族史。它的优点在于：突出了更大范围内的整体的文化运动，并将重点放在人民的生活上。② 王庸在《史地学报》1921 年创刊号发表的《欧史举要》一文列有此书。③

《欧洲近代史》出版于 1920 年，共 25 章 188 节，同样是一部历史教科书。作者在前言中说，这本书覆盖了 1648~1920 年的历史，是 1917 年出版的《欧洲早期史》一书的延续；除了第一章之外的所有章节，都是 1919 年出版的《中世纪及近代史》(Medieval and Modern History) 一书的缩写。④

《世界史》，1921 年出版，依然是一部世界史教科书。作者说，它展现的是对人类进程的考察，而不是历史事件的简单编年。希望使用这本教材的学生，能够从中得到对于社会发展的简单概念以及从石器时代向当前的演进历程的认识。大约有三分之二的篇幅给了最近三百年的历史，这段时期的历史提供了我们当前时代的历史背景，因此是最有趣也对学生最有用的。⑤

二 欧洲近现代史系列

除了上述几位史家的世界通史系列教科书，还有大量的新史学派欧洲近现代史教科书进入中国，作为中国相关课程的教科书或参考书。其中，沙比罗、黑曾、阿格、哈定、伯恩几人的欧洲近现代史著作流传较广。

(一) 沙比罗：《欧洲近代现代史》

沙比罗《欧洲近代现代史》[Modern and Contemporary European History (1815-1914)] 一书有中译本出版，内容详见第三章。1923 年南开大学

---

① Hutton Webster, *Early European History* (Boston: D. C. Health and Company, 1917), p. iii.
② J. F. Ferguson, "Reviewed Works: Ancient History by Hutton Webster; Readings in Ancient History by Hutton Webster", *The Classical Weekly*, Vol. 7, No. 6 (Nov. 15, 1913): 46-47.
③ 王庸:《欧史举要》,《史地学报》1921 年第 1 卷第 1 期，第 1~9 页。
④ Hutton Webster, *Modern European History* (Boston: D. C. Heath & Co., 1920), p. iii.
⑤ Hutton Webster, *World History* (Boston: D. C. Health and Company, 1921), p. iii.

一百五十年来之欧洲课程（教员蒋廷黻）[1]、1927 年国立清华大学西洋近百年史课程（教员钱端升）[2]、1929 年国立清华大学西洋十九世纪史（西洋近百年史）课程（教员刘崇鋐）[3]、1933 年金陵大学欧洲近百年史课程都以此书作为教科书[4]，1936 年国立四川大学西洋近世史课程（教员周谦冲）[5] 也以此书作为参考书。

（二）黑曾：《1815 年以来的欧洲》《欧洲近代史》《近代欧洲》

黑曾（Charles Downer Hazen，1868-1941），1889 年毕业于达特茅斯学院（Dartmouth College），1893 年获得约翰·霍普金斯大学历史学博士学位（导师：John Martin Vincent），1894~1914 年任史密斯学院（Smith College）历史教授，1904~1910 年还在曼荷莲学院（Mount Holyoke College）担任历史讲师，1914~1915 年担任约翰·霍普金斯大学历史讲师，1915 年以后任哥伦比亚大学历史教授。他也是一位新史学派史家，其《1815 年以来的欧洲》《欧洲近代史》《近代欧洲》几本书在中国都曾作为历史学课程的教科书或参考书。

1.《1815 年以来的欧洲》

《1815 年以来的欧洲》（*Europe since 1815*），1910 年出版，共 32 章，讲述自 1815 年拿破仑溃败之后一个世纪的欧洲历史。作者在前言里说，本书的目的是探讨这个世纪的一些大趋势，如由寡头政治向民主政治的转变，像德国、意大利以及巴尔干半岛国家这样的国家的建立，帝国主义时代欧洲的不断扩张及其带给世界其他地区的不断增长的压力，当今经济问题和社会问题的不断出现等。[6] 早在 1920 年，《1815 年以来的欧洲》一书就已经进入中国学者的视野了。当年，《北京大学日刊》第 711、712、713 期连续三次发布《图书部典书课通告》，公布"陈衡哲教授指定历史学参

---

[1] 王强主编《民国大学校史资料汇编》（第 1 册），凤凰出版社，2014，第 340 页。
[2] 李森主编《民国时期高等教育史料汇编》（第 2 册），国家图书馆出版社，2014，第 85~86 页。
[3] 王强主编《民国大学校史资料汇编》（第 7 册），凤凰出版社，2014，第 66 页。
[4] 王强主编《近代教会大学历史文献丛刊》（第 37 册），凤凰出版社，2015，第 189 页。
[5] 王强主编《民国大学校史资料汇编》（第 47 册），凤凰出版社，2014，第 306~307 页。
[6] Charles Downer Hazen, *Europe Since 1815* (New York: H. Holt and Co., 1910), pp. v-vii.

考书籍",三次都提到了该书。① 1921 年,王庸在《史地学报》创刊号上发表的《欧史举要》一文也推荐了此书。② 1929 年,该书被南开大学欧洲近代史课程(教员蒋廷黻)用作课程教科书。③

2.《欧洲近代史》

1920 年《北京大学日刊》第 770 期的《图书部购书课启事》提到"前经柴春霖先生委托代购之 Hazen：*Modern European History* 业已到校"④,说明北大教授柴春霖先生委托图书馆购买了黑曾的《欧洲近代史》(*Modern European History*)一书。此书于 1917 年在美国出版,共 38 章,讲述从法国大革命到第一次世界大战之间的欧洲历史。该书与《1815 年以来的欧洲》一书在章节内容上有很多相同的地方,尤其是第 13~37 章。作者在前言中说,欧洲近代历史对世界历史的演进有至关重要的影响,只有掌握欧洲近代历史的知识才能认识现代世界,认识正在进行的欧洲大战。除了政治变迁,作者也描述了对国家政策有关键影响的经济和社会因素,如大革命以前法国的状况、英国的自由贸易运动、俄国农奴制的废除、德意志关税同盟、关税政策、劳工立法,以及其他社会改革方面的措施;他认为,这些措施都是近代世界的重要特征。⑤

3.《近代欧洲》

据《沪江大学历史政治经济系学程(1923-1924)》,该系欧洲近代史学程用书是黑曾的《近代欧洲》(*Modern Europe*)一书。⑥ 该书于 1920 年出版,共 8 部分 37 章,是黑曾《欧洲近代史》一书的增订版,在原书基础上删改了一部分章节(如第 1、2、15、16、30、37 章都是新增的内容);结构也有调整,按主题分为不同的模块;同时,论述时间也延伸到

---

① 《图书部典书课通告》,《北京大学日刊》1920 年第 711 期,第 2~3 页;《图书部典书课通告》,《北京大学日刊》1920 年第 712 期,第 3 页;《图书部典书课通告》,《北京大学日刊》1920 年第 713 期,第 2 页。
② 王庸:《欧史举要》,《史地学报》1921 年第 1 卷第 1 期,第 1~9 页。
③ 王强主编《民国大学校史资料汇编》(第 1 册),凤凰出版社,2014,第 474 页。
④ 《图书部购书课启事》,《北京大学日刊》1920 年第 770 期,第 1 页。
⑤ Charles Downer Hazen, *Modern European History* (New York: H. Holt and Company, 1917), pp. v-vii.
⑥ 《史地界消息:沪江大学历史政治经济系学程(1923-1924)》,《史地学报》1923 年第 2 卷第 7 期,第 5~8 页。

1919 年第一次世界大战结束。作者在前言中说，本书的目的是"追寻近代欧洲演进历史上的一些关键的、持续的因素"，向读者展示"现在如何是未来的产物"（how the present is the product of the past）。①

（三）阿格：《中世纪史资料集》

阿格（Frederic Austin Ogg, 1878-1951），曾任教于哈佛大学、西蒙斯学院（Simmons College）。他的《中世纪史资料集》（*A Source Book of Medieval History*）一书曾被国立北平师范大学图书馆收藏。② 该书出版于 1908 年，副标题是"Documents Illustrative of European Life and Institutions, from the German Invasions to the Renaissance"，是阿格教授早年编辑的一部面向大学和中学的欧洲中世纪史资料集。③

除了《中世纪史资料集》，阿格的《近代欧洲经济的发展》（*Economic Development of Modern Europe*）也被用作 1923 年南开大学"近世欧洲经济史"课程的参考书。④ 该书出版于 1917 年，共 4 部分 25 章，是一部近代欧洲经济史。作者在前言中说，本书的研究对象是过去三百年中欧洲一系列重要的经济变化与成绩，目的是揭示其起源、解释其本质与影响；对于 16 世纪至 18 世纪的历史，只处理其中有助于我们理解中世纪到近代经济转变的部分，将大部分篇幅留给距离我们更近的近代经济的考察。⑤

（四）哈定：《中世纪及近代史》《新中世纪及近代史》

哈定（Samuel Bannister Harding, 1866-1927），生平不详。北京大学

---

① Charles Downer Hazen, *Modern Europe* (New York: H. Holt and Company, 1920), pp. ii–v.
② 《国立北平师范大学图书馆图书目录》1934 年第 2 期，第 1、3、5~54 页。
③ E. W. Dow, "Reviewed Work: A Source Book of Medieval History by Frederic Austin Ogg", *The American Historical Review*, Vol. 14, No. 1 (Oct., 1908): 187.
④ 《史地学报》1923 年第 2 卷第 7 期，5~8 页。
⑤ 除了以上两书，王庸的《欧史举要》一文还提到阿格的 *Social Progress in Contemporary Europe* 与 *The Governments of Europe* 两书。前书 1912 年出版，共 22 章，解释自 18 世纪以来欧洲的社会发展（Social Development），包括政治、农业、工业、经济等方面；后书 1913 年出版，共 9 部分（Great Britain、Germany、France、Italy、Switzerland、Austria-Hungary、The Low Countries、Scandinavia、The Iberian States）34 章，论述西欧与中欧政府体系的形成历程及其在今天的运作。首先，对当时的政治机构进行对比研究；其次，简要回顾政治制度史，这样才能对当前的政府有历史性的了解；再次，对政党和地方政府机构有所顾及。

教授柴春霖在《北京大学日刊》1921年第873期曾推荐过他的《中世纪及近代史》(*Essentials in Medieval and Modern History*) 一书[①]；1918年北京师范大学课程"西洋史"曾以他的《新中世纪及近代史》(*New Medieval and Modern History*) 一书作为教科书[②]。

《中世纪及近代史》一书出版于1905年，共7部分32章，叙述从公元768年到20世纪初的世界史，是一部面向中学的历史教科书。作者在"致教师"中说，"历史的问题是理解过去——我们所希望了解的每一件事和每一个机构，正如兰克所说，'它到底是什么样子的'"。[③] 作者对于生活习惯、社会、经济和思想进程的处理都非常好。[④]《新中世纪及近代史》一书出版于1913年，在《中世纪及近代史》一书的基础上改编而成，由原来的7部分32章改为4部分39章。与原书相比，减少了政治和军事史的内容，增加了社会、工业和文化主题的内容。[⑤] 王庸的《欧史举要》一文列有此书。[⑥]

（五）伯恩：《欧洲革命时代，1763—1815》

伯恩（Henry Eldridge Bourne），生平不详。他的《欧洲革命时代，1763—1815》(*The Revolutionary Period in Europe, 1763-1815*) 一书被南开大学"一百五十年来之欧洲"学程（1923）作为参考书[⑦]。而且，陈衡哲在《北京大学日刊》1920年第713期也推荐有此书。[⑧] 此书出版于1914年，共27章，是一部欧洲近代史。作者在文中展示了一种历史的"连续性"，指出变革（Reforms）早在革命（Revolution）爆发以前就已经开始

---

① 《图书部布告：柴春霖推荐书目》，《北京大学日刊》1921年第873期。
② 王强主编《民国大学校史资料汇编》（第12册），凤凰出版社，2014，第102页。
③ Samuel Bannister Harding, *Essentials in Medieval and Modern History* (New York: American Book Company, 1905), p. 7.
④ George L. Scherger, "Reviewed Work: Essentials in Mediœval and Modern History by Samuel Bannister Harding, Albert Bushnell Hart", *The School Review*, Vol. 14, No. 8 (Oct., 1906): 614-615.
⑤ Samuel Bannister Harding, *New Medieval and Modern History* (New York: American Book Company, 1913), p. iii.
⑥ 王庸：《欧史举要》，《史地学报》1921年第1卷第1期，第1~9页。
⑦ 《史地学报》1923年第2卷第7期，第5~8页。
⑧ 《图书部典书课通告：杜威、陈衡哲推荐书目》，《北京大学日刊》1920年第713期。

了；他还对这一时期的社会和工业变化给予了很多的关注，认为"工业革命为法国大革命的政治经济原则提供了经济基础"。[1]

三 世界文化史系列

笔者在第一章中曾经论述过，美国新史学派的兴起，在学理上与欧洲19世纪末以来的"文化史运动"有渊源关系。从研究取向上看，美国新史学派与欧洲的"文化史运动"都强调一种"综合"治史的研究取向，即综合研究人类历史的全部方面。因此，从文化史的整体角度研究历史也是新史学派理论的题中之意。并且，第一次世界大战的爆发，给世界各国的学者都敲响了文明灭绝的警钟。从威尔斯（H. G. Wells）的《世界史纲》，到斯宾格勒（Oswald Spengler）的《西方的没落》，各国的学者都在呼吁保护、珍视世界文明。这场"文化史运动"也波及中国，《世界史纲》与《西方的没落》两书在中国的风靡就是例证。在这股风潮的影响下，不仅有很多学者投入文化史的研究与撰写（如林同济、雷海宗等），一些高校还开设了文化史方面的课程，如大夏大学高等师范专修科开设有中国文化史课程，由何炳松任教[2]，清华大学开设有晋南北朝隋唐文化史课程，由陈寅恪任教[3]，武汉大学开设有西洋文化史课程，由陈祖源任教[4]；并且，很多高校的文化史课程都以国外的文化史作品作为教科书。在这批外来的文化史教科书中，美国新史学派的作品也占有一定比重。当时用作中国高校课堂文化史课程教科书的美国新史学派作品有桑戴克的《世界文化史》、巴恩斯的《西方文明史》、阿什利的《早期欧洲文明》与《近代欧洲文明》等书。

（一）桑戴克：《世界文化史》

桑戴克《世界文化史》（*A Short History of Civilization*）一书有中译本问

---

[1] Paul Lambert White, "Reviewed Work: The Revolutionary Period in Europe (1763–1815) by Henry Eldridge Bourne", *The Annals of the American Academy of Political and Social Science*, Vol. 63, National Industries and the Federal Government (Jan., 1916): 304–305.
[2] 王强主编《民国大学校史资料汇编》（第28册），凤凰出版社，2014，第123页。
[3] 王强主编《民国大学校史资料汇编》（第7册），凤凰出版社，2014，第68~69页。
[4] 王强主编《民国大学校史资料汇编》（第41册），凤凰出版社，2014，第341页。

世，内容详见上章。除了中译本的出版，该书也在中国的很多大学都被用作课程教科书或参考书，如国立北平师范大学图书馆1930年收藏有此书①；1932年、1938年，国立武汉大学教员陈祖源承担的西洋文化史课程②和西洋近代文化史课程③都以此书为参考书；1936年私立东吴大学文理学院西洋文化史课程④也以此书为教科书⑤。

（二）巴恩斯：《西方文明史》

第二章曾论述过巴恩斯《史学》《新史学与社会科学》等史学理论著作在中国的传播情况。除了这些理论著作，巴恩斯在1935年还出版过一部文化史著作——《西方文明史》（*The History of Western Civilization*）。这本书曾被四川大学战后欧洲史课程（教员周谦冲）用作参考书。⑥ 此书原版于1935年，全书包括3部分26章，是一部西方文化史。其扉页上印有"献给James Thomson Shotwell"，可见巴恩斯受这位老师影响之大。他在前言中说："这本书建立在两个信念上：一是文化史必须建立在时间与空间的广阔认识上，这种认识不能仅限于历史，必须根植于生物学、考古学、人类学、社会学的基础上；二是人类历史的完整进程应当被认识，这并不是说对所有历史阶段都是用同一种标准，因为不同历史阶段有不同的特点，因此应着重发掘各个历史阶段最具代表性的历史轨迹。"他认为这本书是一部"新史学"著作："如果这本书可以算作对'新史学'的一个贡献，那么就是因为它对历史材料的处理方式——把人类星球进程的完整记录作为考察对象。……政治、法律、军事、外交等因素没有被忽略。"此外，他也强调了历史研究对于理解现在的价值："历史是没有价值的，除非它能使读者理解现在并为了未来而理性地工作。历史学可以服务于这个

---

① 《国立北平师范大学校务汇刊》1930年11月3日，第1版。
② 王强主编《民国大学校史资料汇编》（第41册），凤凰出版社，2014，第341页。
③ 王强主编《民国大学校史资料汇编》（第45册），凤凰出版社，2014，第53页。
④ 王强主编《近代教会大学历史文献丛刊》（第56册），凤凰出版社，2015，第285页。
⑤ 除了 *A Short History of Civilization* 一书，王庸的《欧史举要》一文还提到了桑戴克的 *The History of Medieval Europe* 一书。该书出版于1917年，是一部欧洲中世纪史，共33章，讲述自罗马帝国至文艺复兴之间的欧洲历史。
⑥ 王强主编《民国大学校史资料汇编》（第47册），凤凰出版社，2014，第310~311页。

高尚的目标。"①

（三）阿什利：《早期欧洲文明》《近代欧洲文明》

阿什利（Roscoe Lewis Ashley，1872-1965），生平不详。他有两本书——《早期欧洲文明》（Early European Civilization）、《近代欧洲文明》（Modern European Civilization），都被用作中国高校课堂的教科书或参考书。《早期欧洲文明》，出版于1916年，是一部写给中学生的历史教科书，共7部分29节，论述自远古至1648年间的欧洲文明史。作者说：本书主要讨论人类的历史进程，着重注意历史上的重大运动、重要人物、人民生活，以及不同时期的文化。它主要告诉读者的是：（1）任何变化都是文明发展的一部分；（2）这些变化与现代生活之间的紧密联系。② 国立武汉大学西洋文化史课程（教员陈祖源）以此书为参考书。③

《近代欧洲文明》，出版于1918年，共5部分25章，论述自远古至17世纪初至20世纪初的欧洲文明史。此书是《早期欧洲文明》一书的延续之作，两书结合，就是一部完整的欧洲文化史。作者撰写的意图是"理解世界大战结束以来欧洲的重组与重建"。与《早期欧洲文明》相同，两书目的都是通过考察过去以解释现在，因此详细解释了那些与当前欧洲联系最紧密的历史变动。④ 此书在中国流传很广，国立北平师范大学图书馆1934年收藏有此书⑤，国立武汉大学西洋文化史课程（教员陈祖源）⑥ 与西洋近代文化史课程（教员陈祖源）⑦ 都以此书为参考书。⑧

---

① Harry Elmer Barnes, *The History of Western Civilization*, New York: Harcourt, Brace And Company, 1935, pp. v-xi.
② Roscoe Lewis Ashley, *Early European Civilization* (New York: Macmillan, 1916), pp. v-vi.
③ 王强主编《民国大学校史资料汇编》（第41册），凤凰出版社，2014，第341页。
④ Roscoe Lewis Ashley, *Modern European Civilization* (New York: The Macmillan Company, 1918), p. vi.
⑤ 《国立北平师范大学图书馆图书目录》1934年第1期，第1~2、4~53页。
⑥ 王强主编《民国大学校史资料汇编》（第41册），凤凰出版社，2014，第341页。
⑦ 王强主编《民国大学校史资料汇编》（第45册），凤凰出版社，2014，第53页。
⑧ 除了以上两书，流传到中国的阿什利的作品还有 *American History* 一书。该书是一部美国史教科书，出版于1907年，共5部分23章486节：The Colonial Preiod (1492-1763)、The Formation of a Union (1763-1789)、Development of the Nation (1789-1843)、The Struggle over Slavery (1843-1877)、The New Nation (1865-1907)。王庸《欧史举要》一文列有此书。

四　美国史系列

除了普遍开设的世界史课程，民国时期的部分高校也开设有国别史课程，包括美国史、英国史、法国史、俄国史、日本史等。例如，南开大学开设有英吉利通史、美利坚合众国通史等课程，清华大学开设有日本史、美国通史、英国通史等课程，燕京大学开设有日本史、美国史等课程，岭南大学也开设有日本近世史、俄国史等课程（见表4-1）。在美国史课程方面，大部分高校以美国史学家撰写的美国史教科书作为教材或参考书；其中很多是新史学派的美著史书作。

（一）比尔德夫妇：《美国文明的兴起》

笔者在第一章中论述过，1927年比尔德夫妇合著的《美国文明的兴起》(*The Rise of American Civilization*)一书是一部极有影响力的学术著作。在中国，此书的影响力也比较大，不仅有留美生陈衡哲的评述文章（如第三章所述）[1]，国立武汉大学美国史课程也以此书为参考书[2]，另外，《社会科学杂志》（上海）1928年第1卷第2期的《最近英美法经济史要籍介绍》也列有此书[3]。

（二）施莱辛格、佛格斯：《美国社会史》

施莱辛格与佛格斯合编的13卷本《美国社会史》[*History of American Life* (*1928-1943*)]，曾被作为国立武汉大学美国史课程（教员鄢远猷）用作参考书[4]。关于此书内容，第三章已有详细介绍，此不赘述。

（三）麦克劳林、范·泰恩：《美国史》

笔者在第一章曾提到，麦克劳林（Andrew Cunningham McLaughlin）是

---

[1] 衡哲：《皮尔德的美国文化史（书评）》，《独立评论》1932年第20期，第20~21页。
[2] 王强主编《民国大学校史资料汇编》（第45册），凤凰出版社，2014，第53~54页。
[3] 渊若：《最近英美法经济史要籍介绍》，《社会科学杂志》（上海）1928年第1卷第2期，第1~7页。
[4] 王强主编《民国大学校史资料汇编》（第45册），凤凰出版社，2014，第53~54页。

19 世纪末促进美国历史教育改革的"七人委员会"的主席。这位著名史学家,生于伊利诺伊州,在密西根大学获得学位,毕业后留校任教,先教授拉丁语,后转入历史学系教授美国历史;1906~1929 年在芝加哥大学任教;1903 年被选为卡内基研究院历史研究所第一任所长;1914 年任美国历史学会主席。1911 年,他与另一位史学家范·泰恩(Claude Halstead Van Tyne,1869-1930)合作,撰写了一部美国史教材①,名为《美国史》(*A History of United States for Schools*),全书共 8 部分 53 章。作者在前言中说,其目的是要让学生们理解社会、政治、经济的发展历程。② 此书在 20 年代初被中国的厦门大学用作"美国史"课程的参考书。③

(四) 马齐:《美国史》

马齐(David Saville Muzzey,1870-1965),生平不详。他的《美国史》(*An American History*)一书是中国圣约翰大学 1922~1923 年"美国史"课程的参考书。④ 1937 年齐思和发表在《史学年报》1937 年第 2 卷第 4 期的《美国史书目举要》一文也列有该书。⑤ 这本书出版于 1911 年,由鲁滨逊作"编者序"。鲁滨逊说:"这本书代表了目前历史书写的新趋势。它的目的不是用旧的方式叙述过去的历史,而是将重点放在那些我们今天认为很重要的那些因素上。历史研究的价值之一就是展示今天的社会状况和社会机构是怎么衍生的,这是我们理解现实、参与解决社会问题的最好方式。"⑥ 可见这也是一部新史学派著作。

---

① 除了这本合著的历史教科书,两位史学家各自也有作品流传到中国。1937 年齐思和发表的《美国史书目举要》一文提到了 Andrew C. McLaughlin 的 *A Constitutional History of the United States* 与 Charles H. Van Tyne 的 *Causes of the War of Independence*。前书出版于 1935 年,是一部美国宪法史。尽管讨论的是政治问题,但并没有排除经济因素的影响。作者还讨论了物质利益如何塑造思想,思想又如何塑造社会机构。后书出版于 1922 年,是范·泰恩计划写作的三卷本 *A History of the Founding of the American Republic* 的第一卷,共 18 章,从自然、政治、经济、社会、宗教等方面入手,解释独立战争前美国独立精神的产生。

② Andrew C. McLaughlin & Charles H. Van Tyne, *A History of United States for Schools* (New York: D. Appleton and Company, 1911), p. v.

③ 《史地学报》1923 年第 2 卷第 7 期,第 5~8 页。

④ 同上。

⑤ 齐思和:《美国史书目举要》,《史学年报》1937 年第 2 卷第 4 期,第 159~181 页。

⑥ David Saville Muzzey, *An American History* (Boston: Ginn and Company, 1911), pp. Iii-iv.

（五）巴塞特：《美国简史》

巴塞特（John Spencer Bassett，1867—1928），出生于北卡罗来纳州，1886 年进入三一学院（现为杜克大学），获得历史学学士学位；1894 年获得约翰·霍普金斯大学博士学位（导师是 Herbert Baxter Adams），并回三一学院任历史教授；1902 年创办《南大西洋季刊》（*South Atlantic Quarterly*）；1906 年成为马萨诸塞州史密斯学院教授，1919 年任美国历史协会秘书（执行董事）。他的《美国简史》（*A Short History of the United States，1492-1929*）一书是 1928 年金陵大学美国史课程教科书[1]，而且，国立北平师范大学图书馆在 1935 年也收藏有此书[2]。此书初版于 1913 年，共 42 章，是一部美国社会史，不仅包括政治史，也包括了人们的风俗习惯、社会进程以及公共福利的发展史。[3]

第三节　中国世界史教学对新史学派"综合史观"的重视

上一节是对在中国高校课堂使用的美国新史学派世界史与国别史教科书的详细介绍。从它们的主要内容以及撰述旨趣上看，可以发现一些共同点，即对历史"综合性"的强调与实践。不论是世界史书籍还是国别史书籍，都倾向于从整体上论述人类历史的全部内容，如政治、经济、文化、社会等方面。就算某些史书并没有论及所有方面，也体现出了这种趋势，或在序言中强调了这种"综合"历史的重要。如伯利斯坦德的《古代史》一书，作者虽然以政治组织或历史事件为框架，但将大量笔墨给了人类生活的各方面，包括社会、工业、商业、宗教、艺术、文学等，希望读者能理解一个时代如何发展至另一个时代，一种文明如何衍生另一种文明。再

---

[1] 李森主编《民国时期高等教育史料汇编》（第 27 册），国家图书馆出版社，2014，第 603 页。
[2] 《国立北平师范大学图书馆图书目录》1935 年第 7 期，第 1、3、5~87 页。
[3] "Reviewed Work: A Short History of the United States by John Spencer Bassett", *The North American Review*, Vol. 199, No. 702 (May, 1914): 794.

如巴恩斯的《西方文明史》一书，作者自己就说："如果这本书可以算作对'新史学'的一个贡献，那么就是因为它对历史材料的处理方式——把人类星球进程的完整记录作为考察对象……同时，政治、法律、军事、外交等因素也没有被忽略。"① 再如，施莱辛格与佛格斯合编的《美国社会史》一书，从书名就可以看出来它是一部综合性的美国社会史。

再把眼光聚焦到中国方面。那些使用美国新史学派教科书的中国课程，以及它们对教学目标与教学内容的设置，都体现出这种对历史"综合性"的强调。从表 4-3 所列"采用新史学派世界史与国别史教科书的中国高校课程信息"中，我们不难看到，几乎每一门课的课程说明都有对于历史"综合性"的教学目标，简言之，就是政治、经济、文化、社会各方面并重。中国高校世界史与国别史课堂对"综合历史"的这种"青睐"，与美国新史学派著作对"综合历史"的强调是一致的。可以说，教材的选用就是课程目标的体现；反过来，教材的主旨也可以助益课程目标的设置；两者是相通的。可以想象，当 20 世纪上半期中国的万千学子在高校课堂上阅读来自美国新史学派的历史教科书时，他们对历史的认识也会在无形中接受这些书籍的塑造。这些书籍所传达的"综合史观"，也可以通过课堂教学，植入一代又一代学子的知识体系，并通过他们形塑中国史学的发展道路。

表 4-3　采用新史学派世界史与国别史教科书的中国高校课程信息

作者及教科书名	采用的大学与课程	课程说明
J. H. Breasted, *Ancients Times*	国立青岛大学欧洲通史课程参考书	本学程自希腊时代起，至巴黎和会止，略述欧洲学术思想之变迁，以及经济政治制度之发达，使学生得一有系统的欧洲通史知识
	国立武汉大学欧洲上古史课程参考书	讲授时注意叙述欧洲上古世界政治、经济、文化、社会之变迁及近代文明之上古来源，并随时评述各时代史料之出处（如先史时代欧洲史料之来源，埃及史料之来源等），讨论上古史上之问题（如先史考古学，埃及编年学上之问题），以引起学者对上古史深造与专攻之兴趣

---

① Harry Elmer Barnes, *The History of Western Civilization* (New York: Harcourt, Brace and Company, 1935), pp. v-xi.

续表

作者及教科书名	采用的大学与课程	课程说明
J. H. Robinson, J. H. Breasted, *History of Europe: Ancient & Medieval*	国立武汉大学欧洲古代史（西洋古代史）课程参考书	本学程包括欧洲上古与中古两时代，凡此时代民族之盛衰、国家之兴替、人民之生活与文化进展之概况，均略加叙述，并阐明对于近世之影响
C. J. H. Hayes, P. T. Moon, *Ancient and Medieval History*	国立武汉大学欧洲古代史课程参考书	同上
J. H. Robinson, C. A. Beard, *Outlines of European History* (Part Ⅱ)	圣约翰大学欧洲现世史课程教科书	本科研究欧人文化制度之基本及其发达，注重民族之进化、工艺之改革及万国同盟会之发达，自路易十四起，至近世止
J. H. Robinson, C. A. Beard, *Readings in Modern European History*	国立武汉大学欧洲通史（一）近代课程教科书	本学程自法兰西大革命讲起至巴黎和会止，注重法国革命以来欧洲政治社会制度及思想文化变迁之经过
	南开大学欧洲近代史课程教科书	本学程研究欧洲自拿破仑战争后之政治及社会演化
C. J. H. Hayes, P. T. Moon, *Modern History*	国立武汉大学西洋近世史课程参考书	本课范围：自十六世纪至今日，政治经济社会各方面并重
	国立武汉大学西洋近世史课程参考书	本学程叙述并解释欧洲自1500年至1930年政治、经济、社会各方面变迁之经过。首述欧洲近代社会之背景及欧西文化之远播，次述中产阶级之兴起，以及中产阶级获得统治者之地位后之建设与发展。末述大战后中产阶级之彷徨，欧洲政治经济社会组织之动摇，同时说明新制度产生于新思潮之激荡。在可能范围内，暗示将来之趋势，并解释此时期之过渡性质，使学生不仅知其然，且知其所以然
C. J. H. Hayes, *Political and Cultural History of Modern Europe*	国立四川大学西洋近世史课程参考书	本学程特别注重叙述近百年来西洋各国政治社会经济之发展与文化思想之进步，并详述自由宪政运动民主革命运动民族统一运动社会改革运动工业革命与帝国主义之发展，俾学者了解欧洲之时代精神

续表

作者及教科书名	采用的大学与课程	课程说明
J. S. Schapiro, *Modern and Contemporary European History*	国立四川大学西洋近世史课程参考书	同上
	国立清华大学西洋近百年史课程教科书	本学科范围上自维也纳和会下迄目前，包括欧美各大国之政治、外交、经济、社会历史，而于影响西洋全部之事变及潮流，如工业革命、民族运动、殖民政策、帝国主义、世界大战等尤所注意
Lynn Thorodike, *A Short History of Civilization*	国立武汉大学西洋文化史课程参考书	本课分为上古、中古、近世、现代四编，叙明西洋诸国之政治社会经济宗教学术之变迁及贡献
	国立武汉大学西洋近代文化史课程参考书	本学程注意西洋近代文化与现代文化进展之迹，分二部叙之。前部述近代文化之产生，其重要节目为：（1）学问之增进；（2）宗教改革；（3）王权伸张与专制政体；（4）新科学之兴起与学术思想之嬗变；（5）近代社会生活概况。后部述现代文化之发展，重要节目为：（1）宪政运动与民治主义；（2）实业革新与社会改组；（3）现代学术思想之进步；（4）现代社会生活状况；（5）战时与战后文化之转变
R. L. Ashley, *Modern European Civilization*	国立武汉大学西洋近代文化史课程参考书	同上
	国立武汉大学西洋文化史课程参考书	本课分为上古、中古、近世、现代四编，叙明西洋诸国之政治社会经济宗教学术之变迁及贡献
R. L. Ashley, *Early European Civilization*	国立武汉大学西洋文化史课程参考书	同上
C. A. Beard, M. R. Beard, *The Rise of American Civilization*	国立武汉大学美国史课程参考书	拟以一七七六年以前为第一期，注重欧人殖民事业及美国独立。由独立起至一八六五年为第二期，注重美国工业革命及南北势力之冲突。由南北统一至世界大战为第三期，注重农工业之进展，资本主义之发达，以及民主政治、通俗教育与外交政策等事。由大战至现在为第四期，注重经济劳工等问题，及美国与太平洋之关系

资料来源：笔者根据《民国大学校史资料汇编》（王强主编，凤凰出版社，2014）、《民国时期高等教育史料汇编》（李森主编，国家图书馆出版社，2014）、《近代教会大学历史文献丛刊》（王强主编，凤凰出版社，2015）整理。

第五章　美国汉学研究著述在华之传播与影响

美国新史学派史书无疑是20世纪上半期在华传播的美著史书的主流，但在主流之外，还有诸多支流，其中之一即是美国的汉学研究著作。对于中国学者来说，汉学（Sinology）是国外学者展开的研究中华民族历史文化的一门学问，其民族本位心理决定了他们会密切关注国际汉学界的研究动态。同时，也正是这种民族本位心理及其所衍生的民族自尊心理，使他们对欧美汉学日益发达、本国学者趋步其后的现状颇有不满，立志要"把汉学中心夺回中国"。如此，在这种复杂心理机制的作用下，中国学者对欧美汉学家的研究成果总是积极关注。美国汉学的底蕴虽远不及欧洲那么深厚，但它是后起之秀，发展迅速，而且其研究也有不同于欧洲汉学的特色，所以也是中国学者积极关注的对象。但是，美国汉学研究成果之"回归"中国，这一过程并非简单的知识流动，而是一种学术经过他种思维与文化重构后再回到本土并产生影响的过程。

第一节　美国汉学研究著述在华传播的基本路径

20世纪上半期美国汉学研究著述在中国的传播规模虽不及新史学派著作那么广大，但也涉及翻译（包括节译）、期刊评述、用作教科书等基本路径。在翻译方面，有中译本出现并由出版社正式出版的著作不多；据笔者考察，仅有少量著作有中译本问世，如倪林的 *Whither China*，卡特的

The Invention of Printing in China and Its Spread Westward，拉铁摩尔的 *Inner Asian Frontiers of China*。倪林之书在 1929 年由王志文译成中文，名为《中国革命》，由上海远东图书公司出版；卡特之书在 1938 年由刘麟生译出中译本，名为《中国印刷术源流史》，由商务印书馆出版；拉铁摩尔之书在 1941 年由赵敏求译出中译本，名为《中国的边疆》，由南京正中书局出版。相比之下，通过期刊摘译或节译的现象较多一些，卡特的《中国印刷术的发明及其西传》(*The Invention of Printing in China and Its Spread Westward*)、恒慕义的《〈古史辨·序〉英译》(*The Autobiography of a Chinese Historian, Being the Preface to a Symposium on Ancient Chinese History*)、拉铁摩尔的《满洲的蒙古人》(*The Mongols of Manchuria*)、夏德和柔克义的《〈诸蕃志〉译注》(*Chau Ju-kua: His Work on the Chinese and Arab Trade in the Twelfth and Thirteenth Centuries*)、魏特夫的《中国的经济和社会》(*Wirtschaft und Gesellschaft Chinas*) 等书都有部分章节被中国学者节译并发表出来（见表 5-1）。在期刊评述方面，中国学者在期刊上发表了一些关于美国汉学研究著作的评述文章，这方面的传播规模要大得多。不仅上述被翻译的著作同时有评述文章问世，还有更多的作品通过期刊传播开来，如德效骞的《〈汉书〉译注》(*Pan Ku's History of the Former Han Dynasty: A Critical Translation with Annotations*)、贾德纳的《中国旧史学》(*Chinese Traditional Historiography*)、赖德烈的《中国人的历史与文化》(*The Chinese, Their History and Culture*) 等。这方面的内容相对较多，将在第四节详细论述。此外在历史教学领域，也有几部美国汉学研究著作被用作中国史课程的参考书，如麦克默里 (John Van Antwerp Macmurray) 的《与中国有关的条约和协定》(*Treaties and Agreements With and Concerning China*) 与马士 (Hosea Ballou Morse) 的《中华帝国对外关系史》(*The International Relations of the Chinese Empire*) 都曾作为南开大学中国外交史课程（教员蒋廷黻）的参考书[①]，马士与宓亨利 (Harley Farnsworth MacNair) 合著的《远东国际关系》(*Far Eastern International Relations*) 一书也曾作为燕京大学远东近世史课程（教员洪煨莲）的参考书[②]。

[①] 王强主编《民国大学校史资料汇编》（第 1 册），凤凰出版社，2014，第 478 页。
[②] 王强主编《近代教会大学历史文献丛刊》（第 4 册），凤凰出版社，2015，第 158 页。

表 5-1　20 世纪上半期中国期刊节译的美国汉学研究著作

作者及书名	节译情况
T. F. Carter, *The Invention of Printing in China and Its Spread Westward*	〔美〕T. F. Carter 著，向达译《吐鲁番回鹘人之印刷术》，《图书馆学季刊》1926 年第 1 卷第 4 期（译自第 14 章，附有"译者补注"）
	〔美〕T. F. Carter 著，向达译《日本考谦天皇及其所印百万卷经咒》，《图书馆学季刊》1927 年第 2 卷第 1 期（译自第 7 章，附有"译者补注"）
	〔美〕加特著，向达译《高丽之活字印刷术》，《图书馆学季刊》1928 年第 2 卷第 2 期（译自第 23 章）
	〔美〕T. F. Carter 著，向达译《中国印刷术之发明及其传入欧洲考》，《北平北海图书馆月刊》1929 年第 2 卷第 2 号（译自第 5 章，附有"译者补注"）
	〔美〕T. F. Carter 著，向达译《中国雕板印刷术之全盛时期》，《图书馆学季刊》1931 年第 5 卷第 3、4 期（译自第 10 章，附有"译者补注"）
	〔美〕卡特著，向达译《现存最古印本及冯道雕印群经》，《图书馆学季刊》1932 年第 6 卷第 1 期（译自第 9 章）
	〔美〕卡特著，向达译《论印钞币》，《图书馆学季刊》1932 年第 6 卷第 4 期（译自第 11 章）
	〔美〕T. F. Carter 著，张德昌译《中国造纸术的发明》，《清华周刊》1933 年第 39 卷第 9 期，第 902~906 页（译自第 1 章）
	〔美〕卡德著，刘麟生译《中国印刷术源流史》，《商务印书馆出版周刊》1936~1937 年新第 182~216 期
A. W. Hummel, *The Autobiography of a Chinese Historian*	〔美〕恒慕义著，郑德坤译《近百年来中国史学与古史辨》，《史学年报》1933 年第 1 卷第 5 期，第 147~161 页（译自导言）
O. Lattimore, *The Mongols of Manchuria*	〔美〕拉丁摩著，侯仁之译《蒙古的王公，僧侣，与平民阶级》，《禹贡》1935 年第 3 卷第 10 期（译自绪论）
	〔美〕拉丁摩著，侯仁之译《蒙古的盟部与旗》，《禹贡》1935 年第 6 期（译自第 7 章）

续表

作者及书名	节译情况
F. Hirth & W. W. Rockhill, *Chau Ju-kua: His Work on the Chinese and Arab Trade in the Twelfth and Thirteenth Centuries*	安文倬：《十三世纪前中国海上阿拉伯商人之活动》，《禹贡》1936年第5卷第11期，第79~90页（译自第1~27页）
	〔美〕夏德、柔克义著，牟沅译《赵汝适大食诸国志考证》，《禹贡》1937年第7卷第4期，第79~98页（译自第22~28章）
K. A. Wittfogel, *Wirtschaft und Gesellschaft Chinas*	盛叙功：《中国农地的灌溉问题》，《地学季刊》1935年第2卷第2期，第71~82页（译自第二篇第二章第一节）
	盛叙功：《中国的治水事业与水利工事：中国水利事业之史的考察》，《地学季刊》1936年第2卷第4期，第65~84页（译自第二篇第二章第一节）
	〔美〕K. A. Wittfogel著，冠群译《中国农田灌溉问题之商榷》，《先导》1942年第1卷第3期，第28~35页（译自第二篇第二章第一节）
	吴藻溪译《古代中国的政府与天文》，《群众》第7卷第10期（译自第二篇第四章）
	〔美〕维特福而著，吴藻溪译《中国农业的死活问题》，《中国农民（重庆）》1943年第2卷第3/4期，第20~48页（译自第二篇第四章）
	吴藻溪译《中国为什么没有产生自然科学》，《科学时报》复刊第1期，1944年10月1日（译自第二篇第四章）

资料来源：笔者根据全国报刊索引数据库整理。

第二节　美国汉学研究著述与中国史学界的积极互动

20世纪上半期的中国史学界有很多重大的变革与运动，如20世纪初的"史界革命"，20年代初的整理国故运动与古史辨运动、20年代末的社会史论战等。其中的古史辨运动与社会史论战，不仅引起了大量中国学者的积极关注，也有美国汉学研究者的参与。这种"史学"层面的交流，既说明美国汉学家对中国史学发展动态的积极关注，也说明中美学者在这一领域的紧密互动。

一 中国古史辨运动与恒慕义、卜德著述的传播

1923年,顾颉刚与钱玄同在《读书杂志》上发表了一系列有关中国古史的讨论,这场讨论吸引了其他学者的注意,刘掞藜、胡堇人、丁文江、柳诒徵、容庚等学者纷纷加入论战。1926年,顾颉刚将参与此次论战的学者(包括支持派与反对派)的文字(包括信件、论文等)辑为《古史辨》第一册出版,立即在学界引发重大反响,并吸引了更多的学者加入讨论阵营,形成万众瞩目的"古史辨运动"。到1941年,《古史辨》共出版七册,成为中国近代史学发展历程中最重大的成果之一。作为"古史辨运动"的引发者与主持者,顾颉刚绝对是这场运动中当仁不让的核心人物。正是由于他提出的"层累地造成的中国古史"一说,动摇了中国学人千年来对于中国古史的认识,才引发了学界的激烈震荡。在《与钱玄同先生论古史书》一文中,顾颉刚系统论述了"层累地造成的中国古史"一说。他说:"这有三个意思。第一,可以说明'时代愈后,传说的古史期愈长'……第二,可以说明'时代愈后,传说中的中心人物愈放愈大'……第三,我们在这上,即不能知道某一件事的真确的状况,但可以知道某一件事在传说中的最早的状况。"[1]

(一) 恒慕义:《〈古史辨·自序〉英译》及其他

"古史辨运动"受到时在北平的美国汉学家恒慕义(Hummel Arthur William, 1884-1975)的高度关注,他在《古史辨》第一册出版的当年(1926年)就在美国《中国科学与艺术》(*China Journal of Science and Arts*)杂志第5卷第5期撰文介绍,名为《〈古史辨〉第一册》[Ku Shih Pien (Discussions in Ancient Chinese History) Volume One]。[2] 作为一名美国人,恒慕义之所以对"古史辨运动"产生这么大的兴趣,可能与其在华期间与中国学者的交往有关。恒慕义于1914年以美国公理会传教士身份来

---

[1] 顾颉刚:《与钱玄同先生论古史书》,《读书杂志》1923年第9期,第3~4页。
[2] Arthur W. Hummel, "Ku Shih Pien (Discussions in Ancient Chinese History) Volume One", *China Journal of Science and Arts*, Vol. V, No. 5 (Nov., 1926): 247-249.

华，在北京华语学校学习中文一年，1915~1924年任山西铭义中学校长兼教英文。1924~1927年在北京华文学校担任中国史讲师3年，教授"中国文化史纲""中国社会习俗"等课程。1927年因北伐战争爆发辞职回美，任职于美国国会图书馆，并任图书馆东方部主任长达27年之久，其间亦多次来华购书。在华期间，恒慕义与中国学界有密切接触，先后结识胡适、冯友兰、顾颉刚、蒋梦麟、郭秉文、袁同礼等人。① 正是由于与中国学者——尤其是顾颉刚——的密切接触，恒慕义了解到当时中国史学界正在进行的轰轰烈烈的"古史辨运动"。

在1926年向美国学界介绍了《〈古史辨〉第一册》以后，恒慕义在1929年又在《美国历史评论》期刊上发表"What Chinese Historians are Doing in Their Own History"一文，再次介绍古史辨运动。② 该文在当年由王师韫译成中文，发表在《国立中山大学语言历史学研究所周刊》1929年第9卷第101期，名为《中国史学家研究中国古史的成绩》。在这篇文章中，恒慕义首先将"古史辨运动"视为一种源自17、18世纪汉学的"新文化运动"，指出其"重要趋向就是坚决地要求，用科学方法，把本国文化的遗产从新估价一次"。随后，他分析了中国学者在整理古史方面所遇到的几大难题：一是"材料太多"；二是"他们的缺乏系统，因此很不容易应用"，即"不论什么记述的事实都草草地在一种美观的形式里面混在一起"；三是"要用科学的方法来对付他们"，即"宁可以怀疑的态度，不可以相信的态度来迫近这些被人尊崇的最古经典，因此打倒一切自绝于知识的障碍"。最后，他简要介绍了"古史辨运动"的经过，并详细复述了顾颉刚与其他学者对《诗经》《论语》《春秋》《左传》《史记》等中国古史展开的研究。③

在此文中，恒慕义还表达了将《古史辨》译成英文的愿望："《古史辨》……是百五十年来中国关于古史的最有价值的著作。我们如果要举一个好例来说明现代中国的史学批评，并要纪念中国过去十年里面的'新文

---

① 李孝迁：《域外汉学与中国现代史学》，上海古籍出版社，2014，第327页。
② Arthur W. Hummel, "What Chinese Historians are Doing in Their Own History", The American Historical Review, Vol. 34, No. 4 (Jul., 1929): 715-724.
③ 〔美〕恒慕义著，王师韫译《中国史学家研究中国古史的成绩》，《国立中山大学语言历史学研究所周刊》1929年第9卷第101期，第8~16页。

化运动'，实在该把这一本书译成英文。"这个愿望，恒慕义在1933年就部分实现了——他翻译了《古史辨》书前顾颉刚所做的长篇自序。《古史辨·自序》长达六万多字，是顾颉刚回顾自身学术思想发展历程的长篇自传与深度剖析。恒慕义所作《〈古史辨·自序〉英译》（The Autobiography of a Chinese Historian, Being the Preface to a Symposium on Ancient Chinese History[①]），1933年作为"莱顿大学汉学研究书系"（Sinica Leidensia）的第一种在荷兰出版。恒慕义在书前作有一篇导言，此导言由顾颉刚在燕京大学的学生郑德坤译成中文《近百年来中国史学与古史辨——英译〈古史辨自序〉序》，发表在《史学年报》1933年第1卷第5期。恒慕义在导言中说，《古史辨》第一册是"现在中国学者的工作及态度最好的介绍；中国文化革新的各大问题，西洋科学方法的应用，及本国固有成绩的继续，无不叙述尽致"，而顾颉刚的自序"不独是一位中国史家的自述，亦是过去三十年来风行中国的思潮最好的评述"。他简述了顾颉刚学术思想的形成过程（亦即《古史辨·自序》的主要内容），并从整体上归纳了"古史辨"派在思想态度和具体工作上所体现出来的趋势与特点："一，对于经典态度之改变……二，学派统治的解放……三，寻求绝对真理的放弃……四，新疑古的态度"；"古史辨"派的目的与工作可略述为："一，伪书的辨别及排除……二，佚书僻典的恢复……三，古书明晰的增加……四，界限的分划……五，科学方法的鼓吹……六，比较研究的注重。"[②] 其归纳是很全面且合理的。

恒慕义虽然是一位美国人，但他对中国史学发展态势的关注无疑是积极的。而且，他还主动向美国学界介绍中国史学最新的研究成果，号召中国学者放开这片"新大陆"，"使各国学者带他的文化背景所供给的特有知识来到此地通力合作"[③]。更值得注意的是，对于恒慕义的相关文章与著述，中国学者也表现出积极关注的热情；1929年发表的《中国史学家研究

[①] Arthur W. Hummel, The Autobiography of a Chinese Historian, Being the Perface to a Symposium on Ancient Chinese History (Leyden: E. J. Brill, 1933).

[②] 〔美〕恒慕义著，郑德坤译《近百年来中国史学与古史辨》，《史学年报》1933年第1卷第5期，第147~161页。

[③] 〔美〕恒慕义著，王师韫译《中国史学家研究中国古史的成绩》，《国立中山大学语言历史学研究所周刊》1929年第9卷第101期，第8~16页。

中国古史的成绩》一文与 1933 年出版的《〈古史辨·序〉英译》一书的导言，都在问世当年就被译成中文；而且，1926 年的《〈古史辨〉第一册》与 1929 年的《中国史学家研究中国古史的成绩》两文，还被收入《古史辨》第二册。这恰说明中美学者之间就"古史辨运动"所展开的紧密互动。

（二）卜德：《〈左传〉与〈国语〉》

如果说恒慕义是中国"古史辨运动"在美国的积极宣传者，那么卜德就是中国"古史辨运动"的积极参与者。他所撰写的《〈左传〉与〈国语〉》一文，就是关于当时学者们热切讨论的《左传》和《国语》的关系问题的一个解答。卜德（Derk Bodde，1909-2003），生于上海，在上海美国学校毕业后回美。1919 年来华，其父在南洋公学任物理教师多年。1930 年获得哈佛燕京学社奖学金，1931 年再次来华，直到 1937 年回美，任宾夕法尼亚大学汉文讲师。1938 年，卜德在荷兰莱顿大学获得博士学位，导师是戴闻达。同年回美，继续在宾夕法尼亚大学任教。[①]"二战"期间为美国情报局工作。1948 年再度来华，1949 年返美。[②]

卜德在北京期间（1931~1937 年），恰逢中国学界的"古史辨运动"。"古史辨运动"讨论的一个核心问题就是《左传》与《国语》的关系。这个问题源于康有为在《新学伪经考》提出的观点，即《左传》与《国语》本是一书，是刘歆割裂《国语》而成《左传》一书。关于这个问题，学者们争论不休，梁启超、钱玄同等今文经学学者支持康有为的观点，章太炎等古文经学学者则持反对态度。对此，作为美国人的卜德也有很大兴趣，他利用自己的语言学知识，从语言学角度分析两书的关系，并得出《左传》与《国语》是两本书的结论。此文（《〈左传〉与〈国语〉》）是卜德唯一一篇用中文撰写的文章，完成之后曾送交顾颉刚修改指正。[③] 据《顾颉刚日记》（1934 年 10 月 14 日）记载："将卜德所著《〈左传〉与

[①] 李孝迁：《域外汉学与中国现代史学》，上海古籍出版社，2014，第 341~342 页。
[②] 中国社会科学院近代史所翻译室编《近代来华外国人名辞典》，中国社会科学出版社，1981，第 45 页。
[③] 顾均：《顾颉刚与卜德（Derk Bodde）的文字之交》，《中华读书报》2013 年 6 月 12 日，第 14 版。

〈国语〉》汉文本重作,一天毕,约四千字。"① 可见,这篇文章是顾颉刚根据卜德的原意而"重作"的。这篇"重作"的文章,两个月后刊登在《燕京学报》1934年第16期。

在文章中,卜德首先指出了《左传》与《国语》两书在语言层面的差异:第一,《左传》所引用《书经》和《诗经》远远多于《国语》;第二,《左传》中提到"天"字只有八次,而分量少了一半的《国语》里却提到十次。然后,他分析了这种差异之所以产生的两种可能存在的原因:"一、《左传》和《国语》所根据的材料不同;二、《国语》的作者对于《诗》学没有深研,或者他对于引《诗》的癖好及不上《左传》的作者。"最后,他以钱玄同在《论获麟后续经及春秋例书》一文中所提出的"《左传》和《国语》由一书瓜分为二而成"的观点为箭靶,逐条反驳,力陈二书在内容上的差异。②

不论其观点正确与否,卜德从语言学的角度探讨《左传》与《国语》的关系,这种研究方法是值得肯定的。这种带有欧洲传统汉学特色的研究方法,正是中国学者所缺少的,因此得到顾颉刚的注意与亲自修改。一直到1947年顾颉刚出版《当代中国史学》一书时,他还在书中提到高本汉与卜德对《左传》与《国语》著作时代问题的研究贡献:"除了《尚书》以外,比较地为中外学者所深切注意的,便是《左传》和《国语》的著作时代问题,因为这个问题已为晚清今文家所提出而没有解决的。国外学者对于这问题有研究的要算高本汉了,他著有《左传真伪考》,从文法上证明《左传》非鲁人作,而《左传》与《国语》确为用同一方言人所作,但决非一人之作品。此外卜德着有《左传与国语》一文,由二书的引《诗》多寡上及用'帝'与'上帝'的多寡上,证明二书原非一物。"③ 可见对于这位"勤学"的美国人对中国史学所做的贡献,顾颉刚是很认可的。

---

① 顾颉刚:《顾颉刚日记》(第三卷)(1934年10月14日),联经出版事业公司,2007,第247~248页。
② 〔美〕卜德:《左传与国语》,《燕京学报》1934年第16期,第161~167页。
③ 顾颉刚:《当代中国史学》,上海古籍出版社,2006,第123页。

二 中国社会史论战与魏特夫、韦慕庭著述的传播

20世纪二三十年代，出于对1927年大革命失败的反思，中国思想界掀起了一场讨论中国社会性质问题的大论战。因为只有对中国国情有充分且正确的认识，才能确定革命的任务与方向，避免再次失败的命运。论战的核心问题是中国社会到底是资本主义社会还是半殖民地半封建社会。随着论战的逐渐深入，讨论的范围便由现实扩大到整个中国历史，演变成一场中国社会史大论战。论战主要围绕三个核心问题进行：一是中国历史上是否存在过"亚细亚生产方式"；二是中国历史上是否存在过奴隶社会；三是现阶段中国社会的性质是否是"商业资本主义社会"。在论战过程中，也有一些国外学者的相关著作被关注到，或间接地参与到论战中；其中就有美国汉学家魏特夫与韦慕庭的著述。

（一）魏特夫：《中国经济与社会》及其他

魏特夫（Karl August Wittfogel，1896-1988），出生于德国汉诺威，1919年加入德国共产党，1928年获得法兰克福大学博士学位，先后在法兰克福社会研究所和威廉中国研究所从事研究工作。希特勒上台后，他作为德共中央委员被捕，后经国际社会援救而获释，赴美任哥伦比亚大学国际社会研究所主任。1935年来华收集中国经济与社会史研究资料，1937年回美。1938年加入美国国籍，并任教于哥伦比亚大学。1939年后历任太平洋国际学会与社会问题研究所中国史教授、华盛顿州立大学中国史教授，直至1966年退休。[①]

1957年出版的《东方专制主义：极权的比较研究》（*Oriental Despotism: A Comparative Study of Total Power*）是魏特夫最重要的作品，集中展现了他所建构起来的用于解释中国历史的"治水-专制主义社会"理论范式。他把世界各地划分成两种类型：一类是非治水社会，即依靠"雨水灌溉"而不依靠大规模"治水"工程，如西欧、北美和日本，这类社会

[①] 中国社会科学院近代史所翻译室编《近代来华外国人名辞典》，中国社会科学出版社，1981，第518~519页。

由于不需要组织大规模人力协作建设水利工程，所以没有形成专制主义；另一类是治水社会，即不能靠"雨水灌溉"而只能靠人工灌溉的"治水"工程来实现农业供水，这类社会的典型代表就是中国。关于治水社会与专制主义的详细关系，用魏特夫本人的话可以概括如下："这种社会形态主要起源于干旱和半干旱地区，在这类地区，只有当人们利用灌溉，必要时利用治水的办法来克服供水的不足和不调时，农业生产才能顺利地和有效地维持下去。这样的工程时刻需要大规模的协作，这样的协作反过来需要纪律、从属关系和强有力的领导"；"要有效地管理这些工程，必须建立一个遍及全国或者至少及于全国人口重要中心的组织网。因此，控制这一组织网的人总是巧妙地准备行使最高政治权力"，于是便产生了专制君主、"东方专制主义"。[1] 虽然这种理论框架的成形是在"二战"之后，但其主要观点早在"二战"以前的二三十年代就已经形成了。

在 20 世纪二三十年代的中国社会史大论战时期，魏特夫的研究成果逐渐进入中国学者的视野。1929 年，他的《中国阶级之史的考察》一文被刊登在社会史论战发起人陶希圣主编的《新生命》杂志上。陶希圣在文末作有"编者识"，认为"中国的历史，若根据一定的史观，可以分作三期。第一期由黄帝至殷，在经济上是采取奴隶制度，与这个经济相适应的，则为武力国家。第二期由周至秦，在经济上是采农奴的井田制度，与这个经济相适应的则为封建国家。第三期由秦至最近，在经济上是采水利农业经济制度，与这个经济相适应的，则为官僚国家。到了最近，由国民革命的完成，才进入于现代式的国家"。他还说：魏特夫此文"与我的意见，大同小异"，所以他"接到这篇译文，即发表出来，以供国内要研究中国史者之参考"。[2]

1931 年，魏特夫用德文写作的《中国的经济和社会》（*Wirtschaft und Gesellschaft Chinas*）一书在德国出版。他在书中初步展现了 20 年后才成熟的"治水-专制主义社会"理论。这种观点不仅引起了欧美汉学界的轰动，也引起了中国学者的注意。陈翰笙在当年就在《国立武汉大学社会科学季

---

[1] 〔美〕卡尔·A. 魏特夫：《东方专制主义》，徐式谷等译，中国社会科学出版社，1989，第 2 页。
[2] 〔美〕维特福格尔：《中国阶级之史的考察》，《新生命》1929 年第 2 卷第 8 期，第 80~87 页。

刊》上发表了关于此书的书评。关于此书内容，陈翰笙有简短介绍："本书只是叙述中国社会经济的上册，……分两部分，第一部分是要从历史方面说明中国生产能力的体系，又分作两大段。第一段讨论中国经济程度中生产能力受各种自然环境的限制；例如，土地、气候、水利和矿产等等。第二段讨论中国劳动程度中生产能力受各种社会因素的制裁；例如，人种、思想、农业和手工业的生产手段等等。第二部分足占全书四分之三的篇幅，分述中国经济的各方面。关于农业、灌溉、肥料、轮种和政府在农事上的威权。"但是，陈翰笙并不认可魏特夫的研究方法，说他"是用马克思主义解释中国全部社会和经济的一个新实验。但从马克思学说的观点讲来，这一次实验还没有什么成功。要研究我们这个'巨大的亚细亚式的农村社会'，可靠而可用的材料目前实在太少；读完这本书以后，只觉得许多都是早期小产的意见罢了"。[①]

与陈翰笙不同，王毓铨对魏特夫的研究评价甚高，并积极向中国学界引介。他在北京大学读书期间就读到《中国的经济和社会》的日译本，"读后很是钦佩"，于是在《益世报·读书周刊》1935年第4、第5期连续发表介绍此书的详细书评。他称此书为"震动了各国学术界的关于中国的著作"，觉得非常有介绍给国内读者的必要。[②] 直到1942年，《中国的经济和社会》仍然被中国学者称为"空前的大著"。[③] 虽然《中国的经济和社会》一书并没有完整的中译本问世，但是部分章节曾被翻译发表。其第二篇第二章第一节被盛叙功翻译出来，发表在《地学季刊》1935年第2卷第2期[④]、1936年第2卷第4期[⑤]；此部分还有署名"冠群"的译文，发表在《先导》1942年第1卷第3期[⑥]。其日译本第二篇第四章被吴藻溪翻译出

[①] 陈翰笙：《新刊介绍与批评：*Wirtschaft und Gesellschaft Chinas* by K. A. Wittfogel》，《国立武汉大学社会科学季刊》1931年第2卷第2期，第426~429页。

[②] 王毓铨：《中国经济与社会》，《益世报·读书周刊》第4期，1935年6月27日。

[③] 陈家芷：《中国经济史的方法论》，《大学（成都）》1942年第1卷第11期，第40~42页。

[④] 盛叙功：《中国农地的灌溉问题》，《地学季刊》1935年第2卷第2期，第71~82页。

[⑤] 盛叙功：《中国的治水事业与水利工事：中国水利事业之史的考察》，《地学季刊》1936年第2卷第4期，第65~84页。

[⑥] 〔美〕K. A. Wittfogel著，冠群译《中国农田灌溉问题之商榷》，《先导》1942年第1卷第3期，第28~35页。

来，发表在《群众》第7卷第10期①，《中国农民》1943年第2卷第3、4期合刊②，《科学时报》1944年复刊第1期③。

除了《中国的经济和社会》，魏特夫的著述中，得到中国学者较多关注的还有他1935年在巴黎《社会研究》杂志发表的《中国经济史的基础和阶段》一文。通过此文，魏特夫提出一种"王朝循环理论"（Dynamic Cycle Theory），即两千年的中国历史一直在"一个阴毒的经济政治的循环"里打转，具体而言就是："新形式私有财产之积集与土地私有之集中到官僚、绅士和大商人们底手里，田赋之减少，国家之削弱，农业恐慌——内在的恐慌，外来的恐慌——侵略——国家的恐慌。"此文发表的当年，王毓铨就在《益世报·读书周刊》第28期撰文介绍此文，并盛赞魏特夫的理论是"对于所谓亚细亚社会政治的别具特色的分析"④。1937年，冀筱泉（冀朝鼎）也将此文翻译出来，发表在《食货》第5卷第3期。

1935年，在国际社会科学研究所和太平洋学会资助下，魏特夫来华收集研究资料，至1937年抗日战争爆发才回美国。通过与中国学者的积极交往与合作，这位中国经济史研究专家在中国学界获得了更高的认知度。其在华开展的主要课题有两项："一是国际社会研究所资助的中国家族调查。魏氏首先在北京协和医院社会事业部几位中国助手的协助下展开调查，接着又在燕京和中山大学社会学系的董家遵等的帮助下，对福州、广州附近的家族进行实地调查。在进一步的大规模问卷调查中，至少有燕京、清华等16所中国大学提供支持。二是太平洋问题调查会资助的中国历史计划。魏氏先由临时助手王毓铨召集和指导一批历史系学生，从历代官员传记中搜集与科举制有关的资料。此后，魏特夫又聘请17位历史、经济、社会经济史专家（包括赵丰田、姚家积、梁愈、鞠清远、武仙卿、连士升、曾

---

① 吴藻溪译《古代中国的政府与天文》，《群众》第7卷第10期，转引自李孝迁《魏特夫与近代中国的学术界》，《人文杂志》2010年第6期，第121~129页。
② 〔美〕维特福而著，吴藻溪译《中国农业的死活问题》，《中国农民》（重庆）1943年第2卷第3/4期，第20~48页。
③ 吴藻溪译《中国为什么没有产生自然科学》，《科学时报》复刊第1期，1944年10月1日。转引自李孝迁《魏特夫与近代中国的学术界》，《人文杂志》2010年第6期，第121~129页。
④ 王毓铨：《中国经济史底各阶段及其基础》，《益世报·读书周刊》第28期，1935年12月12日。

睿、吴景超、冯家昇),分期将中国正史中有关社会经济的纪事文字摘录并英译注释出版,同时进行研究。"在此过程中,"陶希圣和邓之诚给予魏特夫的帮助最大。陶氏时常与之过从,助其搜罗资料,并有所讨论。邓之诚则为其解释字义,并推荐给合作者"。此外,"顾颉刚曾与之商讨古史"。①

20世纪30~40年代,魏特夫在中国学界的影响越来越大。中国学者对其学说的译介也从其中国经济史研究成果扩展到其他方面的成果。如1931年黑格尔逝世百年时,中国的很多期刊都刊载了纪念黑格尔的文章,其中就有魏特夫的《黑格尔与资产阶级和无产阶级》②与《黑格尔百年纪念的评价》③两文。1935年的《清华周刊》还刊登了他发表在 Untar dem Banner des Marxismus 第三卷第一、四、五号上的《地理学批判》(Geopolitik Geographischer Materialismus und Marxismus)一文。译者沈因明称:"从这本书里,我们才看见了真的活生生的科学之成立。"④ 1937年抗日战争全面爆发以后,日军大肆轰炸中国的高校,引起中国人的极度愤慨,认为日本人是在实行"有计划的摧残中国文化政策"⑤。在这种状况下,魏特夫的讨论文化战争的《"文化便是战争"》一文便见诸中国的报刊,成为中国舆论界讨论"日本轰炸中国各大学,出自一种任意的行动呢?还是一种政策?"⑥ 这一问题的参考。到1942年,由于长江水患问题的出现,魏特夫关于中国水利工程的研究再次得到中国学者的关注,其《中国之经济与社会》一书的第二篇第二章第一节被译成中文,发表在《先导》第1卷第3期。译者冠群称:"日前报载长江上游水患,近来日渐

---

① 王学典主编,陈锋、姜萌编撰《20世纪中国史学编年(1900~1949)》(下),商务印书馆,2014,第680~681页。
② 〔美〕K. A. Wittfogel 著,彭芳帅译《黑格尔与资产阶级和无产阶级》,《读书杂志》1931年第1卷第9期,第69~76页。
③ 〔美〕K. A. Wittfogel 著,钱啸秋译《黑格尔百年纪念的评价》,《世界与中国(上海)》1932年第2卷第4/5期,第7~10页。
④ 〔美〕K. A. Wittfogel 著,沈因明译《"地理学批判"》,《清华周刊》1935年第43卷第3期,第46页。
⑤ 〔美〕K. A. Wittfogel 著,李仲才译《"文化便是战争"》,《大风(金华)》1938年第52期,第4~6页。
⑥ 〔美〕K. A. Wittfogel 著,余冀达译《文化便是战争》,《时事类编》1938年特刊第20期,第40~45页。

高涨,势甚危急,浙省亦因霉雨,山洪暴发,各县农作物受损颇巨,是以开导水利,实为当务之急。本文作者 K. A Wittfogel 乃德国之著名学者对中国问题之研究,尤有心得,所著《中国之经济与社会》一书……其第二篇第二章第一节专论中国之水利问题,颇有研究之价值,用特摘译如后,以供水利当局之参考。"①

(二)韦慕庭:《前汉奴隶制度》

如果说魏特夫的著述是"被动"加入中国社会史大论战的,那么韦慕庭(Clarence Martin Wilbur, 1908-1997)关于中国汉代奴隶制的研究,就是"主动"加入中国社会史大论战的表现;他的《前汉奴隶制度》(*Slavery in China during the Former Han Dynasty*)一书就是"为了加入讨论奴隶社会的问题,他以一个中立者的立场做一个公平的仲裁者"②的结果。韦慕庭是20世纪初出生的美国新生代汉学家,1931年毕业于奥柏林学院,并进入哥伦比亚大学攻读硕士学位。后自费来华,在北平华文学校学习中文,并收集有关中国铜镜的研究资料。1934年回美,在哥大继续学习中文和日文。1941年获博士学位,后任哥伦比亚大学中国史教授兼东亚研究所研究员、所长。③

或许是在华期间受到中国社会史大论战的影响,他在回美后著成《前汉奴隶制度》(*Slavery in China during the Former Han Dynasty*, 1943)一书。杨联陞在1943年、聂崇岐在1946年都撰有书评介绍此书。关于西汉是否存在奴隶制度这一中国学者热烈讨论的问题,韦慕庭的答案是肯定的,即西汉确实存在奴隶制度;这是他分析诸多史料所得出的结论,如"法律规定奴隶犯罪所要承受的处罚、奴隶主必须交纳的特殊赋税、奴隶主惩罚奴隶的权力限制、法律规定的奴隶地位的低下以及汉代士大夫要求废奴的情感等等"④;但同时他也指出,虽然"西汉奴隶大约较其他时代为多,但奴

---

① 〔美〕K. A. Wittfogel 著,冠群译《中国农田灌溉问题之商榷》,《先导》1942 年第 1 卷第 3 期,第 28~35 页。
② 张朋园:《韦慕庭的中国史研究》,载傅伟勋、周阳山编《西方汉学家论中国》,中正书局,1993。
③ 李孝迁:《域外汉学与中国现代史学》,上海古籍出版社,2014,第 343~344 页。
④ 陈刚:《韦慕庭的中国研究》,硕士学位论文,华东师范大学,2009,第 14 页。

隶在全人口中比数,不过百分之一"①,所以西汉算不上是奴隶社会。

对于此书的主要观点,杨联陞是基本赞同的。他说,此书的"主要贡献,在于扫除有些人以为汉代是奴隶社会的误解";"作者的议论,大体上是妥当的,因为把秦汉当做奴隶社会,不过是公式主义者的一种附会,本没有历史上的根据"。关于此书的材料使用,杨联陞有褒有贬:"作者对中国学者的研究论文,虽然没有分出轻重,大体上已经利用","材料的搜集,在《史记》《汉书》里的辑得很齐备。只是时代断限,未免太严。后汉初的材料,很多没有用"。在翻译方面,虽然杨联陞指出了 20 处错误,但他大体满意:"作者似乎很下了一番功夫,错误并不算多。"②聂崇岐对此书的评价较杨联陞要高。虽然他也指出了译文中的 20 处错误,但总体而言,他对此书还是非常满意的:"统观全书,用力可谓甚勤。第一编为全书主干,条例颇为清晰,论据亦多精到处,允称研究前汉奴制之良好著作。第二编所辑一百三十八条,大致依年代前后排此,注释间有辨别异同处,具见著者治学之不苟。"③

第三节 中国社会变动与美国汉学研究著述的传播

美国汉学研究著作在中国的传播,除了学术知识交流层面的需要,也有现实层面的需要。毕竟,社会现实状况也是学术生长的土壤。尤其是在 20 世纪上半期的中国,社会的动荡与民族的危机不是仅靠政治与军事力量就可以解决的,学术知识也可以在思想层面发挥它的助益作用。这种时代特征也体现在美国汉学研究著述在华传播这一主题上。

一 中国革命形势与倪林、何尔康著述的传播

晚清以降,中国的革命运动一直风起云涌。这不仅是中国学者关注的

---

① 杨联陞:《评韦尔柏〈前汉奴隶制度〉》,《思想与时代》1943 年第 28 期,第 49~51 页。
② 同上。
③ 聂崇岐:《书评:C. Martin Wilbur: *Slavery in China during the Former Han Dynasty*》,《燕京学报》1946 年第 31 期,第 218~225 页。

现实问题，也是西方学者关注的国际问题，因为中国革命运动的进行会直接影响到西方列强的在华利益，进而影响远东地区的国际关系。因此，西方的中国研究专家撰写了很多关于中国革命问题的著作。同时，由于中国学者本身对中国前途的关切，这些来自国外的研究中国革命问题的著作又被介绍到中国，成为中国学者寻找中国问题答案的一个参考对象。美国方面，由于中美关系在20世纪上半期愈发紧密的趋势，因此也诞生了很多研究中国革命问题的著作。其中，被中国学者注意到的有倪林的《中国革命》、何尔康的《中国革命》等书；前者还有中译本出版。

（一）倪林：《中国革命》

倪林（Scott Nearing, 1883-1983）是美国经济学家、政治活动家，于1927年出版有《中国革命》（*Whither China? An Economic Interpretation of Recent Events in the Far East*）一书；全书共6章，论述中国当代的社会状况，也论及中国自1840年以来的历史。从副标题就可以看出，该书是从经济角度解释中国革命现象的一种尝试。作者于1927年到中国进行为期三个月的考察，回国后将考察结果著成此书。[①] 1929年，中国学者王志文将此书译成中文，由上海远东图书公司出版。

关于此书的主要观点，倪林自己在前言中已有总结：（1）工业化是缔造新中国的基本动力；（2）中国所发生的事件不是布尔什维克宣传的产物，而是社会演进的产物；（3）中国的民族主义不会被帝国主义的枪炮所打断；（4）中国的工业化几乎还没有开始，其影响只波及一小部分城市和一小部分生活层面；（5）随着工业化的展开，中国的民族主义运动将迅猛发展；（6）中国的工业化发展已衍生出两条战线：外国开发者与本国开发者之间的争夺——对国家统治权的争夺，外国及本国开发者与劳动大众之间的争夺——阶级斗争；（7）这种经济和社会运动不仅在中国发生，也在亚洲其他国家发生；（8）这一运动的方向取决于对中国真实状况的理解以及对这一事实的尊重，即中国并非由乡村经济走向资本主义，而是越过资本主义，直接由乡村经济走向社会主义；（9）这就是为什么新中国与苏联

[①] Scott Nearing, *Whither China? An Economic Interpretation of Recent Events in the Far East* (New York: International Publishers, 1927), pp. 9-13.

的关系最为密切的原因;(10)一个新的文化中心——中国——已经在亚洲崛起。由以上论述可以看出,倪林对中国的未来还是很乐观的。

(二) 何尔康:《中国革命》

何尔康(Arthur Norman Holcombe, 1884-1977)是美国著名的政治学家,1912~1933年任哈佛大学政治学教授,1933年后参加政府工作,1954年后任哥伦比亚大学政治学教授。① 1927~1928年,他受哈佛大学国际研究局与拉德克利夫学院之托调查中国革命对远东国际关系的影响,因此赴东亚考察了中、日、韩、俄及其他东南亚国家;其间,他游历了中国的13个省份,并结识了大量中国学者、官员、军事领袖及其他国家的外交人员和商人。回国后,他将考察结果著成《中国革命》(The Chinese Revolution: A Phase in the Regeneration of a World Power)一书,于1930年出版;全书共10章,讨论自1912年辛亥革命至1927年宁汉之战中国的革命问题及其对远东国际关系的影响。作者在序言中说,如果中国拥有组织现代政府的能力、履行现代政府的责任,那么远东和平未来的可能性还是很大的。② 此书问世的当年,《国立北平图书馆馆刊》第4卷第5期就刊发了介绍此书的文章。③

二 中国边疆危机与拉铁摩尔著述的传播

清季以来,边疆问题一直是国人的心头之痛。西北的新疆、西藏,北部的蒙古,东北的"满洲",东南的台湾与琉球,西南的云南与贵州,没有哪一块不是西方列强的觊觎之地。没有强大的国力,国土就只能任人宰割。因此,边疆问题也是20世纪上半期中国学界讨论的重点话题。要深入了解边疆问题的来龙去脉,非到边疆实地考察不可。然而,彼时中国本土

---

① 中国社会科学院近代史所翻译室编《近代来华外国人名辞典》,中国社会科学出版社,1981,第211页。
② Arthur Norman Holcombe, The Chinese Revolution: A Phase in the Regeneration of a World Power (Cambridge: Harvard University Press, 1930), p. vii.
③ 明:《新书介绍:中国最近革命史》,《国立北平图书馆馆刊》1930年第4卷第5期,第132页。

的学者在这方面所做的工作似乎不多。相反,很多国外学者,得益于各种机构、财团的资助,可以到中国各地——尤其是边疆地区——考察。所以,他们对中国边疆状况的了解在某些方面要多于中国本土学者。美国的拉铁摩尔就是这方面的典型代表。他多次到中国边疆地区考察,并以其对中国边疆——尤其是蒙古——问题的深入研究而获得"蒙古通"的称号。他的很多关于中国边疆问题的著述都得到中国学者的关注,个别著作还有中译本问世。

拉铁摩尔(Owen Lattimore,1900-1989),一岁时随父来华,1912年后相继到瑞士洛桑和英国坎伯兰上学。1920年在英国中学毕业后返华,在上海英商安利洋行任职,后在《京津泰晤士报》星期周刊当编辑。1922年开始接受美国的各种基金会资助到中国边疆考察。1922年循"丝绸之路"赴新疆旅行;此行的经历后被著成《通往土耳其斯坦的荒漠道路》(*The Desert Road to Turkestan*,1928)一书。1926~1927年偕妻完成从北京至乌鲁木齐、克什米尔、孟买以至意大利的旅程,并经伦敦返美;此行的见闻后被著成《高地鞑靼》(*High Tartary*,1930)一书。回美后入哈佛大学进修一年,学习民族人类学。1929~1930年获美国社会科学研究会奖学金,偕妻到中国"满洲"地区考察;其成果有:《满洲:冲突的摇篮》(*Manchuria, Cradle of Conflict*,1932)、《满洲的蒙古人》(*The Mongols of Manchuria*,1934)。"满洲"考察后返回北京,继续接受古金黑姆基金(两年)、哈佛燕京学社基金(一年)的资助到各地考察。1933年返美任《太平洋事务》杂志社编辑。1934年返华,并到内蒙古游历,后著有《蒙古游记》(*Mongol Journeys*,1941)。1936年携家从北京经莫斯科、伦敦返美;后又返回伦敦,接受俄语训练。1937年携家经海路返华,并得到去延安的机会,见到毛泽东、朱德、周恩来等中共领导人。因抗日战争全面爆发,于1937年夏举家返美。1938年受任为约翰·霍普金斯大学佩奇国际关系学院院长。1941年来华担任蒋介石的美国顾问。1942年返美任军事情报部亚洲司司长。"二战"后继续在约翰·霍普金斯大学任职。20世纪50年代受到麦卡锡主义影响,失去教职。1963年赴英任利兹大学汉文教授。

从拉铁摩尔的生平经历中可以看出,20世纪二三十年代他基本上是在中国各地游历、考察,并从事写作、研究工作,其研究成果也逐步得到中外学界的关注与认可。1930年以后,随着中国边疆问题的日益严重(从

1931年日本占领东北到1946年外蒙古独立），以及他于1941年担任蒋介石顾问的影响，他的文章与著作被大量译介到中国。仅论文的翻译方面，就至少有30篇（见表5-2），基本上与中国边疆问题、战局问题以及中外关系问题有关。

表 5-2　1930~1949 年汉译的拉铁摩尔文章

〔美〕兰特模著，任美锷译《汉人移殖东北之研究》，《新亚细亚》1932年第4卷第5期，第72~83页。

〔美〕O. Lattimore 著，希仁译《日俄角逐下之蒙古》，《国际译报（上海1932）》1934年第6卷第6期，第17~29页。

〔美〕Owen Lattimore 著，孙毓棠译《日本占据长城的历史意义》，《独立评论》1933年第61期，第12~17页。

〔美〕Owen Lattimore 著，杨杏田译《伪国成立与蒙古》，《新蒙古》1934年第1卷第6期，第43~51页。

〔美〕O. Lattimore 著，孙祖鑫译《到新疆去》，《约翰声》1935年第44卷，第48~55页。

〔美〕Owen Lattimore 著，宾符译《"局部"战争与世界战争》，《集纳》1938年第1卷第7期，第5~6页。

〔美〕O. Lattimore 著，方超译《失败了的日本回教政策》，《今天》1938年第10期，第6~7页。

〔美〕O. Lattimore 著，岂深译《英美合作与中日和议》，《文摘》1938年第36期，第808~809、82页。

〔美〕Owen Lattimore 著，绍林译《愈趋没落的日本经济》，《客观旬刊》1938年第3期，第10~11页。

〔美〕O. Lattimore 著，雷生译《满洲·内蒙·华北：伪蒙古国的鬼影》，《世界知识》1938年第7卷第10期，第334~336页。

〔美〕O. Lattimore 著，周慕文译《美国援华时机已到》，《时与潮》1938年第2卷第2期，第41~44页。

〔美〕O. Lattimore 著，张慎修译《回教大众与抗战前途》，《时与潮》1938年第1卷第5期，第11~13、42页。

〔美〕O. Lattimore 著，允怀译《日本吊在中国的弦上》，《文摘》1939年第41/42期，第964~966页。

〔美〕O. Lattimore 著，禹陵译《挂在斜边上的日本》，《生力旬刊》1939年第1卷第29期，第5~12页。

〔美〕Owen Lattimore 著，一工译《从战略上论日侵华必败》，《方面军》1939年第1卷第3期，第6~7页。

〔美〕O. Lattimore 著，吴一凡译《中日战争的战略论》，《时与潮》1939年第3卷第2期，第7~12页。

〔美〕O. Lattimore 著，恒晋译《中倭战争的新意义》，《民族（浙江于潜）》1940年第1期，第15~17页。

〔美〕O. Lattimore 著，王一之译《论中国抗战的国际形势》，《时与潮》1940年第7卷第1期，第8~12页。

续表

〔美〕O. Lattimore 著，李建明译《中日战争之新意义》，《外交季刊》1940 年第 1 卷第 4 期，第 48~51 页。
〔美〕O. Lattimore 著，王思曾译《美国到了行动的时候！》，《时与潮》1941 年第 9 卷第 2 期，第 8~11 页。
〔美〕O. Lattimore 著，刘凤明译《论中日战局》，《国际间》1941 年第 4 卷第 4 期，第 100~103 页。
〔美〕O. Lattimore 著，吴景荣译《拉铁摩尔：世界民主决于亚洲》，《时与潮》1942 年第 13 卷第 6 期，第 6~10 页。
〔美〕拉铁摩尔著，编者译《外蒙的蜕变》，《新闻资料》1946 年第 111 期，第 1~2 页。
〔美〕拉铁摩尔著，编者译《外蒙的蜕变》，《读者文摘》1946 年第 2 卷第 3 期，第 17~18 页。
〔美〕拉铁摩尔著，编者译《外蒙的蜕变》，《今日东北》1946 年第 2 卷第 6 期，第 26~28 页。
〔美〕O. Lattimore 著，李敦仁译《中苏新约后的美国远东政策》，《正气杂志》1946 年创刊号，第 19~21 页。
〔美〕拉铁摩尔著，编者译《外蒙的新宪法》，《新闻资料》1946 年第 111 期，第 2~3 页。
〔美〕O. Lattimore 著，沈苏儒译《日本近况剖视》，《世界知识》1946 年第 13 卷第 10 期，第 25~27 页。
〔美〕拉铁摩著，小鱼译《拉铁摩论美国对华政策》，《世界知识》1948 年第 18 卷第 24 期，第 9 页。
〔美〕O. Lattimore 著，尚志译《亚洲之开放》，《英文月刊》1949 年第 45 期，第 1~8 页。

资料来源：笔者根据全国报刊索引数据库整理。

在学术著作的译介方面，拉铁摩尔主要有两部书得到中国学者的关注与译介。其一是他 1934 年出版的《满洲的蒙古人》一书。该书是他 1929~1930 年"满洲"考察的研究成果，书名是 The Mongols of Manchuria: Their Tribal Divisions, Geographical Distribution, Historical Relations with Manchus and Chinese, and Present Political Problems，共 16 章，前 6 章讨论"满洲"蒙古人与本族人、汉族人、俄国人以及日本人的关系，后 10 章讨论他们自古以来民族内部的政治组织与社会经济状况。[1] 1935 年，该书的叙论部分与第七章被侯仁之翻译出来，发表在《禹贡》杂志 1935 年第 10 期[2]和 1935 年第 6 期[3]。此外，《史学消息》1936 年第 1 卷第 3 期《各国

---

[1] C. W. Bishop, " Reviewed Work: The Mongols of Manchuria: Their Tribal Divisions, Geographical Distribution, Historical Relations with Manchus and Chinese, and Present Political Problems by Owen Lattimore", Geographical Review, Vol. 25, No. 2 (Apr., 1935): 349-350.
[2] 〔美〕拉丁摩著，侯仁之译《蒙古的王公，僧侣，与平民阶级》，《禹贡》1935 年第 3 卷第 10 期。
[3] 〔美〕拉丁摩著，侯仁之译《蒙古的盟部与旗》，《禹贡》1935 年第 6 期。

关于汉学新刊书目》也列有此书。①

其二是他 1940 年出版的《中国的疆域》(Inner Asian Frontiers of China)一书。此书是拉铁摩尔最重要的作品，一直到今天都是研究中国边疆问题的必读之作。在书中，拉铁摩尔系统论述了他的"中国边疆论"。全书共 4 部分 17 章：第一部分"长城的历史地理"共 8 章，以长城为界，将中国分为长城内外两大部分，并"逐个说明所要讨论的主要地区：中国内地、蒙古、满洲、新疆和西藏"，包括每一个地区的形势、社会形态、人民生活及其历史状况和现实问题；第二部分"传说时代与早期历史时代"共 2 章，从历史演化的角度讨论"汉族与少数民族的区别"以及"农业的进化与游牧业的反复"；第三部分"列国时代"共 3 章，讨论"中国历史上边疆形态的起源"，认为早在战国时代中国的"边疆"就已经存在；第四部分"帝国时代"共 4 章，论述自秦朝至汉末中国边疆的发展过程。②

此书问世的第二年（1941 年），中国学者赵敏求译出了中译本（名为《中国的边疆》)③，且在《中央周刊》发表了一篇书评。赵敏求说："本书的特殊价值，在其不为传统所蔽，不为表面现象所眩，而以客观态度对边疆社会做深入的探讨。拉氏最重要的贡献，是其对古代夷狄诸野蛮民族与汉族同源的主张。……以打击外国野心家以'少数民族'的理论来分化中华民族的企图。"这显然是针对当时中国的边疆危机而言的。除了现实层面的价值，赵敏求也分析了此书在学术层面的价值。例如，他称赞此书"材料的编裁相当严谨，充满了学者的态度"。在他看来，虽然此书存在一些不足，如"不能跳出以欧洲的少数民族观点看中国民族问题的圈子"，以及"太忽略了历史中的'人'"的作用，但这些不足只是"因其个人的人生哲学而起的偏见，对于本书的整个价值，还没有什么大损害"。④

除了赵敏求，林超、陈宗祥、黄朝中等人也撰有相关评论。林超称："这部书……是不可否认的一部巨著，其基础之广博——其中涉及的学科最少有地理、历史、考古、社会、经济等门——，议论之新颖——书中颇

---

① 静：《各国关于汉学新刊书目》，《史学消息》1936 年第 1 卷第 3 期，第 30~31 页。
② 〔美〕拉铁摩尔：《中国的边疆》，唐晓峰译，江苏人民出版社，2010。
③ 〔美〕拉铁摩尔：《中国的边疆》，赵敏求译，正中书局，1941。
④ 赵敏求：《书报春秋：中国的边疆（Owen Lattimore）》，《中央周刊》1941 年第 3 卷第 42 期，第 14~15 页。

多翻案文章——，理论之深入——书中颇多发前人未发之奥——，皆为讨论吾国边疆文字中所仅见。"① 陈宗祥也说，"赖氏的《中国的边疆》"是对中国边疆问题"有深刻研究的""比较满意的少数著作之一"，"著者……以真理的态度，一再深沉的查清我国边疆问题的病源，而且指出解救的方策，的确是值得我们钦敬的"。② 黄朝中也指出，"他以很客观的观点来研究中国整个边疆，研究中国整个历史发展过程——由传说时代一直到现在"③。可见，对于《中国的边疆》一书，40年代的中国学者还是非常认可的。从拉铁摩尔著述在华传播历程的梳理中，我们不难看出：是中国的边疆危机，给了拉铁摩尔研究中国边疆问题的现实契机；也是中国的边疆危机，让拉铁摩尔的研究成果"回归"到中国，成为中国学者研究边疆问题的一种参考。

三　中国对外关系的发展与马士、浦纳德、杜勒斯著述的传播

自1840年英国用坚船利炮打开了中国的国门，中国就与外部世界建立起越来越密切的关系。这种现实状况的变化也催生出许多研究成果，不管是中国还是外国，都有很多关于中外关系史的著作问世。而且，也正是由于中外之间关系的日益紧密，国外的一些相关研究成果也流传到中国，成为中国学者研究这一问题的参考。美国方面，马士的《中华帝国对外关系史》、浦纳德的《1917~1931年中国的对外关系》、杜勒斯的《1784年以来的中美关系史》等书比较具有代表性。

（一）马士：《中华帝国对外关系史》

马士（Hosea Ballou Morse，1855-1934），美国外交官、汉学家。先后毕业于波士顿拉丁学校与哈佛学院。1874年进入中国海关总税务司署工

---

① 林超：《新书介绍：中国的边疆（Owen Lattimore 撰，赵敏求译）》，《图书月刊》1943年第3卷第1期，第19~24页。
② 陈宗祥：《书评：评〈中国的边疆〉（赖德懋氏 Owen Lattimore 著，赵敏求译）》，《边政公论》1944年第3卷第1期，第64~67页。
③ 黄朝中：《书评：评拉铁摩尔著〈中国的边疆〉》，《文化先锋》1943年第1卷第25期，第21~22页。

作,至 1909 年退休,前后 30 余年。退休后定居英国,专注于外交、经贸等方面的历史研究。其作品有《中华帝国之商业与行政管理》(1908)、《中国之行会》(1909)、《中华帝国对外关系史》(1910 年出版第 1 卷,1918 年出版第 2、第 3 卷)、《东印度公司在华贸易编年(1635–1834)》(1926–1929)、《在太平天国时代》(1927)、《远东国际关系史》(与 Harley Farnsworth MacNair 合著,1928)。马士是西方较早研究中外关系史的学者,对中外学界的影响都很大。著名汉学家费正清(John King Fairbank,1907–1991)就曾受到马士的学术指导,他在 1929 年获罗德奖学金赴英国牛津大学进修时,"在那里结识了当时正在剑桥附近居住的前中国海关税务司马士,马士鼓励他研究中国海关的初期历史作为博士论文"[1],这就是费正清的博士学位论文《中国海关的起源(1850–1858)》的由来。

《中华帝国对外关系史》(*International Relations of the Chinese Empire*)是马士的代表作。全书共三卷,以中国海关的历史活动为主要线索,论述 1834~1911 年中国的对外关系。马士将这 77 年的中外关系史划分为三个阶段:第一个阶段为冲突时期(The Period of Conflict)(1834~1860 年),即西方列强通过军事冲突获得在华贸易与平等外交的权利;第二个阶段为屈从时期(The Period of Submission)(1861~1893 年),即列强在华疯狂扩张致使清政府失去控制整个局面的能力;第三个阶段为制服时期(The Period of Subjugation)(1894~1911 年),即清政府经过甲午战争、义和团运动以及《辛丑条约》的连续打击而濒临灭亡,被西方列强彻底制服。《中华帝国对外关系史》是西方学界第一部完整的中外关系史著作,一经出版就得到欧美学界的普遍重视,成为中外关系史研究领域的必读之作。正如费正清所说:"马士是 19 世纪后期中华帝国海关最优秀的税务司之一,他的著作对 20 世纪前半期西方的中国历史学著作产生了深刻的影响。"[2]

在中国,《中华帝国对外关系史》一书也有很大影响,不仅是中国学者研究中外关系史的参考之作,更进入中国高校课堂,成为相关课程的参

---

[1] 中国社会科学院近代史所翻译室编《近代来华外国人名辞典》,中国社会科学出版社,1981,第 132 页。

[2] 〔美〕费正清:《费正清对华回忆录》,陆惠勤等译,知识出版社,1991,第 37 页。

考书。据笔者考察，南开大学中国外交史课程（教员蒋廷黻）就以此书为教科书①。在学术研究方面，《中华帝国对外关系史》一书对两部中国学者撰写的《中国近代史》都有深刻影响。其一是蒋廷黻的《中国近代史》。蒋氏不仅以《中华帝国对外关系史》一书作为他的课程教科书，还在他的专著《中国近代史》一书中大量吸收《中华帝国对外关系史》一书的观点。当代学者王宪明曾就蒋廷黻的《中国近代史》与马士的《中华帝国对外关系史》的关系做过深入分析，并通过两书内容的详细对比指出蒋著至少在以下几个方面受到了马著的影响："近代中国的时代定位及随之而来的学习西方"，"实现近代化主题的确定"，"近代历史的起点以及近代史的分期"，"对档案史料的重视"。同时，他也指出，这种影响"不是简单地承袭，而是结合中国历史文化的实际进行了相应的改进，并在档案文献的使用等方面补正了马士的缺陷，为此后中国近代史的研究奠定了基础"。②孙长芳在王应宪的基础上，进一步分析出蒋廷黻《中国近代史》一书在写作布局、史学方法、现实关怀、对于帝国主义的态度、对国内士大夫阶级的批评以及对在外交上熟悉外情的官吏的推许等方面都受到马士的影响。③这两篇文章的分析都颇具深度。

第二部受马士《中华帝国对外关系史》一书影响较大的是陈恭禄的《中国近代史》一书。与蒋廷黻5万字的《中国近代史》相比，陈恭禄70万字的《中国近代史》可谓一部皇皇巨著，被公认为民国时期中国近代史研究的最高水平之作。关于陈恭禄的《中国近代史》与马士的《中华帝国对外关系史》的关系，陈恭禄自己在1950年接受思想改造时说：自己在金陵大学读书时曾经的导师贝德士介绍"阅读摩尔斯（即马士）所著的《大清帝国国际关系史》等书"，"书中的论点，都是帝国主义的说法"，"当时研究中国近百年史的人们，没有不受摩尔斯的影响，我也受了他的毒害，这是我的思想渊源"。④虽然陈恭禄彼时是以批评的态度对待马士

---

① 王强主编《民国大学校史资料汇编》（第1册），凤凰出版社，2014，第478页。
② 王宪明：《蒋廷黻著〈中国近代史〉学术影响源探析——以所受"新史学"及马士的影响为中心》，《河北学刊》2004年第4期，第134~143页。
③ 孙长芳：《论马士〈中华帝国对外关系史〉及其影响》，硕士学位论文，华东师范大学，2015。
④ 陈恭禄：《对旧著〈中国近代史〉的自我批评》，《教学与研究汇刊》第1期，1956年12月。

《中华帝国对外关系史》一书，但"毒害"与"思想渊源"二词，恰说明马士之书对他的深刻影响。关于马士的《中华帝国对外关系史》具体在哪些方面影响了陈恭禄的《中国近代史》，孙长芳亦有详细分析；通过两书对比，他指出陈书在编写方法、相关问题的叙述以及评判方面同样借鉴了马书。①

（二）浦纳德：《1917~1931年中国的对外关系》

马士《中华帝国对外关系史》一书对中外关系史的讨论只限于晚清时期，不包括民国时期。到20世纪30年代，美国汉学家浦纳德（Robert Thomas Pollard，1897-1939）立志续马士之书，系统研究自第一次世界大战以来中外关系的新变化，于是有《1917~1931年中国的对外关系》（China's Foreign Relation, 1917-1931, 1933）一书的问世。② 全书共12章，讲述1917~1931年的中外关系，包括"一战"及巴黎和会、华府会议、中俄关系、国民政府时代的中国外交等内容。

郭斌佳对此书评价较高，说"读了他的书觉得很有许多值得称赞的地方"。例如，在材料搜集方面，称"作者的确费了许多心血，从报章杂志公牍专著各方面，寻出了许多材料，同时在组织方面说起来，又非常缜密，考订亦非常精细"。再如，在著述态度方面，也称"作者……对于不要偏颇这一步功夫，可以说是做到了"。但郭斌佳也指出，在"根据了事实，发挥独创的见解，深刻的解释'这方面'，作者还没有做到"。③ 与郭斌佳不同，颂皋对此书颇有微词，对作者所使用的材料与见解都不甚满意。他说，本书所使用的材料主要是马士《中华帝国对外关系史》以及"在中国出版的那几种西文刊物"，马士一书"有种种偏见与遗漏的地方。如以此为认识中国外交的南针，似乎还嫌不足"；且作者"并未到过中国，作相当时期的政治考察，又未必通晓中国言语文字"，对"情形更为复杂"

---

① 孙长芳：《论马士〈中华帝国对外关系史〉及其影响》，硕士学位论文，华东师范大学，2015。
② 中国社会科学院近代史所翻译室编《近代来华外国人名辞典》，中国社会科学出版社，1981，第389页。
③ 郭斌佳：《新刊介绍与批评：China's Foreign Relations, 1917-1931》，《国立武汉大学社会科学季刊》1933年第4卷第2期，第370~380页。

的"中国辛亥革命后的外交"是"不容易明了"的。在论断与见解方面，他也认为著者"见解尤极平凡，故此书实无多大的价值"。①

（三）杜勒斯：《1784年以来的中美关系史》

美国学者杜勒斯（Foster Rhea Dulles, 1900-1970）于1946年出版的《1784年以来的中美关系史》（China and America: The Story of Their Relations since 1784）一书是一部专门讨论中美关系史的著作，共18章，讨论范围自1784年第一艘美国商船"中国快邮号"到达广州黄埔至1945年"二战"结束。该书问世的第二年，中国学者程绥楚便发表了介绍此书的评论文章。程绥楚对此书评价颇高，称"本书……是记叙中美两国关系的空前著作，……所参考的官方档案，名家记载，以及两国舞台上重要人物的私人传记，著名的报纸和杂志，以及专门研究远东问题的专家著述，……一共有一百五十余种之多，对于取材之宏博和可靠，都能予本书以极大的帮助，故本书截至目前为止，尚为中美两国第一部完整的关系史"②。

第四节　中国学者对美国汉学研究著述的评述

20世纪上半期的中国学者，在期刊上发表了大量关于美国汉学研究著作的评述文章。通过这些文章，可以看出中国学者看待美国汉学研究著作的立足点。其立足点在一定程度上与现实状况有关（如学者对于拉铁摩尔、魏特夫著述的关注），但主要还是基于学术层面的考量，如对特定著作在视角、结构、材料等方面的肯定，在材料、内容、体例、译笔等方面的批评与补充，以及以美国汉学鞭策中国史学发展的思想动机等。

一　在视角、内容、结构、材料等方面的肯定

与中国本土学者的中国史研究著作相比，美国汉学研究著作的优点在

---

① 颂皋：《书报介绍与批评：China's Foreign Relations, 1917-1931》，《外交评论》1934年第3卷第2期，第199~201页。
② 程绥楚：《中国与美国（书评）》，《世纪评论》1947年第2卷第6期，第17~18页。

其独特的"他者"视角、结构化的思路以及广泛的史料基础等方面。这是由美国汉学家自身的学术优势决定的。他们没有中国传统学术思想的束缚,站在"外部"看待中国的历史问题,当然会形成不同于中国本土学者的视角;同时,他们长期接受西方的逻辑思维训练,在组织材料、论述观点等方面都有其可取之处。这些特点都是中国本土学者所不具备(或掌握不多)的优点,因而得到中国学者的关注与肯定。

(一)视角与内容:王伊同、刘修业等对卜德著述的评述

王伊同在评述卜德《中国之第一统一者,由李斯之生平研究秦史》(*China's First Unifier*: *A Study of the Ch'in Dynasty as Seen in the life of Li Ssu*①,简称《李斯传》)一书时,肯定了卜德在研究视角方面——对李斯历史功绩的正视——的成绩。此书是卜德完成于1938年的博士学位论文,共12章,是一部"以李斯为中心人物,研究秦代之统一事业"②的著作。本书出版后即引起欧美汉学界的重视。美国东方考古学家毕安琪(Carl Whiting Bishop)称:"这部解释充分、编写细致的著作充分利用了中文的原始材料,并做出了客观的评价与精辟的分析。"③德效骞也说:"这是一部优异的学术著作。"④总之,此文"开启了西方学者的秦代研究,同时也成为中国历史研究'帝国模式'的奠基之作。……所谓'帝国模式',就是认为秦朝结束封建制度统一中国后,尽管有分裂割据,中国总体上一直是一个大帝国,直至1912年民国创建。……卜德由此成为西方秦朝研究的最大权威"⑤。

---

① Derk Bodde, *China's First Unifier, a Study of the Ch'in Dynasty as seen in the Life of Li Ssu* (Leiden: E. J. Brill, 1938).
② 毓:《附录:*China's First Unifier, a Study of the Ch'in Dynasty as seen in the Life of Li Ssu* (Derk Bodde 著)》,《图书季刊》1939年新1第4期,第105~111页。
③ Carl Whiting Bishop, "Reviewed Work: China's First Unifier. A Study of the Ch'in Dynasty as Seen in the Life of Li Ssu (280?-208 B. C.) by Derk Bodde", *Pacific Affairs*, Vol. 12, No. 1 (Mar., 1939): 87-90.
④ Homer H. Dubs, "Reviewed Work: China's First Unifier: A Study of the Ch'in Dynasty as seen in the Life of Li Ssu, 280?-208 B. C. by Derk Bodde", *The American Historical Review*, Vol. 44, No. 3 (Apr., 1939): 639-640.
⑤ 顾均:《美国汉学家卜德(Derk Bodde)的秦史研究》,《江苏大学学报》(社会科学版)2013年第5期,第11~15页。

此书在荷兰出版以后，中国方面也有学者迅速关注到。署名"毓"者在《图书季刊》1939年新1第4期对此书主要内容有简要介绍。同年，王伊同在《史学年报》第3卷第1期发表了一篇详细的书评。他对卜德摒除历代学者对李斯的批判、正视李斯的历史功绩这一思想认识表示欣赏，"夫秦立国十余年，不可谓久，固矣。然而上承七国纷崩之余，下开两汉一统之局。若官制之厘订，封建制罢废，郡县之创设，思想之会同，文物之齐整，莫不包举兼蓄，承先启后。总领统摄者始皇，推澜助波者李斯也"；对《李斯传》一书的内容及卜德的客观态度也很认同，"鲍之为书，以嬴秦为躯壳，李斯为灵魂。凡三大部，首举斯事略，次功秦，复次学术。冠以导论，殿以附录。议论所及，上接三代，下抵两汉，凡制度、名物、食货、刑法、礼仪、学术，靡不溯本穷源，张纲举目。且持论中肯，断案尤平"。当然，他也坦陈，《李斯传》一书并非完美无瑕之作。例如，他认为书中"有二事最不可解。秦郡名数，迥异前人，一也；韩非之死，拾采异说，令人致惑，二也"，而此二事"皆不可不论"，因此他多方引用史料，发表了自己的看法。再如，他不同意卜德将李斯和赵高都归入法家的行列。① 总之，王伊同全面而不失重点地分析了《李斯传》一书的优劣得失，且利用大量古代史料就具体问题阐述了自己的看法，足见其功力之深。

从文献价值的角度看，《李斯传》一书的"最大贡献是将《史记·李斯列传》翻译成了英文，这是英语世界最早的全译文"②。继此书之后，卜德又将《史记》中《吕不韦列传》《刺客列传》中的荆轲部分，以及《蒙恬列传》译成英文，并加以评述，命名为《古代中国的政治家、爱国者和将军：〈史记〉中三篇秦代的传记》（*Statesman, Patriot, and General in Ancient China: Three Shi Chi Biographies of the China Dynasty, 255 - 306 B.C.*），1940年由美国东方学会出版，为"东方丛书"第十七种。该书出版后，中国学者刘修业在《图书季刊》1941年新3第1~2期发表有评述文章，论述了研究秦史的必要并肯定了卜德的研究成绩："国人以秦祚未

---

① 王伊同：《书评：李斯传》，《史学年报》1939年第3卷第1期，第128~156页。
② 顾均：《美国汉学家卜德（Derk Bodde）的秦史研究》，《江苏大学学报》（社会科学版）2013年第5期，第11~15页。

永,且恶始皇之所施为,因而二千年来,秦代独无专史,欲言秦代掌故,厥惟《太史公书》。氏译《李斯传》,时以'中国之第一统一者'书其名,可引起吾人注意不少,因觉秦代文献,实有及早收拾,勒为一书之必要";并希望卜德继续这一工作,将《史记》中秦代部分完全翻译出来,以成就"不朽之业"。①

(二)结构与材料:雷海宗对赖德烈《中国人的历史与文化》的评述

赖德烈(Kenneth Scott Latourette,1884-1968)是20世纪上半期美国最重要的汉学家之一。他生于美国俄勒冈州俄勒冈城的一个基督教家庭,1903年在麦克民威尔市浸礼会开办的林菲尔德学院取得理学学士学位。毕业后在俄勒冈市父亲的信托公司工作,业余在主日学校和青年会的圣经学习班教书,任教堂青年社团主席和中学校友会主席,并加入了海外传教运动。1905年,他转学到耶鲁大学,学习中国历史,分别于1906年、1907年、1909年取得文学学士、硕士和博士学位,其博士学位论文是《早期中美关系史(1784~1844)》(The History of Early Relations between the U.S. and China, 1784-1844,1917)。1910年,在耶鲁大学雅礼会的资助下来华,在湖南长沙雅礼会的学校教书。他在学校担任美国历史教员,业余时间为一位中国官员的儿子上英语课,同时还在中国老师的帮助下学习汉语。1912年回美养病。② 病愈后,1914~1916年在波特兰市里德学院任历史教授,1916~1921年任丹尼森大学教授,1921~1949年任耶鲁大学传教与世界基督教研究教授,1949~1953年任耶鲁大学传教与东方史研究教授。他还担任过美国历史学会主席、美国浸礼会主席、美北浸礼会差会主席、日本国际基督教大学基金会主席。

《中国人的历史与文化》(The Chinese, Their History and Culture)是赖德烈的代表作之一,出版于1934年,是继卫三畏《中国总论》之后又一部总体介绍中国历史文化的著作。该书分上、下两册:上册共13章,纵向论述中国的地理和历史,第一章阐述地理环境对中国文化和中国人思维方

---

① 刘修业:《史记吕不韦列传荆轲列传蒙恬列传之研究(Derk Bodde 译述)》,《图书季刊》1941年新3第1~2期,第156~162页。
② 王思聪:《赖德烈的中国学研究》,博士学位论文,北京外国语大学,2014,第14~24页。

式的影响，第二至十一章按朝代顺序论述自夏商周至民国初年的中国历史，每章中都会叙述这个朝代最鲜明的文化和社会特点；下册共8章，横向论述当时中国社会的各个方面，包括中国人、政府、经济生活、宗教、社会生活、艺术与语言、文学与教育七章以及小结一章，每章后附有一份详细的参考书目（包括中文与英文）。这种纵向与横向两个维度结合的方式，是一种很好的整体论述方式，使读者既能掌握时间的发展线索，又能了解社会的横切面。这本书问世以后，迅速得到美国学界的广泛认可。Sister Justina说：此书是"关于中国历史与文化的一次完整、准确、学术性的研究，它是对一个民族及其文化内部发展的详细分析，而不是战争与王权的简单叙述"[1]。E. Edwards更说："作为关于今天的中国与中国人的一部总结与解读，这本书是值得推荐的……它与卫三畏的《中国总论》一样，是一部里程碑式的著作。"[2]

在中国学界，这本书也迅速得到关注。它问世的当年（1934年），《化石》第8~9期"文坛情报"栏目就有短文介绍，称此书"于宗教一方面，尤有详述"[3]。1935年，大夏大学图书馆[4]与国立北平师范大学图书馆[5]都收藏了此书。同年，雷海宗撰写了关于此书的详细评述文章，发表在《清华学报》第10卷第2期。雷海宗对此书上册各个时期历史的篇幅分配很赞赏："书中地位的分配大致甚为得体。……上册中四分之一的地位论述上古秦汉时代；这是中国文化的创造期，为明了整个的中国对于这个时代必须有相当的认识。又有四分之一的地位专讲最近一百年的历史；六朝至满清中期就占据其余二分之一的篇幅。为一种简单的中国通史，这个篇幅的分配可算恰当。"对于本书下册的"横切叙述"，他也很认可："下册是一本很周到的社会写照，不只对欧美人大有帮助。中国读者也能

---

[1] Sister Justina, "Reviewed Work: The Chinese, Their History and Culture by Kenneth Scott Latourette", *The Americas*, Vol.3, No.2 (Oct., 1946): 270-271.

[2] E. Edwards, "Reviewed Work: The Chinese, Their History and Culture by Kenneth Scott Latourette", *Bulletin of the School of Oriental Studies*, University of London, Vol.7, No.3 (1934): 639-641.

[3] 《文坛情报：美人Kenneth Latourette著〈中国人与其历史和文化〉一书》，《化石》1934年第8~9期，第15页。

[4] 《新编图书目录》，《大夏图书馆报》1935年第1卷第4期，第44~51页。

[5] 《国立北平师范大学图书馆图书目录》1935年第7期，第1、3、5~87页。

从其中得到些新的知识。……这种内容比较充实的社会横切叙述可以帮助我们明白自己团体以外的社会";而且"每章之后附有参考书目,分中文史料与著作、西文普通著作、与论文即专题作品三类。后两类价值甚大,因为西方支那学者近年来研究的结果至今尚无人统计整理"。总之,雷海宗对此书是很欣赏的,称此书"是外国人一本合用的中国指南,也值得中国人一读"。①

(三) 结构与材料:邓嗣禹、张德昌等对卡特《中国印刷术的发明及其西传》的评述

印刷术是中国古代的四大发明之一。虽然产生时间很早,但其具体的发明过程与传播状况一直都没有得到中国学者的注意。直到民国时期,这个中国科技史上的关键问题才被美国学者卡特注意到,并撰写出一部"最早对中国印刷史进行研究的著作"②。卡特(Thomas Francis Carter,1882-1925,又名贾德、卡忒、卡德),1904 年毕业于普林斯顿大学,1906 年曾来华旅游。1910 年毕业于纽约协和神学院,成为一名传教士,并于次年来华,在安徽宿州北长老会从事教育和传教活动长达 13 年之久。1923 年回美,任哥伦比亚大学副教授兼汉文系主任。在华期间,卡特被中国古代的四大发明所触动,遂立志研究中国印刷史,并收集了大量资料。回美后潜心著述,于 1925 年完成《中国印刷术的发明及其西传》(*The Invention of Printing in China and Its Spread Westward*)一文,并以此文获得哥伦比亚大学博士学位。谁知,毕业当年,卡特就溘然长逝。

1925 年,《中国印刷术的发明及其西传》一书由哥伦比亚大学出版社出版。该书大量引用中、朝、日、阿拉伯等地区的文献和实物材料,全面论述中国古代印刷术的发明及其向外传播的过程,并得出"中国首先发明造纸术与印刷术且对欧洲的造纸和印刷事业产生影响"的结论。全书共四编。第一编论述中国发明印刷术的时代背景,包括四章:纸的发明、印的使用、石刻的搨拓、佛教的输入对印刷术的促进。第二编共七章,梳理雕版印刷术发明的经过。第三编共十章,论述中国雕版印刷术西传的过程。

---

① 雷海宗:《书评》,《清华学报》1935 年第 10 卷第 2 期,第 515~518 页。
② 毛建军:《T. F. 卡特与中国印刷史研究》,《兰台世界》2011 年第 20 期,第 21 页。

第四编共三章，论述活字印刷术的发明，重点分析朝鲜、古腾堡的活字印刷术与中国的关系等问题。该书后经伯希和增补，于1953年重新出版；富路特在1955年又增补并出版。这部"最早对中国印刷史进行研究的著作"的问世，对西方汉学界来说无疑是一件大事。G. P. W. 说："卡特所做工作的重要性是毋庸置疑的。"① 恒慕义到1955年还说："30年来，卡特的书一直被作为西方学术界的一部权威之作。"②

在20世纪上半期的中国，《中国印刷术的发明及其西传》一书所引起的反响也很大。不仅有中译本、单篇译文的问世，更有大量的评述文章，可见中国学术界对这本书的重视。在翻译方面，较早翻译此书的是向达。他在商务印书馆任编辑时就关注到此书的出版，并在1929~1932年陆续在《图书馆学季刊》《北平北海图书馆月刊》等刊物上发表了部分选译的章节（见表5-1）。但向达似乎并未译完全书，也没有单行本问世。此外，张德昌曾译有第一章，以《中国造纸术的发明》为名发表在《清华周刊》1933年第39卷第9期上。③ 完整的中译本是由刘麟生完成的，先在《商务印书馆出版周刊》1936~1937年新第182~216期连载④，后在1938年由商务印书馆正式出版，名为《中国印刷术源流史》⑤。

在评述介绍方面，国内学者评述最多的是此书1932年的修订版，因此评述文章集中出现在30年代。张德昌不仅发表有此书第一章的译文，还在《新月》1933年第4卷第6期撰文介绍此书主要内容；他盛赞此书"是一本值得介绍的书……不但在内容上取材丰富，而且在方法上开辟了一个新的途径。从许多向来不为前人注意的材料中，——如印章、摹写、纸牌、

---

① G. P. W., "Reviewed Work: The Invention of Printing in China and its Spread Westward by Thomas Francis Carter", *The American Historical Review*, Vol. 32, No. 1 (Oct., 1926): 86-87.
② Arthur W. Hummel, "Reviewed Work: The Invention of Printing in China and Its Spread Westward by Thomas Francis Carter", L. Carrington Goodrich, *Artibus Asiae*, Vol. 18, No. 2 (1955): 187.
③ 〔美〕T. F. Carter著，张德昌译《中国造纸术的发明》，《清华周刊》1933年第39卷第9期，第902~906页。
④ 〔美〕卡德著，刘麟生译《中国印刷术源流史》，《商务印书馆出版周刊》1936~1937年新第182~216期。
⑤ 〔美〕卡德:《中国印刷术源流史》，刘麟生译，商务印书馆，1938。

释道的典籍等——寻出个很清晰的系统来"①。邓嗣禹对此书的评述最为详细,他不仅介绍了全书各部分的内容,还详细分析了此书的四大"优点",即"沟通中西印刷与文化之关系;善于鉴别材料与组织材料;论断谨严,图表适当;文字简明,便于观览",并强调此书令他印象最深的是其在结构上的特点:"尤深刻于余心者,厥为结构之系统化与论断之谨严……其结构或组织,仿佛小说……而其行文之谨严不苟,则又异于小说。"他指出,虽然此书在材料与内容上有一些"缺点"、"可议之点"与"疑误之点",但"就大体而论,似终不失为一巨著"。②除了张、邓二人较为详细的评述以外,程伯群③、"墀"④、"衣"⑤等人也有简短介绍。

(四)结构与材料:胡适、王重民等对恒慕义《清代名人传略》的评述

上文提到,恒慕义在 1930 年前后积极向美国学界介绍中国的"古史辨运动",并于 1933 年将顾颉刚《古史辨·自序》译成英文发表。这是恒慕义在绍介中国史学发展动向方面的重要贡献;除此之外,他还有一项重大贡献,即主持编纂《清代名人传略》(*Eminent Chinese of the Ch'ing Period, 1644-1912*)。1936 年,美国汉学界为了推进关于中国的研究,在洛克菲勒基金会的资助下,发起了规模巨大的《清代名人传略》编纂项目。该项目由恒慕义主持,参与者包括中、美、日三方相关领域的 50 多名专家;中国方面如房兆楹杜联喆夫妇、邓嗣禹、王重民等,美国方面如费正清、富路特、解维廉、德效骞、盖茨、舒特等,日本方面如百濑弘等,阵容可谓强大。该书历时多年才编纂完成,于 1943~1944 年分两卷出版。全书共计 809 篇人物传记,"其中两人合作的有 40 篇";809 篇传记中,

---

① 张德昌:《书报春秋:中国印刷术之发明及其西渐》,《新月》1933 年第 4 卷第 6 期,第 90~95 页。
② 邓嗣禹:《书评:中国印刷术之发明及其西传》,《图书评论》1934 年第 2 卷第 11 期,第 36~57 页。
③ 程伯群:《中国印刷术之发明及其西传》,《工读半月刊》1936 年第 1 卷第 1 期,第 7~8 页。
④ 墀:《书报批评介绍》,《史学消息》1936 年第 1 卷第 3 期,第 23~26 页。
⑤ 衣:《图书介绍》,《图书季刊》1939 年新 1 第 2 期,第 110~112 页。

"房兆楹杜联喆夫妇共编撰了 422 篇,占全书的一半左右"。① 房兆楹(1908~1985)、杜联喆(1902~1994)夫妇是中国的明清史研究专家,二人均毕业于燕京大学,在 20 世纪 30 年代就参加哈佛燕京学社引得编纂处的工作,于 1932 年合编有《三十三种清代传记综合引得》。二人后赴美留学,被恒慕义邀请参与《清代名人传略》的编纂项目。

此书出版时,由时在美国的胡适为之作序。胡适对此书予以高度评价,开篇就说:"《清代名人传略》,作为一部近三百年的传记辞典,在目前还没有其他同类的著作(包括中文的传记在内)能像它那样内容丰富、叙述客观并且用途广泛。"他肯定了此书的材料选择之广、编撰者用力之勤以及人物编排之合理。在材料选择方面,他指出:"《清代传记三十三种》为本书取材的主要来源,仅其中重要的四种即《耆献类征》与《碑传集》丛刊三集总和就超过了一千一百一十卷。此外,还有成百种的《年谱》或编年体的传记与自传等。"在编撰者的工作方面,他盛赞"他们本着严格的批判精神进行选题与引用原始资料。……他们能够批判的运用非官方与非正统的资料以补正官方正式的传记。他们充分利用现代中国历史研究的成果。他们在各方面广泛引用中国记载所缺少的外文资料,无疑地已为未来的中国传记文学树立了一个良好榜样"。在人物编排方面,他认为"这部书的选题很平衡,它全面考虑了王朝、种族、军事、疆域、政治、知识界、文学、艺术、宗教等有关中国近三个世纪历史的各个方面,并且对在各自的地位上起过作用的人物都分配以适当的篇幅"。总之,他认可此书是"一部对中外读者都能适用的参考书……是一部完备的大型传记辞典……是今天可以看到的一部最翔实最好的近三百年中国史"。②

在《清代名人传略》的编纂过程中,中国学界一直对它保持着关注。此项工程虽正式开始于 1936 年,但具体的编纂工作在 1934 年 9 月就已经开始了。到 1936 年 3 月,已撰成 400 篇。恒慕义选取其中的 22 篇,作为样本先行出版。22 篇传记的传主为:张履祥、张伯行、陈鹏年、陈元赟、郑成功、姜宸英、朱常洛、朱之瑜、朱彝尊、庄廷鑨、洪升、高士奇、耿

---

① 吴成领:《恒慕义的中国学研究》,硕士学位论文,华东师范大学,2008,第 16 页。
② 〔美〕恒慕义主编《清代名人传略》(上),中国人民大学清史研究所《清代名人传略》翻译组译,青海人民出版社,1900,第 7~13 页。

继茂、孔尚任、纳喇、鳌拜、施闰章、史可法、曹寅、汪楫、魏禧、杨素蕴。关于这个样本，署名为"业"的中国学者在《图书季刊》1941年新3第1~2期有简要介绍。该文不仅交代了《清代名人传略》编纂项目及参与者的基本情况，还向读者透露"闻截至去年（1939）已得传记八百余篇，现在一面补充，一面校印"，并承诺"俟全书出版，再为详细之批评"。[1]若此文属实，可知《清代名人传略》在1939年就已初步完成了。之所以迟至1943年才出版，一方面是由于补充与校订，另一方面极有可能是受到"二战"的影响。

1944年，当两卷本《清代名人传略》完全出版后，作为项目参与者的王重民在《图书季刊》新5第1期发表有介绍此书的长文。他开篇就说：此书是"全世界治汉学者不易多得而且人人必须要得的一部大著作。……凡治中国学问的人，一定都要用这部书，凡治中国近世史的人，更要没有一个人不用这一部书"。他强调了本书"多为国内的学者们所忽略"的三个特点：第一，"这是一部新而且集大成的著作"，不仅参考了国内学者"如胡适之、陈援庵、顾颉刚、丁文江、容肇祖、钱穆、向达诸先生"所做的"年谱传记"，更"博考群书"，增加了很多"未被诸先生用过的新材料"；第二，它"不但集中国人研究之大成，且集外国人研究之大成"，充分利用了"外国人用外国文字记下来的"、被中国学者忽略的史料，如与中国人接触很深的"明清之间的天主教士，在台湾与郑成功争雄的荷兰人，鸦片战争前后的东印度公司人与基督教的传教士"等；第三，对于一些重要的、非汉文的名词概念，如满文、蒙文、藏文等，本书将"原来的音读用罗马字母拼出来，再将旧译一些不同的汉字注在下面，不但看起来一目了然，而且音译亦自然的统一了"，而且对于外国人自己取的中国名字，则"把他们的华名华字注在原名之后，看起来与注满音蒙音一样的清楚"。[2]王重民的书评是针对中国学者而作的，所以他并未如胡适那般全面论述此书的优点，而是重点论述容易被中国学者所忽视的"三点"，以引起中国学者的注意。这三点内容，说的都是中国学者在史料、编纂方法上所不擅长的地方。特地提出来，可见其良苦用心。

---

[1] 业：《清代名人传记样本》，《图书季刊》1941年新3第1~2期，第162~163页。
[2] 王重民：《书评：清代名人》，《图书季刊》1944年新5第1期，第61~63页。

二 在内容、材料、体例、译笔等方面的批评与补充

如果说美国汉学家的"他者"身份帮助他们在研究中国历史时具备了很多中国学者所不具备的优点（如上所述），那么也正是由于这种"他者"身份，使他们在拥有上述优点的同时，也不可避免地存在某些缺点与不足。由于对中国历史文化的了解不够深入，所以容易在内容上产生错误；由于对中国浩如烟海的文献不够熟悉，所以容易在材料上产生疏漏；由于对文言文掌握得不够熟练，所以容易在翻译过程中产生错讹。对于美国汉学研究著作中所体现出来的这些缺点与不足，中国学者当然不会轻易忽视；而且，他们还会利用自己的学识基础弥补上述不足。

（一）内容、材料、体例：朱士嘉对贾德纳《中国旧史学》的批评

朱士嘉在评述贾德纳（Charles Sidney Gardner）《中国旧史学》（*Chinese Traditional Historiography*）一书时，就指出此书在材料、内容、体例上的失当之处。贾德纳其人，生平不详。据《哈佛亚洲研究》（*Harvard Journal of Asiatic Studies*）1967年第27卷的统计，贾德纳的主要著述约有10种，包括文章与专著（见表5-3），主要是关于中国的研究成果。杨联陞的《汉译日本古歌名家：钱稻孙传奇》一文有部分专论贾德纳的文字。据杨联陞的讲述，贾德纳是他"来美国的大恩人"；1938～1939年，贾德纳获得哈佛燕京学社资助在北平进修，机缘巧合聘请到杨联陞接替周一良做他的助手；杨联陞与"贾德纳一见投缘"，"除了帮他看学报（如《支那学》《东方学报》等）用英文作提要之外，还帮他选择各书铺送来的他要替哈佛买的同他自己要买的书"；1939年贾德纳回国后，"特意留下一部百衲本宋史"，请杨联陞继续"替他用硃笔标点校对，每月仍有酬报"；1940年，贾德纳主动资助杨联陞到美国求学一年，杨联陞因此获得哈佛大学历史系的硕士学位，并获得哈佛燕京学社奖学金继续攻读博士学位。①

---

① 杨联陞：《汉译日本古歌名家：钱稻孙传奇》，https://www.douban.com/group/topic/56370191/。

表 5-3　贾德纳的主要著述

1. "The Western Transcription of Chinese," *JNCBRAS* 62 (1931): 137-147.
2. "A Modern System for the Romanization of Chinese," *China Journal* 14 (1931): 7-13.
3. *A Union List of Selected Western Books on China in American Libraries*, Washington, D. C.: ACLS, 1932; second ed. rev. and enl., Washington [1938].
4. *Chinese Studies in America: A Survey of Resources and Facilities*, I. *Eastern Canada and New England* (Washington, D. C.: ACLS, 1935).
5. "Translation from the Yrian shih…ch. 93. 20b-21b: 'Emission of Paper Currency,'" in Robert P. Blake, "The Circulation of Silver in the Moslem East down to the Mongol Epoch," *HJAS* 2 (1937): 317-321; ch. 146. 4a-b, 6b, 7b: "Biography of Yeh-liu Ch'u-ts'ai," ibid., 323-325.
6. *Chinese Traditional Historiography* [*Harvard Historical Monographs* XI] (Cambridge, Massachusetts: Harvard University Press, 1938); second printing with additions and corrections prepared with the assistance of Yang Lien-sheng, 1961.
7. Contributor to William L. Langer, ed., *An Encyclopedia of World History* (Cambridge, Massachusetts: Houghton Mifflin Co., 1940), Sections II, A, 10-11; G, 2-3; III, E, 2-3; IV, F, 3-4.
8. "The Future of Chinese Studies in America," *Library Chronicle* (University of Pennsylvania) 12 (1944): 26-37.
9. *Bibliographies of Sinologists* (Cambridge, Massachusetts: privately printed, 1958).
10. *Bibliographies of Fourteen Non-American Specialists on the Far East*, with a Few Biographical Notes [with Ching-ying Lee Mei] (Cambridge, Massachusetts: privately printed, 1960).

资料来源："Bibliography of the Works of Charles Sidney Gardner," *Harvand Journal of Asiatic Studies*, Vol. 27 (1967).

《中国旧史学》一书出版于1938年，是美国学者撰写的"第一本有关中国史学通史知识的专著"，它的问世，说明"美国对中国史学的研究开始步入专业化的进程"。① 就在它问世的当年，中国学者朱士嘉就在《史学年报》发表了关于此书的详细评述，重点论述此书在材料、内容、体例上的失当之处。在材料方面，他指出此书"于中国典籍，征引较少"；他认为这是不恰当的。在内容与体例方面，他认为此书过于浅显，没有深入中国史学的实质："仅就校勘学分类法等问题略加论列，似属舍本逐末，隔靴搔痒。"他还详细列举了此书在"内容与体例"方面的"可议之点"，包括"材料分配之失当"与"事实之未妥"两方面。总之，朱士嘉认为，"中国旧史学范围甚广，恐非仅仅一小册所能容，窃以为与其概括的叙述各时代之史学，不如区分为数时期，依次撰述，或先择其中之较重要者，

---

① 朱政惠：《20世纪美国对中国史学史的研究》，《史学史研究》2003年第4期，第2~11页。

加以探讨，成功易而收获巨"。当然，对于贾德纳以美国人的身份研究中国史学的行为，他无论如何还是赞赏的："著者以一人之力撰成此书，在东方学方兴未艾之美国，又多一种新著作，其精神固自可钦。"①

（二）材料："明"对贝德士《西文东方学报论文举要》的批评

贝德士（Miner Searle Bates，1897-1978），生于美国俄亥俄州，1916年获哈莱姆学院学士学位，1920年获英国牛津大学硕士学位，并作为基督会传教士来华，任教于金陵大学历史学系，直至1950年。其间，1927年兼东南大学讲师，1928~1929年兼中央大学讲师，1930~1931年兼国民党中央政治学校讲师。②

1933年，贝德士"精选目录具体指示在西文专门杂志中，中国学者可参考之关于中国问题之论文"，编成《西文东方学报论文举要》（*An Introduction to Oriental Journals in Western Languages*）一书，作为南京金陵大学中国文化研究所丛刊乙种出版。其所采期刊包括"英法德三种文字"，"凡采用（一）*Acta Orientalia*、（二）*Artibus Asiae*、（三）*Asia Major*、（四）*BEFEO*、（五）*BSOS*、（六）*China Journal*、（七）*China Review*、（八）*Chinese Recorder*、（九）*Eastern Art*、（十）*J.A.*、（十一）*JNCBRAS*、（十二）*JRAS*、（十三）《东洋文库研究部纪要》、（十四）*MSOS*、（十五）《远东考古博物院丛刊》（*Museun of Far Eastern Antiquities Bulletin*）、（十六）《新中国评论》（*New China Review*）、（十七）《亚洲艺术杂志》（*OZ*）、（十八）《亚洲艺术评论》（*Reoue des Arts Asiatiques*）、（十九）《通报》（*TP*），凡十九种，共收论文三百七十五篇，俱自各志之第一期起至最近一期"。③

此书问世的当年，署名"明"者就在《国立北平图书馆馆刊》第7卷第6期撰文介绍此书，批评《西文东方学报论文举要》一书的缺漏：在期刊采纳范围方面，没有收录日本人的研究成果；在论文篇目选择方面，也

---

① 朱士嘉：《书评：中国旧史学》，《史学年报》1938年第2卷第5期，第538~542页。
② 中国社会科学院近代史所翻译室编《近代来华外国人名辞典》，中国社会科学出版社，1981，第30页。
③ 明：《新书介绍：西文东方学报论文举要》，《国立北平图书馆馆刊》1933年第7卷第6期，第129~131页。

遗漏了很多重要篇目。① 1934年，《图书季刊》第1卷第1期对此书也有简短介绍。②

（三）内容与材料：冯承均对夏德、柔克义《〈诸蕃志〉译注》的校注

对中国宋代典籍《诸蕃志》的译注是美国汉学界有功于国际汉学研究的一件大功绩。《诸蕃志》是宋代学者赵汝适（1170~1228）著、宋理宗宝庆元年（1225）成书的一部记录海外地理状况的书籍，"上卷《志国》记录了占城、真腊、大秦、大食等海外诸国的风土人情；下卷《志物》记载了乳香、没药、芦荟、犀角等海外诸国的物产资源"。③ 作为一部研究中国中外关系史的重要文献，《诸蕃志》一书在19世纪末就得到了欧洲汉学家的关注，最早注意到此书的是夏德（Friedrich Hirth，1845-1927）。夏德是德国著名的汉学家，1845年出生于德国萨克森哥达州（今图林根邦），先后就读于莱比锡大学、柏林大学，1869年获得德国格赖夫斯瓦尔德大学博士学位；1870年来华，在厦门、上海、镇江、重庆等地的海关任职，直到1897年辞职回国；1902~1917年出任美国哥伦比亚大学东方研究院主任，并被聘为首任丁龙讲座教授；1918年退休后返回慕尼黑，1927年在慕尼黑逝世。在华任职期间，夏德对中外交通史和中国古代史产生了浓厚的兴趣，并著有《中国与罗马人的东方》《中国古代的海上交通》《中国艺术中的外来影响》等多部著作，这也是他较早注意到《诸蕃志》一书的内在动因。

夏德之后，注意到《诸蕃志》一书的是美国汉学家柔克义（William W. Rockhill，1854-1914）。柔克义既是一名汉学家，也是一名外交官。他1873年毕业于法国圣西尔军校，后在阿尔及利亚的法国军队中服役3年；退役后前往巴黎继续学业，研习藏传佛教。为了实现入藏考察的夙愿，他于1884年来华成为一名外交官，始任北京美国使馆二等参赞，1885~1888年任头等参赞，1886~1887年兼驻朝鲜汉城参赞。1887年，他辞去美国驻

---

① 明：《新书介绍：西文东方学报论文举要》，《国立北平图书馆馆刊》1933年第7卷第6期，第129~131页。
② 《贝德士编西文东方学报论文举要》，《图书季刊》1934年第1卷第1期，第88页。
③ 顾均：《〈诸蕃志〉译注：一项跨国工程》，《书屋》2010年第2期，第27~29页。

华公使秘书一职，开始对西藏进行考察，所经之地有柴达木、昌都、甘孜、康定等，并著成《喇嘛之国》（1891）。1891~1892年，他再次前往蒙藏地区考察，著成《1891~1892年蒙藏旅行日记》。1893年回美，任国务院秘书长，1894年升为第三助理国务卿，1896年任第一助理国务卿；1897年任美国驻罗马尼亚大使。1900年义和团运动爆发后，柔克义以美方特使和全权代表身份出席与清廷的谈判。1905~1909年任美国驻华大使。[①] 柔克义是美国历史上第一位对中国西藏进行实地考察、研究的学者，对西藏研究倾注了毕生精力，对美国藏学的奠定和发展有深远影响。进入20世纪以后，柔克义的研究逐渐转向中外关系史，先后发表了《十五世纪至1895年间的中朝交通》《中国朝廷上的外交觐见》等作品，并于1900年将13世纪的法国人鲁布鲁克（William of Rubruck）出使中国的记录《鲁布鲁克东行记》译成英文。《诸蕃志》与《鲁布鲁克东行记》一样也是13世纪中外关系史的作品，自然得到柔克义的关注。

早在1885年，夏德就已经开始了《诸蕃志》一书的翻译工作，并于1893~1895年在中国重庆与英国学者弗拉瑟（H. E. Fraser）合作完成校订。但他感到许多地名的翻译仍需改进，因此于1904年写信邀请"在中世纪旅行文献研究方面有着广博的知识和经验"[②]的柔克义参与翻译工作。柔克义早就对《诸蕃志》一书有兴趣，因此两位汉学大家一拍即合，携手进行翻译工作。两人的合作方式是："夏德先翻译一个初稿，然后寄给柔克义进行修订并做注解，最后再由柔克义撰写一篇导言。"[③] 翻译中国古文本身就很有难度，而作注释与导言更有难度。注释方面，柔克义综合对照中文、德文、法文和英文文献，对《诸蕃志》一书中出现的国家和物品名称加以注解；导言方面，柔克义利用中国古代以及古希腊、阿拉伯等地的文献，论述了中国古代至12世纪的中外关系史。没有深厚中文素养与汉学知识的人，是无法胜任这一工作的。但由于双方都没有集中的时间专注于这一工作，夏德需要授课，柔克义需要处理外交事务，因此此书的完整译本

[①] 中国社会科学院近代史所翻译室编《近代来华外国人名辞典》，中国社会科学出版社，1981，第415页。

[②] "The letter to W. W. Rockhill from Friedrich Hirth, 25 Jan, 1904", *W. W. Rockhill additional papers, 1879-1915*（Houghton Library, Harvard University）.

[③] 顾均：《〈诸蕃志〉译注：一项跨国工程》，《书屋》2010年第2期，第27~29页。

直到 1911 年才最终问世。《〈诸蕃志〉译注》名为 Chau Ju-kua: His Work on the Chinese and Arab Trade in the Twelfth and Thirteenth Centuries，"1911 年首次出版，1914 年东京再版，是当时对中国史学研究的代表作……其价值尤在英文注释，地名、物产的注释，这些注释的内容详尽，甚至超过本文，被认为是西方汉学的重要成果"①。

《〈诸蕃志〉译注》一书问世后，在 20 世纪 30 年代逐渐得到中国学者的关注。1935 年，北平文殿阁书庄发行其影印本。② 1936 年，安文倬将此书导言前半部分（第 1~27 页）译成中文，发表在《禹贡》第 5 卷第 11 期，名为《十三世纪前中国海上阿拉伯商人之活动》。③ 1937 年，牟沉将此书第 22~28 章译成中文，发表在《禹贡》第 7 卷第 4 期。④ 同在 20 世纪 30 年代，著名中外交通史研究专家冯承钧在夏德与柔克义译本的基础上，对《诸蕃志》一书重新进行校注，于 1937 年著成《〈诸蕃志〉校注》一书。一本来自中国古代的《诸蕃志》，先被欧美汉学家注意到并进行译注，再回到中国由中国学者在前著的基础上增益改进，使校注达到更高的水平，堪称一项完美的"跨国工程"。

（四）内容、材料与译文：王伊同对德效骞《〈汉书〉译注》的增补

1928 年，美国学术团体理事会（American Council of Learned Society）在洛克菲勒基金会的资助下发起"首届促进中国研究会议"。会议由美国东方学会会长恒慕义（Arthur W. Hummel）主持，邀请法国著名汉学家伯希和（Paul Pelliot）作为特别专家参与。与会专家纷纷指出，美国对中国历史文化的了解仍然很欠缺，决议设立"促进中国研究委员会"，加大力度研究中国。伯希和还建议翻译中国历史典籍，但这一建议并未迅速获得实施。直到 1934 年，委员会终于决定先从翻译《汉书》开始，逐步形成比较完备的英译中国历史典籍书系。在翻译人员的选择上，美国学术团体

---

① 朱政惠：《海外学者对中国史学的研究及其思考》，《史林》2006 年第 4 期，第 165~183 页。
② 《文殿阁新旧书目》第 3 期，第 230 页；《文殿阁新书目》，外文第 1 页。
③ 安文倬：《十三世纪前中国海上阿拉伯商人之活动》，《禹贡》1936 年第 5 卷第 11 期，第 79~90 页。
④ 〔美〕夏德、柔克义著，牟沉译《赵汝适大食诸国志考证》，《禹贡》1937 年第 7 卷第 4 期，第 79~98 页。

理事会邀请汉学家德效骞（Homer Hasenpflug Dubs，1892-1969）出任翻译主任。德效骞，号闵卿，又名德和美，是美国传教士转型为汉学家的代表之一。他年幼时随父母赴中国传教，童年时期在湖南度过。后回国接受教育，1914年自耶鲁大学毕业，后又获哥伦比亚大学哲学硕士学位与纽约协和神学院神学硕士学位。1918年，以圣道会教士身份来华，在湖南地区传教。六年后回国，1925年获芝加哥大学哲学博士学位，其博士论文是对于荀子的研究（Hsuntze：The Moulder of Ancient Confucianism）。毕业后在大学任教，1925~1927年在明尼苏达大学任哲学讲师，1927~1934年在马歇尔学院任哲学教授。

1934年，德效骞开始着手班固《汉书》的翻译工作。除了其本人，他还有两位来自中国的翻译助手——任泰和潘乐知，以及两位来自荷兰的参与校译工作的汉学家——戴闻达（J. J. L. Duyvendak）和龙彼德（Piet van der Loon）。在这些人的帮助下，德效骞在国会图书馆潜心翻译，用时三年，将三卷本《汉书》初步译完。第一卷《本纪：一到五章》（The Imperial Annals, Chapter 1-5），包括《高帝纪》《惠帝纪》《高后纪》《文帝纪》《景帝纪》，1938年出版。第二卷《本纪：六到十章》（The Imperial Annals, Chapter 6-10），包括《武帝纪》《昭帝纪》《宣帝纪》《元帝纪》《成帝纪》，1944年出版。第三卷《〈本纪：十一到十二章〉与〈王莽传〉》（The Imperial Annals 11 and 12 and the memoir of Wang Mang），包括《哀帝纪》《平帝纪》《王莽传》，1955年出版。原计划还有第四卷和第五卷，前者包括班固生平，《汉书》文本及其注释等问题的研究，后者主要是专用名词词汇表。这两卷已经完成，但是还未出版德效骞就去世了。第一卷和第二卷出版后获得法国铭文学院"儒莲奖"，这是美国人第一次获得该奖项。

从三卷本《〈汉书〉译注》（Pan Ku's History of the Former Han Dynasty：A Critical Translation with Annotations）的内容可以看出，翻译的对象是班固《汉书》的十二本纪与《王莽列传》，并非《汉书》全部。为了展现《汉书》的全貌，德效骞在每一章都作有"导论"和"附论"，尽量纳入原著中相关的书、志、列传的内容以及他本人的一些研究成果。在"导论"中，德效骞一般会交代这一章的材料来源，讨论分析这一朝的重大事件，并增加相关的列传人物事迹，如此就可以使这一朝的历史相对完整，是全章的主旨所在。在"附论"中,德效骞一般会谈论一些与本章有关的重要问题,如历法、度量衡、日食、籍田等;这部分既吸收了《汉书》原书中书、志的内容,又有很多德效骞自己的研究成果。这种独特的以"本纪"为纲、选择性增补其他内容的译注体例,在一定程度上吸收了《汉书》的思想精华。①

三卷本《〈汉书〉译注》的问世,无论是对美国汉学界还是对世界汉学界,都是一件值得关注的大事。虽然它在译文上不可避免地存在一些缺点,但它的学术价值是不可否认的,因此欧美汉学界纷纷表示"欢迎"此书的到来。在中国,它所引起的反响也是迅速的。1938 年第一卷《〈汉书〉译注》出版时,中国学者王伊同随即就发表了长篇书评。他在《史学年报》第 2 卷第 5 期发表的《德氏前汉书译注订正》一文,用长达 45 页的篇幅,详细订正了第一卷《〈汉书〉译注》所遗漏、需增补的内容,并称赞此书"译述缜密,注释精详,文直事严,甚符史体";对译者德效骞,他也赞赏其"精哲理之学,于吾国学艺,致力甚勤"。② 1940 年,署名"雷"者在《图书季刊》新 2 第 2 期也发表有关于《〈汉书〉译注》一书的简短书评,称赞此书"是学术界一件深可庆幸的事";其"译文甚为的当,较沙畹所译《史记》有过之而无不及"。③

(五)译文:雷海宗对富路特《乾隆朝文字狱考》的批评

富路特(L. Carrington Goodrich,1894-1986),传教士富善之子,生于中国河北,在美国接受教育,1917 年毕业于威廉姆斯学院。同年来华,在北京 Pre-Medical 学校教授英文,为期一年。1927 年获得哥伦比亚大学硕士学位。1929 年与芳亨利(H. C. Fenn)合编《中国文明和文化史纲要》,在美国很受欢迎。1931 年再次来华,搜集有关明代进士的资料,次年回国。1934 年获得博士学位。1937 年第三次来华,在北平华文学校做访问学者兼讲师。1938 年将顾颉刚《明代文字狱祸考略》一文译成英文发表。1943 年出版《中华民族简史》。1946 年与中国留学生冯家昇合作,撰写

---

① 王娟:《德效骞〈汉书〉译介之研究》,硕士学位论文,华东师范大学,2013,第 43~44 页。
② 王伊同:《德氏前汉书译注订正》,《史学年报》1938 年第 2 卷第 5 期,第 475~519 页。
③ 雷:《附录:英译前汉书》,《图书季刊》1940 年新 2 第 2 期,第 115~116 页。

《中国早期火器的发展》。同年,第四次到北平华文学校做访问学者。1947年受聘为哥伦比亚大学丁龙讲座教授,主持编纂明代人物传记辞典项目,历时二十多年,于1976年正式出版《明代名人传》,被法兰西铭文学院授予"儒莲奖"。①

《乾隆朝文字狱考》(*The Literary Inquisition of Ch'ien-lung*)是富路特完成于1934年的博士学位论文,1935年正式出版。全书分两部分,上半部分"论述文字狱的政治背景,四库全书与文字狱的关系,禁书的搜求方法,文字狱的目的、结果与影响等";下半部分"翻译或缩译与各文字狱有关的档案、文件与传记"。② 此书在美国学界评价较高,马伦(Carroll B. Malone)称"富路特的著作讨论了一项长期以来被西方学界忽视的乾隆皇帝的活动(即文字狱);这项活动,即使是中国本土学者,也没有进行充分的研究"③;E. R. Hughes 也称此书是"一部成功的研究之作"④。

在中国学界,关于这部书的评价似乎没有美国那么高。雷海宗在《清华学报》1935年第10卷第4期撰有关于此书的评述文章。虽然雷海宗承认此书"有几点很动人的见解",但对富路特的翻译水平,他认为很不能胜任,因为读起来"时常遇到上下不连贯,意义不清楚或情节可疑的词句"。相比于正文,他反而觉得"后面附录的禁书现存目录""最有价值",认为"后来研究的人必能发现许多遗漏,但在目前这个目录可算是一个很便利的参考工具"。⑤ 作为熟读中国历史的中国学者,雷海宗对清代历史的了解必然远超富路特;从其对《乾隆朝文字狱考》一书的评述中可以看出,富路特对清代文字狱的研究还没有达到值得当时中国人学习的高度。

---

① 李孝迁:《域外汉学与中国现代史学》,上海古籍出版社,2014,第339页。
② 雷海宗:《书评》,《清华学报》1935年第10卷第4期,第954~957页。
③ Carroll B. Malone, "Reviewed Work: The Literary Inquisition of Ch'ien-lung by Luther Carrington Goodrich", *Journal of the American Oriental Society*, Vol. 55, No. 4 (Dec., 1935): 477-479.
④ E. R. Hughes, "Reviewed Work: The Literary Inquisition of Ch'ien Lung by L. C. Goodrich", *The Journal of the Royal Asiatic Society of Great Britain and Ireland*, No. 2 (Apr., 1936): 362-366.
⑤ 雷海宗:《书评:*The Literary Inquisition of Ch'ien-Lung*》,《清华学报》1935年第10卷第4期,第954~957页。

三 以美国汉学鞭策中国史学的发展

通过以上对美国汉学研究著作的详细评述,中国学者的客观态度可见一斑。正视其优点、批评其缺点、补充其不足,这种态度正是中国学者关注国外同行动态、学习国外同行方法的进取心的体现。但这种进取心的背后,更深埋着渴望中国学术独立、摆脱国外同行影响的民族自尊心。正如张其昀听闻美国教授格里芬(Griffin)提出"取东方诸族之史,博学而详考之"的东方学发展目标时,他更多地体会到一种由刺激而生发的鞭策力量。他说:西方人都已经意识到了研究东方史的必要,中国人更应该"奋发砥砺,高瞻远瞩,而常以振衣千仞岗,濯足万里流之气概勉自策";而且,"东方历史终当由东方人自行成就,自行宣布";西方人虽然希望研究中国历史,但他们既没有材料,也不懂语言,"越俎代谋必劳而寡功";而中国学人,应"益奋求学之志,肩任巨责,努力长征,先图精详之本国通史之告成,并从事于各种专史之编订,然后以至公至正之心,阐扬中华固有文化之真价值于世界,昭宣民众之声光,以答外邦之所求"。① 与张其昀主张相同的还有陈训慈。他也认为"中国史之整理与惟求,以公之于世,乃中国人之责,而在今日西人渐移其注意东向之时,吾人尤当兼程奋赴"②。张、陈二人的话,恰说明 20 世纪上半期的中国史家以美国汉学鞭策中国史学的发展,进而掌握中国史研究主动权、创造让西人信服的中国史研究成果的强烈愿望。

---

① 〔美〕Griffin 著,张其昀译《美国人之东方史观》,《史地学报》1921 年第 1 卷第 1 期,第 1~6 页。
② 〔美〕K. S. Latourette 著,陈训慈译《美人研究中国史之倡导》,《史地学报》1922 年第 1 卷第 3 期,第 1~4 页。

第六章　美国通俗历史读物的翻译与近代中国的社会思潮

20世纪上半期流传到中国的美著史书中，除了新史学派史书与汉学研究著作这些学术性著述，非学术性著述的规模也很可观。所谓非学术性著述，亦即通俗历史读物，包括历史普及读物、人物传记等。通俗历史读物在中国的译介与传播，表面上看单纯是为了满足人们对历史知识的需求，但实际状况并非这么简单。任何一个简单的历史现象背后，都有着不简单的历史动因；任何一种历史现象的变动，其背后都是历史动因的变动。作为一种历史现象，通俗历史读物的译介与传播当然也有着比满足人们的知识诉求更深刻的历史动因。要考察这种更深刻的历史动因，当然要回归到20世纪上半期中国的社会状况。而这半个世纪里中国社会状况的变动，正如李鸿章所说，是"五千年未有之大变局"。社会状况的剧烈变动，必然引起社会思潮的剧烈变动。而社会思潮的剧烈变动，也必然会投射到社会现象的方方面面，包括通俗历史读物译介这个微小的领域。具体到美国通俗历史读物的译介这个方面，它与中国社会思潮之间的互动关系也是不容忽视的。因此，本章主要讨论20世纪上半期美国通俗历史读物译介与中国社会思潮之间的互动关系。考虑到这一时期流传到中国的美国通俗历史读物规模非常大，仅用一章的篇幅很难完全论述清楚，因此笔者将考察范围缩小到在华翻译出版的美国通俗历史读物上。虽然翻译出版只是美国通俗历史读物在华传播的途径之一，但这种途径在一定程度上可以反映出美国通俗历史读物在华传播现象的主要面貌。

第一节 美国通俗历史读物的翻译与中华民族独立富强的诉求

追求民族独立是近代中国历史发展的主题。1840年鸦片战争以降,中国在西方列强的坚船利炮面前逐渐失去独立主权。于是,一代又一代仁人志士前赴后继,为重建中华民族的独立而奋斗。到1949年中华人民共和国的成立,中华民族才取得完全独立。一部百年的近代中国史,就是一部追求民族独立的抗争史。这种民族独立的诉求体现在近代中国社会的方方面面,包括美国通俗历史读物的翻译。在很多情况下,某些学者选择翻译通俗历史读物,并不仅仅是为了向中国人介绍国外的历史知识,更多的是寄托了一种家国情怀与社会抱负。正如余楠秋所说:"读本国史可以促成民族之自觉;读外国史尤足以促成民族之自觉也。"①

一 革命史、独立史:民族独立、政治自由

(一)民族独立的诉求

晚清时期的汉译美国通俗历史读物中,有大量是关于外国革命史、独立史、军事史以及英雄人物传记的,如章宗元翻译的《美国独立史》和《美史纪事本末》、麦鼎华翻译的《欧洲十九世纪史》、商务印书馆翻译的《苏格兰独立史》、日本人越山平三郎翻译的《英美海战史》和《尼罗海战史》、王汝宁翻译的《辟地名人传》、张逢辰翻译的《开辟新世界之鼻祖(哥仑波)》等。从这类书中,中国人不仅看到了民族独立的希望,也看到了可借鉴的独立道路。

1.《美国独立史》《美史纪事本末》

章宗元所译的《美国独立史》和《美史纪事本末》译自同一书,即美国哈佛大学史学教授姜宁氏所著之"美史",书名不详。章宗元称,原书共14卷,前六卷"由觅地而殖民,由殖民而立国,详于美国自主之原

---

① 〔美〕季尼:《英国史》,余楠秋、吴道存、谢德风译,民智书局,1933,第1~2页。

因",因此将书名译为《美国独立史》①;后八卷"自立总统始","起乾隆五十四年,讫光绪二十八年",译为《美史纪事本末》②。《美国独立史》由东京译书汇编社出版于1902年,共六卷,记载美国建国前的历史;《美史纪事本末》由浙江湖州求我斋出版于1903年,共八卷,记载1789~1902年美国的历史。顾燮光评价此书"于美立国百余年宪政、共和、民政、诸党之兴替、保守帝国二主义之反对、南北西美之战争、皆能探源,言之足资,读史之证具"③。

2.《欧洲十九世纪史》

〔美〕轩利普格质顿著、麦鼎华译的《欧洲十九世纪史》,共7编30章,论述19世纪欧洲由专制走向民主的革命运动。顾燮光尤为称赞书中第七编"今日之情状",称其"颇足为知新之助"。④书首有"瓶等子"所做的《叙》;"瓶等子"其人不详;但他在文中却道出了一种强烈的救国愿望。他首先从欧洲19世纪的革命史中概括出一种革命理论,即革命的出现是压力使然,"物必有压力也,而后有动力,有动力矣,而后有反动力,有反动力矣,而后有回动力"。然后,他指出,欧洲19世纪的革命"将移演于中国",近来中国"时机所迫,积新旧如水火,而又加以赔款之逼拶,社会困顿",必有人选择从政治上冲破这种困顿。最后,他说,如果中国不得不革命,不得不"捐生命,焦毛发,涂肝脑",以从上帝那里"换一日太平之乐",那么中国人也必须这么做。⑤他的话体现出一种为了实现民族独立与国家太平而甘愿抛头颅、洒热血的献身精神。

3.《苏格兰独立史》

民族独立离不开智勇双全的民族英雄的领导,各国独立史中涌现出来的民族英雄也成为关注的焦点。〔美〕那顿著、商务印书馆翻译的《苏格兰独立史》讲述的是1297年至1298年的苏格兰抗英斗争。译者在书中盛赞苏格兰抗英斗争史上的关键人物,如"威灵槐累司"(William Wallace,

---

① 〔美〕姜宁氏:《美国独立史》,章宗元译,(东京)译书汇编社,1902,第1页。
② 〔美〕姜宁氏:《美史纪事本末》,章宗元译,求我斋,1903,第1页。
③ 王韬、顾燮光等编《近代译书目》,北京图书馆出版社,2003,第430页。
④ 同上书,第413页。
⑤ 〔美〕轩利普格质顿:《欧洲十九世纪史》,麦鼎华译,广智书局,1902,第1页。

1270-1305)、"劳拨得白路司"（Roibert a Briuis，1274-1329）等。在他看来，虽然苏格兰最终还是成了英格兰的附属国，但这毫不泯灭其民族英雄的历史价值："豪杰之士，非可以成败论定"，苏格兰有 William Wallace，中国有推翻暴秦的陈涉，他们都是举世罕见的英雄，"千古岂可多观哉"？①

4.《英美海战史》《尼罗海战史》

军事史的翻译也是民族独立意识的一种体现，外国军事史中涌现出来的军事领袖人物也是民族英雄的一种表现。日本人越山平三郎译的《英美海战史》与《尼罗海战史》，两书作者分别是〔美〕爱德华·斯宾与〔美〕耶特瓦德斯边，从发音看，两人疑为同一人。《英美海战史》记述1812~1815年英美战争（亦即第二次美国独立战争）的海战经过。②《尼罗海战史》，共17章，记述1798年8月英法阿布基尔海战（尼罗河口海战）的经过③。另有附录两篇，其一《温圣脱海战史》，共9章，讲述1588年的英国与西班牙大海战的经过；其二《哥品杭海战史》，共2编17章，讲述1801年英国与丹麦、挪威之间的哥本哈根海战（Battle of Copenhagen）的经过。

5.《辟地名人传》《开辟新世界之鼻祖（哥仑波）》

人物传记更是民族英雄的直接展现，它们在中国的翻译充分说明当时的中国人对能够力挽狂澜、引领中国走向独立的英雄人物的渴望。如〔美〕爱德华著、王汝宁译的《辟地名人传》就是一部欧洲人物的传记合集。商务印书馆对此书的介绍说："日欧洲诸国几于控驭全球。其始皆由二三豪杰，抗志航悔，不避艰险，搜觅新地。风气既开，兴起者众。四家坐享其利，而殖民之地乃愈推愈广矣。是书汇集被国辟地名人凡二三十辈，各立一传。读之可以增人进取之气。"④〔美〕勃腊忒著，包光镛、张逢辰译的《开辟新世界之鼻祖（哥仑波）》是一部哥伦布传记，全书共24章。

---

① 〔美〕那顿：《苏格兰独立史》，商务印书馆译，商务印书馆，1903，第1页。
② 王韬、顾燮光等编《近代译书目》，北京图书出版社，2003，第455~456页。
③ 潘喜颜：《清末历史译著研究（1901~1911）——以亚洲史传译著为中心》，博士学位论文，复旦大学，2011，第175页。
④ 王云五：《〈王云五文集〉第五卷：商务印书馆与新教育年谱》，江西教育出版社，2008，第35页。

(二) 政治自由的诉求

政治自由也是近代时期经常被提及的一个主题。"自由"是一个相当广泛的概念；在政治领域，"自由"多与"民主"联系在一起，政治自由多意味着政治民主。鸦片战争以后，西方自由思想逐渐进入中国；19世纪下半期，早期维新派开始自觉地宣传西方自由思想；维新变法时期，康有为等维新派人士自觉传播西方自由思想，广泛宣扬西方民主政治。值得一提的是严复，他翻译、发表了众多论述自由思想的著作，提倡"自由为体，民主为用"，被誉为"中国自由主义之父"。这种对于政治自由的追求在美国通俗历史读物的汉译活动中也有体现。

1.《历史哲学》

罗伯雅翻译的《历史哲学》一书，译自美国史学家威尔逊（Marcius Wilson，1813-1905）的《历史大纲》（Outlines of History）一书的第三部分"历史哲学大纲"（Outlines of the Philosophy of History）。虽名为"历史哲学"，但并非真正意义上的历史哲学，实际上是一部关于人类古代文明与中世纪及近代历史的发展纲要。原著是一部世界通史；全书共3个部分24章，即古代历史（Ancient History）6章、近代历史（Modern History）6章以及历史哲学大纲（Outlines of the Philosophy of History）12章。罗伯雅将原来的12章压缩为10章，分前、后两篇，各5章；在后篇卷末，增补了《美国革命论》和《今世纪史论》两章，前者讲述美国独立的历史，后者讲述1815~1848年"欧洲各国政治上之事变"。[①]

罗伯雅在《美国革命论》一文中说，1775年的美国革命是自由主义的胜利，用短短七年的时间，"乃撞自由之钟，翻独立之旗"，"以弱敌强，以寡敌众，终得偿心所欲，而建一平和之国"。他认为，"北美独立之战胜，非独殖民地人民取胜英政府而已，实可谓共和主义战胜贵族主义之发端"。他还说，美国革命的胜利，不仅实现了其本国的强盛与自由，也鼓励了世界其他地区的革命运动，"如法兰西之革命，多受其影响"，"可见美国革命与好果于世界上，非浅鲜也"。[②]

[①]〔美〕威尔逊:《历史哲学》，罗伯雅译，广智书局，1903，第39页。
[②] 同上书，第39~41页。

在《今世纪史论》一文中，他提出，1815~1848 年的时代大势是"自由主义"；自由主义肇始于孟德斯鸠，"佛国孟德斯鸠氏，以高世之眼，著万法精理，论述立法司法行政之三权独立，所以当分离之理，遂促各国政体之变迁，卒至起千七百八十九年佛国大革命"；而要实现自由主义，不外乎在政治上实行四条规则：（1）"设立国会（非贵族之国会，谓自全国人民之选举代议士的国会）"；（2）"法律上，国民不论贫富贵贱，皆有同等之权利，虽贵族亦有负担租税之义务"；（3）"言论及出版之自由"；（4）"陪审裁判之制"。① 这段论述可以说代表了维新派的政治诉求。罗伯雅是康有为的门生，戊戌变法失败后随师门流亡日本，1899 年肄业于东京高等大同学校，该校是梁启超在日本创办的学校；"时梁启超与孙总理磋商联合组织新党问题，议推总理为会长，而启超副之，日常来往东京横滨间，高谈民族主义。康徒之赞同者有韩文举、欧榘甲、梁子纲、张智若、罗伯雅等十余人，独徐勤、麦孟华数人反对耳。故高等大同学校充满革命空气。所取教材有卢骚《民约论》、《法国大革命史》、《摩西出埃及记》、《华盛顿传》、《英国革命史》诸书"②。这说明罗伯雅对革命运动的肯定，也解释了他对美国革命的高度肯定。

2.《万国史要》

同样肯定"自由"的还有《万国史要》的审定者邹寿祺。《万国史要》是一部世界通史，美国维廉斯因顿著、张相译、邹寿祺审定。原著分 5 个部分：第一，"古代东洋诸国民史"，包括埃及、巴比伦、海部留（即希伯来）、腓尼西亚、印度、波斯；第二，"古利司史"（即希腊史）；第三，"罗马史"；第四，"中代史"（即中世纪史）；第五，"近代欧洲诸国民史"。③ 据中译本，第一编"古代东洋诸国"共 8 章，第二编"古利司史"共 5 章，第三编"罗马史"共 4 章，第四编"中代史"共 9 章，第五编存阙④。邹寿祺在此书的"赘言"中说，自由主义风行欧美，但我国却

---

① 〔美〕威尔逊:《历史哲学》，罗伯雅译，广智书局，1903，第 41~42 页。
② 冯自由:《记东京大同学校及余更名自由经过》，载《革命逸史》，金城出版社，2014，第 618 页。
③ 〔美〕维廉斯因顿:《万国史要》，张相译，邹寿祺审定，杭州史学斋，1903，第 3~4 页。
④ 笔者从国家图书馆查阅到的《万国史要》是一个残本，完本应该有 6 册，但残本只有前 4 册，后 2 册缺失，故第五编内容无从知晓。

认为自由不好；经过读这本书，他发现，"所谓自由者，非特下等社会之所难享，而实出于道德"，也就是说，下等社会也可以享受自由。他还澄清了"自由"与"放荡"的区别，认为不能将"自由"等同于"放荡"，"以放荡为自由，则自由诚不可行"；但不能因为字面容易混淆就不要自由，"读者毋以辞害志"。① 作为一位未出国门的传统学者，邹寿祺能认识到"自由"的价值，既说明其思想之进步，也说明自由思想在晚清时期的传播之广泛。

3.《希腊政治沿革史》

〔美〕弥勒崧（Wilson）著、陈彀译述的《希腊政治沿革史》是一部古希腊政治史，共3编17章。该书的主旨是：希腊政治是现代政治的起源，现代世界的主要政治形式都能追溯到希腊时期。其《叙论》称："希腊，今世欧洲之缩本也。岂惟欧洲，直今世世界之缩本也。其为联邦也，似德，似美。其由专制政体变为贵族政体，又由贵族政体变为平民政体也，似英。而斯巴达之民族专制，又二十世纪世界之小影也。其尤合于今世世界之风潮者，曰'平民主义'也，曰'军国民'也，曰'国家教育'也，曰'君主无责任'也，曰'法治国'也，此皆构造今世世界之文明者也。希腊政治，今世世界政治之核子哉。"② 译者虽然没有作序或跋，明确表明他对此书的看法，但他对此书的翻译足以说明他对民主法治的认可与肯定。

二 日本史：了解日本、抗击侵略

中国与东邻日本自古以来就有着千丝万缕的联系。虽然历史上两国之间也有友好相处的时期，但自19世纪末以来，以甲午中日战争为开端，"伴随日本资本主义进入帝国主义阶段和中国社会半殖民地半封建化急剧加深，中日两国的关系已经主要体现为侵略者（日本）与被侵略者（中国）之间的关系。这种关系在第一次世界大战之后有明显的持续性的升

---

① 〔美〕维廉斯因顿：《万国史要》，张相译，邹寿祺审定，杭州史学斋，1903，第1页。
② 〔美〕弥勒崧：《希腊政治沿革史》，陈彀译述，东来书店，1903，第3页。

级,两国关系终于进入最恶化的历史阶段"①,即 1937 年全面侵华战争的爆发。从 19 世纪末到 20 世纪上半期,日本一直是中国举国上下不可不谈、不可不了解的话题。正如戴季陶在 1928 年所说:"我劝中国人,从今以后,要切切实实的下一个研究日本的工夫。……日本这一个民族,在远东地方,除了中国而外,要算是一个顶大的民族。他的历史,关系着中国,印度,波斯,马来,以及朝鲜,满洲,蒙古。近代三百多年来,在世界文化史上的地位,更甚重要。我们单就学问本身上说,也有从各种方面做专门研究的价值和必要,决不可淡然置之的。"②

〔美〕哥温著、陈彬龢译的《日本历史大纲》与〔美〕赖德烈著、梁大鹏译的《日本的发展》两本日本通史的问世,正是这种"研究日本"思想的具体体现。《日本历史大纲》译自哥温(Herbert Henry Gowen, 1864-1960)所著 *An Outline History of Japan* 一书;该书出版于 1927 年,共 31 章,是一部日本通史。《日本的发展》译自赖德烈的 *The Development of Japan* 一书;该书出版于 1918 年,共 12 章,也是一部日本通史;早在其中译本问世以前,国立清华大学 1927 年的日本史课程(教员刘崇鋐)就以此书为教科书了③。可以看出,中国人不仅通过自己的角度了解日本,更通过美国人的角度了解日本,这恰说明中国人了解日本的迫切愿望。

为什么要读日本史?陈彬龢和梁大鹏都指出,读日本史是了解日本乃至打倒日本的需要。陈彬龢说:"现在我们中国人,为普遍的原因,已是应当知道日本的历史,为特殊的或种原因,更应当知道日本的历史。"④ 不用说,这"普遍的原因"就是日本对中国的侵略。梁大鹏更明确说:"日本的向外发展,就是我国的忍辱牺牲。……我们要打倒日本,要先了解日本;要了解日本,最好是先从她的历史方面去考察。"⑤ 除了中国自身方面了解日本的迫切需要,陈彬龢还指出,读日本史是了解日益紧密的国际关系的需要。他说:"一国的历史,不单是关于这一国的本身,还要关系到

---

① 高书全、孙继武、顾民:《中日关系史》(第 2 卷),社会科学文献出版社,2006,第 1 页。
② 戴季陶:《日本论》,民智书局,1928,第 4 页。
③ 李森:《民国时期高等教育史料汇编》(第 2 册),国家图书馆出版社,2014,第 86~87 页。
④ 〔美〕哥温:《日本历史大纲》,陈彬龢译,商务印书馆,1930,第 1 页。
⑤ 〔美〕K. S. Latourette:《日本的发展》,梁大鹏译,商务印书馆,1933,第 1~2 页。

并世的各国，编著或谈说，读或听的，也不只是本国人，而并世各国的人都有了。为什么呢？因为现在的世界，已不是从前的世界，各国间彼此相关很切，往来很繁复，不能不彼此互相知道各国的历史，为了这个原故，日本人要知道自己的历史，固然不必说了，就是美国人和中国人，也应得知道些日本历史了。"①

为什么要读美国人写的，而不是日本人或中国人写的日本史呢？陈彬龢说，就是因为"现在世界上各国彼此间相关甚切，往来甚繁复"，所以"要了解日本，要解决日本，要对付日本，已不是我们埋了头所能干的事情了"；因此，"我们必须注意他在国际间的地位，他对于各国如何，各国对于他如何"。所以他认为，"翻译和阅读第三国为日本所写的历史，比了解他自己所写的好"，这也是他翻译这部史书的原因。那么，我们中国人读美国人写的日本史有什么益处呢？陈彬龢认为，至少有两大益处、"两重的收成"："一，基本的知道了日本历史，和读日文所写的日本历史，或我国人自己所写的日本历史一样。二，进一步的，藉此知道了美国人和其他国人对于日本和日本一切措施的态度。"②

对于第二点，即了解"美国人和其他国人对于日本和日本一切措施的态度"，陈彬龢尤为注意，也尤为愤慨。他指出，"美国人和其他外国人对于日本是极端赞美的，美国人和其他外国人对于日本的措施是极端表同意的"；他所翻译的这本《日本历史大纲》就"竭力的称扬日本和日本人"，而"如此的美国人和其他外国人不在少数"；"尤其是英国人，在目前的世界舞台上，他们和日本合作的表演，多少是清楚地显现在我们眼前"！确如他所言，英美两国一直到"二战"爆发之前都是对日本持默许、扶持态度的，希望日本成为牵制俄国的一大力量，进而保证自己在远东的利益。那么，我们为什么还要读这部"使我们难堪的《日本历史大纲》"呢？陈彬龢说，生气和恼怒是没有用的，"我们不要气，只要记！我们不要恼怒，只要努力！"要用这种精神"来读这一本第三国人所写的亲日的"史书，"而谋所以自处之方"。③ 这种化耻辱为动力、化愤怒为斗志的精神，反映

---

① 〔美〕哥温：《日本历史大纲》，陈彬龢译，商务印书馆，1930，第1页。
② 同上书，第2页。
③ 同上书，第2、7、9页。

了当时中国的知识分子甘愿忍辱负重、韬光养晦，以击退外侮、实现独立的民族情怀。

这种民族情怀还体现在对中日对比和对本国的反思上。陈彬龢说："当我翻译此书的时候，看到了这区区三岛的以往，想到了我们这巍巍大国的现在，不禁感慨系之。""区区三岛"的日本为何能打败"巍巍大国"的中国？陈彬龢看到了两点。第一点是日本的团结一致与中国的四分五裂："日本维新后数十年来，努力于内部，全国一致团结，在这种情形之下，有理的话，自然格外有理了。我们则如何？民国成立以后，四分五裂，到现在国民革命成功了，努力么？团结么？不可谓不在这轨道上行，但效力却如此的微弱。在这种情形之下，有理的话，也自然变作无理了。"第二点是日本人的勇敢无惧与中国人的暮气沉沉："他的勇敢不怕死，激烈的自杀，真叫我们这暮气沉沉的中国人，当之真要愧死！而他们的民族意识又何其的深刻！"痛心疾首之辞，恰是对民族团结一致抗日的深切希望。所以他呼吁："天助自助者，我们至少也当有他们这样的民族意识，这样的民族自卫！"①

三　列强"满洲"争夺史：挽救东北危亡

"满洲"是一个历史概念，源于清朝，指的是清朝的发祥地，包括今天的辽宁、吉林、黑龙江三省以及内蒙古东部（五盟市）。1907年，清政府将东北地区改建为奉天、吉林、黑龙江三个行省，称为"东三省"。1928年张学良宣布东北易帜后，"中华民国"政府即开始用"东北"来取代"满洲"这一名称。但这一地区为世界所熟知是源于19世纪末日俄在这一地区的争夺，故当时的国际人士都以"满洲"（Manchuria）称呼此地。从清朝后期开始，"满洲"地区就逐步成为各帝国主义列强的争夺地，从俄国到日本，再到英国、美国。"满洲"不再是中国的"满洲"，而是世界的"满洲"。一部"满洲"地区的国际关系史，就是一部东北亚地区的国际关系史，牵动着整个世界格局。

美国虽然没有像日本和俄国一样直接参与"满洲"地区的军事斗争，

---

① 〔美〕哥温：《日本历史大纲》，陈彬龢译，上海商务印书馆，1930，第9~11页。

但一直秉承"门户开放"主义的它自始至终都未放弃美国在"满洲"的利益。美国的一些研究国际问题的学者对这一问题也很关心。张明炜译的《国际竞争中之满洲》与蒋景德译的《满洲国际关系》就是两本关于满洲国际关系的史书。《国际竞争中之满洲》译自美国东方史研究专家克莱德（Paul Hibbert Clyde，1896-1998）所著 *International Rivalries in Manchuria, 1689-1922* 一书，该书出版于1926年，1928年再版；共12章，第一章简要介绍1689年《中俄尼布楚条约》至甲午战争前的"满洲"，其后11章重点介绍1894年甲午战争及其后的"满洲"国际关系。《满洲国际关系》译自美国政治学家杨格窝尔德（今译杨格，Carl Walter Young，1902-1939）所著 *The International Relations of Manchuria* 一书，该书出版于1929年，副标题是"A digest and analysis of treaties, agreements, and negotiations concerning the three eastern provinces of China"，即对中国东三省相关的条约、协定、协商的分析讨论。全书只有4章，将1895~1929年的"满洲"国际关系划分为四个阶段：1895~1905年、1905~1915年、1915~1921年、1921~1929年，在每个阶段中都论述日本的地位、俄国的地位、其他势力的地位以及相关的用于联盟、合作、保障的条约和协定。

对于"满洲"问题的复杂性，张明炜有清晰的认识。他在《国际竞争中之满洲》一书的"译者赘言"中说，"我们中国的问题在列强眼光中，本来是一个极其复杂的问题。而在这些极其复杂的问题中最为复杂而影响最深远的，端推满洲问题，溯自亡清末造，国势阽危，俄人牧马南来，就开始了满洲问题复杂的端绪。日俄交战之后，撮尔岛国的日本挟着极大的野心，对付了俄国殖民于我东三省，才造成满洲现在的局面。目前满洲的情势，可说直接关系的是中华民国的安危，间接关系的是日俄对于东亚大陆的争霸，而掺杂于两者之间的，更有英美，两大资本主义的国家。第二次世界大战，预言家已断为不在西方而在远东。倘若这句话不幸而中，则其导火线必为满洲问题"；因此，"当这外交紧急之秋，全国民众，都应一致起来，作政府后盾；但是要做后盾，就一定要先明了这个事件的内容，要明了内容就非研究关于这类书籍不可"，这就是他翻译这部《国际竞争中之满洲》的原因。[①]

[①] 〔美〕克莱德：《国际竞争中之满洲》，张明炜译，华通书局，1930，第1~4页。

与陈彬龢一样，虽然张明炜对原著"完全以美国的利害为本位，赤裸裸地提出他们的主张，硬要把满洲的利益断为应归于日本"的"论调"极为不满，"甚至欲投笔而起拍案大呼"，但他还是用理智战胜了冲动，想到"我们所以要看外国书的原因，就是要知道他们对中国的真正态度是什么"。他也劝读者，"用沉默的态度，将本书的内容，细细地通读一遍"。对于美国人之所以偏袒日本的原因，张明炜也很清楚："美国人之所以采取这个论调的原因，不是他们本心赞成日本该有满洲优越的地位，而在使美国本身能够参与满洲的问题，而分其利益。美国对满洲的问题，原为通商与投资二策，他们看满洲真主人的中国不能保护她的领土，于是不得不转向他将来第二主人的日本暗送秋波，以图博得她的好感。想把满洲的门户为美国而开放。因此他们不惜用种种方法，来证明他们的主张的正确。"所以他说，"这本书是他山之石，可以作我们攻错的"。①

四　科学人物传记：以科学救中国

20 世纪上半期，以 1915 年中国科学社与《科学》杂志的创立以及《科学救国论》的发表为标志，中国兴起了一股科学救国思潮。这股思潮由一批接受西方科学精神的先进知识分子（尤其是留学生，如任鸿隽）发起；他们认为科学是救国的武器，主张用西方的科学改造中国，进而拯救民族危亡，实现民族独立。五四时期，随着"科学"观念的日益普及，科学救国思潮的影响逐渐扩大。20 世纪 20 年代，随着科玄论战的展开，笃信科学救国的人逐步增加。到 30 年代，科学救国思潮发展到勃兴阶段，以实现中国的科学化为核心，社会普及面与影响力进一步扩大，很多人都积极投入科学救国的实践。② 这股科学救国思潮在三四十年代的汉译美国通俗历史读物里也有体现。

（一）多部爱迪生传记

爱迪生（Thomas Alva Edison，1847-1931）是美国著名的科学家，一

---

① 〔美〕克莱德：《国际竞争中之满洲》，张明炜译，华通书局，1930，第 1~4 页。
② 朱华：《近代科学救国思潮研究》，博士学位论文，北京师范大学，2006，第 1 页。

生共有两千多项发明、一千多项专利。他的事迹可谓举世皆知，在任何一个国家都会被当作教育的范本。在中国亦是如此，三四十年代的汉译美国人物传记中，至少有四部关于爱迪生的传记，即佚名氏译《我所认识的爱迪生》、钱临照译《爱迭生》、春凤山译《人类惠师爱迪生》以及陈天达译《爱迪生在实验所里》。

《我所认识的爱迪生》译自美国福特汽车创始人、爱迪生的忘年好友亨利·福特（Henry Ford，1863-1947）所著 Edison as I Know Him 一书；原著出版于1930年，分11章讲述爱迪生的个性特点与生活事业。《爱迭生》译自〔美〕乔治·布莱恩（George S. Bryan）所著 Edison, The Man and His Work 一书。《人类惠师爱迪生》译自弗朗西斯·米勒（Francis Trevelyan Miller，1877-1959）所著 Thomas A. Edison: Benefactor of Mankind 一书；弗朗西斯·米勒是爱迪生第二任妻子米娜·米勒（Mina Miller）的同族，经常与爱迪生当面交流，所以了解爱迪生生平事迹最为详细；这本书也是迄今为止最为详细的爱迪生传记之一，直到现在依然有大量读者。《爱迪生在实验所里》①则译自俄裔美国化学家罗沙诺夫（Martin André Rosanoff, Sc. D., 1874-1951）1932年发表在 Harper's 杂志上的一篇关于爱迪生的传记文章——"Edison in His Laboratory"②，讲述著者同爱迪生一起实验工作的亲身感受。

钱临照在译完《爱迭生》后有一番对于科学救国的"万感交集之慨"。他说，"立国之本有三，一政治重心，二国民经济，三技术程度，三者缺一，国本立丧"；而当时的中国，"政治，紊乱到不可收拾的地步，国民经济超出破产而有余，即以第三者的技术程度和现在世界潮流两相衡量一下，立见我们和他们间的差距相隔至少有数十年"。他强调科学技术对于国家发展的重要："试看今日世界所称强盛的国家，岂但政治清明，经济充裕而已，他们的技术程度确乎各有所长，才能互相争雄比强"；尤其是"近五十年内一跃而为世界第一强国"的美国，它的强大离不开"勤勉辛劳的发明家、科学家如爱迭生辈的……劳绩"。但他更强调，科学的成功不是偶然的，是用血汗换来的；爱迪生"能为了小小一根电灯丝，走遍

---

① 〔美〕罗沙诺夫：《爱迪生在实验所里》，陈天达译，中华书局，1946。
② Martin André Rosanoff, "Edison in His Laboratory," Harper's (1932): 402-417.

世界，踏尽荒芜，把一草一茎都移到实验室来试一试"，"能毁家荡产，入山五年，尝试前未之有的磨矿炼铁的工作"，"能为了改造一个蓄电池，下二十年的苦工，作几万次困难的实验"，正是那句"天才者，一分灵感，九十九分血汗"的印证。但中国当时"一面是普罗若狂，一面是浪漫雅趣的中国青年环境"让他很失望，因为纵有"九十九分灵感"，若不付出汗水，整日"优游岁月"，那也成不了如爱迪生一样伟大的科学家。所以他希望，他翻译的这本书可以唤起中国青年对于科学技术的兴趣，并"立志努力向此大道进发"，"以拯救将亡若沉的国家"。[①]

（二）两部福特传记

亨利·福特（Henry Ford，1863-1947）是与爱迪生齐名的美国发明家，其人物传记也非常之多。福特本人著有 *My Life and Work* 一书，共19章。詹姆斯·米勒（James Martin Miller，1859-1939）著有 *The Amazing Story of Henry Ford* 一书，共31章。1936年，顾炎根据 *My Life and Work* 和 *The Amazing Story of Henry Ford* 两书，并参考日本有川治助的《福特之生涯及其事业》一书编译而成《福特传》一书，由一心书店出版。

同钱临照一样，顾炎也认为："福特并无什么天赋，也无神助"；他之所以成功，"在乎他那不断的研究态度"。他指出，不管是发明汽车还是经营福特公司，福特都在不断地研究："前半生的福特，以研究为主"，"后半生经营时期，也还不放弃，——他把事业的经营法也当做一桩学问研究，而著著改进"。所以他强调："这种不断的研究态度……是任何人——尤其是青年，都应该向福特学习的。"他跟钱临照一样抱有科学救国的愿望，因此希望读者能"于景仰福特那大事业之外，再仔细体念其研究的力，经营的力，生活的力，有所取法，作为借镜"，因为"福特那样的事业，那样的人材"，"在贫乏落后的我国"是万分需要的。[②]

1937年，王维克根据福特本人所著 *My Life and Work* 编译而成《福特传》一书，由南京正中书局出版。王维克在编译本"序"中也表达了对福特的科学精神的钦佩与敬仰："他原是农夫的儿子，并没有什么家私；他

---

① 〔美〕George S. Bryan：《爱迪生》，钱临照译，大东书局，1933，第1~2页。
② 顾炎：《福特传》，一心书店，1936，第1、3页。

原是一个机器学徒,并没有进过大学。他的所以能够做到这样地步,并非出于侥幸。他立志远大,但肯从小处着手。他不肯刮削别人的血汗钱,他要用他的脑力,做有益大业,同时有益自己的事业。他吃得苦,耐得劳;直到他成功以后,他仍旧不愿意过享福的生活。他为市民造廉价的汽车,为农夫造轻便的耕田机。他开学校,办医院,但不屑居慈善家的美名。他把工厂作业科学化,使工人获得高工资,而且工作愉快。他的思想高超,对于未来的世界抱有无限的希望。"①

(三) 威尔逊《科学伟人的故事》

美国科学史学家威尔逊 (Grove Wilson, 1883-1954) 所著 *Great Men of Science; Their Lives and Discoveries* 一书是三四十年代很受中国人欢迎的科学家人物合传。该书出版于 1929 年,讲述 28 位科学家的生平故事;它有三个中译本:张仕章译本(《科学伟人的故事》,1934)、金则人译本(《科学家列传》,1936)、曾宝菡译本(《科学家奋斗史话》,1947)。

曾宝菡在《科学家奋斗史话》的"序"中也表达了一种典型的"科学救国"思想:"中国之所以数千年来积弱不振,屡受外人的欺侮,虽然原因很多,但主要的还是应当归咎于我们缺乏西洋人那种科学的精神。近年国人对于这方面颇有觉悟,在清末有遣学生留洋,在民国有各种科学会社的组织,以及各学校对于科学课程的注重,但是与西洋以及东邻日本比较起来,还是望尘莫及。所以现在我们一方面希望已侧身科学界的能继续努力,一方面对于一般青年应当提倡科学的研究,培养他们科学的精神。"② 张仕章更注意到,当时中国的迷信现象依然严重:"欧美各国,在任何方面都已科学化了,而我老大的中国依然酣睡在迷信愚昧之中,不知'科学'为何物";"东北四省被人侵吞了,只晓得举行时轮金刚法会,和平祈祷大会。旱灾瘟疫发生了,只晓得迎神纳福,禁屠斋戒;天空中月蚀临到了,只晓得打鼓敲锣,燃放爆竹"。那么,"中国为什么没有科学伟人出世呢?"他认为,"最大原因,却在乎一般青年的学子缺乏追求科学的意志,研究科学的兴趣和实验科学的毅力。简单的说来,就是没有养成科学

---

① 〔美〕福特:《福特传》,王维克编译,正中书局,1937,第 2 页。
② 〔美〕Grove Wilson:《科学家奋斗史话》,曾宝菡编译,生活书店,1947。

化的人格"。①

如何养成科学化的人格？张仕章提出，不在于"灌输高深的科学原理，叙述详细的科学试验"，而在于"把历来具有伟大人格的科学家一一介绍给他们，使他们认清科学家的根本思想并体验科学家的奋斗生活"，如此便能"引起他们同化共鸣的情绪，感应反省的作用，和奋发有为的动力"，使他们"随时随地可以发现科学的真理，而成为伟大的科学家"。这就是他翻译这部《科学伟人的故事》的宗旨所在。对于这部书，他称之为"一种能使青年从研究人格化的科学而养成科学化的人格的模范读本"，因为他很认可著者威尔逊的著述理念，即"使科学的知识变成通俗化，再使科学的历史变成故事化，更使科学的本体变成人格化"。"养成科学化的人格"就是他眼中最核心的"科学救国"之道。所以他最想要告诉青年读者："科学家的成功，不在乎环境的顺逆，而在乎坚强的意志，与尝试的勇气"，他希望青年读者"都能从本书中得到一些科学上的基本知识并认识科学家的伟大人格，同时他们也会对于科学发生追求的意志，研究的兴趣和试验的毅力"。在他看来，"如果中国青年的生活都变成科学化"，那么"帝国主义者"就不敢"再来侵略我们"了。②

（四）哈罗《化学名人传》

化学是一门科学，化学家也可说是科学家。1936年沈昭文所译《化学名人传》的问世，也是科学救国思潮的体现。《化学名人传》译自美国生理化学家哈罗（Benjamin Harrow，1888-1970）所著 Eminent Chemists of Our Time 一书。原著出版于1920年，共11部分，讲述11位化学家的主要贡献。中译本删除了第10部分"Remsen and the Rise of Chemistry in America"，因译者沈昭文认为此部分"与整个化学无关"，其余10部分则"尽力保留原文意旨"。沈昭文在"译者序"中说："化学之进步，一日千里"，"吾人生于斯时，自当力谋赶上时代俾不致落伍。"③ 这种积极关注化学动态的思想，也是追求科学进步的一种体现。

---

① 〔美〕威尔逊：《科学伟人的故事》，张仕章译，青年协会书局，1939，第1~3页。
② 同上。
③ 〔美〕哈罗：《化学名人传》，沈昭文译，商务印书馆，1936，第2页。

五 女权史：女性独立与解放

女性解放与女性独立是与民族独立同时出现的社会诉求。在欧风美雨的沐浴之下，西方价值观中的性别平等观念开始进入近代中国。这种观念唤醒了女性对自身价值的重新认识，如秋瑾在《勉女权歌》中就写道："吾辈爱自由，勉励自由一杯酒。男女平权天赋就，岂甘居牛后？愿奋然自拔，一洗从前羞耻垢。愿安作同俦，恢复江山劳素手。旧习最堪羞，女子竟同牛马偶。曙光新放文明侯，独去占头筹。愿奴隶根除，智识学问历练就。责任上肩头，国民女杰期无负。"[1] 这种观念也唤醒了以男性为主的中国传统知识界对女性的认可。梁启超就说："女学最盛者，其国最强，不战而屈人之兵，美是也；女学次盛者，其国次强，英法德日本是也；女学衰，母教失，无业众，智民少，国之所存者幸矣，印度、波斯、土耳其是也。"[2] 在这批先锋人物的引导之下，反对缠足、兴办女学活动便在各地开展开来，有的女性更是直接参与抗日救亡运动，或出国留学。这种女性解放与独立的社会诉求，也体现在20世纪上半期的汉译美国通俗历史读物中。

（一）他士坦登《世界女权发达史》

美国人他士坦登编、王维棋译的《世界女权发达史》是晚清时期的一部女权史；该书"原名妇人之活动，日本译名曰西国妇人立志编"。严格地说，该书还称不上是一部史书，原书的内容"为英意法德俄荷六国妇人之活动事略"，可以说是一部当代人物传记。但译者"搜上古女子之概况以补之"，成文两篇：《欧洲上古女子史略》与《欧洲中古女子史略》，作为补编附于书中。原定名《西欧女子自助史》，后改为《世界女权发达史》。[3]

该书书首的序文（作者不详）说，"女权之不能终厄，乃世界上之公

---

[1] 秋瑾：《秋瑾选集》，人民文学出版社，2004，第176页。
[2] 梁启超：《变法通议·论女学》，载《梁启超全集》（第一册），北京出版社，1997，第33页。
[3] 〔美〕他士坦登：《世界女权发达史》，王维棋译，文明书局，1905，第1~3页。

理"，"欧西诸国，既为之导扬其先，安知我东亚大陆之女子，不遂起而踵其后尘乎"；"望以欧西之成效，歆动吾四百兆强半同胞之姊若妹，使各起废疾而渐得复其完全之权利，令全世界上，无复有残弃疲苶受压抑无告恝之女子"。王维棋的朋友吴馨为本书所做的序也指出，女子弱于男子的生理学理论是不正确的，"是编所载，如议员、博士、教师、医生、商家、工人，及邮电局执事书记之属，其职业既日推日广，凡男子能为之事，女子几无不优为之。可见男女能力之相去，本不甚远"；西方女性与男性平等的社会地位是经过了女性的努力斗争得来的，因此，中国女性也要向西方女性一样主动去争取自己的权利。① 王维棋在"译者《序》"进一步将男女平权上升到"自助"的高度，即"女子当督男子以自助，男子当扶女子以自助。自助之力进，而社会之事物，莫不与之俱进"。②

（二）阿丹斯、福斯忒《现代欧美女伟人传》

直到 20 世纪 30 年代，女性的独立与解放仍然是时代主题之一。但与晚清时期相比，这一时期的女性独立有了更高层次的归属，即"现代化"的需要。1938 年，胡山源在翻译的《现代欧美女伟人传》一书的"序"中就明确说："无论在精神上或物质上，我国都有必须现代化的理由。因此，我们的为人处世，都要借镜西方人士的必要。至于我国的妇女界，受了几千年的束缚和压制，在这方面的需要，似乎又格外紧迫些"，这就是他翻译这部《现代欧美女伟人传》的"两个理由"。该书译自美国作家阿丹斯（Elmer Cleveland Adams，1885-?）与福斯忒（Warren Dunham Foster，1886-?）合著的 *Heroines of Modern Progress* 一书，共 10 篇，讲述 10 位女性的生平故事。胡山源认为，"这里所选出来的十个人，的确是她们时代中的女英雄，是可以为我们的妇女界，作他山之石，以为切磋之需"。他希望，中国"有力量的妇女"，应该像这 10 位女伟人一样，"恻然心动，奋然而起"，成为"我国现代进步中的女英雄"。③

---

① 〔美〕他士坦登：《世界女权发达史》，王维棋译，文明书局，1905，第 1~3 页。
② 同上书，第 5~6 页。
③ 〔美〕阿丹斯、福斯忒：《现代欧美女伟人传》，胡山源译，世界书局，1939，第 1~2 页。

（三）艾丽丝·布斯《美国十二女大伟人传》

20世纪30年代另有马学禹翻译的《美国十二女大伟人传》的问世。该书介绍了美国12位著名女性人物的生平事迹，其中有社会活动家（Jane Adams）、歌唱家（Ernestine Schumann Heink）、教育家（Mary E. Woolley）、移民活动家（Grace Abbott）、医药学家（Dr. Florence Rena Sabin）、第一夫人（Grace Coolidge）、作家（Willa Cather）、女权活动家（Carrie Chapman Catt）以及演员（Minnie Maddern Fiske）。原著者是艾丽丝·布斯（Alice Booth），生平不详。书中记载的女性人物，都是在美国各社会领域中开风气之先的人物。她们在美国的崛起，也标志着美国女性活动范围的扩大与社会地位的提高。而此书被翻译到中国，也如1905年《世界女权发达史》在中国的翻译一样，是中国女性崛起的需要。

第二节　美国通俗历史读物的翻译与中国人对世界局势的关注

自地理大发现以来，世界各国逐渐由各自孤立走向相互联系，中国也不能例外。自1840年鸦片战争以后，中国就已经成为错综复杂的国际关系中的一个主体了。社会的变动必然会引起社会思想的变动。如果说1840年以前中国人的视域仅限于中国，那么1840年以后中国人的视域就扩张向全世界了。一部百年近代中国史，也是一部中国人认识世界、了解世界的历史。这种了解世界的渴望和对世界局势的关注，在汉译西书的活动中表现得最为明显，因为翻译西方书籍正是了解世界最直接的渠道。汉译美著史书也不例外，整个20世纪上半期，不仅有关于一战史、战后欧洲史以及二战史的美国历史读物被翻译到中国，更有大量各国政治人物传记的引进，这正是中国人认识世界、了解世界的具体实践。

20世纪上半期最为重大的世界历史事件莫过于两次世界大战的爆发了。短短25年，人类就经历了两场有史以来最为惨烈的战争。中国虽远在东方，但也没能逃脱战火的吞噬。尤其是第二次世界大战，中国独自抵挡日本的全面进攻长达 14 年之久。如何避免战争、保持和平，是中国人所要反思的问题。20 世纪上半期，大量国外关于一战史、战后欧洲史以及二战史的书籍在中国的翻译，正是这种反思的体现。仅美国历史读物的译介方面，就有陈震泽、杨钧译辑的《巴黎和会实录》、秦翰才译述的《巴黎和会秘史》、刘宛翻译的《战后的欧洲社会》、胡庆育翻译的《最近十年的欧洲（一九一八至一九二八）》、谭健常翻译的《欧洲战后十年史》、谢元范和翁之达翻译的《一九一四年后之世界》、岑玫翻译的《从大战到大战》、王检翻译的《第二次世界大战简史》以及申报编译室和南京中央日报社编译的《赫尔回忆录》等书。

一 一战史：以巴黎和会为"清夜之警钟"

1917 年 8 月 14 日，北洋政府向德国宣战，中国正式成为第一次世界大战的"参战国"。这是一件大事，自然引起举国人民的关注。而更引起举国关注甚至是举国愤慨的是"一战"结束以后召开的巴黎和会。会议上，中国代表团提出索回德国强占的山东半岛的主权，但英、美、法等主导国却无视中国的提议，将山东半岛的主权移交日本。北洋政府在权衡利弊后，决定签字承认这个条约。这使中国人民忍无可忍，终于爆发了轰轰烈烈的五四运动。世界范围内"一战"的爆发以及中国国内五四运动的爆发，都体现出中国与世界格局之间不可分割的联系。"一战"以后，世界各国都有大量关于一战史的书籍问世，其中有些被中国学者注意到并被翻译到中国，如陈震泽、杨钧译辑的《巴黎和会实录》，秦翰才译述的《巴黎和会秘史》等。

（一）《巴黎和会实录》

〔美〕培德氏著，陈震泽、杨钧译辑的《巴黎和会实录》是一部关于巴黎和会的资料集。译者在"序"中说，巴黎和会并不是世界大战的终结，也不能"树世界永久和平之基础"；原因显而易见，即"威尔逊和平十四条件固为列国所赞同，及至和会，则意国天津之奥界、日本攫山东之权利，口血未干，狼心已启，昌言人道，其谁信之？"各国在和会上的实际表现证明了这次和会只是一场强权国家之间的利益分割，不可能带来世界和平。因此他勉励读者："读此书者，正可作清夜之警钟，勿恃为长城之保障也可。"①

（二）《巴黎和会秘史》

1921年秦翰才译述的《巴黎和会秘史》一书译自美国著名记者、作家狄隆（Emile Joseph Dillon，1854-1933）所著 The Inside Story of the Peace Conference 一书。该书出版于1920年，共16章；秦翰才的译本，将原著16章分为三卷，上卷5章，中卷4章，下卷7章。作为一名国际新闻记者，狄隆以亲身经历讲述1919年巴黎和会的过程，包括和会的目的、参加国代表、时代特征以及订约经过、和约内容等，并对其存在的失误和隐患加以评判。②

二 战后史：了解欧洲能够更加认清中国

不论是对欧洲还是对世界，"一战"的影响都是巨大的。它不仅导致了欧洲各国社会结构、社会阶级的变化，也引发了国际政治格局的变化。欧洲作为"一战"的主战场，其变化是巨大的。而这种变化也是中国人所关注的，因为当时的中国学者已经意识到：欧洲列强在很长时间里是中国的实际统治者，了解欧洲才能更加认清中国。20世纪上半期翻译到中国的美国历史读物中，刘宛翻译的《战后的欧洲社会》、胡庆育翻译的《最近十年的欧洲（一九一八至一九二八）》、谭健常翻译的《欧洲战后十年史》，以及谢元范、翁之达翻译的《一九一四年后之世界》等书都是关于战后欧洲史和世界史的书籍。

（一）西奥多·斯托达德《战后的欧洲社会》

刘宛翻译的《战后的欧洲社会》，原著是美国史学家西奥多·斯托达

---

① 〔美〕培德氏：《巴黎和会实录》，谭震泽、杨钧译辑，寰球书局，1919，第1页。
② Emile Joseph Dillon, *The Inside Story of the Peace Conference* (New York: Harper & Bros., 1920).

德（Theodore Lothrop Stoddard，1883－1950）[①] 出版于 1925 年的 *Social Classes in Post-War Europe* 一书，全书只有 5 章，论述战后欧洲社会的阶级变迁及其影响。作者将第一次世界大战称为"新时代开端的标志"[②]。

（二）布渥尔《最近十年的欧洲（一九一八至一九二八）》

胡庆育翻译的《最近十年的欧洲（一九一八至一九二八）》与谭健常翻译的《欧洲战后十年史》一书，译自美国国际事务专家布渥尔（Raymond Leslie Buell，1896-1946）所著 *Europe: A History of Ten Years* 一书。该书初版于 1928 年，全书共 19 章，论述 1918 年"一战"结束至 1928 年的欧洲局势变化。本书再版多次，1930 年的版本中增加了一章"The League of Nations"（国际联盟）的内容。

胡庆育在《最近十年的欧洲（一九一八至一九二八）》的"译者序"中说明了读历史——尤其是读战后欧洲史的必要。首先，读历史是明白现在、预测未来的需要："历史是永续的，有机体的，而不是拏一些孤立的史实构成的；……要预测未来，我们要读历史，要明白现在，我们也要读历史；而为了达到后一个目的的起见，则我们更不能不读现代史"。其次，欧洲列强在很长时间里是中国的实际统治者，因此只有了解欧洲，才能了解中国自身的状况。这两点就是他"之所以迻译这本书的"的原因，也是他眼中这本书的"特殊意义"。[③] 谭健常之翻译该书是为了说明欧洲战后重建史对于当时中国的国家建设的借鉴意义："欧洲既为世界政治之重心，又为西方文化之源泉，战后各国一切内部设施，与乎对外政策，在吾国当此建设开始时期，比多取法借镜之处"，这也是她之所以翻译这部书的原因，即希望能对当时中国"研究社会科学及从事政治外交者"有所"补益"。[④]

---

① Theodore Lothrop Stoddardd 的 *The New World of Islam* 一书曾被陈训慈在《史地学报》1922 年第 1 卷第 4 期"书报绍介"栏目（第 1~12 页）介绍过。
② 〔美〕Lothrop Stoddard：《战后的欧洲社会》，刘宛译，北新书局，1929，第 1~2 页。
③ 〔美〕R. L. Buell：《最近十年的欧洲（一九一八至一九二八）》，胡庆育译，上海太平洋书店，1929，第 1~6 页。
④ 〔美〕布渥尔：《欧洲战后十年史》，谭健常译，商务印书馆，1930，第 1 页。

（三）蓝森《一九一四年后之世界》

谢元范、翁之达翻译的《一九一四年后之世界》，译自蓝森（Walter Consuelo Langsam，1906-?）所著 The World since 1914 一书。该书初版于 1933 年，叙述 1914 年一战爆发至 1933 年的世界历史。全书共分 3 部分，第一部分为"International Scenes"（国际场景），前三章分别为"Into the Valley of Death""The World War""The Alter of Mars"，讲述第一次世界大战的经过，其余各章论述战后的和平问题、条约、国际联盟、赔偿、裁军以及亚非地区的动荡；第二部分为"National Scenes"（各国场景），共 12 章，论述英国、法国、西班牙、德国、奥地利、中欧、俄国、土耳其、中国、日本、美国等国的战后状况；第三部分为"The Last Setting"（最近的场景），只有一章，即"The Crossroads"（十字路口），论述当前形势。[①]

谢、翁二人并未明确说明翻译此书的目的。但原作者蓝森在前言中对于此书撰述目的表达，或可以间接代表谢、翁二人的翻译意图。蓝森在前言中明确指出，他写作此书的目的是向世界人民普及关于第一次世界大战及其影响的知识，因为这是保持世界和平的需要。他说："一九一四年以来的时期充满着非常重要的事件以及关于战罪、赔款、战债、裁军、复兴、少数民族、领土的重整、经济的恐慌与独裁制度等等的复杂问题，人们的心思颇易为这种种问题的重大性及其专门方面所扰乱"，"只有普及关于这些要因的来源与沿革的知识，方能对于将来的国际和睦有真正的希望"。[②]

三 二战史：对第三次世界大战的隐忧

1939 年 9 月，以德国进攻波兰、英法对德宣战为标志，第二次世界大战全面爆发。这场战争从欧洲扩展到亚洲，从大西洋扩展到太平洋，绵延 61 个国家和地区，其规模远大于 25 年前的第一次世界大战。这场旷日持

[①] William E. Lingelbach, "Reviewed Work: The World Since 1914 by Walter Consuelo Langsam", The Annals of the American Academy of Political and Social Science, Vol. 172, Towards National Recovery (Mar., 1934): 175-176.

[②] 〔美〕蓝森：《一九一四年后之世界》，谢元范、翁之达译，商务印书馆，1936，第 1 页。

久的战争对世界各地来说都影响深远。战争的第一枪刚刚打响,各地就出现了许多关于战争的书,其中很多都是探讨战争起因或叙述两次世界大战之间赓续性的史书。1945年"二战"结束以后,更有大量关于二战史及相关资料集、人物回忆录的书籍问世。这期间,相关书籍也陆续被翻译到中国。仅汉译美国历史读物这一领域,就有路易斯·费希尔的《从大战到大战》、第威特和休格的《第二次世界大战简史》以及美国国务卿赫尔的《赫尔回忆录》等书。此类书在中国的翻译与传播,既说明具有世界意识的中国人对第二次世界大战的关注,更说明作为"二战"参与国的中国对自身命运的关切。

(一)《从大战到大战》

1942年上海新生命出版社出版、岑玫所译的《从大战到大战》译自美国著名记者路易斯·费希尔(Louis Fischer, 1896–1970)所著 Men and Politics, An Autobiography 一书,该书是作为驻欧记者的作者出版于1941年的个人自传。虽名为自传,实际上写的是1921~1940年两次世界大战之间的简史以及对"二战"未来的思考。全书分两部分,第一部分叙述"一战"后(1921~1930年)的欧洲局势,第二部分叙述1930~1940年的世界危机以及"二战"爆发的原因,最后附有结论一篇,分析战后各地应如何重建。作者在最后说,"The only safety for nations is in internationalism"[①],即世界和平的保证是国际主义;因为"二战"的爆发就是民族主义——法西斯主义就是典型的民族主义——的产物,只有打破各地民族主义的限制,建立开放的国际秩序,才能避免第三次世界大战的命运。除了岑玫的译本之外,该书还有杨君立的节译本,翻译了原著的第5、第6、第12、第25章,取名《苏联内幕》,也在1942年由上海新生命社出版。

(二)《第二次世界大战简史》

王检所译《第二次世界大战简史》译自美国学者休格(Roger Wallace Shugg)与第威特(Harvey Arthur DeWeerd, 1902–1979)合著的 World War

---

[①] Louis Fischer, *Men and Politics, An Autobiography* (New York: Duell, Sloan and Pearce, 1941), p. 642.

Ⅱ，A Concise History 一书。该书出版于1946年，1947年再版；全书共7部分37章，论述1939年至1945年间第二次世界大战的历史。王检的中译本问世很快，在原著初版的次年（1947年）就与中国读者见面了。但中国人对"二战"的关注点多集中在日本侵华战争上，因为日本才是给中国人带来八年战祸之苦的罪魁祸首。文学家徐蔚南在为本书所做的《徐序》中就说，"第二次世界大战，其范围之广大，战器之凶猛，实为旷古所未有。而战火之启开，则为暴日之侵略我国。当战争之时，夫离子散，流转颠沛之惨状，我人固一一亲身经历之矣。即在今日战后，无限痛苦，犹为战争之赐予焉"；此段历史应该被记录，"得使我人重温过去痛苦之经历，且用以告知我年幼之子弟，我人如何渡过此惨酷之战祸也"。①

对于日本侵华战争在第二次世界大战中的位置，原作者第威特与休格有很明确的认识，这也是译者王检之所以翻译此书的主要原因。他在"译者的话"中说："原著者对这次世界大战有明确的认识，他们说：'这次战争的最初爆发，不在一九三九年德国在欧洲进攻波兰的时候，而在一九三一年日本在亚洲开始侵略中国的时候。'他们又说：'日本是用武力扩张的第一个国家，因为没有采取任何行动去阻止它，德意两国以为它们可在欧非两州扩张它们的帝国，而同样无所顾虑。所以满洲危机是能否阻止法西斯主义前进，而不引起战争的试金石。'这真是一针见血的话。同时原著者对于我国英勇抗战，始终不屈，卒使日人陷于泥淖，而获最后胜利的精神，倍致赞扬。"因此他认为，"这本书更值得我们中国人一读"。②

（三）《赫尔回忆录》

科德尔·赫尔（Cordell Hull，1871-1955）是美国第47任国务卿，也是美国历史上在职时间最长的国务卿（1933~1944年）。他在职期间全力支持罗斯福总统推行"新政"，发展美国的国内经济与外交关系；在二战后期拥护建立联合国组织，被罗斯福总统称为"联合国之父"，并于1945年获得诺贝尔和平奖。赫尔卸任以后，"把他秉政时的事迹，写成一部回忆录"，即 The Memoirs of Cordell Hull；赫尔选取其中部分内容，共42篇，

---

① 〔美〕第威特、休格：《第二次世界大战简史》，王检译，教育书店，1947，第1页。
② 同上。

从 1948 年 1 月 26 日起连续 42 天在《纽约时报》上刊载；而《纽约时报》"把上海的发行权"交给申报馆，《申报》遂与《纽约时报》同时连载中文版；连载完毕后"即印成单行本，以饷读者"。① The Memoirs of Cordell Hull 原书有两卷，共 8 部分 124 节，1948 年出版。选登在《纽约时报》上的内容主要是其在国务卿任期内的一些作为，如第一、二篇都出自原著第 14 节（President and Secretary of State）。选登的这 42 篇内容，在中国有两个中译本，一个是申报译本，另一个是南京中央日报译本，都命名为《赫尔回忆录》，1948 年出版。南京中央日报译本《赫尔回忆录》由曾任驻美大使的胡适作序，可见赫尔在世界政治以及中美关系中的重要地位。

美国是第二次世界大战的主要参与国，虽然它迟至 1941 年珍珠港事件爆发才正式参战，但它对"二战"走向的影响终究是巨大的。而且，"二战"爆发前的世界局势也与美国"孤立主义"的外交政策有很大关系，正如胡适所说："美国的孤立主义与中立法鼓励了一切侵略者。"② 因此，美国的外交政策由孤立主义向世界主义的转变，是影响"二战"走向的重要因素。而赫尔作为 1933~1944 年的美国国务卿，正是美国外交政策转变的参与者与推动者。因此，《赫尔回忆录》是了解"二战"起因及其具体经过的重要史料。申报译本《赫尔回忆录》的"译者前言"就说，这本书是"第二次大战中最可珍视的史料"，是学者们"对此战争作一专门研究"的重要辅助材料。其史料价值具体体现在以下两个方面：一是史料来源的可靠性，二是赫尔秉笔直书的客观性。③

"以史为鉴，可以明得失。"读二战史，是为了探讨战争的起源，作为世人的借鉴，避免再受战祸之苦。这也是本书译者的用心所在："历史是循环的，在前一时代所遭逢的，在下一时代也许有重演的可能，虽未必全是亦步亦趋。所贵乎读史者，即在从已知而推测未知，从过去而推测未来。二次大战已成史迹，三次大战似乎又近在眉睫。读此书后，我们知道了许多不曾知道的事实，美国外交关系的转变，国策的形式一切都可以使我们增加更深一成的认识与了解，对于观察现在，应付将来，当有不少的

---

① 〔美〕赫尔：《赫尔回忆录》，申报编译室编译，申报馆，1948。
② 〔美〕赫尔：《赫尔回忆录》，南京中央日报编译，中央日报社，1948，第 7 页。
③ 〔美〕赫尔：《赫尔回忆录》，申报编译室编译，申报馆，1948。

启示。"①

四 各国政治人物传记：从人物方面研究国际问题

除了相对宏观的史书，各国政治人物传记的翻译也是中国人关注世界格局的一个体现，因为那些活跃在国际政治舞台上的政治人物，在很大程度上决定了国际格局的走向。正如杨历樵所说："研究国际问题，原来是有两种方法的：一是从经济问题观察，一是从人物方面去推求。这两种方法，互相为用，不容偏枯。用经济因素说明国际问题是对的，我们不否认'政治是经济的延长'，也不否认辩证法的分析。不过经济只是重要的因素之一，而不是唯一的因素。就至少的限度讲，我们在分析国际问题的时候，对于'人'的因素，是不应该抹煞的。"② 20世纪三四十年代，汉译美国通俗历史读物中出现了很多关于国际政治人物的传记，涉及德国的希特勒、苏联的斯大林、英国的丘吉尔等人，这些人物都可以说是牵动世界格局的国际政治人物。

（一）《欧洲人物评传合集》

1937~1938年，有两部美国著名记者根室（John Gunther, 1901-1970）的欧洲人物评传被翻译到中国，一部是《世界三大独裁》，一部是《欧洲的内幕》。

1.《世界三大独裁》

余楠秋、吴道存翻译的《世界三大独裁》译自根室1935~1936年发表在美国杂志 Harper's 上的三篇文章：①John Gunther, "Mussolini," Harper's (February 1936): 296-308；②John Gunther, "Hitler," Harper's (Jaunary 1936): 148-159；③John Gunther, "Stalin," Harper's (December 1935): 19-32。三篇文章分别论述墨索里尼、希特勒、斯大林三位"独裁者"的"身世，性格，私生活和政治主张"。③

---

① 〔美〕赫尔：《赫尔回忆录》，申报编译室编译，申报馆，1948。
② 〔美〕根室：《欧洲的内幕》，杨历樵译，三江书店，1939，第2~4页。
③ 〔美〕根室：《世界三大独裁》，余楠秋、吴道存译，中华书局，1937，第1页。

2.《欧洲的内幕》

根室另著有 Inside Europe 一书，该书出版于 1936 年，是作者著名的洲际调查内幕系列书籍（"Inside" series of continental surveys）的其中一部。全书共 34 章，分析 1936 年欧洲的世界局势，包括德国、法国、西班牙、意大利、英国、中东欧、苏联这几个主要国家和地区的内部政治形势和领导人物的个性作为。1938 年，杨历樵摘译本书部分内容，分别译为《德意志时人评传》《苏联时人评传》《英爱时人评传》《法兰西时人评传》《义大利时人评传》《中东欧时人评传》这 6 本书；1939 年，译者将这 6 本书合为一本，命名为《欧洲的内幕》，由上海三江书店出版。杨历樵在《引言》中说，德国的未来动向是世界各国最为关切的问题。的确如此，他翻译这本书时正是"二战"爆发前夕的 1938~1939 年；当时的德国箭在弦上，关心国际问题的人都在担心：德国到底会走向何方？根室的这部 Inside Europe，正是对这个问题的解答。对于这本书，杨历樵认为，它对于中国人了解德国的动向是有价值的："它对于善读的读者，的确可以帮助着，去了解德国的现状，指示他去推求她的将来。"[1]

（二）苏联（斯大林）的传记

20 世纪三四十年代，苏联领导人斯大林（Joseph Vissarionovich Stalin, 1878-1953）无疑是最受世界瞩目的国际政治人物之一。当时国际上的很多学者对斯大林都是持否定态度的。上文所说的根室就明确称斯大林是一位"独裁者"。1931 年，有一本美国人撰写的斯大林传记被翻译到中国，即美国著名新闻记者唐·莱文（Isaac Don Levine, 1892-1981）所著 Stalin 一书，由方仲益译为《史太林》。该书作者唐·莱文也具有鲜明的反共倾向，称斯大林是"没有思想的人物"，所带给苏联的是"一场恶梦"。但当时中国著名的翻译家赵家璧在为《史太林》一书所做的"前篇"中提醒读者："原书作者为美国的新闻记者，书中不免有许多用美国人目光批评史太林的地方，读者应当注意。"[2]

---

[1]〔美〕根室：《欧洲的内幕》，杨历樵译，三江书店，1939，第 1~2 页。
[2]〔美〕I. D. Levine：《史太林》，方仲益译，良友图书印刷公司，1931。

(三) 德国 (希特勒) 的传记

与斯大林一样，德国元首希特勒（Adolf Hitler，1889-1945）也是20世纪二三十年代最受世界瞩目的国际政治人物之一。20世纪30年代的汉译美国历史读物中，有两部关于希特勒的传记书籍，即马士奇译的《粉墨登场之德国绛衫军领袖希特勒》和曹孚译的《希特勒》。两书都译自同一书，即美国学者伦基尔（Emil Lengyel，1895-1985）所著 Hitler 一书。该书出版于1932年，共18章，详述希特勒的生平，"分析希特勒之特性，实中世纪意大利之商人及二十世纪美国制高等推销员之复合物"[①]，并预测"德意志的经济恐慌如果继续尖锐化，希特勒迟早会有掌握政权的机会"[②]。其后希特勒很快就成为德国的国家元首，印证了伦基尔预言的正确。

之所以翻译 Hitler 这部传记，马士奇是希望中国也出现一位可以力挽狂澜、振兴中国的"真正之领袖"。他说，中国正值危急之时，"四省沦陷，寇氛犹炽，华北危亡，迫于眉睫，亡国民之头衔，其必不远"；这样的非常时刻，"必有非常之人，挺身而起，肩荷巨任，勇往迈进，毫不徘徊，方能挽回劫运，克奏朕功"；然而，中国却没有这样的"非常之人"，"政府因循摇曳，掩饰欺骗"，"以口号欺骗民众，以事实昭示失地，不曰安内攘外，即曰实行抵抗，结果内未安，外亦未攘，实行抵抗，变为弃甲曳兵而走之代名词"[③]。虽然希特勒最终走向法西斯独裁之路，但这无关宏旨；马士奇对希特勒的赞赏有其想象的成分，但其实是寄予了由领袖人物挽救中国于危亡的深切希望。

(四) 英国 (丘吉尔) 的传记

与斯大林和希特勒相比，英国首相丘吉尔（Winston Leonard Spencer Churchill，1874-1965）崛起于国际政治格局的时间相对较晚，但其重要性绝不亚于前者，被公认为20世纪最重要的政治领袖之一。1941年，丘吉

[①] 〔美〕伦基尔：《粉墨登场之德国绛衫军领袖希特勒》，马士奇译，星云堂书店，1933，第1~3页。
[②] 〔美〕伦哲：《希特勒》，曹孚译，世界书局，1939，第1~2页。
[③] 〔美〕伦基尔：《粉墨登场之德国绛衫军领袖希特勒》，马士奇译，星云堂书店，1933，第1~3页。

尔刚刚出任英国首相时,就有一部美国人撰写的丘吉尔传记被翻译到中国,即美国作家克劳斯(Rene Kraus,1902-?)著、张冀声翻译的《丘吉尔传》。原著名为 Winston Churchill,共30章,叙述丘吉尔的生平。

(五)美国人物传记合集

1945年抗日战争胜利以后,有好几部关于美国的人物传记合集被翻译到中国,如郑德坤、芳卫廉主编的《美国革命的故事与人物》,毛启瑞编译的《美国将星录》,李春霖翻译的《到白宫的三十二条路》,等等。这种现象应该与当时中美关系的紧密有关。

1.《美国革命的故事与人物》

1945年,郑德坤、芳卫廉主编的《美国革命的故事与人物》一书由成都比较文化研究所出版。全书共21篇文章:卷首两篇,第一部分"革命时代的故事"10篇,第二部分"革命时代的人物传"9篇。该书并非译自一部完整的史书,而是摘译不同史书、期刊当中的文章,编译而成的一部人物传记合集。《美国革命的故事与人物》一书目录页有详细说明:"以上各篇除《亚当斯提举华盛顿为元帅》以下五篇采自《美国的传统》(The Heritage of America, Edited by Commager and Nevins)一书,及《美国革命》一篇采自《亚美利加》(America; A History of the Spirit of America, by Stephen Vincent Benet)外,其他均自《读者文摘》(The Reader's Digest)历年各期中选出。"[1] 该书的"序"说,编译像《美国革命的故事与人物》这样"浅显易明的介绍外国文化丛书"是为了加强国际文化交流;而加强国际文化交流是为了避免世界大战、维护世界和平。[2]

2.《美国将星录》

与《美国革命的故事与人物》同年出版的汉译美国人物传记还有毛启瑞编译的《美国将星录》一书。此书著者不详,笔者未能找到其英文原著。据"读秀数据库"的介绍,该书"介绍美国海、陆、空36名将军情况;书末附《世界各战场英美将领一览表》;增订版'新将补述'补充了18人"。

---

[1] 郑德坤、芳卫廉主编《美国革命的故事与人物》,比较文化研究所,1945。
[2] 同上书,第1页。

3.《到白宫的三十二条路》

1946年,美国学者阿尔伯塔·格雷厄姆(Alberta Powell Graham, 1875-1955)著、李春霖翻译的《到白宫的三十二条路》由重庆时与潮书店出版。该书原名 Thirty-Two Roads to the White House,也是一部美国政治人物传记合集,介绍从华盛顿到杜鲁门的32届美国总统的"生活言行"。

第三节 美国少儿历史读物与名人传记的翻译

少儿历史读物与名人传记在中国的翻译与传播是历史知识社会化的一种表现,可以反映出中国一般民众对历史读物的选择取向以及其中所体现出来的价值追求。在20世纪上半期,有大量美国的少儿历史读物与名人传记被翻译到中国。少儿历史读物方面,20年代有房龙的《人类的故事》《古代的人》,30年代有拉蒙·可夫玛的《人类史话》、希利尔的《儿童世界史话》以及贯穿三四十年代的多部林肯传记。名人传记方面,最受欢迎的人物传记作品是美国成功学大师代尔·卡耐基的作品,他的《世界名人逸事》与《五分钟名人传》两书在40年代的中国有多个中译本问世;其次,《华盛顿自传》《海伦·凯勒自传》《博克自传》《卡尼基自传》《富兰克林自传》《邓肯自传》等都是比较受欢迎的个人传记作品。在这些名人传记的翻译过程中,译者们普遍表示出名人传记具有激励青年获得成功的价值。

一 少儿历史读物:让儿童与少年了解人类历史

历史知识是儿童教育的重要资源,"能帮助儿童了解别人走过的道路、作出的努力、留下的遗产,知道自己是谁、别人来自何方,学会评价过去的事情";"能为儿童提供辨认过去和现在的英雄人物的机会,帮助儿童认识到自己与周围环境的关系,形成积极的自我意识"[1]。自20世纪初"新

---

[1] 李生兰:《美国儿童社会领域教育中历史资源的选择与运用》,《幼儿教育》(教育科学版)2006年第9期,第44~47页。

史学运动"兴起以来,美国学界日益意识到历史知识在儿童教育方面的重要价值,因此有越来越多的学者投入到儿童历史读物的写作中,如房龙、拉蒙·可夫玛、希利尔等。他们熟悉儿童的认知特点,用优美的文笔将人类历史的发展进程描绘成一幅幅生动的画卷,希望借此使儿童了解人类历史,使历史帮助儿童形成正确的价值观。正如房龙在一封写给小读者的信中所说:"对人类历史的理解是出门远行最好的指南针;我们应该永远怀有对人类的同情与理解;如果有一天,我们放弃了对人性的信仰,那将是最坏的事情。"①

(一) 20年代:房龙《人类的故事》《古代的人》

在20世纪20年代,最受中国读者欢迎的儿童历史读物应该是美国作家房龙(Hendrik Willem Van Loon, 1882-1944)的作品。他有两部史书被翻译到中国,即《人类的故事》与《古代的人》。房龙在美国就是一位举国皆知的作家,他的作品来到中国后依然广受好评,既说明其作品品质之高,又说明中美之间阅读文化在某种程度上的同步。

1.《人类的故事》

《人类的故事》(*The Story of Mankind*)是房龙最著名的作品,一部写给儿童的历史书,1921年由Boni and Liveright公司出版,其后不断再版,并被翻译成不同语言文字,流传到世界其他国家。全书分63个小节,讲述人类数千年的文明发展史。该书问世的第三年(1923年)就得到了中国学者的关注,高宾寿在当年的《国立北京大学社会科学季刊》第1卷第4期推荐过此书。② 1930年,该书还被燕京大学用作入学考试参考书。③ 该书中译本出现于1925年,名为《人类的故事》(上、下册),由上海商务印书馆列入"少年史地丛书"出版;译者沈性仁女士,是中国著名社会学家陶孟和的夫人。沈性仁译本与原著相比有稍微改动,加了第二十一章"撮要",删除了原著的第41节"Buddha and Confucius"。该译本由朱经农作

---

① Hendrik Willem Van Loon, *Ancient Man*: *The Beginning of Civilization* (New York: Boni & Liveright, 1920), pp. 7-8.
② 高宾寿:《学术书籍之绍介与批评》,《国立北京大学社会科学季刊》1923年第1卷第4期,第713~728页。
③ 王强主编《民国大学校史资料汇编》(第19册),凤凰出版社,2014,第173~174页。

序。序言称,《人类的故事》可与威尔斯的《世界史大纲》竞美:"其文笔雅洁,妙语解颐之处,不让于《世界史大纲》;而其选材精审,立论稳健,与《世界史大纲》立意打倒偶像、放言无忌者不同"①。民国著名作家曹聚仁读了沈性仁的译本,称房龙的这本《人类的故事》对他的青年时代"影响极大"。

2.《古代的人》

《古代的人》(Ancient Man: The Beginning of Civilizations),1920 年出版,共 17 章,讲述埃及文明、两河文明、地中海文明等古代文明产生的历史,也是一部写给儿童的历史通俗读物。虽然此书进入中国在《人类的故事》一书之后,但它的中译本却有四个之多。第一个译本是林徽因译本,名为《古代的人》,1927 年由上海开明书店出版。第二个译本是陈叔谅译本,名为《远古的人类》,1928 年由上海商务印书馆列入"儿童史地丛书"出版。陈叔谅在《〈远古的人类〉例言》中说,本书是"以故事叙述而供儿童阅览的一册古代文化史","取材简要,叙事生动,高小初中学习西洋史时,用为课外读物,可引起学生的兴趣"。② 同年出版的还有任冬译本,名为《上古的人》,由上海亚东图书馆出版。一直到 1933 年,该书还有徐正译本的问世,名为《古代的人》,由上海世界书局出版。

(二) 30 年代:可夫玛《人类史话》、希利尔《儿童世界史话》

在 20 世纪 20 年代,房龙的作品是最受中国人欢迎的儿童历史读物之一。进入 30 年代后,房龙的作品依然拥有广大的读者群,但儿童历史读物市场上也增加了很多新的书目,如拉蒙·可夫玛的《人类史话》与希利尔的《儿童世界史话》两书。

1. 拉蒙·可夫玛《人类史话》

美国作家拉蒙·可夫玛(Ramon Peyton Coffman, 1896 - 1989)所著《人类史话》(The Child's Story of the Human Race)一书出版于 1924 年,是一部写给儿童的通史类读物。1934 年,陶秉珍将此书节译成中文,名为《人类史话》,由上海开明书店出版。据陶秉珍"编译者序",他并没有直

---

① 〔美〕房龙:《人类的故事》,沈性仁译,商务印书馆,1925。
② 〔美〕房龙:《远古的人类》,陈叔谅译,商务印书馆,1928,第 1~5 页。

译原书,而是在翻译的过程中做了很多改动。例如,他将原书"各节重新排列,分割段落","依照那时社会生活的情形",将全部内容分为渔猎社会、畜牧社会、耕种社会、商业社会和奴隶社会、封建社会、资本社会6个部分。他认为,"历史是同快刀斩不断的流水一般,不论哪里,都没有什么界碑的;把整个的东西,硬分什么中古上古,自然不能不斩头截脚地来适应范畴",所以他"不分时代",使读者"有一个进化阶段的概念"。①

2. 希利尔《儿童世界史话》

美国教育家维吉尔·希利尔(Virgil Mores Hillyer,1875-1931)所著《儿童世界史话》(A Child's History of the World)一书是一部风行世界的儿童历史读物,自1924年出版至今,不断再版,而且翻译成不同语言,传播到许多国家。该书共89节,按时间顺序来叙述世界历史,即一个世纪接着一个世纪、一个时代接着一个时代地叙述史事,而不是按照国家顺序叙述。作者认为,如此可以建立一个历史发展的总纲,让孩子们看到历史发展的全景,而不是部分景观,并帮助孩子们建立一个时间与空间的概念。②1936年,陈汉年将此书译成中文,名为《儿童世界史话》,由上海大东书局出版;1944年,重庆大东书局再版此书,改名为《世界历史故事》;1949年,上海大东书局再版《世界历史故事》。

(三)三四十年代:多部林肯传记

林肯(Abraham Lincoln,1809-1865)是美国第16任总统。他的生平事迹不仅是美国人民引以为豪的,也是世界人民津津乐道的。在20世纪上半期的中国,林肯也收获了一大批读者,仅三四十年代就有多部关于林肯的传记被翻译到中国。

1932年杨廉翻译的《林肯传》译自美国学者阿尔伯特·布里特(Albert Britt,1874-1969)所著 Abraham Lincoln, For Boys and Girls 一书,全书共20章,是一部面向学生的通俗读物。1940年徐植仁翻译的《林肯传》译自美国作家詹姆斯·鲍德温(James Baldwin,1841-1925)所著

---

① 〔美〕拉蒙·可夫玛:《人类史话》(节译),陶秉珍译,开明书店,1934。
② 〔美〕维吉尔·希利尔:《美国学生世界历史》,金玉、李洁译,天津人民出版社,2012,第1~8页。

Abraham Lincoln, A True Life 一书。此书中译本为中英对照本，是为了用于学校教学。1945 年倪文宙翻译的《林肯少年生活》译自美国作家卡尔·桑德堡（Carl Sandburg, 1878-1967）所著 Abe Lincoln Grows up 一书。该书出版于 1928 年，是作者 1926 年出版的 Abraham Lincoln: The Prairie Years 一书的再版本。全书共 26 章，叙述林肯在就任总统之前 52 年（1809～1860年）的生平事迹。

二 名人传记：激励青年，获得成功

名人传记指的是人类历史或现实生活中社会知名人物的传记。无论在哪个历史时期，名人传记都是很受社会欢迎的一类历史读物。这与一般群众的名人崇拜和好奇心理有关，也与名人传记本身的特点有关。从文本特征上看，名人传记运用文学化的表达方法，呈现特定人物的生平历史，具有历史与文学的双重性特征；从文本功能上看，名人传记不仅可以传播历史知识，更可以发挥激励教育的社会功能。尤其对青少年，名人传记可以激发他们应对未来的志气，培养他们健康的人格，增长他们待人接物的智慧。[1] 正如梁启超所说："读名人传记，最能激发人志气，且于应事接物之智慧增长不少，古人所以贵读史者以此。"[2]

20 世纪上半期的汉译美国通俗历史读物中也有很多名人传记，而且译者们对于名人传记激发青年志气的功能也有很深的认识。上海世界书局在 30 年代曾出版《世界名人传记丛刊》，其《编译世界名人传记丛刊旨趣》就说："教育方法，不外两种：一方面启发青年之个性得自由发展；一方面指导青年之学习有正当途径。阅读名人传记之好处，即能收此两种教育方法之功效。盖传记所记，皆以事实为根据，非如小说家言，信笔所之，尽多空中楼阁；其能成为名人者，殆又皆人类中之杰出英才，一言一行一举一动，莫不足以启发激励，而为后人楷模也。"[3]

---

[1] 陈兰村：《略论名人传记的阅读功效》，《荆门职业技术学院学报》2008 年第 8 期，第 3～6 页。
[2] 梁启超：《国学入门书要目及其读法》，载《饮冰室合集》，中华书局，1989，第 12 页。
[3] 〔美〕阿丹斯、福斯忒：《现代欧美女伟人传》，胡山源译，世界书局，1939，第 1 页。

（一）代尔·卡耐基《世界名人逸事》《五分钟名人传》

美国著名人际关系学和成功学大师代尔·卡耐基（也译为达尔·卡尼基，Dale Harbison Carnegie，1888-1955）的作品是这一时期最受中国读者欢迎的美国通俗历史读物。仅他的《世界名人逸事》一书就有9个中译本，他的《五分钟名人传》一书也有3个中译本。可见其受欢迎程度之高。

1.《世界名人逸事》

《世界名人逸事》（Little Known Facts About Well Known People）一书是代尔·卡耐基"受美国一家广播电台重金聘请，演讲古今名人逸闻琐事，……其内容的丰富，取材的精确，故事的曲折隽永，在在使听众为之神往。播述未久，就接到无数听众从各地寄来的信，要求把这些隽永美丽的故事编著成书，排印发行"①，于是卡耐基就将演讲内容编印成书，于1934年正式出版发行。该书一经出版便成为畅销读物，多次修订再版，内容也不断增添。笔者所找到的1934年纽约Popular Library出版的版本，记录了38位名人的趣闻逸事。但这本书在中国的诸多中译本所记载人物都不止38位，有好几部达到了48位，可见很多中译本是根据此书后来的修订版翻译的，但笔者没有找到原书，故只能付阙了。

该书在中国先后有9个中译本，可见其受欢迎的程度：

（1）《世界名人逸事》（李木、宋昆译，角信记纸行，1938），内分科学家、探险家、文学家、艺术家、帝王贵族、闻人富豪、妇女界等7部分48位名人故事。

（2）《世界名人轶事》（方洁译，文化生活出版社，1939），包含12位名人故事。

（3）《名人逸事》（羽沙译，激流书店，1940），内分科学怪杰、探险权威、文坛巨子、艺坛骄儿、贵胄富贾、闻人大亨、女界红人等7部分42位名人故事。

---

① 〔美〕达尔·卡尼基：《名人逸事》，羽沙译，激流书店，1940，第2页。

（4）《欧美名人秘史》（胡尹民、谢颂羔译，英文知识社，1940）。

（5）《巨人细事》（萧敏颂译，文化供应社，1943），包含30位名人故事。

（6）《成功人的生活故事》（王一榴译，光明书店，1944），包含48位名人故事。

（7）《世界名人逸事》（胡尹民、谢颂羔译，国光书店，1947），包含48位名人故事。

（8）《世界名人逸事新集》（李木译，正新出版社，1948），包含26位名人故事。

（9）《世界名人逸事选集》（李木、宋昆译，正新出版社，1949）。

2. 《五分钟名人传》

《五分钟名人传》（*Five Minute Biographies*）是卡耐基的另一部人物小传，出版于1937年，记录了48位名人的生平故事。该书有三个中译本：

（1）《欧美名人传》（胡尹民、谢颂羔译，长风书店，1939），包含48位名人故事。

（2）《世界名人逸事续集》（李木、宋昆译，角信记纸行，1941），内分政治金融家、工商企业家、各界名人、文学家、艺术家、妇女界等6部分，包含47位名人故事。

（3）《五分钟名人传》（龙洁清译，文摘出版社，1946），包含32位名人故事。

（二）博尔顿夫人《贫子成名鉴》《世界十大成功人传》

除了前文所提到的《近世泰西列女传》，美国作家博尔顿夫人还有两部人物传记被翻译到中国，一本是任保罗（又名任廷旭）翻译的《贫子成名鉴》，另一本是刘麟生翻译的《世界十大成功人传》。

《贫子成名鉴》是博尔顿夫人 Lives of Poor Boys Who Became Famous 一书的中译本。该书初版于 1885 年，讲述 28 位人物的生平事迹。《贫子成名鉴》选译了其中的 17 位。《世界十大成功人传》，选译自博尔顿夫人所著 Lives of Poor Boys Who Became Famous（New York，1885）和 How Success is Won（Boston，1884）两部人物传记。前书讲述了 George Peabody、Bayard Taylor、Captain James B. Eads、James Watt 等 28 位人物的故事，后书讲述了 Peter Cooper、John B. Gough、John Greenleaf Whittier、John Wanamaker 等 12 位人物的故事。刘麟生选取了前书所写人物中的 9 位——George Peabody、Captain James B. Eads、James Watt、Sir Josiah Mason、Bernard Palissy、Michael Faraday、Sir Henry Bessemer、Joseph Marie Jacquard、Ezra Cornell，以及后书所列人物中的 1 位——Thomas Alva Edison，合计 10 位人物，命名为《世界十大成功人传》。

（三）社会活动家自传：《华盛顿自传》《海伦·凯勒自传》《山额夫人自传》

1.《华盛顿自传》

美国黑人政治家、教育家布克·华盛顿（Booker Taliaferro Washington，1856-1915）出版于 1901 年的自传 Up from Slavery：An Autobiography 可以说是 20 世纪上半期的中国最受欢迎的人物传记之一，从 20 世纪 20 年代一直到 40 年代都有中译本问世。具体可考的中译本前后有 4 个，分别是 1925 年〔英〕梅益盛、周云路翻译的《黑人华盛顿传》，1932 年项远村翻译的《黑奴成功者自传》，1938 年林汉达、胡山源翻译的《黑人成功传》以及 1940 年施琅（林文波）翻译的《黑奴成名记》。

4 个中译本当中，《黑人成功传》是全译本，译出了原著的 17 章；其他 3 个中译本都是节译本，《黑人华盛顿传》译出了原著的 15 章，《黑奴成功者自传》与《黑奴成名记》都只译出了原著的 13 章。

2.《海伦·凯勒自传》

海伦·凯勒（也译为海伦·克勒，Helen Adams Keller，1880-1968），是美国著名聋哑女作家、教育家、慈善家、社会活动家。在拉德克利夫学院求学期间，她在家庭教师沙利文的帮助下完成自传 The Story of My Life，共23章，叙述她从小学到21岁之间的故事。这本书一经出版便行销各地，并被翻译成多种文字。1930年，高君韦将此书译成中文，名为《盲聋女子克勒氏自传》，由上海商务印书馆出版。高君韦是留美生，在美国亲自听过海伦·凯勒的演讲，"格外叹她可惊之成功"，称其为"前无古人"的"功绩"；她相信，有海伦·凯勒这样的榜样，"从此后无数盲聋的人，也有一线希望，不至于永远沉沦于废人之列"。① 1934年，应远涛又将此书译成中文，名为《海伦·凯勒自传——聋哑瞎女子成功记》，由青年协会书局出版。吴耀宗在为该译本所做的"序"中也说，海伦·凯勒的自传昭示人们："人生是一个不断的阻碍与奋斗，人生是在困苦艰难的当中，打开一条前进的生路"，"这一点，在消沉颓丧，处处似乎充满着荆棘的今日，应当是我们的暮鼓晨钟，使我们从麻木昏沉的睡梦中惊起"。②

3.《山额夫人自传》

山额夫人（今译作玛格丽特·桑格，Margaret Higgins Sanger，1879—1966），是美国妇女节育运动的先驱。她一生共创办了30多个节育宣传机构，著述也很丰富。1938年，她出版了自传 An Autobiography，共39章，讲述其生平经历。1940年，黄嘉音将此书译成中文，名为《山额夫人自传》，由上海西风社出版。

（四）出版家自传：《白克奋斗史：一个奋斗的美国人》

博克（也译为白克，Edward William Bok，1863—1930）是美国著名作家、杂志编辑，1920年出版自传 The Americanization of Edward Bok: The Autobiography of a Dutch Boy Fifty Years Later。该书获得了1920年的政治社会科学院金奖（Gold Medal of the Academy of Political and Social Science）和1921年的普利策传记奖（Pulitzer Prize for Biography or Autobiography）。该书在中国有两个中译本，一个是1931年的梁所得译本，节译了原著的15章，命名为《前后五十年》，由上海新时代书局出版；另一个是1938年的

---

① 〔美〕海伦·克勒:《盲聋女子克勒氏自传》，高君韦译述，商务印书馆，1930，第1~2页。
② 〔美〕海伦·凯勒:《海伦·凯勒自传——聋哑瞎女子成功记》，应远涛译，青年协会书局，1934，第2页。

谢颂羔编译的《白克奋斗史：一个奋斗的美国人》，由上海毅联社出版。梁所得和谢颂羔都认为博克是一位可以激励青年的成功者。梁所得说："博克先生是一个成功者，是一个堪对社会告无愧的人"，"是我们的模范"。① 谢颂羔也说："在美国的社会中很能感动人的青年，就是如同白克那种人，我们能把他介绍给国人，原来的意思就是希望中国也能同样的产生无数的白克。一方面要有青年如同白克那般的奋斗，一方面也希望国家会给青年们一个英雄用武之地。"②

（五）企业家自传：《卡尼基自传》

卡内基（也译为卡尼基，Andrew Carnegie，1835-1919），是美国历史上最大的钢铁制造商，被誉为"钢铁大王"；死后将全部资产捐献，是美国人心目中的英雄。1920 年，卡内基出版了自传 *Autobiography of Andrew Carnegie*，分 29 章讲述自己的生平经历。该书在中国也有两个中译本，一个是 1937 年的于树生译本《卡尼基自传》，由上海商务印书馆分上下两册出版；另一个是 1941 年的俊千译本《奋斗与成功》，由奔流书店出版。

（六）发明家自传：《佛兰克林自传》

美国著名政治家富兰克林（也译为佛兰克林，Benjamin Franklin，1706-1790）出版于 1903 年的自传 *The Autobiography of Benjamin Franklin* 是 20 世纪上半期很受中国读者喜爱的传记作品之一，先后有 3 个中译本：一是 1929 年熊式一翻译的《佛兰克林自传》，分两册出版，第一册包括 1~6 章，第二册包括 7~12 章；二是 1938 年唐长孺翻译的《佛兰克林自传》，分"正传"和"续传"两部分；三是 1938 年程伯群翻译的《佛兰克林自传》，"采取案头丛刊（Every-mans' Library）之 1913 年英文本译成"③，最为详细。唐长孺指出了《佛兰克林自传》对于后人的激励价值："佛氏出身低下，及至飞黄腾达，往来帝王国家元首之前毫无愧色。所奇者不以贫贱为屈辱，而以身之不立，名之不成为屈辱，是以誉之为美洲之第一人。

---

① 〔美〕博克：《前后五十年》，梁得所译述，新时代书局，1931，第 1~3 页。
② 〔美〕白克：《白克奋斗史：一个奋斗的美国人》，谢颂羔编译，毅联社，1938。
③ 〔美〕佛兰克林：《佛兰克林自传》，程伯群译，世界书局，1938，第 1 页。

除林肯而外无可与颉颃者。佛氏之书刊行于天下，俊杰之士受其影响得以奋发激励者不在少数，际此时期译者窃愿译此书以飨读者，希望因此而传播其激励奋发之功能，青年志士必知所以自勉。"①

---

① 同上书，第2页。

结　语

　　综览20世纪上半期在华译介与传播的美著史书，其规模无疑是巨大的，其内容无疑是丰富的。新史学派的理论与著作以其鲜明的革命性风靡中国史学界；即便是在抗战时期，中国学界对新史学派史书的译介也没有停止，足见其顽强的生命力。汉学研究著述的传播规模虽不及新史学派著作，但它们与中国学界的积极互动也是有目共睹的。通俗历史读物的传播或许学术影响力不大，却是半个世纪里中国社会思潮变动的一面镜子。这些相对独立的主题现象，共同描绘了20世纪上半期美著史书在华译介与传播的整体面貌。本书主要是从横向（主题角度）对20世纪上半期在华译介与传播的美著史书所进行的考察。如果从纵向（时间角度）来看，将主题内容纳入时间线索中，我们会看到20世纪上半期美著史书在华译介与传播过程的另一种面貌，一种与时代同步行进的面貌。

一　20世纪上半期美著史书在华译介与传播历程的阶段性特征

　　从时间线索上看，20世纪上半期美著史书在华译介与传播的基本历程可划分为四大阶段，即晚清时期的译介小高峰、民国初年的译介低谷、五四以后的译介高峰、抗战时期及战后的译介滑坡。这四个阶段的形成是与彼时的社会状况息息相关的。

（一）晚清时期的译介小高峰

　　晚清时期（1900~1911年）是美著史书在华译介与传播的小高峰时

期。从内容上看，这一阶段在华译介与传播的美著史书可分为两种（见附录）。一种是在民族独立、政治自由、女性解放的社会诉求的引导下被引入中国的美国通俗历史读物，包括世界史、国别史、军事史、女权史等方面的史书（详见第六章）。另一种是应清末学制改革需要而进入中国的美国历史教科书，如〔美〕维廉斯因顿著《万国史要》、〔美〕迈尔著《迈尔通史》、〔美〕彼德巴利著《万国史略》等（详见第一章）。

从传播途径上看，这一阶段美著史书在华译介与传播的主要途径是翻译出版，期刊几乎没有发挥作用。这主要是因为晚清时期的期刊数量并不多，还不能充分参与到史书的译介与传播中来；期刊真正成为史书译介的主要途径之一，是在五四运动之后。这一阶段的大部分汉译美著史书都是民营机构出版的。如出版《辟地名人传》《尼罗海战史》《苏格兰独立史》的上海商务印书馆，出版《欧洲十九世纪史》《历史哲学》的上海广智书局，出版《世界女权发达史》《开辟新世界之鼻祖（哥仑波）》的上海文明书局，出版《英美海战史》的上海世界译书局，出版《凯撒》的上海人演社，等等。只有《迈尔通史》与《万国史略》两书是由官方机构（山西大学堂与江楚编译局）出版的。可见，民营机构是晚清时期汉译美著史书出版的主力。这一特点也是19世纪末以来中国汉译西书出版行业的整体特点。中国近代的出版机构可以分为官方机构、教会机构、民营机构三个部分。19世纪60年代以前，教会机构一枝独秀，占据西书出版的天下；洋务运动时期（19世纪60~90年代），官方机构发展起来，与教会机构两分天下；19世纪90年代以后，民营机构逐步登上历史舞台，取代官方机构和教会机构成为西书出版的主角。[①] 民营出版机构当中，上海商务印书馆、上海广智书局、上海文明书局、上海世界译书局等都是非常有影响力的机构，对近代汉译西书的出版和传播贡献很大。

从传播者方面看，这一阶段汉译美著史书的译者多是留学生。例如，翻译《欧洲十九世纪史》的麦仲华、麦鼎华以及翻译《历史哲学》的罗伯雅都是康有为的弟子，在戊戌政变后都流亡日本；翻译《美国独立史》与《美史纪事本末》的章宗元、翻译《凯撒》的张大椿以及翻译《迈尔通史》的黄佐廷都曾留学美国；翻译《万国史略》的陈寿彭、翻译《开辟新

---

① 黄林：《晚清新政时期出版业研究》，博士学位论文，湖南师范大学，2004。

世界之鼻祖（哥仑波）》的包光镛都曾留学英国。可见留学生是晚清时期汉译美著史书的生力军。留学生不仅是晚清时期汉译美著史书的重要力量，更是这一时期整个西书译介活动的主力之一。他们的出现是与19世纪末20世纪初兴起的出国留学活动相伴相生的。据学者统计，"整个20世纪初年，留日学生有2万多人"①，欧美国家的留学生也有600多人②。与在华传教士相比，中国留学生不仅有数量上的优势③，更有高度的救国热情、较强的语言学习能力、直接接触所在国学术文化等方面的优势，因此取代传教士成为20世纪初西书译介的主力之一。

（二）民国初年的译介低谷

与晚清时期相比，民国初年（1912~1918年）在华译介与传播的美著史书要少得多，除去几部美国传教士编译的人物传记④，以及两部由上海时兆报馆翻译出版的关于第一次世界大战史的宗教书籍⑤，真正意义上由美国史学家或作家撰写、原版于美国、在中国翻译出版的历史书，只有几种人物传记（见附录），如〔美〕布理登著、任保罗译《贫子成名鉴》，〔美〕凯瑟琳·卡尔著、陈霆锐译《慈禧写照记》，〔美〕波登著、高君珊译《近世泰西列女传》。与晚清时期相同，期刊在这一阶段还未充分参与到史书的译介与传播中来。

在华译介与传播的美著史书在民国初年出现骤减的现象，并不是个

---

① 李喜所：《中国近现代史上的三次留学大潮》，《国际人才交流》2008年第9期，第16~18页。
② 周棉：《近代中国留学生群体的形成、发展、影响之分析与今后趋势之展望》，《河北学刊》1996年第5期，第77~83页。
③ 到1912年，西方在华传教士只有5144人。参见王立新《美国传教士与晚清中国现代化》，天津人民出版社，2008，第20页。
④ 美国在华传教士潘慎文（Alvin Pierson Parker, 1850-1924）编有 Some of the World's Leading Statesmen (American) 一书，其中部分内容被翻译出来，单独成册，由上海广学会出版发行，有励德厚译、魏延弼笔述的《美国大总统林肯传》（1912）、卜舫济口述、陈宝琪译意的《美国哈密登》（1912），潘慎文口译、曹卓人笔述的《美国第二总统亚但氏约翰》（1912），史雅各翻译的《美国宗教家劳遮威廉传》（1912），潘慎文、罗恒升合译的《美国军事家李统帅传》（1913），励德厚翻译的《美国开始大总统华盛顿纪事本末》（1914）。
⑤ 即〔美〕施塔福著《欧洲血战史》（上海时兆报馆，1914）和〔美〕但依理著《普世战局》（上海时兆报馆，1917）。

例。就连一直"居于压倒性优势"的"汉译日书事业亦大大退步"①。可以说，整个西史译介领域，民国初年的译介成绩都远远不及晚清时期。据张晓编著的《近代汉译西学书目提要：明末至1919》一书，1912~1918年间的汉译西史——就算把在华教会编辑、译述的人物传记包括在内——也仅有30多部（见表7-1），且以人物传记居多。而在晚清时期（1901~1911年），据潘喜颜《清末历史译著研究（1901~1911）——以亚洲史传译著为中心》一文，中国共从域外翻译历史著作456种，其中世界史、万国史34种，地区史、国别史124种，年表、年鉴7种，专门史197种，史学理论7种，历史传记87种。② 可见，晚清时期的汉译史书是民国初年的十多倍。

表7-1　民国初年（1912~1918年）的汉译西方史书

出版年份	出版社	书名	著者	译者
1912	广学会	美国大总统林肯传		〔美〕励德厚译、魏延弼笔述
1912	广学会	美国哈密登		〔美〕卜舫济口述，陈宝琪译意
1912	广学会	美国第二总统亚但氏约翰		〔美〕潘慎文口译，曹卓人笔述
1912	广学会	美国宗教家劳遮威廉传		〔美〕史雅各
1912	广学会	世界英雄传略	〔英〕Thomas Carlyle	Dorcas C. Joynt
1912	广学会	毕查但传	〔英〕Dr. Richard Timothy	胡颐谷、任保罗
1912	广学会	毕维廉传	〔英〕罗斯伯利	任保罗
1912	广学会	格兰斯顿列传	〔英〕勒舍尔	张味久
1912	商务印书馆	西洋通史		张起谓
1912	文明书局	古荒原人史	〔英〕麦开柏	吴敬恒

---

① 王奇生：《民国时期的日书汉译》，《近代史研究》2008年第6期，第45~65页。
② 潘喜颜：《清末历史译著研究（1901~1911）——以亚洲史传译著为中心》，博士学位论文，复旦大学，2011，第21页。

续表

出版年份	出版社	书名	著者	译者
1913	广学会	史源	〔英〕J. L. Myres	任保罗
1913	广学会	环球新史	〔英〕G. P. Gooch	罗恒开
1913	广学会	印度古今事迹考略	〔英〕T. W. Holderness	汪治
1913	广学会	瑞典王沙尔第十二传	〔法〕福尔泰	〔英〕W. Todhunter译，罗开重译
1913	广学会	贫子成名鉴	〔美〕布理登	任保罗
1913	广学会	美国军事家李统帅传	〔美〕李斐绮	〔美〕潘慎文、罗恒升
1914	广学会	美国开始大总统华盛顿纪事本末		〔美〕励德厚
1914	中华书局	慈禧外纪二卷	〔英〕勃兰、〔英〕白克好司	陈冷汰、陈贻先
1914		袁世凯正传一卷	〔日〕内藤顺太郎	张振秋
1914	广学会	印度政治家事略	〔英〕G. D. Oswell	张铁民
1914	土山湾印书馆	世界历史·上古史	〔?〕Gagnol 等	盛恺
1914	中华书局	清朝全史	〔日〕稻叶岩吉	但焘
1915	土山湾慈母堂	通史辑览一卷	〔德〕P. Candido Vanara	李问渔
1915	土山湾印书馆	世界历史·今世史	〔?〕Gagnol 等	胡诚临
1915	协和书局	美国立国原理		白秀生
1915	中华书局	慈禧写照记	〔美〕凯瑟琳·卡尔	陈霆锐
1916	土山湾印书馆	世界历史·中古史	〔?〕Gagnol 等	胡诚临
1917	晋新书社	列强在中国竞争	〔日〕今井嘉幸	马鸣鸾、吴炳南
1917	中华书局	清室外纪	〔英〕J. O. P. Bland	陈冷汰、陈诒先
1917	中华书局	庚子使馆被围记三卷	〔英〕B. L. Putmanweale	陈冷汰、陈诒先

续表

出版年份	出版社	书名	著者	译者
1917	通俗教育研究会	泰西名小说家略传		魏易
1918	商务印书馆	近世泰西列女传	〔美〕波登	高君珊

民国初年西史译介的骤减，是当时"出版业整体衰落"① 的现状在西史译介领域的反映。这一状况的出现，是国家政局变动的结果，与当时的社会政治背景、市民文化的形成、出版业的市场化都有关系。首先，民国初年的汉译美著史书与晚清时期的汉译美著史书有一个很大的不同，即晚清时期的汉译美著史书被赋予了强烈的政治诉求，尤其是民族独立与自主的诉求；到民国时期，由于"中华民国"的成立，民族独立的诉求在一定程度上得到了实现与满足，因此并未在汉译美著史书中有强烈体现。然而，这7年间为什么没有其他与政治相关的西方社会科学书籍被引进中国呢？这与此间的政治变动有关。从表面上看，"中华民国"的成立意味着中国走上了民主共和之路，但以袁世凯为代表的封建军阀旧官僚却通过各种手段掌握了国家的统治权，使刚刚踏上共和之路的中国又退回到封建状态。这种"黑暗如昨"的政治形势，一方面"消解了人们革命时期的政治热情"，使人们沉溺于"那些消闲的、自娱娱人的、游戏的趣味"；另一方面，通过"高压统治下的出版禁锢"，使包括翻译在内的出版事业整体受挫。在这种情况下，"一些编辑出版者为了寻谋出路，纷纷把目标转向和社会隔离较远的娱乐小说出版上"，因此便有了小说创作和小说翻译的繁荣。② 其次，"中华民国"建立以后，随着社会的相对安定、新式教育的普遍推行以及经济的平稳发展，具有近代特征的市民文化和具有市场化特征的出版业开始发展起来。一方面，"新式教育的推行使民智渐开，具有近代化特征的市民文化开始兴起"，相对于难度较高的历史、哲学等社会科学读物，"通俗易懂的小说"更能获得市民的青睐，因而"成为市民社会

---

① 王奇生：《民国时期的日书汉译》，《近代史研究》2008年第6期，第45~65页。
② 吴永贵：《中国出版史》（下册·近现代卷），湖南大学出版社，2008，第83页。

喜闻乐见的读物"①；在经济利润的刺激下，广大出版商自然更倾向于出版小说这样的通俗读物。另一方面，从事翻译、出版事业的译者与出版人群体，在没有稳定收入来源的情况下，不得不"效力于各种文化性、商业性报刊，靠当时较为丰厚的稿酬薪水养家糊口"②，这又进一步刺激了通俗读物的翻译出版。1912~1918 年的汉译西方史书多是通俗人物传记，也从一个侧面说明了这一点。

（三）五四以后的译介高峰

五四运动以后到抗日战争爆发以前是美著史书在华译介与传播的高峰时期。从史书内容上看，新史学派史书、汉学研究著作都在这一时期大举进入中国，为中国史学的发展注入了大量新内容。从传播途径上看，不仅有出版社的翻译出版，更有大量期刊参与进来，成为比出版社更为迅速、更为丰富、更为便捷的传播途径。翻译出版方面，从附录所列《20 世纪上半期美著史籍汉译统计表》中可以看出，1919~1936 年翻译出版的美著史书有 62 种，占 20 世纪上半期翻译总数（116 种）的一半以上（53.4%）；出版数量最高的年份（1933 年）达到了 12 种。除了大量人物传记等通俗历史读物以外，其中的学术性著作基本上是美国新史学派的著作，如鲁滨逊的《新史学》《中古欧洲史》，巴恩斯的《史学》《新史学与社会科学》，亨利·约翰生的《历史教学法》，傅龄的《历史研究法》，绍特维尔的《西洋史学史》，鲁滨逊与比尔德合著的《近世欧洲史》，海斯的《近世欧洲政治社会史》，海斯与蒙合著的《上古世界史》《近代世界史》《中古世界史》，等等。这些主要的新史学派史书都是在这一阶段进入中国的。期刊传播方面，无论是新期刊（如 1920 年创办的《史地丛刊》、1921 年创办的《史地学报》）还是旧期刊（如 1917 年创办的《北京大学日刊》、1904 年创办的《东方杂志》），都在五四以后焕发出新的生命力，成为积极传播包括美著史书在内的西方思想文化的重要平台。很多美国新史学派史书和汉学研究著作——尤其是后者——都是通过期刊在中国学界广泛传

---

① 王建明、王晓霞：《中国近代出版史稿》，南开大学出版社，2011，第 154~155 页。
② 王洪泉：《晚清民初翻译小说编辑出版的生态透视》，《编辑之友》2015 年第 4 期，第 94~97 页。

播的。

　　五四以后美著史书翻译出版与期刊传播的盛况，是五四新思潮所孕育的产物。五四运动及其后的新文化运动，将"民主"与"科学"的新思想传播到中国各地，推动了近代中国社会的又一次思想启蒙。新思潮的兴起，不仅促进了学术思想的开放，为包括美国史学在内的西方学术思想的传播创造了一个包容的环境（详见第二章），更直接促进了其传播媒介——出版物的发展。不管是期刊还是出版机构，都在发展壮大的同时积极变革，以适应时代的新变化。总之，五四时期是出版行业大繁荣的时期。出版物方面，杂志的风头最健，1917~1922年，共出版期刊1626种，平均每年出版271种。图书出版方面也增幅明显。一方面，商务印书馆、中华书局等老牌出版社积极调整，以适应新的需要。以商务印书馆为例，该馆在"1912~1918年共出版图书1023种，1919~1926年共出版图书2074种，增幅为202.73%"。另一方面，"善于抓住机遇的中小出版社大量崛起"，如亚东图书馆、泰东图书局、群益书社、新潮社、北新书局等，形成20世纪二三十年代书业中的"新书业"，到20世纪20年代中后期，新书业阵营中又陆续加入开明书店、现代书局、新月书店、良友图书公司、太平洋书店、群众图书公司、乐群书店、远东图书公司等新成员，使得这批新出版群体发展成为一支不可小觑的出版力量。[①]

　　从五四以后美著史书的传播者方面看，不仅有大量的回国留美生带动了美著史书的译介与传播（见下目"留美生：美著史书在华传播的主力"），中国本土大学生也成为积极译介的主力之一。仅在史书翻译的层面，这一阶段美著史书的译者当中，就有近60位是中国本土大学的毕业生（或在校生、肄业生）（见表7-2）。由于翻译史书需要译者熟练掌握中外两种不同的语言以及专业的史学知识，而这种能力必然是接受过高等教育的人才具有的。因此，五四以后中国高等教育的大力发展与各地大学的竞相创办，在培养大批接受高等教育的大学生的同时，也培养了大批从事翻译活动的人才。自晚清以来，中国的高等教育制度不断发展。从1904年清政府颁布的《奏定学堂章程》规定建立高等学堂、大学堂、通儒院、大学预科、师范学堂等高等教育体制，到1913年民国教育部公布的《大学规

[①] 吴永贵：《中国出版史》（下册·近现代卷），湖南大学出版社，2008，第85~88页。

程》对学科门类的细化与调整，到五四前后蔡元培在北京大学推行的学制改革，再到1922年教育部的《学校系统改革案》大大放宽对大学开办的限制，中国的高等教育在20世纪20年代迎来了一个迅猛发展期。李华兴说："在整个民国时期，从新文化运动兴起到南京国民政府建立前的十余年间，是中国文化界生态环境最宽松，思想最解放，教育改革最活跃的时期。文化启蒙运动的波澜壮阔，西方教育理论的系统输入，民间教育团体的脱颖而出，新教育思潮的奔腾翻涌；以及北洋军阀统治下的北京政府，或因袁世凯死后群龙无首而忙于权力之争，或因招架大革命的汹涌怒涛而舞枪弄炮，对教育界基本取放任自流态度——内外因素的共同作用，催化了1922年的学制更新和相应的课程体系、教学方法的系统改革。"[①] 据学者考察："从1921年到1926年，公私立大学由13所增至51所，5年之间增加了近3倍；其中公立大学由5所增至37所，私立大学由8所增至14所。专门学校则因热衷改为大学，从1920年至1925年，由76所减为58所。至于学生数，以1925年为例，大学及专科在校生为36321人；若与1916年在校生17241人相比，增加了1.1倍。大学及专科毕业生也呈上升趋势，1926年达2841人，比1921年的1428人增加近一倍。"[②] 如此大规模的本土大学建设与大学毕业生的出现，使得大学生成为美著史书译介——甚至是西书译介——的主力之一，这是一种历史的必然。

表7-2　1919~1936年汉译美著史书部分译者毕业院校

姓名	毕业学校	姓名	毕业学校
谭健常	北京大学政治系（肄业生）	杨历樵	上海圣约翰大学
杨东尊	北京大学	黄嘉音	上海圣约翰大学历史系
陈廷璠	北京大学哲学系	王维克	上海大同大学数理系、震旦大学
梁茂修	北京大学	王一榴（王敦庆）	上海圣约翰大学英文系
萧敏颂	北京大学政治系	唐长儒	上海大同大学文科
陈石孚	清华大学（在校生）	赵竹光	上海沪江大学

① 李华兴：《民国教育史》，上海教育出版社，1997，第9页。
② 同上书，第601页。

续表

姓名	毕业学校	姓名	毕业学校
王信忠	清华大学历史系	胡山源	杭州之江大学
杨凤岐	清华大学	林汉达	杭州之江大学
胡庆育	燕京大学	朱基俊	上海中国公学大学部西洋文学系
曾宝荪	燕京大学	钱临照	上海同济大学
刘尊棋	燕京大学（肄业生）	陈训慈（陈叔谅）	南京高等师范学校文史地部
沈炼之	北京师范大学英文系	向达	南京高等师范文史部
骆迈（杨人梗）	北京师范大学英语系	吕叔湘	东南大学外国语文系
曹京实（曹汉奇）	南开大学	倪文宙	东南大学教育科
刘麟生	上海圣约翰大学	沙牧阜	中央政治学校地政学院
郭斌佳	上海光华大学（在校生）	姚莘农	苏州东吴大学文科
方仲益（赵家璧）	上海光华大学英国文学系	宋桂煌	江苏省立第二师范、如皋师范学校
谢元范	上海光华大学	孙洵侯	中央大学外国文学系
沈昭文	上海光华大学化学系	曹绍濂	湖南大学、武汉大学政治系
曹孚	复旦大学教育系	刘启戈	雅礼大学
伍蠡甫	复旦大学	张栗原	武昌高等师范学校
张明炜	复旦大学	于熙俭	武昌华中大学文华图书科
徐宗铎	复旦大学文学院	薛澄清	厦门大学历史系、燕京大学研究院
吴道存	复旦大学历史系	余慕陶	中山大学
谢德风	复旦大学史学系	冯雄	唐山交通大学
徐植仁	复旦大学预科、南洋公学		

（四）抗战时期及战后的译介滑坡

1937年全面抗战的爆发，给学术界带来很大打击。大量学术机构的内迁、研究人员的流离、图书期刊的散失，使得学术研究难以为继。1945年抗日战争胜利后，国共两党立即又陷入内战之中。一直到1949年中华人民共和国成立，学术界才真正告别战火，回到稳步发展的轨道上来。这13年间，美著史书在华译介与传播的规模也不断缩小。仅从史书的翻译出版这个层面看（见附录），这一阶段的汉译美著史书只有34种，较之上一阶段减少了近一半。而且，其中专业的学术性著作不多，只有宋桂煌翻译的《美国史》，陈受颐、梁茂修翻译的《西洋中古史》，越裔翻译的《希腊之生命》，邱祖谋翻译的《世界史》，沈炼之翻译的《世界文化史》，骆迈翻译的《法国革命时代史》，刘尊棋、曹未风、陈先泽翻译的《美国史：一个自由民族的故事》，王检翻译的《第二次世界大战简史》，林友兰翻译的《煤油大王洛克菲勒成功传》等少数著作称得上是严谨的史学著作。学术性翻译史书的减少不是汉译美著史书领域所独有的现象，而是当时中国整个翻译与出版行业的现状。战争年代，物资极度匮乏，社会动荡不安，缺乏翻译严肃学术性著作所需要的物质条件与社会环境。据统计，1942年纯自然科学仅出版11种，应用科学仅出版13种；1935年9月至1942年12月，自然科学书籍仅出版264种[①]，其中标明译编的仅有116种，每年平均37种；而在之前的1921~1930年，仅商务印书馆一家机构所出版的同类著译就有585种，每年平均65种。[②] 自然科学类学术译著的落差如此之大，人文社科类译著的状况就可想而知。

  除了少量学术著作，这一阶段的汉译美著史书大部分都是人物传记，包括政治人物的传记以及教育家、社会活动家、商人等所谓社会知名人士的传记。这一特点也是与战时中国整体出版行业的特点相一致的。战争的爆发使书籍的出版深深打上了战争的烙印，使"实用性"成为书籍出版的主要方向。"实用性"的表现之一就是对世界政治局势的密切关注，即各国政治局势的发展、世界局势的走向以及各国政治人物的传记，因为中国的抗战是与世界局势紧密相关的。"实用性"的表现之二就是满足大众对一般性历史知识的需要，即大量名人传记等通俗历史读物的出版。虽然"实用性"的出版取向迎合了战时民众的需求，但是它的过度发展也产生

[①] 谭勤余：《抗战期内我国科学出版物》，《东方杂志》1943年第39卷第1号。
[②] 《商务印书馆历年出版物分类总计》，载《商务印书馆图书目录 1897~1949》，商务印书馆，1981。

了一些弊端,即低级趣味作品的盛行。与严肃的译著不同,一些低级趣味作品的翻译不需要高深的文化水平,不需要精确的语言能力,也不需要长段的翻译周期,还更能获得普通民众的喜爱,进而获得较高的利润,因而成为战时很受欢迎的翻译对象。如美国著名的成功学大师代尔·卡耐基的《世界名人逸事》一书有9个中译本,美国威尔逊夫人(Edwina H. Wilson)所著英国温莎公爵夫人华里丝·辛普森的小传(*The Life Story of Mrs Ernest Simpson*)也有2个中译本。此类作品的翻译与出版,在很大程度上都是为了迎合大众一时的猎奇心理的需要,很难产生久远的影响。

二 留美生:美著史书在华传播的主力

上文谈到,五四以后美著史书在华传播的盛况离不开留美生的努力。无论是在课堂教学方面,还是在期刊推介方面和翻译出版方面,留美生都是五四以后美著史书在华译介与传播的主力。据笔者考察,抗日战争全面爆发以前回国、从事史学研究(包括专门史)并任职于高等院校的留美生至少有30位(见表7-3),其中还不包括众多回国年份不可考的学者。抗日战争全面爆发以后,由于日军的重重封锁,成功回到中国从事历史研究或历史教学的留美生大量减少。但在战争胜利以后,留美生又陆续回国,加入到战后的建设中来(见表7-4)。很多留美生都使用美国的史书作为高校课堂的教科书,如蒋廷黻、孔繁霱、刘崇鋐、钱端升、洪业、罗家伦、李惟果、郭斌佳等(见表7-5),并在学术期刊上发表对于美著史书的介绍或书评,如陈衡哲、蒋廷黻、郭斌佳、雷海宗、刘崇鋐、陆懋德、陈翰笙、齐思和、张芝联等(见表7-6)。除了通过高校课堂、学术期刊推广美国的史书之外,更有留美生亲自实践,加入美著史书翻译的队伍。如1916年回国的何炳松,不仅在北京大学、北京高等师范学校讲授美国新史学派的思想,还翻译了大量美国新史学派的著作,如《新史学》(鲁滨逊)、《历史教学法》(亨利·约翰生)、《西洋史学史》(绍特维尔著,与郭斌佳合译)、《中古欧洲史》(鲁滨逊)、《近世欧洲史》(鲁滨逊、比尔德)等,被誉为美国新史学派的"中国代言人"。再如1929年回国的陈受颐,他与梁茂修合译了美国汤姆生的《西洋中古史》;以及1932年回国的耿淡如,他与沙牧卑一起翻译了海斯与蒙合著的《近世世界史》。更有一些留美生，虽然并未在美国接受历史学的专业学习或从事专门的历史研究活动，但也参与到美著史书的翻译中，如翻译《欧洲近代现代史》《近代欧洲史》《英国史》《美国政治史》的余楠秋是美国伊利诺伊大学文学学士，翻译《新史学与社会科学》的董之学是美国哥伦比亚大学经济学博士，翻译《近三世纪西洋大教育家》的庄泽宣是美国普林斯顿大学心理学博士，翻译《古代的人》的林徽因是美国宾夕法尼亚大学美术学士，翻译《盲聋女子克勒氏自传》的高君韦是美国康奈尔大学食物化学硕士，翻译《白拉喜尔自传》的张钰哲是美国芝加哥大学物理学博士。

表 7-3　抗战爆发之前回国、从事历史研究或教学的留美生

回国年份	赴美年份	姓名	留学院校	专业方向	学位（获得年份）	回国后任职
1914	1911	陆懋德	威斯康星大学、俄亥俄大学	教育学、政治学	硕士（1914）	1922年受聘清华学校，教授周秦哲学史。1926年筹办清华学校历史系，并系主任；兼任哲学系讲师，讲授中国哲学史。1927年到北平师范大学历史系任教授，不久担任历史系主任；同时在北京大学女子师范学院、辅仁大学、燕京大学、北京大学教授考古学、上古史等课程
1916	1913	何炳松	加利福尼亚大学、威斯康星大学、普林斯顿大学	政治学、历史学	硕士（1916）	1917年任北京大学文预科讲师，后任历史系教授；兼任北京高等师范学校史地部主任。1922年任浙江省第一师范校长。1924~1932年，任上海商务印书馆编辑、史地部主任。其间，兼任上海私立光华、大夏、国民等大学教授
1917	1910	胡适	康奈尔大学、哥伦比亚大学	农学、哲学	博士（1927）	1917年任北京大学文科教授兼哲学研究所主任。1922年任北京大学文科学长。1927年任上海光华大学教授。1928年任上海中国公学校长

续表

回国年份	赴美年份	姓名	留学院校	专业方向	学位（获得年份）	回国后任职
1920	1913	黄士衡	乌路普莱佑大学、埃阿瓦大学、哥伦比亚大学		硕士	1920年在四川成都高等师范学校任文史系主任两年。1923年任湖南商业专门学校、工业专门学校教授。1924年任商业专门学校校长。1932年任湖南大学校长
1920	1914	陈衡哲	瓦沙女子大学、芝加哥大学	西洋史、西洋文学	硕士（1920）	1920年任北京大学西洋史兼英语系教授，后兼任北京女子师范大学教授。1924年到南京东南大学任教。1930年回北京大学任教。1935年任四川大学西洋史教授
1920	1917	徐则陵	伊利诺大学、芝加哥大学、哥伦比亚大学	历史学、教育学	硕士	1920年任南京高等师范学校教授兼教育科主任，讲授教育史课程。1928年任金陵大学中国文化研究所所长，兼任外交部条约委员会专门委员，从事中国外交史研究
1922	1918	汤用彤	汉姆林大学、哈佛大学	哲学、心理学、梵文、巴利文、佛学	硕士（1922）	历任南京东南大学、天津南开大学、南京中央大学、北京大学教授。1937年后任西南联大哲学系教授、系主任、文学院院长
1923	1918	刘崇鋐	威斯康星大学、哈佛大学	西洋史	硕士（1921）	1923年任南开大学历史系教授，教授西洋通史等课程。1925年8月转到清华大学，主讲西洋通史和希腊罗马史
1923	1912	蒋廷黻	派克学院、奥柏林学院、哥伦比亚大学研究院	历史	博士（1923）	历任南开大学历史系、清华大学历史系教授
1923	1918	李济	克拉克大学、哈佛大学	心理学、社会学、人类学	博士（1923）	回国后在南开大学任教。1925年任清华学校国学研究院人类学讲师。1929年任中央研究院历史语言研究所考古组主任

续表

回国年份	赴美年份	姓名	留学院校	专业方向	学位（获得年份）	回国后任职
1923	1915	洪业	韦斯良大学、哥伦比亚大学	文学、神学	硕士（1919）	长期执教于燕京大学，任历史系教授
1924	1915	陈翰笙	芝加哥大学、哈佛大学	历史	硕士（1921）	1921年由美赴德，1924年获德国柏林大学博士学位。同年回国，任北京大学教授。1928年后在中央研究院社会科学研究所担任领导工作。1933年发起成立中国农村经济研究会。1934年后，先后在日本、苏联、美国从事研究和著书工作
1924	1919	冯友兰	哥伦比亚大学	哲学	博士（1924）	1924年任河南中州大学哲学教授、文学院院长。1925年任广东大学哲学教授。1926年任燕京大学哲学教授。1928年起任清华大学哲学系教授、系主任、文学院院长。1939年起任西南联大哲学系教授兼文学院院长
1924	1919	钱端升	北达科他大学、哈佛大学	政治学	博士（1924）	1925年任北京大学、北京教育学院讲师。1928年4月任国民政府大学院文化事业处处长。20世纪30年代初，任南京中央大学法学院政治学副教授。抗战期间任昆明西南联大教授
1925	1920	段锡朋	哥伦比亚大学	文学硕士		在美国毕业后又相继入英国伦敦大学、德国柏林大学、法国巴黎大学学习。1925年回国后任武昌大学历史教授、广东大学历史系主任

续表

回国年份	赴美年份	姓名	留学院校	专业方向	学位（获得年份）	回国后任职
1926	1920	罗家伦	普林斯顿大学、哥伦比亚大学	历史、哲学		1920年秋赴美留学，1922年又去英国伦敦大学、德国柏林大学、法国巴黎大学学习。1926年归国后任国民革命军总司令部参议、编辑委员会委员长等职。1928年8月，任清华大学校长。1930年后，任武汉大学历史系教授、南京中央政治学院教育长、中央大学校长等职
1926	1920	萧公权	密苏里大学、康奈尔大学	新闻学、哲学	博士（1926）	回国后先后任南开大学、东北大学、燕京大学、清华大学、北京大学、四川大学、南京政治大学等校教授
1927	1917	孔繁霱	格林奈尔大学、芝加哥大学		硕士（1922）	1923年赴德国柏林大学深造。1927年回国后被聘为清华大学历史系教授
1927	1922	雷海宗	芝加哥大学	历史、哲学	博士（1927）	回国后历任南京中央大学史学系教授、系主任，金陵女子大学历史系教授和中国文化研究所研究员。1931年任武汉大学史学系和哲学教育系教授。1932年后任清华大学和西南联合大学历史系教授
1927	1921	王国秀	韦斯利大学、哥伦比亚大学	文学、历史学	硕士（1926）	回国后历任南京金陵女子大学和上海大夏大学史学系主任、上海女子大学教授
1929	1923	张忠绂	密苏里州立大学、密西根大学、哈佛大学、约翰·霍布金斯大学	社会学、历史学、政治学	博士（1928）	1929年任沈阳东北大学政治系教授。次年任天津南开大学政治系教授。1931年转任北京大学法学院政治系教授

续表

回国年份	赴美年份	姓名	留学院校	专业方向	学位（获得年份）	回国后任职
1929	1923	吴士栋	芝加哥大学、哈佛大学、哥伦比亚大学	哲学	硕士	回国后先后执教于河南大学、复旦大学、大同大学、中国公学、浙江大学。1937~1945年任厦门大学历史系教授、系主任
1929	1925	陈受颐	芝加哥大学	比较文学	博士（1928）	回国后在岭南大学担任中国文学系教授兼主任，并创办《岭南学报》。1931~1936年任北京大学历史系主任
1929		张圣奘	哈佛大学、俄亥俄州立大学	历史	博士	北京大学历史系毕业后赴英留学，获牛津大学文学学士学位。后进入德国莱比锡大学，获医学博士学位。后赴美留学。1929年到东北大学任教，"九一八"事变后到上海。后入川筹建重庆大学，执掌重庆大学史学系及商学院院长。抗战时期兼任多门课程教授，被中央大学校长罗家伦称为"万能教授"
1930	1923	梁思永	哈佛大学	考古学、人类学	硕士（1928）	回国参加中央研究院历史语言研究所考古组工作
1930	1925	王造时	威斯康星大学	政治学	博士（1929）	1929年8月到英国任伦敦经济学院研究员。1930年经苏联回国，任上海光华大学文学院院长兼政治系主任
1930	1928	蔡维藩	伊里诺大学	历史系	硕士	回国后一直在南开大学任职，任西洋通史、近代外交史教授
1932之前	1927	李惟果	加州大学伯克利分校、哥伦比亚大学	西洋史、国际公法	博士	1932年任国立武汉大学文学院教授，1936年起踏上政途

续表

回国年份	赴美年份	姓名	留学院校	专业方向	学位（获得年份）	回国后任职
1932	1929	耿淡如	哈佛大学	政治制度与政治史	硕士（1932）	回国后历任复旦大学、光华大学政治系教授、系主任。抗战时期兼暨南大学教授及大夏大学历史社会系主任
1933	1929	张荫麟	斯坦福大学	哲学、社会学	博士结业	1934年任清华大学哲学、历史两系讲师，后升任教授。1935年受国民政府教育部委托，主编高初中及小学历史教科书。1938年后任教于昆明西南联大。1939年任中央研究院社会科学研究所《中国社会经济史集刊》主编
1933	1929	郭斌佳	哈佛大学		博士（1933）	回国后曾任光华大学教授、武汉大学教授、国民党政府外交部参事。1938年6月任武汉大学"抗战史料编辑委员会"主任委员
1935	1927	皮名举	耶鲁大学、哈佛大学	世界史	博士	回国后任北京大学副教授，不到一年升为教授，和钱穆并称为"钱皮"。1937年后随迁至西南联合大学
1935	1931	齐思和	哈佛大学	西洋史	博士（1935）	回国后历任北平师范大学历史系教授、燕京大学历史系主任、中国大学教授。抗战爆发后到中国大学任教
1937	1931	冯汉骥	哈佛大学、宾夕法尼亚大学	人类学	博士（1936）	回国后任四川大学历史系教授。1941年兼任四川省博物馆筹备主任，1944年兼任华西大学社会学代理系主任

表 7-4 抗战期间及战后回国、从事历史研究与教学的留美生

回国年份	赴美年份	姓名	留学院校	专业方向	学位（获得年份）	回国后任职
1939	1935	翁独健	哈佛大学	蒙元史	博士（1938）	1938年赴法，入巴黎大学和东方语言学院进修深造，受业于汉学家伯希和。1939年回国，在国立云南大学历史系任教。翌年9月，在北平中国大学、燕京大学等校任教
1946	1936	陈振汉	哈佛大学		博士（1946）	回国后历任南开大学、中央大学、燕京大学教授；经济史研究专家
1946	1939	周一良	哈佛大学	日本语言文学	博士（1944）	回国后任燕京大学国文系副教授、清华大学外文系教授，1949年秋任清华大学历史系教授
1947	1939	冯家昇	华盛顿国会图书馆、哥伦比亚大学中国历史研究室		进修性质	回国后任北平研究院史学研究所研究员
1947	1941	吴于廑	哈佛大学	文学、哲学	博士（1946）	回国后任武汉大学教授
1947	1941	杨生茂	加利福尼亚大学伯克利分校、斯坦福大学	美国外交史	硕士（1946）	回国后历任南开大学历史系讲师、副教授、教授，代理系主任、副主任
1947	1944	黄绍湘	哥伦比亚大学	历史学	硕士（1946）	1950年任山东大学文史系教授
1947	1945	刘绪贻	芝加哥大学	社会学	硕士（1947）	回国后任武汉大学教授
1947	1946	张芝联	耶鲁大学	历史学	放弃学位	1947年到英国牛津大学进修。同年回国，先在上海光华大学任教，后北上到燕京大学历史系任教，教授世界史
1948	1946	王钟翰	哈佛大学		进修性质	回国后在燕京大学历史系任副教授，兼任哈佛燕京学社引得编纂处代副主任
1949	1947	丁则民	华盛顿大学	美国史		1949年到北京师范大学任教
1949	1948	张梦白	哥伦比亚大学	历史学	硕士（1949）	回国后在东吴大学任教

表 7-5　抗战爆发之前回国留美生在高校课堂使用的美著史书

教员	高校及课程	参考书及作者
蒋廷黻	南开大学西洋通史课程教科书	Ancient Times, by J. H. Breasted
	南开大学西洋通史课程教科书	Medieval and Modern Times, by J. H. Robinson
	南开大学欧洲近代史课程教科书	Reading in Modern European History, by J. H. Robinson, C. A. Beard
	南开大学欧洲近代史课程教科书	Social and Political History of Modern Europe, by C. J. H. Hayes
	南开大学帝国主义史课程教科书	Essays in Nationalism, by C. J. H. Hayes
	南开大学帝国主义史课程教科书	Imperialism & World Politics, by P. T. Moon
	南开大学欧洲近代史课程教科书	Europe since 1815, by Charles Downer Hazen
	南开大学一百五十年来之欧洲课程教科书	Modern and Contemporary European History, by J. S. Schapiro
	南开大学西洋通史课程教科书	Early European History, by Hutton Webster
	南开大学西洋通史课程教科书	Modern European History, by Hutton Webster
	南开大学一百五十年来之欧洲课程教科书	The Revolutionary Preiod in Europe, by H. E. Bourne
	南开大学课程近世欧洲经济史教科书	Economic Development of Modern Europe, by F. A. Ogg
	南开大学法兰西革命史课程教科书	French Revolution, by Louis Madelin
	南开大学法兰西革命史课程教科书	Napoleon, by August Fonrnier
	南开大学中国外交史课程参考书	Treatiesand Agreements with and Concerning China, by J. V. A. Macmurray
	南开大学中国外交史课程教科书	The International Relations of the Chinese Empire, by H. B. Morse
	南开大学中国外交史课程参考书	Selected Readings in Modern Chinese History, by H. F. MacNair
孔繁霱	国立清华大学欧洲宗教改革时代史课程参考书	The Age of the Reformation, by Preserved Smith

续表

教员	高校及课程	参考书及作者
刘崇鋐	国立清华大学西洋十九世纪史（西洋近百年史）课程教科书	Modern and Contemporary European History, by J. S. Schapiro
	国立清华大学英国通史课程教科书	A History of Great Britain, by Howard Robinson
	国立清华大学日本史课程教科书	The Development of Japan, by K. S. Latourette
	国立清华大学西洋通史课程教科书	History of Europe, Ancient and Medieval, by J. H. Robinson & J. H. Breasted
	国立清华大学西洋通史课程教科书	Modern History, by C. J. H. Hayes, P. T. Moon
钱端升	国立清华大学西洋近百年史课程教科书	Modern and Contemporary European History, by J. S. Schapiro
洪煨莲	燕京大学远东近世史课程参考书	Far Eastern International Relations, by H. B. Morse, H. F. MacNair
	燕京大学历史教学法课程参考书	The Teaching of History, by Henry Johnson
罗家伦	国立武汉大学欧洲通史（一）近代课程教科书	Readings in Modern European History, by J. H. Robinson, C. A. Beard
	国立武汉大学欧洲通史（一）近代课程教科书	Modern World History, 1776 - 1926, by A. C. Flick
李惟果	国立武汉大学西洋近世史课程参考书	Modern History, by C. J. H. Hayes, P. T. Moon
	国立武汉大学欧洲上古史课程参考书	Ancient Times, by J. H. Breasted
郭斌佳	国立武汉大学西洋近世史课程参考书	Modern History, by C. J. H. Hayes, P. T. Moon

资料来源：笔者根据《民国大学校史资料汇编》（王强主编，凤凰出版社，2014）、《民国时期高等教育史料汇编》（李森主编，国家图书馆出版社，2014）、《近代教会大学历史文献丛刊》（王强主编，凤凰出版社，2015）整理。

表 7-6　抗战爆发之前回国留美生在期刊推介的美著史书

学者	推介情况
陈衡哲	《图书部典书课通告·陈衡哲教授指定预科学生历史参考书籍》，见《北京大学日刊》1920 年第 711~713 期 Robinson, *Reading in European History*, Vol. II Shailer Mathews, *The French Revolution* Robinson and Beard, *Reading in Modern European History*, vol. II Hazen, *Europe since 1815* Hayes, *A Political and Social History of Modern Europe*, 2 vols. Robinson and Beard, *The Development of Modern Europe*, 2 vols. Dow, *Atlas of European History*

续表

学者	推介情况
陈衡哲	《书报目录·中欧交通史目录》，见《史地学报》1922年第1卷第3期 The Periplus of the Erythraean Sea, by W. H. Schoff Parthian Stations of Isidore of Charax, by W. H. Schoff The Trade and Administration of the Chinese Empire, by H. B. Morse； Historical Atlas, by W. R. Shepherd Atlas of European History, by E. W. Dow；
	《皮尔德的美国文化史（书评）》，见《独立评论》1932年第20期 The Rise of American Civilization, by Charles A. and Mary R. Beard
蒋廷黻	《书籍评论》，见《清华学报》1932年第7卷第2期 British Far Eastern Policy, 1894-1900, by Stanley McCordock
	《书籍评论》，见《清华学报》1934年第9卷第2期 John Hay, from Poetry to Politics, by Tyler Dennett
郭斌佳	《新刊介绍与批评》，见《国立武汉大学社会科学季刊》1933年第4卷第2期 China's Foreign Relations, 1917-1931, by Robert Thomas Pollard
	《新刊介绍与批评》，见《国立武汉大学社会科学季刊》1934年第4卷第3期 A History of American Life, edited By Arthur M. Schlesinger and Dixon Ryan Fox The League of Nations and the Recognition of States, by Malbone W. Graham Political and Social Growth of the United States, 1852-1933, by Arthur Meier Schlesinger
	《新刊介绍与批评》，见《国立武汉大学社会科学季刊》1935年第5卷第2期 The Idea of National Interest. An Analytical Study in American Foreign Policy, by Charles A. Beard
	《新刊介绍与批评》，见《国立武汉大学社会科学季刊》1935年第5卷第4期 British Opium Policy in China and India, by David Edward Owen
	见《历史学报》1936年第1期 Makers of Cathay, by C. Wilfrid Allan
	《书评》，见《国立武汉大学文哲季刊》1936年第5卷第2期 The Four Hundred Million：A History of the Chinese, by Mary A. Nourse
	《书评》，见《国立武汉大学文哲季刊》1937年第6卷第3期 American Diplomacy：Policies and Practice, by Benjamin H. Williams

续表

学者	推介情况
雷海宗	《书籍评论》，见《清华学报》1934 年第 9 卷第 1 期 *History of the Middle Ages*, by James Westfall Thompson
	《书评》，见《清华学报》1935 年第 10 卷第 2 期 *The Chinese, Their History and Culture*, by Kenneth Scott Latourette
	《书评》，见《清华学报》1935 年第 10 卷第 4 期 *The Literary Inquisition of Ch'ien-Lung*, by Luther Carrington Goodrich
刘崇鋐	《书籍评论》，见《清华学报》第 9 卷第 2 期，第 503~512 页 *A Guide to Historical Literature*, by George Matthew Dutcher, Henry Robinson Shipman, Sadney Bradshaw Fay, Augustus Hunt Shearer, and William Henry Allison
	《书籍评论》，见《清华学报》1934 年第 9 卷第 4 期 *Modern History: The Rise of a Democratic, Scientific, and Industrialized Civilization*, by Carl L. Becker
	《书评》，见《清华学报》1936 年第 11 卷第 3 期 *The Russian Revolution, 1917-1921*, by William Henry Chamberlin
陆懋德	《重要文化史书籍介绍》，见《清华周刊：书报介绍副刊》1923 年第 7 期 *Ancient History of China*, by Friedrich Hirth
陈翰笙等	《学术书籍之绍介与批评》，见《国立北京大学社会科学季刊》1925 年第 3 卷第 4 期 *The History and Prospects of the Social Sciences*, by H. E. Barnes and Others
齐思和	《评维森著历史辅助科学论略》，见《历史教育》1937 年第 2 期 *Aids to Historical Research*, by John Martin Vincent
张芝联	《历史理论引论·向读者推荐史学书籍》，见《文哲》1939 年第 1 卷第 8 期 *Introduction to the History and History*, by J. T. Shotwell *Theory of History*, by F. J. Teggart *The New History and the Social Sciences*, by H. E. Barnes *The New History*, by J. H. Robinson; *Human Comedy*, by J. H. Robinson *Ancient Chinese Historiography*, by C. S. Gardner

资料来源：笔者根据《民国大学校史资料汇编》（王强主编，凤凰出版社，2014）、《民国时期高等教育史料汇编》（李森主编，国家图书馆出版社，2014）、《近代教会大学历史文献丛刊》（王强主编，凤凰出版社，2015）整理。

留美生之所以在五四以后成为美著史书在华译介与传播的主力，自然是由于其本身所具备的沟通中美文化桥梁的作用，但如此大规模的传播群体的形成，与1908年开始的"庚款留美"政策有直接关系。"庚款留美"是中国近代史上的一次重大事件，对近代中国教育的发展以及中美关系的转变都有重大影响。"庚款留美"源于"庚子赔款"；1901年，清政府被迫与美、英、德、法、日、奥、意、俄、比、荷、西等11个国家签订《辛丑条约》，其条款之一是：清政府向列强赔款4.5亿两白银，限期39年，本息共达9.822亿两。美国从赔款中获得3200万两白银。对于这笔资金，美国部分议员认为数目过大，不利于美国在华长远利益，因此提出把部分资金还给中国。从1902年开始，中美之间开始就赔款退还问题进行商议；在美国相关教育界人士的建议下，美国总统罗斯福决定不将款项直接退给中国政府，而是用于发展中国的教育事业，帮助中国的青年学子到美国留学。1907年，罗斯福总统在国会宣布退款计划："我国宜实力援助中国力行教育，使此繁众之国能渐渐融洽于近世文化。援助之法，宜将庚子赔款退还一半，俾中国政府得遣学生来美留学，使修业成器，蔚成有用之材。"[①] 1908年5月，美国国会批准了罗斯福的计划。同年7月，美国驻华公使柔克义通知清政府外务部：美国将从1909年起"逐年逐月"[②] 退还庚款，至1940年止；"款项总额为美国应得庚款的一半，即1078.5286万美元，加上利息则计1160余万"[③]；中国方面要保证将此款项用于中国学生赴美留学；该款由中美双方组成董事会共同管理。

　　得到美国方面的通知后，清政府开始积极筹备赴美留学生的派遣工作。1908年10月，外务部和学部共同拟定《派遣美国留学生的章程草案》。1909年7月，外务部与学部共同会奏《收还美国赔款遣派学生赴美留学办法折》，并拟定《遣派游美学生办法大纲》；成立游美学务处，作为

---

① 全国政协文史资料研究委员会编《文史资料选辑》（第71辑），中华书局，1980，第166页。

② 1924年5月，美国决定将庚款余额全部退还中国，并派孟禄博士为非正式代表来华商谈具体方案。同年8月，孟禄抵达北京；他提出组建中华文化教育基金董事会来管理这批资金；董事会共15人，中方10人，美方5人；这一方案得到中美双方的同意。1925年5月，中华文化教育基金董事会在北京举行首届年会，确定了基金的使用原则和方法；6月，在北京设立办事处。

③ 周棉、李冲：《论庚款留学》，《江海学刊》2007年第5期，第161~166页。

落实庚款留美的常设机构；该处下设游美肄业馆，专门负责留美学生的选拔和派遣工作。后来，内务府又将皇室园林清华园拨给学务处，作为游美肄业馆的馆址；1911年，游美肄业馆改名为清华学堂。1909年9月学务处举行第一次赴美选拔考试，录取学生47名；1910年7月举行第二次考试，录取学生70名；1911年7月举行第三次考试，录取学生63名；三批共计180名；因出国前都经过了清政府学务处的"甄别考试"，故称为"甄别生"。[1]

1912年民国成立以后，清华学堂改称清华学校，具体负责庚款留美生的派遣，直到1929年其留美预备部的使命结束，改制为清华大学。从1911年到1929年，"总共派出庚款留美生1279名；此外还有自费津贴生476人，特别官费生10人，各机关转入清华的官费生60人，袁氏后裔特别生[2] 2人"[3]。1928年南京国民政府成立后，留学派遣权收归教育部，但留美工作仍由清华大学负责。"1929年，清华大学考选留美专科生10人。1933年，教育部颁发《考选清华留美公费生办法纲要》，规定三年之内每年公开考选25名学生留美，选派范围不限于清华大学，全国各地大学毕业生都可报考。1933年8月，第一届留美考试在南京、北平两地举行，录取25人；1934年8月第二届考试，录取20人；1935年8月第三届考试，录取30人。1936年，教育部命清华大学再次举办三届留美生考选，每年选派32名。1936年8月第四届考试，录取18人；1938年第五届考试，录取17人；因太平洋战争爆发，第六届考试延迟至1943年举行，录取22人。"[4] 此外，中华文化基金董事会还从1934年起选拔一些学术人员赴美留学。[5]

与热衷于革命和政治运动的留日生不同，留美生由于受到美国的新式科技和教育的影响，回国后大都致力于发展科技和教育工作。在20世纪二三十年代，"留美生成为我国高等教育的主力，为确立我国的大学教育体

---

[1] 周棉、李冲：《论庚款留学》，《江海学刊》2007年第5期，第161~166页。
[2] 指的是袁世凯复辟帝制后，根据国务会议通过的《项城袁氏留美学额简章》和《项城袁氏入学简章》而入学的袁氏后裔学生；1929年取消。
[3] 清华大学校史编写组：《清华大学的前身——清华学校》，载全国政协文史资料研究委员会编《文史资料选辑》（第71辑），中华书局，1980，第190页。
[4] 周棉、李冲：《论庚款留学》，《江海学刊》2007年第5期，第161~166页。
[5] 同上。

系以及相关的数学、物理、化学、生物、天文、建筑、矿产和法学、经济学、社会学、考古学等现代新型学科做出了巨大贡献；同时在知识界组织了以中国科学社为核心的一系列学会，发行专业杂志，举办各种大型的学术讨论会，推进中外学术交流，直接提升了中国学术文化的现代化水平"[1]。在史学领域，尤其是推进中美史学交流方面，留美生也做了大量工作；他们不仅将美国科学的史料观与史学方法带回中国，并积极推动中国史学的学科化，努力使美国史学本土化、使中国史学现代化。[2] 对美著史书的积极译介与宣传，恰是留美生推进中美史学交流、推动中国史学现代化的体现。

三　美著史书：20世纪上半期中国史学转型的重要引擎之一

20世纪上半期是中国史学由传统向现代转型的关键时期。在来自内部的变革因子（如"经世致用"的思想传统、乾嘉考据学的方法基础）与来自外部的西方史学（包括日本史学、欧洲史学、美国史学）的合力作用下，中国传统史学在历史理论、史学理论、学科建设等层次都朝着现代化的方向积极转型。在这一漫长而复杂的转型过程中，美著史书——具体而言，是美著史书所承载的美国史学——发挥了重要的"引擎"作用。这种作用具体体现在以下三个层面。

首先，理论层面，即美国新史学派史学理论对近代中国史学转型的引导作用。史学的转型需要理论的支撑与指导。当为封建政治服务的传统史学成为新时期史家们的众矢之的，建设符合新时期社会政治需要的新史学便成为当务之急。如何建设新史学？在西方思想文化大规模进入中国的20世纪上半期，西方史学理论必然会成为中国学者建设新史学的理论指导。文明史学、兰克史学、鲁滨逊新史学、唯物史观等西方史学理论，都曾在中国史学的转型期发挥过重要作用。具体到美国新史学派，它对近代中国史学转型的影响则表现在它所提供的一整套涵盖历史观、史学观、史学方

---

[1] 李喜所：《留美生在近代中国的文化定位》，《天津社会科学》2003年第3期，第117~123页。
[2] 李春雷：《传承与更新：留美生与民国时期的史学》，博士学位论文，南开大学，2005。

法等层面的理论体系。在历史观方面,新史学派秉承"综合史观"(Synthetic History),即人类历史的发展是多种因素——不是单一因素——推动的结果。在史学观方面,新史学派以"综合史观"为出发点,提出突破单纯政治史和军事史的限制,将人类社会的方方面面(包括经济、社会、文化等所有领域)都纳入历史研究的范围;同时,突破传统史学单纯"记录"史实的功能,赋予史学以"解释"史实的功能,认为史学的目的是帮助我们理解现在,创造未来。在史学方法方面,新史学派强调历史学与心理学、考古学、人类学、经济学、社会学等社会科学结盟,进行综合研究,以实现对人类社会的整体认识。这一整套理论体系与单纯强调政治史与"记录"功能的传统史学形成了强烈对比,正可以作为新时期史学家建设中国新史学的一剂良方。五四以后出现的诸多史学理论著作,如李泰棻《史学研究法大纲》(1920)、李璜《历史学与社会科学》(1928)、吴贯因《史之梯》(1930)、卢绍稷《史学概要》(1930)、刘剑横《历史学ABC》(1930)、罗元鲲《史学概要》(1931)、周容《史学通论》(1933)、李则纲《史学通论》(1935)、杨鸿烈《史学通论》(1939)、杨鸿烈《历史研究法》(1939)、陆懋德《史学方法大纲》(1945)等,其所受新史学派史学理论的影响都是显而易见的(详见第二章)。而且,二三十年代史学界所出现的经济史、社会史、思想史、文化史等研究倾向,以及对经济学、社会学、人类学等跨学科方法的尝试与运用,在很大程度上都是新史学派史学理论引导下的产物。值得思考的是,与兰克史学和唯物史观相比,新史学派史学理论对中国史学的影响似乎并没有它们那么久远。这或许是因为新史学派史学理论所涉及的范围过于广泛,它强调历史学与心理学、考古学、人类学、经济学、社会学等社会科学结盟。这就要求史学工作者不仅要掌握历史学的研究方法,还要掌握多门社会科学的研究方法。如此高难度的目标在短期内是难以达到的;即使达到,也只是蜻蜓点水,不够深入。此外,五四以后的中国现代学术尚处于初创阶段,多元综合的社会科学体系尚未发展成熟,因而也不能为新史学派史学理论的生根发芽创造辅助学科的支撑条件。[①] 即便如此,新史学派史学理论对近代中国史

---

① 刘俐娜:《20世纪初期中国史学的转型》,博士学位论文,中国社会科学院,2003,第81页。

学转型的促进作用依然是不可磨灭的。

其次，学科层面，即美著史书对近代中国世界史学科建设的促进作用。近代中国史学的学科建设是伴随着中国史学的转型同时进行的；可以说，史学的学科建设是史学转型在历史教育层面的体现。在鸦片战争以前，中国的学科体系中并没有"世界史"的位置；这是由当时中国闭关锁国的社会思想状况决定的。鸦片战争以后，随着国门的逐渐打开，中国人迫切需要了解关于世界历史的知识，因此世界史学科的建设便成为教育体系改革的题中之意。从教会学校中英国史或美国史课程的开设，到清末学制改革时期"万国史学门"的设置，再到"中华民国"建立以后"西洋史学类"的规划，中国的世界史学科逐步建立起来（详见第四章）。由于中国传统史籍中关于世界史的知识微乎其微，不足以作为符合新时期学科建设需要的历史教科书，因此中国的世界史学科建设就不得不引进西方的世界史书借以充教科书之需。清末学制改革时期，即有大量译自日本、欧美的外国史教科书；虽然其中以日本史籍居多[①]，但来自美国的也有《万国史要》（美国维廉斯因顿著，张相译）、《万国史略》（美国彼德巴利著，陈寿彭译）、《迈尔通史》（美国迈尔著，黄佐廷口译，张在新笔述）等书。这几部来自美国的历史教科书，不仅为中国学生提供了丰富的世界史知识，为中国人世界观的更新增添了助力，也为近代中国史书编写体裁的变革注入了动力（详见第一章）。五四运动以后，大量美国新史学派世界史与国别史著作进入中国，成为中国高校课堂的世界史教科书；世界通史方面有伯利斯坦德、鲁滨逊、比尔德、海斯、蒙、韦伯斯特等人的著作，欧洲近现代史方面有沙比罗、黑曾、伯恩、阿格、哈定等人的著作，世界文化史方面有桑戴克、巴恩斯、阿什利等人的著作，美国史方面有比尔德夫妇、施莱辛格、佛格斯、麦克劳林、范·泰恩、马齐、巴塞特等人的著作（详见第四章）。如此大规模的教科书传播，是清末学制改革时期所无法企及的；而且，与清末时期不同，五四以后作为中国世界史课程教科书

[①] 日本方面有《欧罗巴通史》（箕作元八、峰山米造合著，徐有成、胡景伊、唐人杰合译）、《西洋史要》（小川银次郎著，樊炳清、萨端合译）、《万国历史》（作新社译书局编译）、《西洋历史教科书》（出洋学生编辑所译述）、《万国史纲》（日本家永丰吉、元良勇次郎合著，邵希雍译）、《世界近世史》（松平康国所著，作新社译）等。见李孝迁《清季汉译西洋史教科书初探》，《东南学术》2003年第6期，第130~140页。

的美国新史学派著作几乎全是英文原著,中美史学之间的紧密联系可见一斑。如果说清末时期美国历史教科书对中国世界史教学的影响主要在知识与体裁层面,那么五四以后美国新史学派世界史与国别史著作对中国世界史教学的影响则上升到思想观念层面,即依托于史学著作的新史学派"综合史观"在中国课堂的广泛传播。

再次,自我认识的视角层面,即美国汉学研究著述提供给中国学者认识中国历史的"他者"视角。所谓汉学研究的"他者"视角,指的是"他者基于自身的各种条件(社会历史语境、文化传统、知识结构、理论基础)而对中华文化做出的独特诠释"[1]。也就是说,海外汉学虽然讨论的是中国历史与文化问题,但却不是"对中国文化的简单复制",而是贯注了一种"西方世界对中国的视角"[2]。具体到美国汉学,其研究成果自然也体现出一种具有美国特色的研究视角;而这种研究视角也借助美国汉学研究著述在近代中国的传播影响到中国学者对中国历史文化的认识,进而推动中国史学的转型。在华传播的美国汉学研究成果主要包括两个方面。其一是继承自欧洲传统汉学的中国古代历史文化研究成果,如卜德对李斯及秦汉史的研究、富路特对清代文字狱的研究、顾立雅与德效骞对中国古代哲学史的研究、卡特对中国印刷史的研究等。其二是衍生自美国本土"实用主义"思想传统的中国近现代历史研究成果,倪林与何尔康关于中国革命的研究、马士与浦纳德等关于中国对外关系史的研究等,都有着鲜明的注重中国近现代历史文化的特点;这一点尤为重要,它可以说是二战后美国的中国历史文化研究由传统汉学走向"中国学"的滥觞。无论是中国古代历史文化研究,还是中国近现代历史研究,美国汉学研究成果都体现出一种不同于中国本土学者的独特视角,引起了中国学者的关注并被中国学者吸收。例如卜德对于李斯的研究,一反历代学者对于李斯的负面认识,通过多方论证正视李斯的历史功绩,这一视角即得到王伊同[3]等学者的欣赏;再如马士《中华帝国对外关系史》一书以"近代化"的视角解释近代中国历史的发展,更直接影响到蒋廷黻《中国近代史》与陈恭禄《中国近

---

[1] 孟华:《汉学与比较文学》,《国际汉学》2003 年第 9 辑,第 1~8 页。
[2] 刘东:《汉学不是中国文化的简单复制》,《人民日报》2014 年 4 月 10 日,第 24 版。
[3] 王伊同:《书评:李斯传》,《史学年报》1939 年第 3 卷第 1 期,第 128~156 页。

代史》两书的主题。除了这种看待中国历史的独特视角,美国汉学研究著述中所使用的科学方法(亦即科学的史料批判方法)也是中国学者关注的重点。例如卡特《中国印刷术的发明及其西传》一书使用了大量未被注意的"印章、摹写、纸牌、释道的典籍等"材料,被中国学者称赞为"不但在内容上取材丰富,而且在方法上开辟了一个新的途径"[1];再如恒慕义主编的《清代名人传略》,也被胡适盛赞为"本着严格的批判精神进行选题与引用原始资料"[2]。

总之,通过理论、学科、视角这三个层面,20世纪上半期在华传播的美著史书为近代中国史学的转型提供了一种来自异域的思想动力。这股动力虽然来自美国,但在根本上还是源自中国史学变革的内在诉求;也就是说,是中国史学自身的变革需求"召唤"了大洋彼岸美著史书的到来,以实现与西方史学接轨的现代化。不仅美著史书,20世纪上半期在华传播的日著史书、欧著史书等都是中国史学转型阶段的重要"引擎"。它们在风云变幻的"过渡时代"[3]来到中国,在相互融合中形成一股合力,共同形塑了近代中国史学的面貌,并引导中国史学由传统向现代的转型。

---

[1] 张德昌:《书报春秋:中国印刷术之发明及其西渐》,《新月》1933年第4卷第6期,第90~95页。
[2] 〔美〕恒慕义主编《清代名人传略》(上),中国人民大学清史研究所《清代名人传略》翻译组译,青海人民出版社,1990,第8页。
[3] 梁启超:《过渡时代论》,《清议报》1901年第83期,第5209~5216页。

附录 20世纪上半期美著史书汉译统计表

出版年份	出版机构	书名	作者	译者	备注
1901~1904	商务印书馆	辟地名人传	爱德华	王汝宁	
1902	广智书局	欧洲十九世纪史	札逊	麦仲华	据日译本（大内畅三原译）重译
1902	广智书局	欧洲十九世纪史	轩利普格质顿	麦鼎华	
1902	（东京）译书汇编社	美国独立史	姜宁	章宗元	1903年再版
1902	世界译书局	英美海战史	爱德华·斯宾	〔日〕越山平三郎	
1902	文明书局	开辟新世界之鼻祖（哥仑波）	勃腊忒	包光镛、张逢辰	
1903	人演社	凯撒	克拉哥	张大椿、沈联	
1903	求我斋	美史纪事本末	姜宁氏	章宗元	
1903	商务印书馆	尼罗海战史	耶特瓦德斯边	〔日〕越山平三郎	
1903	商务印书馆	苏格兰独立史	那顿	商务印书馆	

续表

出版年份	出版机构	书名	作者	译者	备注
1903	广智书局	历史哲学	威尔逊	罗伯雅	
1903	史学斋	万国史要	维廉斯因顿	张相	
1903	东来书店	希腊政治沿革史	弥勒崧	陈㞖	
1904	上海通社	近世泰西通鉴	棣亚	通社	据日译本（鸟田三郎等译）重译
1905	山西大学堂	迈尔通史	迈尔	黄佐廷口译、张在新笔述	1912年再版
1905	文明书局	世界女权发达史	他士坦登	王维棋	据日译本重译
1906	江楚编译局	万国史略	彼德巴利	陈寿彭	
1913	广学会	贫子成名鉴	布理登	任保罗	
1915	中华书局	慈禧写照记	凯瑟琳·卡尔	陈霆锐	1917年再版，1919年第三版
1918	商务印书馆	近世泰西列女传	波登	高君珊	本年再版
1919	寰球书局	巴黎和会实录	培德氏	谭震泽、杨钧	
1920	商务印书馆	经济史观	塞利格曼	陈石孚	
1921	世界书局	巴黎和会秘史	狄隆	秦翰才	

续表

出版年份	出版机构	书名	作者	译者	备注
1924	商务印书馆	新史学	鲁滨逊	何炳松	1930年再版
1924	商务印书馆	中古欧洲史	鲁滨逊	何炳松	1928年第三版，1930年第五版，1932年国难后1版，1933年国难后2版
1924	商务印书馆	世界十大成功人传	博尔顿夫人	刘麟生	1933年国难后1版，1935年国难后3版
1925	商务印书馆	近世欧洲史	鲁滨逊、比尔德	何炳松	1926年再版，1929年第四版，1932年增订版
1925	商务印书馆	人类的故事	房龙	沈性仁	1935年再版
1925	商务印书馆	近三世纪西洋大教育家	格莱夫斯	庄泽宣	1931年再版
1925	广学会	黑人华盛顿传	华盛顿	〔英〕梅益盛、周云路	1928年再版，1936年第三版 另有项远村译本（《黑奴成功者自传》，上海开明书店，1932年初版，1939年第三版，1947年第五版），林汉达、胡山源译本（《黑人成功传》，上海世界书局，1938年初版，1939年再版，1947年第三版），施琅译本（《黑奴成名记》，上海冬青书店，1940年初版，1941年上海激流书店第四版）。1946年上海激流书店出版的林文波编译的《黑奴成名记》与此版内容完全相同。林文波与施琅可能是同一人

续表

出版年份	出版机构	书名	作者	译者	备注
1926	商务印书馆	历史教学法	亨利·约翰生	何炳松	
1927	开明书店	古代的人	房龙	林徽因	1930年第三版。另有任冬译本（《上古的人》，上海亚东图书馆，1927）、陈叔谅译本（《远古的人类》，上海商务印书馆，1928）、徐正译本（《古代的人》，世界书局，1933）
1929	商务印书馆	西洋史学史	绍特维尔	何炳松、郭斌佳	1935年再版
1929	联合书店	近代西洋文化革命史	多玛士、哈模	余慕陶	
1929	远东图书公司	中国革命	施高塔倪林	王志文	
1929	上海太平洋书店	最近十年的欧洲（1918~1928）	布渥尔	胡庆育	1930年再版，1933年第三版
					另有谭健常译本（《欧洲战后十年史》，商务印书馆，1930）
1929	商务印书馆	美国史	俾耳德、巴格力	魏野畴	1933年国难后1版
1929	商务印书馆	佛兰克林自传	佛兰克林	熊式一	1932年商务印书馆收入汉译世界名著初版，1933年再版，1935年第三版，1944年渝1版。1939年（长沙）商务印书馆简编版。1947年商务印书馆第五版
					另有程伯群译本（《佛兰克林自传》，世界书局，1938年初版，1943年再版）、唐长孺译本（《佛兰克林自传》，启明书局，1938年初版，1947年第三版）

续表

出版年份	出版机构	书名	作者	译者	备注
1929	北新书局	战后的欧洲社会	Lothrop Stoddard	刘宛	1940年再版
1930	商务印书馆	史学	班慈	向达	同年再版，书名改为《史学史》，著者改译为班兹；1934年，商务印书馆再版《史学史》。1940年，商务印书馆将此书纳入"社会科学史纲"丛书系列出版，是为系列第一册《史学》；1944年商务印书馆再版
					另有雷震译本（《西洋史学进化概论》，邦斯著，文化学社，1932）
1930	重庆书店	世界文化史	桑戴克	陈廷璠	1930年重庆书店出版上册；1939年中华书局出版全册；1941年再版
					另有倪受民译本（《世界文化史》，世界书局，1935）、冯雄译本［《世界文化史》（上、下），商务印书馆，1936］
1930	昆仑书店	古代社会	莫尔甘	张栗原、杨东莼	1933年再版，1940年第三版；1935年由商务印书馆列入"万有文库"出版
1930	华通书局	国际竞争中之满洲	克莱德	张明炜	1931年再版
1930	商务印书馆	日本历史大纲	哥温	陈彬龢	
1930	青年协会书报部	八大伟人	艾迪	青年协会书报部	1931年第三版、第五版
1930	商务印书馆	胡帝尼传	凯洛克	马震百	

续表

出版年份	出版机构	书名	作者	译者	备注
1930	商务印书馆	盲聋女子克勒氏自传	海伦·克勒	高君韦	1933年国难后1版。1933年收入万有文库初版 另有应远涛译本（《海伦·凯勒自传——聋哑瞎女子成功记》，青年协会书局，1934年初版，1940年再版，1948年第三版）
1931	商务印书馆	心理的改造	鲁滨孙	宋桂煌	1934年再版
1931	神州国光社	满洲国际关系	杨格窝尔德	蒋景德	
1931	良友图书印刷公司	史太林	唐·莱文	方仲益	节译本
1931	新时代书局	前后五十年（博克自传）	博克	梁所得	另有谢颂羔编译本（《白克奋斗史》，毅联社，1938）
1932	神州国光社	美国社会势力发展史	西门士	王雪华	另有李季译本（《美国社会势力发展史》，1932）
1932	（北平）著者书店	林肯传	Albert Britt	杨廉	
1932	长城书店	我所认识的爱迪生	福特	不详	
1933	商务印书馆	新史学与社会科学	班兹	董之学	1934年再版
1933	商务印书馆	历史方法概论	弗领	薛澄清	另有李树峻译本（《历史研究法》，立达书局，1933）
1933	世界书局	上古世界史	卡尔登·海士、汤姆·蒙	伍蠡甫、徐宗铎	1935年第三版

续表

出版年份	出版机构	书名	作者	译者	备注
1933	世界书局	近代世界史	卡尔登·海士、汤姆·蒙	姚莘农	1934年再版，1935年第三版
					另有耿淡如、沙牧阜译本（《近世世界史》，黎明书局，1933年初版，1934年再版）
1933	商务印书馆	日本的发展	拉图累特	梁大鹏	
1933	世界书局	欧洲近代现代史	沙比罗	余楠秋、吴道存、谢德风、黄澹哉	1935年再版
					另有王信忠、杨凤歧译本（《欧洲近世及现代史》，商务印书馆，1939）
1933	民智书局	近世欧洲政治社会史（上、下）	海斯	黄慎之	另有曹绍濂译本（《近代欧洲政治社会史》，国立编译馆，1935年出版上册，1940年出版下册）
					上册另有余楠秋、谢德风、吴道存编译本（《近代欧洲史》，上、下两册，黎明书局，1933）
					下册另有蒋镇译本（《现代欧洲史》，黎明书局，1935）
1933	民智书局	英国史（上、下）	季尼	余楠秋、吴道存、谢德风	
1933	星云堂书店	粉墨登场之德国绔衫军领袖希特勒	伦哲	马士奇	另有曹孚译本（《希特勒》，世界书局，1933年初版，1939年重排新1版）
1933	大东书局	爱迭生	George Sands Bryan	钱临照	第二版
1933	知行学社	人类惠师爱迪生	Francis Trevelyan Miller	春凤山	

续表

出版年份	出版机构	书名	作者	译者	备注
1933	良友图书印刷公司	我的儿子罗斯福	罗斯福夫人	冯雪冰	
1934	世界书局	中古世界史	卡尔登·海士、汤姆·蒙	伍蠡甫、徐宗铎	1935年再版，1937年第四版
1934	开明书店	人类史话	拉蒙·可夫玛	陶秉珍	1941年第三版，1947年第五版
1934	良友图书印刷公司	美国十二女大伟人传	Alice Booth	马学禹	
1934	商务印书馆	邓肯女士自传	邓肯	于熙俭	1938年长沙6版，1947年沪7版 另有孙洵侯节译本（《天才舞女邓肯自传》，生活书店，1934）、艾菲摘译本（《邓肯女士自传》，中学生书局，1935）、沈佩秋译本（《邓肯自传》，启明书局，1938年初版，1939年第三版）
1935	商务印书馆	初民社会	罗维	吕叔湘	1935年再版
1935	民智书局	美国政治史	菲士	余楠秋等	
1935	正中书局	美国建国伟人传记	赖斐治	宋桂煌	1947年沪1版
1935	商务印书馆	林白自传	林白	潘树藩、徐孟飞	1937年第三版 另有高陵译本（《林白自传》，中学生书局，1935）
1936	商务印书馆	一九一四年后之世界	兰森	谢元范、翁之达	1936年再版、三版

续表

出版年份	出版机构	书名	作者	译者	备注
1936	商务印书馆	近代意大利史	马克勒兰	朱基俊	
1936	大东书局	儿童世界史话	希利尔	陈汉年	1944年大东书局更名为《世界历史故事》出版,1949年大东书局再版
1936	商务印书馆	化学名人传	哈罗	沈昭文	
1936	中华书局	音乐家萧邦传	J. Hunecker	李惟宁	
1936	正中书局	罗斯福传	Ernest Kidder Lindley	陈高陵	1939年再版,1941年金华3版,1942年渝4版,1943年渝7版
1936	一心书店	福特传	福特、J. M. Miller、〔日〕有川治助	顾炎	根据福特本人著 My life and Work 和 J. M. Miller 所著 The Amazing Story of Henry Ford,并参考日本有川治助的《福特之生涯及其事业》一书编译而成
1937	正中书局	福特传	福特	王维克	1943年第三版。根据福特本人 My Life and Work 一书编译而成
1937	商务印书馆	美国史	马克尔洛	宋桂煌	
1937	中华书局	世界三大独裁	根室	余楠秋、吴道存	
1937	正中书局	辛浦森夫人传	威尔逊夫人	孙济时、吴纳百	另有秀容译本(《辛浦森夫人传》,民声书店,1937)、胡燕译本(《辛博生夫人小史》,声美出版社,1937)

续表

出版年份	出版机构	书名	作者	译者	备注
1937	商务印书馆	卡尼基自传	卡尼基	于树生	1939年再版 另有俊千译本（《奋斗与成功》，奔流书店，1941）
1937	商务印书馆	白拉喜尔自传	白拉喜尔	张钰哲	节译本
1938	角信记纸行	世界名人逸事	代尔·卡耐基	李木、宋昆	1940年义大利时人评传北京琉璃厂文兴书房第三版，1944年开明新记书店第五版 另有方洁译本（《世界名人轶事》，文化生活出版社，1939），羽沙译本（《名人逸事》，激流书店，1940），胡尹民、谢颂羔译本（《欧美名人秘史》，英文知识社，1940），萧敏颂译本（《巨人细事》，文化供应社，1943），王一榴译本（《成功人的生活故事》，光明书店，1944），胡尹民、谢颂羔译本（《世界名人逸事》，国光书店，1947），李木译本（《世界名人逸事新集》，正新出版社，1948），李木、宋昆译本（《世界名人逸事选集》，正新出版社，1949）
1939	青年协会书局	科学伟人的故事	威尔逊	张仕章	1939年再版 另有金则人译本（《科学家列传》，世界书局，1936年初版，1940年新1版）、曾宝蓀编译本（《科学家奋斗史话》，生活书店，1947）

续表

出版年份	出版机构	书名	作者	译者	备注
1939	长风书店	欧美名人传	代尔·卡耐基	胡尹民、谢颂羔	另有李木、宋昆译本（《世界名人逸事续集》，天津东北城角信记纸行，1941），龙洁清译本（《五分钟名人传》，文摘出版社，1946）
1939	（长沙）商务印书馆	生物学名人印象记	奥斯朋	黄镜渊	
1939	（长沙）商务印书馆	我五十年来的体育事业	麦佛登	赵竹光	
1939	三江书店	欧洲的内幕（欧洲时人评传合订本）	根室	杨历樵	由1938年出版的《德意志时人评传》《苏联时人评传》《法兰西时人评传》《英爱时人评传》《中东欧时人评传》合订而成
1940	西风社	山额夫人自传	山额	黄嘉音	节译
1940	（长沙）商务印书馆	西洋中古史	汤姆生	陈受颐、梁茂修	
1940	三民图书公司	林肯传	詹姆斯·鲍德温	徐植仁	1941年再版
1941	世界文化出版社	希腊之生命	威尔·杜兰特	越裔	
1941	正行出版社	世界史	海斯、蒙	邱祖谋	1946~1947年上海书店再版：上册1946年再版，下册1947年再版
					另有刘启戈译《世界通史》（上、下），大孚出版公司，1948年初版，1949年第四版
1941	琉璃厂文兴书房	林肯逸事	代尔·卡耐基	李木	1943年再版

续表

出版年份	出版机构	书名	作者	译者	备注
1941	青年书店	丘吉尔传	克劳斯	张冀声	1943年再版
1942	建文书店	煤油大王洛克菲勒成功传	艾伦·内文斯	林友兰	1945年山城出版社亦有出版
1942	新生命社	从大战到大战	Louis Fischer	岑玫	另有杨君立节译《苏联内幕》，新生命社，1942
1943	福建文选社	世界文化史	斯温	沈炼之	1947年由开明书店出版，1949年再版
1943	南方印书馆	法国革命时代史	葛德沙尔克	骆迈	
1944	中德学会	俾斯麦	怀特	曹京实	
1945	中外出版社	美国史：一个自由民族的故事	纳文斯、康玛格	刘尊棋、曹未风、陈先泽	1947年中外出版社再版，改名为《美国通史》 另有王育伊译《美国史略》，1946年1月（重庆）商务印书馆初版，1946年12月上海商务印书馆初版
1945	中外出版社	美国将星录	不详	毛启瑞	编译本，1945年再版
1945	比较文化研究所	美国革命的故事与人物	多人	郑德坤、芳卫廉	编译本
1945	中华书局	林肯少年生活	Carl Sandburg	倪文宙	
1946	时与潮书店	到白宫的三十二条路	Alberta Powell Graham	李春霖	
1946	中华书局	爱迪生在实验所里	罗沙诺夫	陈天达	

续表

出版年份	出版机构	书名	作者	译者	备注
1946	国光书店	福特成功史	福特、屈拉恩	谢济泽、胡尹民	此为1946年再版本，初版出版时间不详；福特与作家屈拉恩（Trine）以问答形式进行对话
1947	教育书店	第二次世界大战简史	第威特、休格	王检	
1948	申报馆	赫尔回忆录	赫尔	申报编译室	另有中央日报编辑部译《赫尔回忆录》，南京中央日报社，1948
1949	学风出版社	苏联的领袖与人民	台维斯	何家选	
1949	广学会	黑人科学家乔治·华盛顿·卡佛尔传	沙利·格累姆、乔治·力斯可	聂淼	

资料来源：笔者根据所搜集的资料整理而成。

参考文献

（一）工具书与资料集

1. 王韬、顾燮光等编《近代译书目》，北京图书馆出版社，2003。
2. 中国社会科学院历史研究所编《1900—1980 八十年来史学书目》，中国社会科学出版社，1984。
3. 北京图书馆主编《民国时期总书目 1911—1949：历史·传记·考古·地理》，书目文献出版社，1994。
4. 张晓编著《近代汉译西学书目提要：明末至1919》，北京大学出版社，2012。
5. 李森主编《民国时期高等教育史料汇编》，国家图书馆出版社，2014。
6. 王强主编《民国大学校史资料汇编》，凤凰出版社，2014。
7. 王强主编《近代教会大学历史文献丛刊》，凤凰出版社，2015。
8. 王学典主编，陈锋、姜萌编撰《20世纪中国史学编年（1900~1949）》，商务印书馆，2014。
9. 周棉主编《中国留学生大辞典》，南京大学出版社，1999。
10. 中国社会科学院近代史所翻译室编《近代来华外国人名辞典》，中国社会科学出版社，1981。
11. 中国社会科学院情报研究所编《美国中国学手册》，中国社会科学出版社，1981。
12. 刘泽华主编《近九十年史学理论要籍提要》，书目文献出版社，1991。

（二）民国期刊

《北京大学日刊》《边政公论》《大夏图书馆报》《大学（成都）》

《地学季刊》《东方杂志》《独立评论》《读书杂志》《工读半月刊》《国立北京大学社会科学季刊》《国立北平师范大学图书馆图书目录》《国立北平师范大学校务汇刊》《国立北平图书馆馆刊》《国立中山大学语言历史学研究所周刊》《国立中央图书馆馆刊》《国闻周报》《化石》《教学与研究汇刊》《教育丛刊》《教育杂志》《科学时报》《清华大学学报》《清华周刊》《清华周刊：书报介绍副刊》《社会科学杂志（上海）》《师大史学丛刊》《史地丛刊》《史地学报》《史学年报》《史学消息》《世纪评论》《思想与时代》《图书季刊》《图书评论》《图书月刊》《外交评论》《文化先锋》《文哲》《先导》《现代青年（福州）》《新青年》《新生命》《新月》《学衡》《燕京学报》《益世报·读书周刊》《禹贡》《中国农民（重庆）》《中山文化教育馆季刊》《中央周刊》

（三）民国著作

1. 〔美〕轩利普格质顿：《欧洲十九世纪史》，麦鼎华译，广智书局，1902。

2. 〔美〕姜宁氏：《美国独立史》，章宗元译，东京译书汇编社，1902。

3. 〔美〕姜宁氏：《美史纪事本末》，章宗元译，求我斋，1903。

4. 〔美〕威尔逊：《历史哲学》，罗伯雅译，广智书局，1903。

5. 〔美〕维廉斯因顿：《万国史要》，张相译，史学斋，1903。

6. 〔美〕弥勒崧：《希腊政治沿革史》，陈彀译述，东来书店，1903。

7. 〔美〕那顿：《苏格兰独立史》，商务印书馆译，商务印书馆，1903。

8. 〔美〕迈尔：《迈尔通史》，黄佐廷口译，张在新笔述，山西大学堂，1905。

9. 〔美〕他士坦登：《世界女权发达史》，王维棋译，文明书局，1905。

10. 〔美〕彼德巴利：《万国史略》，陈寿彭译，江楚编译局，1906。

11. 〔美〕鲁滨逊：《新史学》，何炳松译，商务印书馆，1924。

12. 〔美〕班兹：《史学》，向达译，商务印书馆，1930。

13. 〔美〕班兹:《西洋史学进化概论》,雷震译,文化学社,1932。

14. 〔美〕班兹:《新史学与社会科学》,董之学译,商务印书馆,1933。

15. 〔美〕亨利·约翰生:《历史教学法》,何炳松译,商务印书馆,1926。

16. 〔美〕绍特维尔:《西洋史学史》,何炳松,郭斌佳译,商务印书馆,1929。

17. 〔美〕弗领:《历史方法概论》,薛澄清译,商务印书馆,1933。

18. 〔美〕傅舲:《历史研究法》,李树峻译,立达书局,1933。

19. 刘剑横:《历史学ABC》,ABC丛书社,1930。

20. 卢绍稷:《史学概要》,商务印书馆,1930。

21. 吴贯因:《史之梯》,联合书店,1930。

22. 周容编《史学通论》,开明书店,1933。

23. 李则纲:《史学通论》,商务印书馆,1935。

24. 罗元鲲:《史学研究》,开明书店,1935。

25. 杨鸿烈:《史学通论》,商务印书馆,1939。

26. 陆懋德:《史学方法大纲》,独立出版社,1945。

27. 佚名氏:《史学通论》,国立中央大学文学院,时间不详。

28. 李守常:《史学要论》,商务印书馆,1999。

29. 何炳松:《中古欧洲史》,商务印书馆,1924。

30. 何炳松:《近世欧洲史》,商务印书馆,1925。

31. 〔美〕卡尔登·海士、汤姆·蒙:《上古世界史》,伍蠡甫、徐宗铎译,世界书局,1933。

32. 〔美〕卡尔登·海士、汤姆·蒙:《中古世界史》,伍蠡甫、徐宗铎译,世界书局,1934。

33. 〔美〕海斯、蒙:《近世世界史》,耿淡如、沙牧卑译,黎明书局,1933。

34. 〔美〕海斯、穆恩、威兰:《世界通史》,刘启戈译,大孚出版公司,1948。

35. 〔美〕汤姆生:《西洋中古史》,陈受颐、梁茂修译,商务印书馆,1940。

36. 〔美〕沙比罗：《欧洲近代现代史》，余楠秋等译，世界书局，1933。

37. 余楠秋、谢德风、吴道存编译《近代欧洲史》，黎明书局，1933。

38. 〔美〕桑戴克：《世界文化史》，陈廷璠译，重庆书店，1930。

39. 〔美〕斯温：《世界文化史》，沈炼之译，福建文选社，1943。

40. 〔美〕斯温：《世界文化史》，沈炼之译，开明书店，1947。

41. 〔美〕多玛士、哈模：《近代西洋文化革命史》，余慕陶译，联合书店，1929。

42. 〔美〕马克尔洛：《美国史》，宋桂煌译，商务印书馆，1937。

43. 〔美〕纳文斯、康玛格：《美国通史》，刘尊棋、曹未风、陈先泽译，中外出版社，1947。

44. 〔美〕Allan Nevins、Henry Steele Commager：《美国史略》，王育伊译，商务印书馆，1946。

45. 〔美〕季尼：《英国史》，余楠秋、吴道存、谢德风译，民智书局，1933。

46. 〔美〕L. R. Gottoschalk：《法国革命时代史》，骆迈译，南方印书馆，1943。

47. 〔美〕C. J. H. Hayes：《族国主义论丛》，蒋廷黻译，新月书店，1930。

48. 〔美〕施高塔倪林：《中国革命》，王志文译，远东图书公司，1929。

49. 〔美〕Lothrop Stoddard：《战后的欧洲社会》，刘宛译，北新书局，1929。

50. 〔美〕培德氏：《巴黎和会实录》，谭震泽、杨钧译辑，寰球书局，1919。

51. 〔美〕R. L. Buell：《最近十年的欧洲（一九一八至一九二八）》，胡庆育译，上海太平洋书店，1929。

52. 〔美〕布渥尔：《欧洲战后十年史》，谭健常译，商务印书馆，1930。

53. 〔美〕蓝森：《一九一四年后之世界》，谢元范、翁之达译，商务印书馆，1936。

54. 〔美〕第威特、休格:《第二次世界大战简史》,王检译,教育书店,1947。

55. 〔美〕赫尔:《赫尔回忆录》,南京中央日报编译,中央日报社,1948。

56. 〔美〕赫尔:《赫尔回忆录》,申报编译室编译,申报馆,1948。

57. 〔美〕K. S. Latourette:《日本的发展》,梁大鹏译,商务印书馆,1933。

58. 〔美〕哥温:《日本历史大纲》,陈彬龢译,商务印书馆,1930。

59. 戴季陶:《日本论》,民智书局,1928。

60. 〔美〕克莱德:《国际竞争中之满洲》,张明炜译,华通书局,1930。

61. 〔美〕根室:《欧洲的内幕》,杨历樵译,三江书店,1939。

62. 〔美〕根室:《世界三大独裁》,余楠秋、吴道存译,中华书局,1937。

63. 〔美〕伦基尔:《粉墨登场之德国绛衫军领袖希特勒》,马士奇译,星云堂书店,1933。

64. 〔美〕伦哲:《希特勒》,曹孚译,世界书局,1939。

65. 〔美〕I. D. Levine:《史太林》,方仲益译,良友图书印刷公司,1931。

66. 郑德坤、芳卫廉主编《美国革命的故事与人物》,比较文化研究所,1945。

67. 〔美〕Grove Wilson:《科学家奋斗史话》,曾宝施编译,生活书店,1947。

68. 〔美〕威尔逊:《科学伟人的故事》,张仕章译,青年协会书局,1939。

69. 〔美〕罗沙诺夫:《爱迪生在实验所里》,陈天达译,中华书局,1946。

70. 〔美〕George S. Bryan:《爱迭生》,钱临照译,大东书局,1933。

71. 顾炎:《福特传》,一心书店,1936。

72. 〔美〕福特:《福特传》,王维克编译,正中书局,1937。

73. 〔美〕哈罗:《化学名人传》,沈昭文译,商务印书馆,1936。

74. 〔美〕房龙：《人类的故事》，沈性仁译，商务印书馆，1925。

75. 〔美〕房龙：《远古的人类》，陈叔谅译，商务印书馆，1928。

76. 〔美〕房龙：《古代的人》，林徽因译，当代世界出版社，2015。

77. 〔美〕拉蒙·可夫玛：《人类史话》，陶秉珍译，开明书店，1934。

78. 〔美〕博尔顿夫人：《世界十大成功人传》，刘麟生编译，商务印书馆，1926。

79. 〔美〕佛兰克林：《佛兰克林自传》，程伯群译，世界书局，1938。

80. 〔美〕佛兰克林：《佛兰克林自传》，唐长孺译，启明书局，1939。

81. 〔美〕海伦·克勒：《盲聋女子克勒氏自传》，高君韦译述，商务印书馆，1930。

82. 〔美〕海伦·凯勒：《海伦·凯勒自传——聋哑瞎女子成功记》，应远涛译，青年协会书局，1934。

83. 〔美〕蒲寇·华盛顿：《黑奴成功者自传》，项远村译，开明书店，1932。

84. 〔美〕阿丹斯、福斯忒：《现代欧美女伟人传》，胡山源译，世界书局，1939。

85. 〔美〕博克：《白克奋斗史：一个奋斗的美国人》，谢颂羔编译，毅联社，1938。

86. 〔美〕达尔·卡尼基：《名人逸事》，羽沙译，激流书店，1940。

87. 〔美〕代尔·卡耐基：《世界名人轶事》，方洁译，文化生活出版社，1939。

88. 〔美〕卡内基：《欧美名人传》，胡尹民、谢颂羔译，长风书店，1939。

89. 〔美〕卡内基：《世界名人逸事》，谢颂羔、胡尹民译，国光书店，1947。

90. 〔美〕卡乃基：《成功人的生活故事》，王一榴译，光明书店，1944。

（四）当代著作

1. 张广智：《西方史学史》，复旦大学出版社，2010。

2. 张广智、张广勇：《现代西方史学》，复旦大学出版社，1996。

3. 郭圣铭：《西方史学史概要》，上海人民出版社，1983。

4. 鲍绍霖等：《西方史学的东方回响》，社会科学文献出版社，2001。

5. 姜芃：《西方史学的理论和流派》，中国社会科学出版社，2007。

6. 于沛：《20世纪的西方史学》，武汉大学出版社，2009。

7. 杨生茂：《美国历史学家特纳及其学派》，商务印书馆，1983。

8. 〔美〕伊格尔斯：《二十世纪的历史学——从科学的客观性到后现代的挑战》，何兆武译，辽宁教育出版社，2003。

9. 〔美〕彼得·诺维克：《那高尚的梦想："客观性问题"与美国历史学界》，杨豫译，三联书店，2009。

10. 张广智、李勇：《20世纪中外史学交流》，北京师范大学出版社，2007。

11. 李勇：《鲁滨逊新史学派研究》，安徽人民出版社，2004。

12. 李孝迁：《西方史学在中国的传播（1882—1949）》，华东师范大学出版社，2007。

13. 李孝迁：《域外汉学与中国现代史学》，上海古籍出版社，2014。

14. 桑兵：《国学与汉学》，中国人民大学出版社，2010。

15. 王汎森：《近代中国的史家与史学》，复旦大学出版社，2010。

16. 李金强：《世变中的史学》，广西师范大学出版社，2010。

17. 刘俐娜：《由传统走向现代——论中国史学的转型》，社会科学文献出版社，2006。

18. 余英时：《中国近代思想史上的胡适》，台北联经出版事业公司，1984。

19. 余英时：《重寻胡适的历程——胡适生平与思想再认识》，广西师范大学出版社，2004。

20. 余英时：《现代危机与思想人物》，三联书店，2012。

21. 胡适：《胡适口述自传》，唐德刚译注，广西师范大学出版社，2015。

22. 顾颉刚：《当代中国史学》，上海古籍出版社，2006。

23. 陶文钊、何兴强：《中美关系史》，中国社会科学出版社，2009。

24. 邹振环：《20世纪上海翻译出版与文化变迁》，广西教育出版社，2000。

25. 吴永贵：《中国出版史》（下册·近现代卷），湖南大学出版社，2008。

（五）学术论文

1. 张广智：《美国"新史学派"述评》，《世界历史》1984年第2期，第60~65页。

2. 张广智：《实用·多元·国际化——略论现代美国史学的特点》，《江汉论坛》1991年第6期，第61~66页。

3. 张广智：《论现代化进程中的美国史学》，《江海学刊》1994年第2期，第138~145页。

4. 〔美〕汉德林（Oscar Handlin）著，肖朗译《二十世纪美国史学综述》，《现代外国哲学社会科学文摘》1985年第1期，第61~63页。

5. 庄锡昌：《美国的史学》，《复旦学报》（社会科学版）1990年第1期，第46~52页。

6. 李剑鸣：《关于二十世纪美国史学的思考》，《美国研究》1990年第1期，第17~39页。

7. 李剑鸣：《关于美国进步主义运动的几个问题》，《世界历史》1996年第6期，第50~58页。

8. 胡锦山：《20世纪美国史学流派》，《厦门大学学报》（哲学社会科学版）2000年第3期，第74~81页。

9. 张兹暑：《简述美国进步主义史学》，《高校社科信息》2003年第5期，第35~41页。

10. 张小兵、王军：《美国现代史学主要流派的演变与反思》，《宁夏社会科学》2006年第6期，第113~115页。

11. 赵辉兵：《重建民主与自由：美国进步运动兴起的政治根源》，《历史教学》（高校版）2007年第6期，第55~58页。

12. 张澜、黎刚：《史学与政治的勾连——以20世纪美国史学思潮的演进为考察对象》，《江西社会科学》2006年第2期，第84~89页。

13. 刘传德、许华：《美国的历史教学》，《史学史研究》1997年第1

期，第 74~80 页。

14. 肖华锋：《鲁滨逊"新史学"的起源》，《史学理论研究》2004 年第 1 期，第 73~78 页。

15. 张弘毅：《韩牧（John Higham）与美国进步派史学》，（台湾）《兴大人文学报》2007 年第 38 期，第 309~336 页。

16. 张晶萍：《20 世纪上半叶兰普雷希特"文明史学"在中国的传播》，《史学理论研究》2011 年第 1 期，第 74~83 页。

17. 杜维运：《西方史学输入中国考》，《台湾大学历史系学报》1976 年第 3 期，第 409~440 页。

18. 张广智：《二十世纪前期西方史学输入中国的行程》，《史学理论研究》1996 年第 1 期，第 92~106 页。

19. 张广智：《论民国时期中西史学交流的特点》，《史学月刊》2004 年第 11 期，第 5~13 页。

20. 张广智：《再论 20 世纪中外史学交流史的若干问题》，《学术研究》2006 年第 4 期，第 92~99 页。

21. 张广智：《西方史学史研究在中国》，《史学史研究》1985 年第 2 期，第 21~26 页。

22. 张广智：《现代美国史学在中国》，《美国研究》1993 年第 4 期，第 129~145 页。

23. 朱政惠、李江涛：《20 世纪中外史学交流回顾》，《史林》2004 年第 5 期，第 22~35 页。

24. 吴志洁：《五四时期输入我国的西方资产阶级史学理论》，《安徽史学》1998 年第 3 期，第 61~64 页。

25. 刘俐娜：《西方新史学与"五四"史学思潮》，《史学理论研究》1993 年第 3 期，第 56~62 页。

26. 胡逢祥：《"五四"时期的中国史坛与西方现代史学》，《学术月刊》1996 年第 12 期，第 68~77 页。

27. 张越：《五四时期的中西史学交融》，《北京师范大学学报》2000 年第 5 期，第 22~28 页。

28. 王东：《历史主义与 20 世纪上半期的中国史学》，《史学理论研究》2006 年第 3 期，第 71~78 页。

29. 叶建：《近代汉译名著与西方史学理论的传播》，《求索》2007年第9期，第217~219页。

30. 于沛：《外国史学理论的引入和回响》，《历史研究》1996年第3期，第145~160页。

31. 于沛：《西方史学的传入和回响》，《浙江学刊》2004年第6期，第37~48页。

32. 于沛：《20世纪上半期的中国西方史学理论研究》，《文史知识》2013年第8期，第18~25页。

33. 桑兵：《晚清民国时期的国学研究与西学》，《历史研究》1996年第5期，第30~45页。

34. 陈锋：《西潮冲击下民国史学风气的嬗变》，《山东大学学报》（哲学社会科学版）2011年第3期，第66~71页。

35. 陈峰：《20世纪中国史学进程中的社会科学化路向概观》，《廊坊师范学院学报》（社会科学版）2016年第3期，第54~62页。

36. 陈应年：《何炳松与商务印书馆》，《暨南学报》（哲学社会科学版）1991年第2期，第66~70页。

37. 房鑫亮：《浅议何炳松对史学史的贡献》，《暨南学报》（哲学社会科学版）1991年第2期，第54~59页。

38. 洪认清：《何炳松史学思想的特色》，《学术月刊》2002年第3期，第75~82页。

39. 洪认清：《评何炳松对西方史学理论和方法论的译介》，《史学史研究》2002年第2期，第38~44页。

40. 胡逢祥：《何炳松与鲁滨逊的"新史学"》，《史学史研究》1987年第3期，第31~37页。

41. 刘家辉：《何炳松对西方新史学思想的融合与实践》，《齐齐哈尔大学学报》（哲学社会科学版）2010年第4期，第74~75页。

42. 周文玖：《何炳松的史学理论及其史学史研究》，《求是学刊》2000年第7期，第97~103页。

43. 周文玖：《朱希祖与中国现代史学体系的建立——以他与北京大学史学系的关系为考察中心》，《烟台师范学院学报》（哲学社会科学版）2006年第1期，第21~29页。

44. 王晴佳：《美国的中国学研究评述》，《历史研究》1993 年第 6 期，第 40~46 页。

45. 仇华飞：《从"冲击—回应"到"中国中心观"看美国汉学研究模式的嬗变》，《上海师范大学学报》（社会科学版）2000 年第 1 期，第 45~54 页。

46. 仇华飞：《二十世纪上半叶美国汉学研究管窥》，《档案与史学》2000 年第 4 期，第 66~71 页。

47. 仇华飞：《论美国早期汉学研究》，《史学月刊》2000 年第 1 期，第 93~103 页。

48. 朱政惠：《20 世纪美国对中国史学史的研究》，《史学史研究》2003 年第 4 期，第 2~11 页。

49. 朱政惠：《海外学者对中国史学的研究及其思考》，《史林》2006 年第 4 期，第 165~183 页。

50. 朱政惠：《美国学者对中国史学的研究探要》，《史学理论研究》2013 年第 3 期，第 115~126 页。

51. 范志慧、朱静：《美国的中国学：汉学从传统到现代的转身》，《河北大学学报》（哲学社会科学版）2008 年第 5 期，第 28~31 页。

52. 孟庆波、刘彩艳：《美国的汉学及中国学发展历程概述》，《河北联合大学学报》（社会科学版）2013 年第 3 期，第 77~82 页。

53. 孟庆波、刘彩艳：《问题与方法：美国中国学的发端史研究》，《广西社会科学》2013 年第 4 期，第 109~112 页。

54. 吴原元：《略论 20 世纪 40 年代中国赴美学者对美国汉学的影响》，《华侨华人历史研究》2010 年第 2 期，第 31~40 页。

55. 吴原元：《民国时期中国留学生对美国汉学的贡献述论》，《江苏师范大学学报》（哲学社会科学版）2013 年第 3 期，第 1~7 页。

56. 吴原元：《民国学者视野中的美国汉学研究》，《华南农业大学学报》（社会科学版）2014 年第 3 期，第 146~156 页。

57. 吴原元：《试论美国汉学家对中国传统史学的认识变迁》，《国际汉学》2015 年第 2 期，第 93~103 页。

58. 李孝迁：《清季汉译西洋史教科书初探》，《东南学术》2003 年第 6 期，第 130~140 页。

59. 李孝迁：《美国鲁滨逊新史学派在中国的回响（上）》，《东方论坛》2005 年第 6 期，第 55~64 页。

60. 李孝迁：《美国鲁滨逊新史学派在中国的回响（下）》，《东方论坛》2006 年第 1 期，第 74~83 页。

61. 李孝迁：《魏特夫与近代中国学术界》，《人文杂志》2010 年第 6 期，第 121~129 页。

62. 李孝迁：《北京华文学校述论》，《学术研究》2014 年第 2 期，第 108~122 页。

63. 顾钧：《〈诸蕃志〉译注：一项跨国工程》，《书屋》2010 年第 2 期，第 27~29 页。

64. 顾钧：《美国汉学的历史分期与研究现状》，《国外社会科学》2011 年第 2 期，第 102~107 页。

65. 顾钧：《美国东方学会及其汉学研究》，《中华读书报》2012 年 4 月 4 日，第 19 版。

66. 顾钧：《顾颉刚与卜德（Derk Bodde）的文字之交》，《中华读书报》2013 年 6 月 12 日，第 14 版。

67. 顾钧：《恒慕义与〈古史辨〉》，《中华读书报》2013 年 6 月 19 日，第 19 版。

68. 顾钧：《美国汉学家卜德（Derk Bodde）的秦史研究》，《江苏大学学报》（社会科学版）2013 年第 5 期，第 11~15 页。

69. 顾钧：《顾颉刚与美国汉学家的交往》，《国际汉学》2015 年第 3 期，第 145~150 页。

70. 元青：《民国时期留美生的中国历史研究与美国汉学——以博士论文为中心的考察》，《广东社会科学》2015 年第 6 期，第 115~127 页。

71. 张广智：《略论世界史在二十世纪的重构》，《学习与探索》1992 年第 5 期，第 124~131 页。

72. 桑兵：《教学需求与学风转变——近代大学史学教育的社会科学化》，《中国社会科学》2001 年第 4 期，第 169~180 页。

73. 张家唐、杨学新：《中国世界史学科初创时期述论》，《历史教学》2003 年第 6 期，第 65~67 页。

74. 尚小明：《抗战前北大史学系的课程变革》，《近代史研究》2006

年第 1 期，第 115~133 页。

75. 肖朗、吴涛：《中国大学初创时期的教材建设（1895-1912）》，《天津师范大学学报》（社会科学版）2014 年第 2 期，第 53~60 页。

76. 王应宪：《民国时期西洋史学史课程检视》，《史学史研究》2015 年第 3 期，第 38~46 页。

77. 张洁：《20 世纪 20 年代中国西方史学课程建设研究——以留美学人为考察对象》，《温州大学学报》（社会科学版）2015 年第 1 期，第 19~30 页。

78. 王宪明：《蒋廷黻著〈中国近代史〉学术影响源探析——以所受"新史学"及马士的影响为中心》，《河北学刊》2004 年第 4 期，第 134~143 页。

79. 刘红、刘超：《老清华史学共同体之命途——从梁启超到雷海宗》，《清华大学教育研究》2012 年第 5 期，第 92~101 页。

80. 刘超：《清华学人与中国近代史研究——从罗家伦、蒋廷黻到郭廷以、邵循正、费正清》，《江苏社会科学》2013 年第 4 期，第 202~210 页。

81. 罗珍：《民国年间的中国近代史研究》，《黑龙江史志》2014 年第 5 期，第 37~39 页。

82. 朱政惠：《80 年前雷海宗对国际汉学研究的关注》，《中华读书报》2012 年 9 月 26 日，第 15 版。

83. 王杨红：《〈诸蕃志〉译注及其近代"回归"中国故土》，《史林》2015 年第 6 期，第 85~97 页。

84. 毛建军：《T. F. 卡特与中国印刷史研究》，《兰台世界》2011 年第 20 期，第 21 页。

85. 袁剑：《二十世纪三四十年代拉铁摩尔理论的在华接受史——以民国报刊与文献的梳理与分析为例》，《西南民族大学学报》（人文社会科学版）2015 年第 11 期，第 7~12 页。

86. 李喜所：《留美生在近代中国的文化定位》，《天津社会科学》2003 年第 3 期，第 117~123 页。

87. 李喜所：《20 世纪中国留学生的宏观考察》，《广东社会科学》2004 年第 1 期，第 12~16 页。

88. 张寄谦：《哈佛燕京学社》，《近代史研究》1990 年第 5 期，第

149~173 页。

89. 张翔：《裘开明与哈佛燕京学社汉和图书馆》，《图书馆杂志》1999 年第 8 期，第 47~49 页。

90. 张凤：《哈佛燕京学社 75 年的汉学贡献》，《文史哲》2004 年第 3 期，第 59~69 页。

91. 刘玲：《哈佛燕京学社的旨趣与中国史学人才之培养》，载杨共乐主编《史学理论与史学史学刊》2015 年卷，社会科学文献出版社，2015，第 243~261 页。

（六）学位论文

1. 李春雷：《传承与更新：留美生与民国时期的史学》，博士学位论文，南开大学，2005。

2. 李孝迁：《西方史学在中国的传播》，博士学位论文，华东师范大学，2005。

3. 朱华：《近代科学救国思潮研究》，博士学位论文，北京师范大学，2006。

4. 宋俊：《蒋廷黻史学研究——兼论 20 世纪 30 年代中国近代史研究的两种范式》，硕士学位论文，华东师范大学，2006。

5. 赵晨诗：《论美国汉学到中国学的变迁——以费正清为中心》，硕士学位论文，北京语言大学，2007。

6. 陈琼：《二十世纪上半叶中国世界史学科的建设》，硕士学位论文，华东师范大学，2007。

7. 吴成领：《恒慕义的中国学研究》，硕士学位论文，华东师范大学，2008。

8. 陈刚：《韦慕庭的中国研究》，硕士学位论文，华东师范大学，2009。

9. 潘喜颜：《清末历史译著研究（1901~1911）——以亚洲史传译著为中心》，博士学位论文，复旦大学，2011。

10. 付宏：《从国家公民到世界公民——美国公民教育目标的转向》，博士学位论文，华中师范大学，2011。

11. 何千忠：《论美国社会科中历史教育的目标及内容要素》，硕士学位论文，华东师范大学，2010。

12. 匡林林：《约翰生·亨利〈历史教学法〉在中国的传播与影响》，硕士学位论文，湖南师范大学，2012。

13. 李金航：《中国近代大学教科书发展历程研究》，博士学位论文，苏州大学，2013。

14. 沈军：《民国时期中学外国史教科书初探》，硕士学位论文，湖南师范大学，2013。

15. 王娟：《德效骞〈汉书〉译介之研究》，硕士学位论文，华东师范大学，2013。

16. 王思聪：《赖德烈的中国学研究》，博士学位论文，北京外国语大学，2014。

17. 孙长芳：《论马士〈中华帝国对外关系史〉及其影响》，硕士学位论文，华东师范大学，2015。

（七）外文著作

1. A. Nevins & H. S. Commager, *America: The Story of a Free People* (Boston: Little, Brown and Company, 1942).

2. A. C. McLaughlin & C. H. V. Tyne, *A History of United States for Schools* (New York: D. Appleton and Company, 1911).

3. A. N. Holcombe, *The Chinese Revolution: A Phase in the Regeneration of a World Power* (Cambridge: Harvard University Press, 1930).

4. A. W. Hummel, *The Autobiography of a Chinese Historian, Being the Perface to a Symposium on Ancient Chinese History* (Leyden: E. J. Brill, 1933).

5. C. Becker, *The History of Political Parties in the Province of New York, 1770-1776* (Madison: University of Wisconsin Press, 1960).

6. C. J. H. Hayes, *A Political and Social History of Modern Europe* (Volume I) (New York: The Macmillan Company, 1916).

7. C. A. Beard & M. R. Beard, *The Rise of American Civilization* (New York: Macmillian Co., 1968).

8. C. A. Beard & W. C. Bagley, *The History of the American People, For Grammar Grades and Junior High Schools* (New York: Macmillan, 1918.)

9. C. A. Beard, *The Economic Origins of Jeffersonian Democracy* (New York: The Macmillan Company, 1915).

10. C. A. Beard, *The Supreme Court and the Constitution* (New York: The Macmillan Company, 1912).

11. C. D. Hazen, *Europe since 1815* (New York: H. Holt and Co., 1910).

12. C. D. Hazen, *Modern Europe* (New York: H. Holt and Company, 1920).

13. C. D. Hazen, *Modern European History* (New York: H. Holt and Company, 1917).

14. D. S. Muzzey, *An American History* (Boston: Ginn and Company, 1911).

15. D. Bodde, *China's First Unifier, A Study of the Ch'in Dynasty as seen in the Life of Li Ssu* (Leiden: E. J. Brill, 1938).

16. E. J. Dillon, *The Inside Story of the Peace Conference* (New York: Harper & Bros., 1920).

17. F. M. Fling, *The Writing of History, An Introduction to Historical Method* (New Haven: Yale University Press, 1920).

18. F. Mood, *The Early Writings of Frederick Jackson Turner* (New York: Books for Libraries Press, 1969).

19. H. C. Thomas & W. A. Hamm, *Our Own Times* (New York: Vanguard Press, 1928).

20. H. E. Barnes, *The History and Prospects of the Social Sciences* (New York: Alfred A. Knopf, INC., 1925).

21. H. E. Barnes, *The Hew History and The Social Studies* (New York: The Century Co., 1925).

22. H. E. Barnes, *The History of Western Civilization* (New York: Harcourt, Brace and Company, 1935).

23. H. W. V. Loon, *The Story of Mankind* (New York: Boni and Liveright, 1921).

24. H. Webster, *Early European History* (Boston: D. C. Health and Company, 1917).

25. H. Webster, *Modern European History* (Boston: D. C. Heath & Co., 1920).

26. H. Webster, *World History* (Boston: D. C. Health and Company, 1921).

27. J. S. Schapiro, *Modern and Contemporary European History* (Boston: Houghton Mifflin Company, 1918).

28. J. H. Robinson & J. H. Breasted, *Outlines of European History* (Part I) (Boston: Ginn & Company, 1914).

29. J. H. Robinson & C. A. Beard, *Outlines of European History* (Part II) (Boston: Ginn & Company, 1914).

30. J. H. Robinson & C. A. Beard, *The Development of Modern Europe* (Boston: Ginn & Company, 1907).

31. J. H. Robinson & J. H. Breasted, *A General History of Europe* (Boston: Ginn and Company, 1921).

32. J. H. Robinson, *The New History* (New York: The Macmillan Company, 1912).

33. J. H. Robinson, *An Introduction to the History of Western Europe* (Boston: Ginn & Company, 1902).

34. J. H. Robinson, *Medieval and Modern Times* (Boston: Ginn and Company, 1919).

35. J. H. Robinson, *Readings in European History* (Boston: Ginn & Company, 1904–1906).

36. J. H. Robinson, *The Middle Period of European History* (Boston: Ginn & Company, 1915).

37. J. H. Robinson & J. H. Breasted. *History of Europe, Ancient and Medieval* (Boston: Ginn and Company, 1920).

38. J. H. Breasted, *Ancient Times, A History of the Early World* (Boston: Ginn and Company, 1916).

39. J. T. Shotwell, *An Introduction to the History of History* (New York:

Columbia University Press, 1922).

40. J. Higham, *History: Professional Scholarship in America* (Baltimore: Johns Hopkins University Press, 1989).

41. J. Higham, *The Reconstruction of American History* (New York: Harper & Brothers, 1962).

42. L. Fischer, *Men and Politics, An Autobiography* (New York: Duell, Sloan and Pearce, 1941).

43. L. Thorndike, *A Short History of Civilization* (New York: F. S. Crofts, 1926).

44. R. L. Buell, *Europe: A History of Ten Years* (New York: The Macmillan Company, 1930).

45. R. Hofstadter, *The Progressive Historians: Turner, Beard, Parrington* (New York: Vintage Books, 1968).

46. R. W. Shugg & H. A. DeWeerd, *World War II, A Concise History* (Washington: The Infantry Journal Press, 1946).

47. R. L. Ashley, *Early European Civilization* (New York: The Macmillan Company, 1916).

48. R. L. Ashley, *Modern European Civilization* (New York: The Macmillan Company, 1918).

49. S. B. Harding, *Essentials in Medieval and Modern History* (New York: American Book Company, 1905).

50. S. B. Harding, *New Medieval and Modern History* (New York: American Book Company, 1913).

51. S. Nearing, *Whither China? An Economic Interpretation of Recent Events in the Far East* (New York: International Publishers, 1927).

52. V. L. Parrington, *Main Currents in American Thought* (New York: Harcourt, Brace and Company, 1927).

图书在版编目（CIP）数据

20 世纪上半期中美史学交流：基于美著史书在华传播与影响的研究 / 刘玲著. -- 北京：社会科学文献出版社，2018.10
 ISBN 978-7-5201-2839-1

Ⅰ.①2… Ⅱ.①刘… Ⅲ.①史学-文化交流-中国、美国-20世纪 Ⅳ.①K0

中国版本图书馆 CIP 数据核字（2018）第 126084 号

20 世纪上半期中美史学交流
——基于美著史书在华传播与影响的研究

著　　者 / 刘　玲

出 版 人 / 谢寿光
项目统筹 / 郭白歌
责任编辑 / 郭白歌

出　　版 / 社会科学文献出版社·人文分社（010）59367215
　　　　　　地址：北京市北三环中路甲29号院华龙大厦　邮编：100029
　　　　　　网址：www.ssap.com.cn
发　　行 / 市场营销中心（010）59367081　59367018
印　　装 / 天津千鹤文化传播有限公司

规　　格 / 开　本：787mm×1092mm　1/16
　　　　　　印　张：20.75　字　数：339千字
版　　次 / 2018年10月第1版　2018年10月第1次印刷
书　　号 / ISBN 978-7-5201-2839-1
定　　价 / 128.00元

本书如有印装质量问题，请与读者服务中心（010-59367028）联系

▲ 版权所有 翻印必究